TANSUO GUANGDONG NONGYE
FUHUA ZAITI GAOZHILIANG FAZHAN ZHIDAO

探索广东农业
孵化载体高质量发展之道

——基于金颖农科孵化器（华南A谷）的实证研究

许立超　曾国平　钟璐珊 等◎编著

中国农业出版社
北　京

编 写 人 员

许立超　　曾国平　　钟璐珊　　白楚仪
李茗茗　　刘燕霞　　黄琬纯　　何梓杰
黄耿坤

农业是保障国民经济持续健康发展的"压舱石""蓄水池"和"战略后院"。习近平总书记曾指出:"农业出路在现代化,农业现代化的关键在科技进步。"科技是推动农业农村经济增长的重要驱动力。近年来,国家把科技创新放在创新驱动发展的核心位置,密集出台大量激励成果转化、创新创业的改革措施,激发了社会的创新活力。

　　科技企业孵化器是国家创新体系的重要组成部分,肩负着集聚创新资源、培育新兴产业、促进经济发展、增加社会就业的重要使命,也在促进农业农村现代化、推动科技与经济紧密结合的过程中发挥着至关重要的作用。

　　作为广东省农业科技创新的主力军和排头兵,广东省农业科学院立足产业发展和企业需求,不断深化院企合作,主动搭建各类成果转化及产学研协同创新平台,建设了广东省农业科学院科技成果转化基地和专业孵化载体-金颖农科孵化器,开展农业科技成果转化和企业孵化,形成了"要素融合、协同创新、全链孵化、辐射带动"的经验和模式,聚力打造粤港澳大湾区现代农业创新硅谷——华南 A 谷(华南现代农业创新硅谷),推动科技与产业、经济的深度融合,促进农业企业和产业高质量融通发展。

　　为深入剖析农业孵化载体发展,本文以金颖农科孵化器(华南 A 谷)为研究对象,首先从理论层面入手,全面阐述了农业科技企业孵化器的发展现状、内涵特征、运作逻辑,为读者深入研究农业孵化载体构建起坚实的理论基础。其次重点聚焦广东省农业科学院建设专业孵化载体的探索与实践,通过金颖农科孵化器(华南 A 谷)实践成效和案例展示,为推动广东农业孵化载体高质量发展提供了全面而深入的参考与指导。

　　本书在编著的过程中,得到了白楚仪、陈艺诗、黄耿坤、李苕苕、

1

刘燕霞、黄琬纯、郭思敏、何梓杰、王锐思、黎锦锐、薛茂杰等同志的热心帮助和支持，他们也参与了部分章节内容的编写工作。在此，对他们表示衷心的感谢。

由于时间和水平所限，书中难免有不尽完善之处，敬请广大读者批评指正。

编者

2024 年 12 月

目 录
CONTENTS

第一章 农业科技企业孵化器的理论研究

第一节 农业科技企业孵化器的研究综述

一、科技企业孵化器的概念、类型和功能

孵化器（Incubator）原指人工孵化禽蛋的设备。孵化器在经济领域的引申意是指一种新型的社会经济组织。像禽类孵蛋一样，企业孵化器是指通过为新型企业提供一系列创新发展所需要的资源网络和管理支持，降低企业创新创业的成本及风险，提高科技创新企业创业"成活率"的经济发展手段或企业运作形式[①]。

国际上对孵化器有着不一样的名称，一般被称为企业孵化器（Business Incubator），也有些名为孵化中心（Incubator Center）（如美国亚利桑那州孵化中心 Arizona Technology Incubator），还有的叫作创新中心（Innovation Centre）（如加拿大魁北克创新中心 Quebec Biotechnology Innovation Centre）[②]。但无论选用怎样的名称，建立孵化器都是为了使新型企业在创业或成长瓶颈阶段得到扶持和帮助，并得以快速成长。

和其名称一样，孵化器的定义在不同时期、不同地域会有所不同。在美国，企业孵化被美国企业孵化器协会（NBIA）视为企业成长发展的动态过程。孵化器孵化新型企业有两种方式，一种是通过为个体小企业提供针对性的支持，协助其进入融资渠道，充当其与关键性商业与技术服务机构之间的桥梁；另一种是聚集化管理，建立一个设有共享办公设施设备、灵活的租赁条款及可扩展租赁面积的大型办公场所，并将在孵企业集中于此。而欧洲商业与创新中心联盟（EBN）则将孵化器定位为创业者和创新型中小企业的支持机构，淡化了其对在孵企业的"投入"，更强调"结果"和"产出"。在欧洲，企业孵化器由当地主要的经济促进机构设立，目的是给新型企业提供综合扶持与指导，进而促进当地经济发展。联合国开发计划署将企业孵化器定义为"一种为培育新企业而设计的受控制的工作环境。在这个环境中，人们尝试创造一些条件来训练、扶持一些成功的小企业家和盈利的企业。"

在我国，科技企业孵化器的定义随着对其研究及实践的深入而日趋完善。

---

① 张伟良，刘长虹，胡品平，等. 广东科技企业孵化器创新实践［M］. 广州：广东经济出版社，2017.
② 林强，姜彦福. 中国科技企业孵化器的发展及新趋势［J］. 科学学研究，2002（2）：198-201.

2001 年，科技部制定的《中国科技企业孵化器"十五"期间发展纲要》中指出，科技企业孵化器是专门的科技产业服务机构，类型包括：高新技术创业服务中心、留学人员创业园、大学科技园、国企创业孵化器、软件创业园、国际企业孵化器等。2003 年，科技部发布的《关于进一步提高科技企业孵化器运行质量的若干意见》中，将科技企业孵化器定义为培育和扶植高新技术中小企业的服务机构。总而言之，企业孵化器在中国被认为是一种为创新型中小企业提供研发、生产、经营场地、通信、网络与办公等方面的共享设施，系统的培训和咨询，政策、融资、法律与市场推广等方面的支持，降低创业企业的创业风险和创业成本，提高企业的成活率和成功率，促进社会经济发展的新型社会经济组织。

（一）科技企业孵化器的类型

我国在企业孵化器领域的实践，从 20 世纪 80 年代单一的政府出资，逐步发展为多元化投资主体，且这种趋势在 90 年代后期更为明显。目前，企业孵化器已经发展出丰富多样的形态，大致可以分为 7 类[①]。

一是综合及专业性科技企业孵化器。综合孵化器在全社会范围内，吸纳可转化的科技成果以及有发展潜力的中小型科技企业，并为其提供良好的孵化场所和服务，促进科技成果转化和科技企业创新创业发展。综合性科技企业孵化器对所孵化的项目没有特定的专业范围限制；而专业性科技企业孵化器是在综合性科技企业孵化器的基础上发展起来的，孵化项目通常只在特定的专业范围内选择，如生物科技孵化器、信息技术孵化器、基因技术孵化器等等。因此其孵化场地的设计和使用更加强调专业性，且孵化能力和服务水平相对更高。目前，我国已经建立了多家关于新材料、软件、节能与环保、生物医药、通信等技术领域的专业孵化器，为促进科技成果转化和培育中小科技企业起着重要的作用。

二是科研院所孵化器。这类孵化器由研究机构创办，面向机构职员、相关组织和社会人士。他们可以依托于该研究机构的信息资源、智力资源、研究开发条件和技术，获得低风险、低成本的创新创业机会，进而能够提高科研院所的资源利用率和成果转化率。如金颖农业科技企业孵化器，就是由广东省农业科学院设立的。

三是大学孵化器。这类孵化器又可根据服务对象细分为：①由大学设立的创业园，简称为大学创业园；②依托大学的科技资源，进行科技成果转化，培育校办高新科技创业企业；③大学科技园，科技园的建立可以减少科技人员的人才流失，大学学生或教职工可以不脱离学校母体，充分利用高校的科研条件，依托该大学的高新技术或工艺、仪器、计算机技术等，进行前沿的科技成果研究及创新创业，缩短科技成果商业化和企业发展的周期。北大创业园区和清华创业园区就

---

① 李南林，吕文勋，邵琳琳. 孵化器的体制分析［Ｊ］. 未来与发展，2001（2）：3.

是这种类型的科技园，能够为市场源源不断地输出成熟的科技企业和产业化科技成果，最终能够带动当地高新技术产业和经济的发展。

四是留学海外人员创业园。在留学人员和科技资源聚集的城市设置专门的孵化机构，有针对性地提供软硬件服务，充分利用海外高科技人才的优越条件，促进高科技技术的交流和成果转化。目前，在教育部、科技部和人社部的支持下，我国已经在上海、北京、苏州等地设有25家海外人员创业园。

五是国际企业孵化器。其主要目的是在综合性科技企业孵化器的基础上，帮助企业进行二次创业，登上更大、全球化的"舞台"。相较综合性科技企业孵化器，它能够提供国际水平的服务环境和基础设施。一方面能够在经济全球化的背景下，提高我国中小型高科技企业的国际化竞争力，开拓国际市场，帮助企业和国外潜在的合作资源对接，逐步实现企业跨国经营及发展；另一方面，国际企业孵化器也为国外的中小型高新企业和研发机构提供服务，为其在国内寻求适宜的合作伙伴，引进海外未产业化的科学技术，促进共同发展。简而言之，国际企业孵化器是中外高新技术及科技创业企业交流及合作的中介。目前，在联合国的支持下，我国科学技术部已批准建立了北京、上海、苏州、西安、天津、武汉、重庆、广州、成都9个国际企业孵化器试点单位。

六是国有企业孵化器。由国有大型企业创办的孵化器属于国有企业孵化器。它能够充分利用国有企业的各种资源，加快科技成果转化，并使其服务于传统产业改造，挖掘新的经济增长点。目前，已建成的国有企业孵化器有北京诺飞科技孵化器、北京崇熙孵化器等。

七是政府创办的企业孵化器。这是企业孵化器在我国发展初期的主要形态。孵化器由政府创办，是政府的职能部门，以各地区的创业服务中心的形式呈现，针对开发区的科技企业提供孵化服务，促进其科技成果转化。其宗旨是改善就业环境，营造完善的创新创业环境，创造良好的社会效益，通过政府行为促进经济发展和社会稳定。这类孵化器的代表有天津孵化器、北京创业中心等。

（二）科技企业孵化器的功能

科技企业孵化器具有4种主要功能：提供综合性基础设施、提供资金支持、提供良好的创业环境、提供完善的咨询和培训服务[①]。

一是提供综合性基础设施。很多中小型高科技创业企业难以获得大量的资金支持，因此无法购置和建设完备的基础设施。而企业孵化器能够利用自身的规模和资金优势，建设或购置综合性基础设施、价格较低的设备及办公空间等，使企业的创业成本大幅降低。

---

① 边伟军，罗公利. 我国科技企业孵化器创新机制建设的对策研究 [J]. 中国科技论坛，2007（12）：12.

二是提供资金支持。资金是企业得以生存的血液，而孵化器能够为企业创业提供融资服务，降低企业创业的困难度。

三是提供良好的创业环境。企业孵化器为了促进科技成果转化和科技企业创业需要不断优化自身的环境及条件，如简化科技企业的创办程序、为在孵企业之间提供交流的机会、提供优惠的政策及完善的公共服务设施等。

四是提供完善的咨询和培训服务。科技企业孵化器通过为创业者提供财经问题、企业计划等咨询服务，创业和管理技能的基础训练，培养出科技实业家及高科技人才；通过为科技企业发展提供市场化和国际化的服务，为市场输送有竞争力的、成熟的高科技企业和优秀的研发、经营、管理人才。

二、农业科技企业孵化器概念、类型和功能

农业维系着国计民生，21世纪以来，"三农"工作得到了政府越来越多的重视，发展农业科技并推动农业科技成果产业化的需求愈发迫切。而企业孵化器能够为推动科技成果转化，提高中小企业创新创业成功率，培育高科技人才，提升就业环境，促进地区经济发展起到非常重要的作用。于是，农业科技企业孵化器应运而生。

农业科技企业孵化器，又可称为农业创业服务中心，是孵化器发展到一定阶段的高级产物，是其更加具体化、专业化的分支。农业科技企业孵化器是以促进农业科技成果商品化及产业化、帮助农业科技中小企业的成长为目的，为农业科技创新研究和科技创业活动提供资源和服务的组织。农业科技企业孵化器是推动农业高新技术商业化和产业化，培育农业技术创新主体和实现农业高新技术创新的有效途径[①]。我国的农业科技企业孵化器能够为处于初创阶段的农业科技企业提供包括研发、经营、办公场地等硬件服务和成立手续、可行性咨询、企业发展战略指导等软件服务。

农业科技企业孵化器孵化企业是一个动态的、链条式的系统。农业科技成果项目是链条的源头，孵化器组织的创办与运行是基础，科技成果商业化、产业化是孵化链条的目标，农业科技企业的孵化成长是整个孵化链条的纽带[②]。孵化动态系统由孵化组织、对象、资源和服务4种要素构成内部要素，并由内部要素和外部因素相互作用，协同推进。

（一）农业科技企业孵化器的类型

我国的农业科技企业孵化器，在发展的过程中形成了丰富多样的类型。目前

---

① 张玉军，刘照亭，王敬根，等. 农业科技企业孵化器的要素聚集、功能定位及运营模式 [J]. 河北农业科学，2009，13（11）：119-122.

② 同上.

对农业科技企业孵化器的类型划分没有固定的标准，按资产性质及运营机制综合的标准，将其分为3种发展模式：政府主导型农业科技企业孵化器、企业型农业科技企业孵化器及创业风险投资型农业科技企业孵化器[①②]。

一是政府主导型农业科技企业孵化器。我国的农业科技企业孵化器主要由政府主导创办，作为扶持农业科技中小企业创业和发展的组织机构，是非营利事业机构。它由政府或非营利机构投资，所持有的资源需以无偿或优惠低廉的价格供给在孵企业。除此之外，孵化器的运作资金也由国家每年根据实际需求拨款。它是非营利性的、社会公益性的，是为了加快农业科技成果转化，帮助农业科技中小企业渡过创业难关，缩短创业周期，培育新兴产业，进而解决就业问题、促进地方经济发展。因此，此类孵化器的评判标准在于其创造的社会效益而非直接的经济效益。

此类孵化器主要给在孵的农业科技企业提供创业设施、孵化服务、创业环境3个方面的服务。其中，创业设施是指网络、通讯及办公的共享设施，生产、研发、经营的场地；孵化服务包括提供技术鉴定、项目审核、融资担保、专利申请、法律咨询、教育培训、广告宣传及市场推广等；创业环境意味着孵化器需为在孵农业科技企业提供一系列资金、租金、税收等方面的优惠政策和制度。

当孵化器由政府主导，孵化器选择农业高科技项目能够站在地区乃至国家的战略高度来做决定时，其带来的利益不仅仅是资本增值，更会推动地区及国家的经济发展，改善社会整体的创新创业环境。

二是企业型农业科技企业孵化器。此类农业科技企业孵化器以大型企业为主导。大型企业参与农业科技企业孵化器有两种形式，一种是通过参股或独资组建创业投资公司完成资本运作；另一种是为了调整其产品结构，发现新的盈利增长点，或寻求主导产品相关产业的产品，增强其主导产品的市场竞争力。此外，大型企业自身的企业发展相对成熟健全，具备完善的企业经营管理体系、制度、人才队伍及营销网络。因此，这类孵化器会选择与其主导产品相关的，能够提高其主导产品市场竞争力的技术创新项目为孵化对象。泰谷航天农业科技产业孵化器有限公司就是国内首家与航天相关的农业孵化器，由中国航天科技集团育种研究中心等多家大型企业共同组建的航天产业相关的农业科技企业孵化器。

由于大型企业自身有健全的制度体系和运营机制，以及熟悉农业行业信息、技术及产品的人才队伍，且其选择的项目自身就有可能是围绕农业科技产品的利润增长点，所以其孵化的项目成功率比较高，企业的农业科技成果能够迅速转化为产品，为企业调整产品结构，创造营收。

三是创业投资型农业科技企业孵化器。此类农业科技企业孵化器是市场经济

---

① 齐振宏.农业科技企业孵化器的模式创新研究［J］.科学学与科学技术管理，2006，27（3）：5.
② 陈浩.农业科技企业孵化器模式的比较与创新［J］.管理科学文摘，2008（3）：97-98.

和农业科技企业孵化器产业发展成熟的产物，主要以风险投资公司为投资主体，孵化器为企业提供资金，持有在孵企业的股权，并对一些创意极为突出的小企业绝对控股，实现盈利。相较政府主导型孵化器，创业投资型农业科技企业孵化器的投资主体呈现多元化趋势。它的投资主体由创业集团、证券机构、上市公司、民营企业及国外资本等构成。风险投资公司以参股的形式，将充足的资金及经营管理经验注入中小企业，帮助企业规避了许多独自创业无法避免的风险，提高了企业创业的成功率，也为孵化器带来了经济效益。这种类型的农业科技企业孵化器完全按公司的方式运作，以资本的高安全性及流动性为原则，以实现利润最大化、资本高效增值为经营目标，是真正的市场主体。此类孵化器在选择项目时会更偏向有市场潜力的农业技术项目和企业，并规避风险较大的种子期创新项目。

这类孵化器和农业科技企业之间的关系更像紧密的合作关系。孵化器为企业提供更加专业化的服务，除了提供经营设施、场地等一般性创业服务，还提供风险投资、种子资金、营销策划等专业化、全面化的深度服务。而孵化器通过资产保值、租金转股、种子资金、风险投资等多种方式参与企业的经营管理并获得经营收入和利润回报。其次，由于风险投资型农业科技企业孵化器的运作模式完全符合市场经济规律，且内部资金使用安全高效，所以能够谨慎地选择农业科技孵化项目，且高效地为在孵中小农业科技企业解决其发展瓶颈期遇到的资金问题。

（二）农业科技企业孵化器的功能

农业科技企业孵化器是专业型的科技企业孵化器，由于农业维系着国计民生，本身比其他产业具有一定的特殊性，因此农业科技企业孵化器比常规的科技企业孵化器要承担更多的社会职能。它具备一般科技企业孵化器的常规功能，此外，还需承担粮食安全、农业产业结构调整、区域环境保护、农村社会转型等社会职能。张玉军等学者认为，农业科技企业孵化器应该站在宏观经济发展层面，培育农业科技创新主体，推动农业科技技术创新。总的来说，农业科技企业孵化器的本质功能是持续推动农业科学技术的不断创新。

第二节　农业科技企业孵化器的运作机制

一、农业科技资源要素聚集

孵化环境是农业科技企业孵化器功能实现的关键，孵化器需要通过整合内部及外部的要素，为企业创造良好的孵化环境，才能实现其孵化功能。农业科技企业的孵化，主要涉及资金、人才、技术和信息的聚集及配置。

（一）资金

与普通的中小企业一样，农业科技中小企业在初创期也缺乏产业化资金。企业在决定是否入驻孵化器时，首要考虑因素是能否从中获得充足的资金。因此，孵化器为了吸引更多有前景的农业高新技术企业入驻，就必须具有足够的资金资本或获取资金的渠道，以帮助入驻企业解决资金问题。孵化器通常通过整合自有资金和外来资金完成资金要素聚集。其中，自有资金主要源于政府、企业、高校或科研机构的投资，而外来资金主要源于孵化器利用其自身的社会网络关系，为企业提供的融资服务，如风险资金、银行贷款等。

（二）人才

中小型农业高新技术企业在初创阶段拥有创意，但缺乏专业的技术及管理人才队伍，这往往会制约其发展。而农业科技企业孵化器与农业相关的高校及科研机构有紧密的联系，甚至是依托它们建立的，具备专业的农业相关人才队伍，能够填补农业科技创业企业人才方面的空白。

（三）技术

技术创新是农业高新技术企业的立足之本，而技术是促进发展的关键因素。在初创阶段，企业缺乏技术设备、人才等，孵化器有依托高校和科研机构支撑的技术平台，能够为在孵企业提供最新的技术条件，减少企业在技术方面的投入。其次，有技术需求的在孵企业除了能寻求孵化器共享的技术平台，还能够向其他在孵企业寻求技术帮助。除了这些内部技术要素，还有许多外部的相关技术要素被农业科技孵化器的孵化服务所吸引并参与企业的孵化。

（四）信息

信息流对于农业高新技术企业尤为重要。而农业科技企业孵化器能够通过其广泛及良好的社会网络和专业团队收集信息，并打造完善的信息流；它还能够为企业提供各种农业、企业管理的相关信息，如政策、经济、科技、市场信息等等。这既为企业提供了充分、全面、及时的相关信息，又为其节省了获取信息的成本。

二、孵化器的建设发展阶段

农业科技企业孵化器的运行机制，主要是指从孵化器的开办，到接收企业入驻，再到孵化器成熟运行发展等一系列过程[①]。一般来说，一个农业科技企业孵

---

① 李智. 农业科技产业孵化器培育的研究 [D]. 南京：南京农业大学，2007.

化器的发展要经历 4 个阶段。

（一）准备阶段

准备阶段始于决定成立农业科技企业孵化器，并着手进行调研，直至农业科技企业孵化器建筑物建成或分割完成，并开始受理农业科技企业进驻申请。这一过程，要花费很大力气，要准备详尽的工作计划，包括可行性论证、场地选择、经营计划及服务项目配置等。

（二）开办阶段

这一阶段的特征是以实际经济效益为目标，较少考虑创新问题。为了及早还清债务，往往不加选择地接收企业进驻。客户公司中，往往包括一些已经站住脚的公司，同新办小企业相比，它们较有把握交付租费。这时，企业孵化器与客户公司之间的关系，类似传统的房东与客户之间的关系。虽然也提供相关专业及后勤服务，但很少注重农业科技孵化器特有的专业管理、咨询指导等服务。当租户公司占满了孵化器的场地之后，这一阶段就结束了。该阶段可能持续一年。

（三）发展阶段

农业科技企业孵化器在该阶段的特征是达到收支平衡，至少是房租收入能与维持生存的费用基本相抵。这一阶段，该孵化器开始向客户公司提供各种专业咨询、协调培训服务，并逐步完善接收步骤与企业毕业的标准与程序。此时，该农业科技企业孵化器才真正发挥其专业的"孵化"作用，这时的客户公司才真正成为农业科技孵化企业。

（四）成熟阶段

该阶段的孵化器能够对农业科技孵化企业提供很全面的管理咨询服务和完善的后勤服务。申请进入农业科技企业孵化器的公司数大大超过其接纳能力。这时，农业科技企业孵化器已有较严格的企业接收标准，以保证新开办的创新力强的企业占比较大，能按照明确的程序进行孵化企业的周转，以便使完成孵化的企业及时给新的公司腾出孵化场地。农业科技企业孵化器的收入来源不仅有租费，还有风险投资所盈利润、管理咨询所得等。在该阶段，农业科技企业孵化器是一个盈利的机构。

三、农业科技企业的孵化培育

农业科技企业孵化器成功的标志是其孵化企业的成功[①]。

---

① 李智. 农业科技产业孵化器培育的研究 [D]. 南京：南京农业大学，2007.

（一）孵化企业入驻筛选机制

农业科技企业孵化器的首要进驻标准是从事农业高新技术产业。其次，许多农业科技企业孵化器，都特别强调进驻企业应致力于其从事的农业科技成果的转化要有开发生产行为。所谓开发生产行为，主要是指入驻企业必须从事农业科技行业的相关项目研究、测试或者整个生产过程。由于入驻企业的规模有限，常常不可能从头到尾从事项目的整个生产过程，很多工序和技术需要与外界合作。但企业一定是要出产品的，而不能仅仅是一个咨询部门、中介公司或者贸易公司。当然，作为一个刚起步的农业科技小企业，在开发产品的同时也可以做一些贸易、技术服务、技术咨询等相关业务，以积累资金开拓市场，但不能抛开农业科技成果转化、生产农业特高新技术产品这一本质特征。最后，进驻企业要有规模前景。即企业的开发项目技术含量高，能批量生产，有市场潜力；企业有较强的技术开发实力，能够不断开发出新产品；企业的领导人进取心强，有志于规模开发。

（二）孵化企业培育毕业机制

任何一个孵化器的主要任务，都是对新建的科技型小企业进行培育扶植。很显然，这是一个开放的场所，一个发展良好的孵化器的发展过程，是一个不断有新企业入驻和合格企业迁出的过程。但是，由于孵化器本身提供的条件非常优厚，并不是所有企业到了应该迁出的时间都愿意主动迁出的，这就需要孵化器自身制定相关的毕业标准，强制迁出，为更多的新项目和创业者提供创业机会。

一般的毕业标准是以入孵企业的开发、生产和经营步入正轨，有了自理能力，可以进行更大规模的生产为准绳。结合国内一般孵化器的情况，农业科技企业孵化器的毕业标准应考虑以下几个方面。

1. 孵化时间

一般企业孵化器认为孵化时间以一年为宜。一个入孵企业建立以后，从具有科研成果到形成商品要有一个开发过程。经过市场反馈后，产品要不断完善，企业内部管理不断完善，这一般需要一年左右的时间。因此国家科委在《关于对我国高新技术创业服务中心工作的原则意见》中指出"创业服务中心对接收的企业，通过三年左右的孵化后，应使其必须离开孵化场地，自主经营，自我发展，以便再接收新的孵化企业"。在实际运作中，一般的孵化器也将"孵化期"规定为不超过 5 年。然而，由于农业科技产业的项目存在高投入性和较长的周期性，所以对每一个农业科技企业孵化的时间要比一般意义上的孵化器对入孵企业的孵化时间更长。因此，对于农业科技企业孵化器而言，某些确有发展前景的农业科技企业和项目，"孵化期"可适当放宽。

2. 成果商品化

在孵化期内，企业应完成科技成果的转化，生产出样品。企业的技术人员在完善产品的过程中，对市场有了进一步的认识，有能力开发系列产品或其他新产品，使企业不断有新产品投入市场。

3. 比较稳定的市场

企业离开农业科技孵化器之前，应在其专属的农业科技某一领域或地区有一定的知名度，且其产品的销售有了比较固定的渠道，销售网络初步建立。

4. 企业管理完善

企业领导人对所从事的技术、经营领域相关的法律法规比较熟悉，企业的各项制度包括财务制度、用工制度等都建立起来，制定了切实可行的企业发展计划。

在孵企业毕业后，孵化任务并没有完全结束，孵化器还有必要对它们进行跟踪式管理服务。这样做主要有两方面原因：一方面，为了使毕业的企业能够更快更好地成长，孵化器通过跟踪管理，为其进一步提供成长所需的服务，比如继续帮助提供咨询和寻找合作伙伴；另一方面，孵化器的成功与否，以其所孵化的毕业企业为标志。毕业的企业是孵化器的一个品牌，毕业企业在社会的影响力直接影响孵化器的声誉。

第二章　我国农业科技企业孵化器发展研究

第一节　国内农业科技企业孵化器发展现状

随着经济发展和市场的完善，创业型经济体对我国经济体系的完善和科学技术市场化起着不可估量的作用。创业型企业，特别是农业创业型企业的发展越来越受到重视。农业创业型企业由于获利周期长、经营风险大等特点，需要依托于农业科技企业孵化器这一平台，不断地发展壮大。目前，我国已拥有面向不同创业阶段、不同技术领域的科技企业孵化器，总体规模居世界前列，孵化服务体系较为健全，运营绩效明显提升，经济效益和社会效益显著。

进入 21 世纪以来，随着中央对"三农"工作的重视，农业科技企业孵化器应运而生，成为农业高新技术产业化的助推器。沈阳、武汉、北京等地也先后筹建农业企业孵化器。农业科技企业孵化器，是孵化器发展的高级产物，又称为农业科技企业创新中心或农业科技企业创业中心，是通过提供一系列科技创业发展所需的管理支持和资源网络，帮助和促进新创科技企业成长和发展，从而加速农村经济发展和产业结构调整，是农业科技创新体系的重要组成部分。

我国农业科技企业孵化器，在发展过程中形成了各种各样的类型。目前，理论研究界对农业科技企业孵化器模式的划分有多种标准，依据外部特征来划分，有综合性农业科技企业孵化器，有专业性农业科技企业孵化器，有农业大学科技园区，有国际性农业创业园等；按照资产性质，可以划分为社会公益性非营利孵化器和营利性企业孵化器；按照营运机制，可以划分为事业型孵化器、企业型孵化器[①]。农业科技企业孵化不同于工业孵化，具有孵化周期长、占地规模大、前期投入高、资金回收慢等特点。由于农业科技企业孵化器的社会性和准政府性，使得农业科技企业孵化器的发展在现阶段发展停滞。

2016 年，中国科技企业孵化器在孵企业的 13.3 万多家创业企业中，从事电子信息领域的企业占 53.05%，先进制造业企业占 14.81%，生物医药与医疗器械企业占 8.58%，新材料企业占 5.64%，文化创意企业占 4.91%，新能源与节

---

① 齐振宏. 农业科技企业孵化器的模式创新研究 [J]. 科学学与科学技术管理，2006（3）：92-96.

能企业占 4.56%，现代农业企业占 3.43%，环境保护企业占 3.15%，现代交通企业占 0.9%，航空航天企业占 0.52%，地球、空间与海洋企业占 0.38%，核应用技术企业占 0.06%①。众多新创小型科技企业的成长，对国家的经济结构、空间格局产生了重要影响，创业经济正在我国形成。专业技术和产业孵化造就了一批创新型产业集群。孵化器促进了区域产业转型和经济增长。

目前，与其他领域的科技企业孵化器发展相比，国内专注于农业的科技企业孵化器还比较少。由于我国农业科技企业孵化器的起步较晚，再加上农业的天然弱质性，在孵化器的国家资质认证、孵化器数量和组织规模等方面有待进一步深化发展。

第二节 国内农业科技企业孵化器
发展机遇与挑战

首先，农业科技企业经营无经验可循，这个特点使得投资者不敢轻易涉足。其次，由于资源限制，农业科技企业对于原材料要求较高，导致研究、经营环节无法实现跟踪发展，农业科技创业还存在较高投资风险。另外，管理经验限制、市场不确定性、生产不确定性等因素也给企业盈利带来困难。再者，农业项目孵化周期较长，导致以追求利益最大化为第一目标的工商企业难以与农业结合。所以相对其他行业来说，农业科技企业的孵化更为艰难。

与其他产业孵化器相比，国内农业科技企业孵化器不多，孵化器发展也存在着一定程度的问题，具体体现为：企业缺乏长期发展战略和目标，资金短缺，同时还存在缺乏科技企业家、未形成带头企业和拳头产品、农业科技创业风险高等问题②。这些问题实际上是由于农业关系到国计民生，出效益周期较长，农业科技企业很难产生较高利润等原因造成的。

农业科技企业孵化器虽然数量不多，发展存在着种种问题，相关的理论支持也不足，但是从成功的例子来看，农业科技企业孵化器对农业科技成果的转化、科技小企业的成功、就业机会的增加、区域经济的发展都作出了重要贡献。可以说，它是农业科技成果的示范区、农业高新技术企业的孵化地、农业高新技术的辐射源和地方经济发展的加速器。因此，有必要对农业科技企业孵化器进行深入的研究，寻找出农业科技企业孵化器的发展规律及制约因素，使农业科技企业孵化器得到广泛的发展，为我国的农业科技领域增添新的赛道。

---

① 齐振宏. 农业科技企业孵化器的模式创新研究［J］. 科学学与科学技术管理，2006（3）：92-96.
② 李智. 农业科技产业孵化器培育的研究［D］. 南京：南京农业大学，2007.

一、我国农业科技企业孵化器有待提高的空间

(一) 需要建立完善的激励机制，以适应农业科技企业发展的需要

孵化器建立初期，无论是发达国家还是发展中国家，为促进农业高新技术企业发展，政府都积极倡导并大力支持，可以说政府的支持和帮助是孵化器发展的基础与前提。然而，和发达国家以宏观政策性扶持为主而不直接干预经营方式不同的是，我国政府对孵化器的管理和运作有一定程度的干预，这样容易带来一些弊端，比如，大多数遵循事业单位的运行机制发展，导致激励机制不健全。高新技术企业创立的过程其实是一个创新的过程，而机制的创新创造了技术的创新，如果没有一个创新的机制就不可能有一个创新的企业。

(二) 需要重视提升服务能力，减少对政策的依赖

政府行为天生就不是以营利为目的的，作为有政府背景的孵化器管理人员，自身没有创造价值的紧迫感和相应动力机制，这往往使孵化器的管理者形成对政府的过度依赖、容易形成重政策轻服务的局面，结果常常会出现"政策性服务"大于"经营性服务"，服务项目少、服务层次低的局面。政府行为的非营利性与农业高科技企业高风险、高收益的行为特质是不相符的，农业高新技术企业的高风险行为远远超出了政府行为的承担能力，与高风险和高收益的利益匹配机制也不相符。

(三) 需要提供完善的孵化器资源链条，以适应农业高科技企业高投入的特点

具体来说，政府孵化器的经济来源单一，规模较小，后续资金乏力，但是高新技术企业需要持续的高投入来解决培育、研发等问题，如果企业将大部分的时间用于寻找资金，而不是培育创新，那么企业的发展是不健康的。

(四) 需要提高管理团队能力，增强综合素质

孵化器的管理和运作是一项极富挑战的工作，需要由高素质、专业化的团队进行管理。孵化器的团队要具备开创和发展企业的能力，要有创新精神，管理人员既要懂经济又要懂金融，既要熟悉科技企业运营又要熟悉国际贸易惯例；而我国主持孵化器的管理人员由政府委派，这些有政府背景的人员虽然在运用政府资源方面驾轻就熟，客观上为孵化器的运作创造了条件，但是相对而言他们缺乏企业管理的知识与经验。管理农业科技企业需要较高的综合素质，才能为企业提供切实有效的扶助，在这方面，还有提高的空间。

二、优化对策

发展农业科技孵化器，关键在于要遵循孵化器运行发展的规律，探索健康发展的创新模式。衡量孵化器模式的成败，关键是看它是否有利于在孵企业的成长与成功，是否有利于科技企业孵化器的可持续发展，是否有利于科技成果的转化和地方经济的发展，使孵化器、企业与政府三方利益都得到发展。因此，在实践中要不断进行创新和探索①。总结来说，有以下几个环节可以进行优化和提升。

（一）经营机制企业化

企业化就是指要把企业孵化器的经营机制引入到农业科技企业孵化器的运作上来，孵化器的运行需要一个良好的经营机制进行保障：在产权上，实现所有权与经营权分离，产权明晰，权责相符；在组织机构上，要实现决策权、监督权、管理权"三权"分离，建立起完善的法人治理结构，尽可能简化孵化器内部治理程序，提高运行效率，尽量强化对创业者的支持力度。

在这种机制的作用下，董事会成员、总经理领导的经营班子以及其他各种利益共同体一起密切合作，共同完成中心任务。农业科技企业孵化器在一定意义上的作用是提供一种新机制，对孵化器的经营管理者形成有效的激励与监督机制，激发管理动力与效率。如果孵化器的机制存在缺陷，缺乏效率和生机，很难想象它会有什么前景和生命力。只有孵化器本身是一个成功的企业，才能为新创企业提供强有力的支持和帮助。

（二）孵化行为市场化

孵化器不是准政府，更不是官僚机构。一个充满官僚习气的企业孵化器不可能给一个灵活多变的新创企业提供真正有价值的帮助。孵化器一定要树立市场意识，按照市场化来运作。只要是市场、企业能够做的，就尽量想办法推向市场，推向企业。能够由市场提供的，就要由市场来提供，由完全市场化的企业来做——不要划定行政范围，要让企业自身通过竞争，通过"比服务"来提高自身效率。在选择孵化对象时，要从过去的注重政府的社会效益标准向注重技术与市场结合的经济效益方向发展，即选择那些具有市场前景的、技术可行、能产生良好经济效益的企业进行孵化。

（三）投资主体多元化

新经济的发展将极大地激励人们新创企业，也必然呼唤着创办更多的企业孵

---

① 林强，姜彦福，高建. 我国科技企业孵化器的影响因素及发展对策［J］. 中国科技论坛，2003（1）：77 - 80.

化器，然而政府的资源是有限的，配置资源的效率也相对不高。因此，必须集中社会化资源，实行投资主体多元化，引导社会资本投资孵化器。美国资本市场曾经掀起了一场"温床公司"的新浪潮，所谓温床公司就是传统孵化器和传统的风险投资公司开始进行合并[①]。一方面，温床公司认识到，没有和风险投资公司合作的孵化器，对于中小高科技企业孵化的培养能力是有限的；另一方面，风险投资公司也认识到，没有与孵化器合作的风险投资公司，其投资回报率不可能是最佳的。因为以往的风险投资公司只是到社会上去找投资对象，失败率很高，现在他们可以在孵化器里实地观察、选择，在不投资的时候通过孵化器对企业孵化一段时间，等到成熟之后，再进行投资，这样的投资风险性要降低许多。

（四）管理团队专家化

在孵企业常常对孵化器寄予很高的希望与期待，对管理者素质、知识与能力的要求是非常高的，这就要求有一个优势互补、善经营会管理的专家化管理团队。对于孵化器团队的建设而言，业内人士认为，最起码需要具备 4 个方面的能力：一是为农业高新技术企业发展提供咨询的能力；二是对孵化基金的投资管理能力；三是对孵化器物业管理的能力；四是集成孵化器网络体系的综合能力。单靠孵化器自身资源来作用于在孵企业，目前已经远远不够了，还必须充分利用网络来整合孵化资源，把孵化服务机构、创业资本市场和信息网络有机地组合成一个完整的体系，促进相互衔接、互补互动，促进人才、技术、资金、信息及其他资源的合理流动与配置，实现资源共享与深度开发。

（五）系统服务高效化

孵化器最根本的作用还是服务，不仅需要一般性的后勤服务，而且需要专业化的服务；不仅需要有形的基础设施等硬件服务，而且需要深度的无形服务；不仅需要系统化的服务，而且需要优质、高效的服务。目前政府主导的孵化器主要提供了低价的场地，便利的共享设施等有形的一般性服务，然而新创企业最需要的往往是孵化器优质的、深度的无形专业化服务。比如，融资支持和市场策划往往是新创企业的软肋和"短板"。而这方面，目前普遍难以使在孵企业满意，这正是工作的着力点与价值的创新点。随着我国政府管理体制的改革，政府职能的转变和管理方式也正在发生相应的变化，政府不再直接干预孵化器的经营与管理，而只是在宏观政策上对农业科技孵化器提供指导，为创业者营造一个局部优化的环境。

---

① 肖健. 中国科技企业孵化器营运模式探讨［J］. 科技管理研究，2002（2）：6 - 9.

第三节　国内农业科技企业孵化器建设实践分析

一、杨凌农业科技企业孵化器建设实践[①]

（一）杨凌示范区创业服务中心概况

杨凌示范区创业服务中心（以下简称"杨凌创业中心"）是具有独立法人资格的公益性事业单位，在科技部火炬中心、陕西省科技厅与杨凌管委会的联合共建下，于 1998 年 3 月成立。杨凌创业中心的建立，主要是以国家有关政策为依据，以杨凌示范区科技资源密集以及智力资源丰富的综合科技优势为依托，充分利用示范区优越的产业发展环境，为入孵的中小科技企业提供完善的硬件设施、优质的服务与咨询，并且提供优惠的科技企业孵化政策，从而更好地培养和发展农业科技中小企业。

杨凌创业中心为入孵企业提供了非常优越的硬件环境，有 5 个孵化场地，包括创业大厦、创新大厦、创业园标准厂房、畜牧企业孵化器、杨凌示范区火炬创业园。其中，创业大厦总面积约为 30 800 平方米，为入孵企业提供了办公场地；畜牧企业孵化器占地 280 亩*，满足了农业科技企业对空间的需求；杨凌示范区火炬创业园，主要是为食品加工中小企业提供孵化场地与孵化服务，这为促进农业科技的深加工，提高农产品的附加值创造了很好的条件。

除了为入孵企业提供场地外，杨凌创业中心还可以提供附加服务，成立创投公司，以专业的投资团队为基础，为入孵企业提供各种融资渠道并提供专业咨询，并有技术服务平台为入孵企业提供各种技术信息政策共享交流与相关服务，形成了以创业中心为主体，技术服务平台与创投公司为两翼的格局，并创建核心孵化器、专业孵化器以及火炬创业园的三级孵化体系，在农业科技中小企业的孵化中发挥了很大的作用。不但挖掘出一批具有良好市场前景的高新技术并将其产业化市场化，更重要的是培养了一批高素质高水平的优秀农业科技企业家。创业中心累计为 186 家中、小农业科技企业提供孵化服务，其中有 39 家企业达到毕业要求，顺利毕业。在毕业企业中，从事农副产品精深加工的企业约占总数的 21%，从事新型肥料的企业约占总数的 22%，约有 20% 的毕业企业从事农牧良种及产品开发，约有 14% 的毕业企业从事生物制药，生态建设与园林绿化的相关企业占总数的 10%，而农业设施及涉农新材料企业与农业信息企业分别占总数的 10%、3%。

---

① 孙雪松．杨凌农业科技企业孵化器管理运行机制优化研究［D］．长沙：长沙理工大学，2013．

* 亩为非法定计量单位，1 亩≈667 平方米。——编者注

（二）机遇和挑战

在科技发展日新月异与经济快速发展的今天，杨凌创业中心有机遇也有挑战。随着我国政府工业反哺农业方针政策的提出，农业科技逐步得到重视，大家认识到只有加大农业科技的推广力度，才能降低农业生产的成本，提高农业生产的效益。国家对杨凌创业中心给予了很大的支持，在创业中心的成立和建设上，出台了相关政策予以保障，科技部在2000年4月下旬出台了《关于加快高新技术创新服务中心建设与发展的若干意见》，针对创业中心建设和发展的资金保障问题，提出了以各级科学技术委员会、高新区投资为基础，建立政府引导，相关部门主办与全社会投入的多元化投资主体。并在创业中心服务体系建立上，从国家宏观规划的角度给予了很多政策支持与资金支持，这对杨凌创业中心这样的农业科技企业孵化器来说，都是非常有利的外部条件。

另外，杨凌创业中心作为一个专业的企业孵化器，其农业专业优势非常明显。第一，杨凌示范区由国家多个部委与陕西省人民政府实行"省部共建"，国家对杨凌的重视使得杨凌示范区的企业都在一定程度上获得了政策及资金方面的支持；第二，经过多年的发展，杨凌虽然不是我国首个建成农业科技企业孵化器的地方，但是在发展农业科技方面，其在国内外具有很大的知名度，这种品牌效应有利于杨凌创业中心的发展；第三，杨凌是我国重要的农业科技教育基地之一，拥有两所农业科技高校，每年培养出大量的专科、本科生以及硕士、博士研究生，这为农业科技的发展积累了优秀的人力资源，为创业中心提供了大量可转换为经济效益的农业科技资源；第四，杨凌示范区在公共基础设施建设上做了很大的努力，将示范区的水电、通信、道路等设施提高到了一个较高的水平。

（三）运行发展存在的问题

1. 创业中心对政府依托性过强

与我国的大多数科技企业孵化器相同，杨凌创业中心也有较强的政府依托性，是公益性的科技事业服务单位。虽然创业中心已于2003年转为自收自支的事业单位，但依然是准政府性质。虽然在创建初期和初步发展阶段政府的主导作用是非常必要的，但是，目前已经发展到了多元化发展阶段，并逐步向成熟阶段迈进，政府在高新技术的发展和企业市场化管理方面的不足就逐渐暴露。创业中心对政府的依赖性，减弱了其创新能力与进取精神，而人事制度的不灵活也使得创业中心的工作人员缺乏热情和积极性，从而导致很多应该为企业提供的增值服务流于形式，从而无法实现为企业提供全面的管理咨询服务。长此以往，增加了入孵企业的成长成本，也影响了创业中心的竞争力与可持续发展，这与创业中心建立的初衷是相违背的。

2. 创业中心软性服务不全面

要进入成熟阶段，孵化器必须具备两个特征：一方面，申请入孵的企业数量大大超过孵化器的接纳能力，这时孵化器能通过一定的筛选条件选择优质的有市场潜力的企业入孵，提高孵化器的成活率；另一方面，孵化器不但能为入孵企业提供优质的物业服务，而且能够对其提供非常全面的管理咨询服务，包括将大学等科研组织与入孵企业相结合，为入孵企业提供科技支持，建立完善的孵化信息网络、提供管理财务等方面的咨询、策划、诊断，为入孵企业提供多种融资渠道等综合服务。

目前，杨凌创业中心想要进入成熟期，就要深刻地认识到，创业中心≠高档硬件设施＋政策优惠，提供完善的软性服务还需要面对一系列的问题。创业中心经过这么多年的发展，工作重心已经从单纯的为入孵企业提供场地、收取租金，逐步向为入孵企业提供管理咨询服务转移，但是服务的范围还不够广，服务的内容还不够全面。

3. 创业中心筛选制度不完善

随着等待入孵的企业增多，创业中心的入孵企业筛选制度就不能适应现阶段的情况了。创业中心缺乏对待入孵企业的入孵前服务，虽然入孵制度规定，对没有设立企业但拥有市场前景良好的新技术项目的自然人，可以提供如办理税务、工商登记手续等入孵前服务，帮助其创办企业，但这还远远不够。随着社会经济的发展，企业面临的情况越来越复杂，中小民营企业尤为如此，而进入创业中心的企业负责人，大多数是科研出身，对管理及相关知识比较缺乏，让他们在实践中摸索管理经验，增加了企业成活的难度。

4. 创业中心缺乏毕业企业跟踪制度

入孵企业在毕业后能否按照自身的经营计划与经营战略持续在激烈的竞争中存活下去，是创业中心应该关注的一个问题。入孵企业在毕业后能适应市场的竞争，才是孵化器功能的真正体现。创业中心在入孵企业毕业的条件上有详细的规定，但是对入孵企业毕业后的跟踪却是空白，关注入孵企业毕业后的经营情况，有利于创业中心吸取经验教训，节约社会资源。因此，完善入孵企业毕业制度也是创业中心在运行机制上需要解决的问题之一。

二、重庆渝北国家农业科技园区建设实践

（一）重庆渝北国家农业科技园区概况

重庆渝北国家农业科技园区是经科技部、农业部等六部委于 2001 年批准成立的全国首批国家农业科技园区，其前身是 1997 年重庆市政府批准成立的重庆市第一个现代农业开发园区。农业园区位于重庆以北，渝北区兴隆镇，紧邻两江新区。距江北机场 18 公里，距主城中心 38 公里。为保障园区农业科技建设，

2009 年重庆市政府在渝北区兴隆镇新规划了 2 745 公顷拓展区，主要发展现代高新农业；2010 年编制完成《重庆渝北国家农业科技园区拓展区总体规划》，将农业园区的功能定位为"现代农业科技展示、统筹城乡示范和临空都市休闲农业"，打造"国内一流、国际知名"的农业旅游观光和休闲度假集聚区，主导产业为种子、种苗、都市园艺、现代中医药、现代农业服务产业。

2015 年 9 月，渝北区深化国有企业改革，财政注资 1 亿元成立重庆临空都市农业开发建设有限公司，明确其为开发类国有独资公司，具有融资、投资、开发、建设的基本功能。公司职责是以建成"国内一流、国际知名"的重庆渝北国家农业科技园区为首要目标，围绕渝北区"一区三带十基地"建设，通过产业示范、效益带动、资本运营，搭建集融资、投资及开发建设于一体的农业开发平台，激发乡村旅游、文体、森林等资源要素活力，打造临空都市农业发展典范和标杆，带动渝北乃至整个重庆农业产业和城乡统筹发展。

渝北农业科技园区始终将科技创新能力提升作为支撑产业发展的关键，先后组织开展了都市农业关键技术集成及成果转化服务，实施了"星火计划""十二五"农村领域支撑计划、"重庆市 121 重大科技支撑示范工程项目"等农业科技项目，获批各类专项资金 1 500 万元，培育专业大户 200 余户，培训农技人员 2 000 余人次，并以铁皮石斛繁育、集装箱生态养鱼为突破口引进了全产业链的组培中心，丰富科技农业产业结构，带动"三农"发展。2015 年以来，整合重庆市农科院、西南大学、四川千草生物公司等优质资源，广泛开展合作，共享互利，建立了产学研中心、科创培训中心、组培中心、科普教育基地，打造学科教、产、学、研科技平台。2014 年，渝北国家农业科技园区年度科学研究与试验发展（R&D）投入达到 7 888 万元，研发人数 318 人，常驻知名专家 12 人，园区龙头企业新增 10 家，大型科研仪器设备总价值达到 12 亿元。全年投资总额达到 5.3 亿元，其中财政资金投入 2.6 亿元，企业投资 2.7 亿元。

（二）机遇和挑战

随着重庆经济发展持续向好，渝北国家农业科技园区作为重庆主城区唯一的国家农业科技园区，乘着渝北区临空经济示范区的建设机遇不断发展。2016 年10 月，渝北区成功获批国家首批临空经济示范区，标志着渝北区发展临空经济已经上升为国家战略。以渝北国家农业科技园区为带动，优化"一区三带十基地"产业布局，发展一批特色高效的农业品种，深度挖掘整合自然生态资源，大力发展观光、休闲、养生等生态旅游，建成过境旅客旅游目的地。实施农产品深加工，打造一批全球领先的农业品牌，建成农产品跨境交流平台。发展航空食品加工业，打造"从田间到机舱"的全产业链项目。加快发展冷链物流，打造以航空运输为主的冷鲜食品集散中心。积极培育家庭农场、专业大户、农民合作社和农业产业化龙头企业等新型经营主体，通过集约化和规模化发展，引领示范农业发展，这些定位和要求将为渝北国家农业科技园区发展注入新的动力，带来资金、政策和人才的注入。

（三）运行发展存在的问题

在国家创新驱动发展战略实施和经济发展步入新常态的背景之下，渝北国家农业科技园区迎来了新的发展机遇，但同时也面临不少问题。

1. 发展目标定位不够明晰

目前，全国已有近 180 家国家农业科技园区，各地因为发展的基础条件和优势不同，确立的发展重点也不尽相同，特别是成立较早的园区，随着城镇化进程的推进，发展中遇到了诸如土地资源紧张、产业转型升级的压力，许多农业园区开辟了新的拓展区作为发展主战场。一方面，原有的部分规划定位已经无法适应发展需要。目前渝北农业科技园区在发展上仍然以传统的城市开发建设为依托，园区规划建设的花海和休闲旅游产品布局均围绕着城市建设，缺乏旅游与农业高度融合的总体定位。另一方面，目前运营状况较好的花海项目，与重庆周边的潼南、荣昌、铜梁等休闲旅游项目存在重合。拓展区目前基本上没有农业产业布局，原核心区的农业企业的科技含量较低，缺乏发展后劲和市场竞争力，许多产品的销售渠道和市场单一，局限于重庆市内，高科技、高投入、高效益未能得到充分的体现。

2. 园区运行管理机制不健全

一是人事管理制度与园区发展对人才的需求不匹配。招商引资人才缺乏，导致项目建设推进缓慢；园区中介服务人员少，无法为企业提供实验室和研发平台等公共产品，员工主动服务意识差；园区在投融资、产业集聚和规划等方面长期依靠区政府的财政拨款，有限的拨款无法满足大规模的建设需要。二是园区管理体制不利于招商引资和项目开发。原渝北国家农业科技园区管委会虽然保留了事业单位的牌子，但行政管理架构已全部转为企业化运作，由临空都市农业公司履行原管委会的职能职责。政府的干预减少，员工待遇提高，发展的活力日益凸显，但同时又遇到国家和重庆市的项目资金和财政拨款不能直接注入公司、公司土地收入等大额税费支出、招商引资中的信任缺失等问题。

3. 园区科技创新能力有待提高

一是科技投入总量仍然偏低。2014 年渝北农业科技园区 R&D 投入为 7 888 万元，虽然高于重庆忠县的 1 318 万元和璧山的 300 万元，但相较于中西部其他地区仍然较低。二是科技支撑体系不够完善。渝北农业科技园区各类重大科研仪器设备总值达到 12.13 亿元，但整个园区目前没有省（部）级以上企业技术研发中心、重点实验室等科技平台。三是高新技术人才匮乏。渝北国家农业科技园区辖区内虽有西南政法大学，但跟农业相关的专业技术人才匮乏，园区的研发人员不多。虽然园区聘请了一些西南大学、重庆市农业科学院等农业技术方面的专家，但这些人员来科技园区工作的时间有限，加之流动性过大，难以满足园区高标准建设和管理要求。

4. 投融资体系和渠道相对单一

一是政府对园区前期基础设施建设投入逐步减少，导致园区发展进程受到影响。二是园区建设资金来源主要依靠土地出让金，但单一收入无法满足发展需求。目前，国内的诸多农业科技园区的建设，采取"谁主导、谁出资"的发展模式，主要有科研院所主导型园区、政府主导型园区、企业主导型园区。政府主导模式往往集中体现在园区初始发展阶段的基础设施投入上，但由于政府财力有限，更多是往管理权限和税费以及土地指标上倾斜。

5. 示范带动作用发挥不够明显

渝北农业科技园区原核心区通过 10 多年发展，涌现出了一批重庆知名农业品牌企业，如有友食品、天友乳业等，但这些企业的发展规模和层次仍然较低。产业集群没有形成，使得园区企业的关联度不大，推动区域现代农业产业发展的能力不强。

第三章　广东省农业科学院建设专业孵化载体的探索与实践

第一节　广东省农业科学院基本情况

广东省农业科学院（以下简称"省农科院"）是广东省人民政府直属正厅级事业单位，成立于 1960 年，前身是 1930 年由著名农学家丁颖教授创办的中山大学稻作试验场及 1956 年成立的华南农业科学研究所。全院占地面积 5 800 余亩，其中科研示范基地面积 4 200 亩。建院以来，秉承"科技创新，服务'三农'"的宗旨，致力于解决广东省农业及农村经济发展中基础性、方向性、全面性、关键性的重大科技问题，肩负着农业科技创新、服务地方经济、培养高层次科研人才、促进科技交流合作的任务。

在科研平台方面，省农科院现有水稻、果树、蔬菜、作物、植物保护、农业质量标准与监测技术、设施农业、动物科学（水产）、蚕业与农产品加工、农业资源与环境、动物卫生、农业经济与信息、茶叶、环境园艺研究所和农业生物基因研究中心共 15 个科研机构；设有博士后科研工作站；"农业科学"和"植物学与动物学" 2 个学科 ESI 全球排名前 1%；牵头建设猪禽种业全国重点实验室，建有农产品加工省（部）共建国家重点实验室培育基地、热带亚热带果蔬加工技术国家地方联合工程研究中心等 15 个国家级科研平台，省（部）级科研平台 93 个，收集保存农作物种质资源 6.3 万余份。

在人才队伍建设方面，省农科院现有在编职工 1 179 人，高级职称专家 653 人、博士以上学历 684 人，国家特支计划科技创新领军人才 4 人、"百千万人才工程"国家级人选 3 人、全国杰出专业技术人才 1 人、国家神农英才计划人才 9 人、享受国务院政府特殊津贴在职专家 19 人，国家现代农业产业技术体系专家 23 人。

在科研成果方面，"十三五"以来，获各级科技成果奖励 619 项，其中主持获得国家科学技术进步奖二等奖 1 项、广东省科技进步奖一等奖 11 项；获通过审定（登记/评定/认定/鉴定）品种 1 472 个，获植物新品种权 429 个，获授权专利 1 986 件，发表 SCI 收录论文 2 989 篇。农业主导品种和主推技术在全省占比分别达到 61.93% 和 71.69%。

在推广服务方面，积极推动科技与人才下沉服务，实行全院全员农村科技特派员制，组建现代农业产业专家服务团，对接服务全省 90％的现代农业产业园，在全省建设 17 个农科院地方分院（现代农业促进中心）、100 个专家工作站和一批特色产业研究所，建成基本覆盖全省主要农业生态区域的院地协同农业科技服务网络，形成"共建平台、下沉人才、协同创新、全链服务"院地合作模式；构建"需求导向、资源共享、联合研发、强企兴业"的院企合作模式，成立广东省农业科技成果转化服务平台和广东金颖农业科技孵化有限公司，建设国家级农业科技企业孵化器——金颖农科孵化器（华南 A 谷），目前累计吸引超 350 家农业科技企业进驻。

在科技支撑"百县千镇万村高质量发展工程"和绿美广东生态建设方面，聚焦农业产业关键核心技术攻关、全面推进科技资源下沉农业农村一线，凝练"一院牵头，多所参与""一县一清单"工作模式，根据对县域技术需求的调研情况，按照全产业链发展思维，组织科技团队开展技术对接，为县域发展带动乡镇，提供等智力咨询服务，科技特派员在此发挥了重要作用。目前，已与广东省 51 个县（区、市）签订了"百千万工程"及绿美广东生态建设的科技合作协议，探索实施"百千万工程"院县合作新模式，促进地方农业产业高质量发展，推进全县域乡村振兴。

在推进中国式现代化的新征程上，省农科院以习近平新时代中国特色社会主义思想为指导，全面贯彻落实党的二十大精神和习近平总书记视察广东重要讲话、重要指示精神，深入贯彻落实广东省委"1310"具体部署，坚持党委领导下的院长负责制，以科技创新、服务"三农"为己任，不断提升科技创新能力与产业支撑水平，为加快建设农业强省作出新的更大贡献[①]。

第二节　打造粤港澳大湾区农业创新"硅谷"

一直以来，广东省农科院高度重视科技成果转化，早在 2016 年就成立了广东省农业科学院科技成果转化服务平台，并全资组建广东金颖农业科技孵化有限公司，打造现代农业专业孵化载体——金颖农科孵化器，该孵化器在 2021 年获批成为全省首批农业领域的"国家级科技企业孵化器"。

一、疏通"最后一公里"

2016 年 7 月，为加快推进农业科技成果转化工作，省农科院决定成立广东省农业科学院科技成果转化服务平台和农业科技企业孵化器。一方面，整合院内的科技成果资源与市场进行充分对接，促进科技成果转化；另一方面，引导和鼓

---

① 广东省农业科学院官网（http：//www.gdaas.cn/nkygk/byjj/index.html）。

励科技人员带项目、带技术深入企业，不断加强与企业的科技交流与合作。

孵化器，顾名思义，其主要功能就是孵化服务，为农业企业（团队）提供创业指导和创新服务。孵化器就像个"超级红娘"，将市场信息、人才、资金、科技、政策等众多的创新创业资源集聚到一起，为各类企业发展牵线搭桥、添砖加瓦，把科研院校的人才、科研平台、技术、成果与企业的产品创制、技术研发、工艺改进、市场开拓、服务创新相结合，提供一揽子高质量解决方案，提高企业（团队）创新创业的成功率，缩短新产品开发时间，降低开发成本，助力企业发展壮大。

为了提高转化效率和服务质量，进一步实现专业化、市场化运营孵化载体，在广东省出台有关文件后，省农科院打破机制体制限制，按照"政府推动、院所主导、企业支撑、市场化运作"的理念，在 2017 年 11 月以"50％技术股＋50％资金股"的形式全资组建广东金颖农业科技孵化有限公司（以下简称"金颖农科"）负责科技成果转化服务平台和孵化器的运营管理工作。

孵化器设立之初制定的目标就是对标市级、省级、国家级孵化器的条件要求和孵化器的功能，集全院之力在 3 年内打造国家级农业科技企业孵化器。最终在 2021 年 1 月如期获得科技部认定的"国家级科技企业孵化器"资质。

金颖农科孵化器的成长历经了 3 个阶段。第一个阶段的目标是活下来。为了与企业建立联系，通过省农科院主办的科技成果转化对接会，收集大量企业的联系方式，然后逐个拜访联系。同时，充分调动院内资源，群发邮件请全院科研人员帮忙介绍有合作意愿的企业，甚至还广撒网，通过市场化的招商方式来联系全省的涉农企业。第一年，金颖农科孵化器的场地全部租出。次年，还成功获得了"广州市级孵化器"的称号，金颖农科活下来了。

到了第二阶段，金颖农科孵化器被认定为"省级科技企业孵化器"。金颖农科活下来之后，场地扩大、入驻企业增多、团队成员也慢慢增加，孵化器也朝着原本的发展目标，即扶持还在成长阶段的农业企业创新、创业，促进它们的成长。

因此，金颖农科孵化器招商的租金相较于市场而言性价比颇高。金颖农科孵化器不依靠租金，尝试开源节流，譬如积极争取政府补贴、减少运营成本等。与此同时，每个员工还要熟知如何为企业服务、如何为企业融资、如何掌握科技成果转化的流程，更好地帮助企业与科研人员对接。

步入第三阶段，金颖农科孵化器不断壮大，成了粤港澳大湾区规模最大的国家级农业科技企业孵化器，继续以"立足广州、引领华南、面向全国、走向世界"为发展方向，创新发展。

二、全方位服务企业成长

创业容易守业难。要使孵化器运营能力和水平得到全方位的提升，就需要构建更高能级的孵化服务体系，打造自己的核心竞争力。金颖农科孵化器的定位是打造现代农业领域的专业孵化载体。因而，在前期项目筛选上，主要通过涉农企业主营业务赛道、公司核心竞争力、管理团队经营管理能力3个维度来遴选合适的入驻企业和项目。一是主营业务所处赛道要符合国家对农业可持续发展的要求，也就是"朝阳产业"；二是从产品、技术或者营销渠道等方面，来看企业的核心竞争力；三是与企业核心的管理运营团队接触，充分了解他们对企业未来的定位、发展目标以及团队的运营管理能力等。

组建运行5年来，金颖农科孵化器探索构建了一套"2＋N"孵化服务体系，包括基础服务、增值服务加上N种创新和专业服务。基础服务是指入驻企业在进入孵化器以后，就能享受到办公场地、工商注册、物业管理、共享空间等基本的服务；增值服务是指伴随企业的成长衍生出的一些需求，包括财税规划、产品营销与市场推广、战略规划等服务。"N"是指为企业在科技、知识产权、法律、财税、投融资以及人才招聘等多方面提供专业创新服务。譬如科技方面，结合企业的科技需求，孵化器能够充分通过科技成果转化服务平台来链接省农科院的优势农业科技资源，包括科技专家、技术、成果来帮助入驻企业。一切以企业的需求为导向，金颖农科孵化器还会针对企业提出的差异化需求，结合自身的优势，提供个性化的创新资源和服务。

在"2＋N"孵化服务体系的支撑下，平台为助力企业成长提供了全方位的支持保障。每一家企业入驻之后，孵化器都会根据企业主营业务和成长阶段来固定配置一名企业辅导员。企业辅导员的角色，相当于入驻企业与孵化器之间的桥梁和纽带，辅导员需要实时了解企业当前的业务发展情况，及时将企业在发展过程中遇到的困难和需求反馈给孵化器，最终由孵化器整合服务资源，助力企业解决问题。

此外，孵化器还建立了人才共享、资源共享以及服务网络共享三大共享机制，以更好地支撑企业发展。在人才共享方面，除了企业辅导员之外，孵化器充分发挥平台优势，整合集聚各类创新创业资源，与广东省内40多家第三方专业合作机构建立了合作关系，并聘请了60多名投融资、财税、法律、知识产权、企业战略咨询等方面的专家作为创业导师，加上省农科院135个全产业链专业服务团队，组建全方位、立体化的人才共享服务支撑体系。

在平台共享方面，省农科院目前建有广东广州国家农业科技园区和畜禽育种国家重点实验室、农产品加工省（部）共建国家重点实验室培育基地、果蔬加工技术国家地方联合工程研究中心、农业农村部重点实验室、广东省重点实验室等191个各类省（部）级以上科研平台，为入驻企业实现平台科技资源的开放与共享。为了更高效地为企业提供产业支撑服务，孵化器在近两年还先后与省农科院两个研究所共建了农产品质量监测、农产品加工两个中试平台，为企业提供产品中试、技术熟化、人才培养等服务。

在服务网络共享方面，省农科院在广东省内与地方政府合作共建了 17 个地方分院、55 个专家工作站和一批特色产业研究所。由省农科院派出专家团队，带着项目资金、科技资源常驻，服务于地方产业发展。孵化器的入驻企业也可以充分依托分院的平台，更加便捷地对接当地的政府资源、企业资源和产业资源。

在科技服务方面，金颖农科孵化器构建了一个轻资产科技服务体系。第一是科技咨询，入驻企业遇到科技方面的需求，可以面对面对接专家，精准地获取专业的解答；第二是成果转化，通过省农科院科技成果转化服务平台和孵化器，可以实现科技成果供给与需求的精准匹配；第三是联合申报科技项目，省农科院科技人员在解读项目申报政策、撰写科研材料等方面有优势，可以与入驻企业联合申报产学研科技项目，为企业争取科研项目经费，助力企业开展研发创新；第四是共建研发机构，依托省农科院健全的学科设置、优越的软硬件条件等，通过孵化器平台，可以促成入驻企业与相关的研究所或专家团队，通过共建研发机构的方式，让企业以较低的成本共享省农科院资源，为企业技术研发、产品创新提供科技支撑；第五是技术入股或者资金投资，孵化器可以通过平台设立的种子资金对入驻的优质企业、项目进行资金投资，或者通过技术入股与企业形成深度的合作关系。

三、打造"广东样板"，建设大湾区"农业硅谷"

从现实经验来看，小微企业创新创业普遍存在经验、资金、人才等方面的"短板"，而孵化器平台可以起到补短板的作用。

在经验方面，孵化器通过"内培外引"方式将内部孵化毕业企业或龙头企业高管、外部有关企业管理、科技金融与服务、技术创新、载体运营等方面的专家纳入创业导师队伍，为企业提供创业辅导服务；同时加强院企联动，组织开展多学科院企交流、科企对接、产业研讨等活动，促进院企和企企间交流，推进"政、产、学、研、金、用"创新融合。

在资金方面，孵化器充分发挥科技金融服务站的功能，搭建资本对接平台，链接第三方投融资机构；联合中国银行广州分行创新推出省内首个农业孵化载体专属金融服务方案，解决农业类科技企业融资难和融资贵的难题；推出"华南 A 谷惠企支农五策十条"支持措施，鼓励入驻企业加大研发投入，引进高端人才。

在人才方面，依托省农科院科技人才资源，定期组织技术培训和科企交流对接，提升企业技术水平和创新能力；强化协同创新，促进院所与企业合作共建新型研发机构、示范基地，开展科技合作，在企业建立"博士后科研工作站""专家工作站"，派驻全职或兼职科技人员、专家为企业解决生产、研发问题，同时强化企业的"造血"功能，形成了一个科技支撑产业发展的良性循环，为企业的持续发展提供源源不断的内在动力。

科研院校的科学家善于创造新知识和新技术，擅长"从 0 变成 1"。而企业的专长是"把 1 变成 10",利用新知识和新技术去创造新的产品、新的工艺,开展大规模生产,做出质量更好、成本更低的产品,推向市场、创造财富。作为广东省农业科技创新的主力军,省农科院在促进科技成果转化和创新创业中扮演着一个"领跑者"的角色,一直致力于农业科技各个领域的技术创新,让广东农业科技发展水平从"追赶"到"领跑",并占据优势地位。

习近平总书记指出,"要以企业牵头,整合集聚创新资源,形成跨领域、大协作、高强度的创新基地,开展产业共性关键技术研发、科技成果转化及产业化、科技资源共享服务"。

而依托省农科院科技资源优势,金颖农科孵化器能够向入驻企业开放共享仪器设备、科技人才、科研平台等资源,为企业提供成果、技术、人才、实验室、委托研发、合作研究和技术服务等全方位、全链条的科技支撑,让企业有限的科研投入产生更大的产出,提升科技资源利用效率和科技创新的支撑能力,还可以与企业建立紧密联系的机制,坚持企业需求导向,积极承接企业出题的委托研发项目和合作研究,构建龙头企业牵头、科研院校支撑、各创新主体相互协同的创新联合体,提升科技供给侧与需求侧的适配,提高企业技术开发能力,支撑产业发展。

孵化器是省农科院深化院企合作、推进科企对接的重要平台,很好地促进了科技成果孵化转化,让科技成果能够走出实验室、走进企业、走向现代农业建设主战场,破解了科研经济"两张皮"的难题。

目前,省农科院正在以国家级孵化器为基础,不断提升产业孵化和辐射带动能力。2022 年年初,省农科院与华南理工大学、暨南大学、华南师范大学、华南农业大学和中国科学院广州能源研究所等单位联合发起成立"环五山协同创新联合体",发挥自身在现代农业方面的科技优势,共创粤港澳大湾区科技协同创新引领区,共筑科技创新策源高地。

在 2022 年 3 月 10 日召开的院企合作工作推进会上,省农科院面向全省正式发布了"华南 A 谷"品牌,并联合天河环五山地区 8 家高校、科研院所,10 家科技企业孵化载体共同启动建设"华南现代农业创新孵化服务联盟",打造华南现代农业"创新硅谷"。

目前,"华南 A 谷"正围绕大湾区"农业硅谷"目标,进一步深化院企合作,搭建农业企业和产业高质量发展的融通平台,建设成为现代农业创新链、产业链融合的"广东样板",为全面推进乡村振兴和加速实现农业农村现代化提供强有力的创新驱动力和科技支撑。

第四章　金颖农科孵化器（华南 A 谷）运行机制研究

第一节　金颖农科孵化器（华南 A 谷）总体概况

金颖农科孵化器（华南 A 谷）是广东省农业科学院建设的现代农业专业孵化载体。为进一步专业化、市场化建设运营现代农业专业孵化载体，促进创新创业、提高科技成果转化孵化效能，2017 年 11 月，省农科院以"技术（50％）＋资金（50％）"的形式，全资注册成立广东金颖农业科技孵化有限公司，负责专业孵化载体的科技成果转化和企业孵化运营。金颖农科依托省农科院科技资源优势，通过人才集聚、要素集约、产业集成，构建了集"科技企业孵化、关键技术研发、科技人才创业、成果技术转化"四大功能于一体的现代农业创新创业孵化平台，建成粤港澳大湾区现代农业领域规模最大的国家级科技企业孵化器（金颖农科孵化器）和省内首家农业科技企业加速器（金颖农科加速器），为农业创新创业主体提供全面专业的孵化和加速服务。

经过 5 年建设发展，金颖农科孵化器先后荣获中国生产力促进（服务贡献）奖、全国农村创新创业孵化实训基地、国家技术转移转化示范机构、中国百家特色载体、广东省现代农业产业技术成果转化基地、广东省创业孵化示范基地、广东省生产力促进奖（科技服务）、广州市优秀科技金融工作站、天河优创"产业孵化器"等 40 多项资质和荣誉，形成"要素融合、协同创新、全链孵化、辐射带动"的企业孵化服务模式，打通了从"科技—企业—产业"到"众创空间—孵化器—加速器"的融合发展通道，构建了从源头创新到产业培育的全要素、全链条农业产业创新集群，打造华南现代农业创新硅谷（华南 A 谷），有效地激发了企业创新创业活力，提高了科技成果在农业企业和产业转化中的应用，加速产业孵化，助力乡村振兴。

第二节　金颖农科孵化器（华南 A 谷）组织结构

广东金颖农业科技孵化有限公司（金颖农科孵化器）实行董事会领导下总经理负责制，根据金颖农科孵化器和加速器运营发展规划，补充优化运营单位部门设置和职能分工（图 4 - 1）。

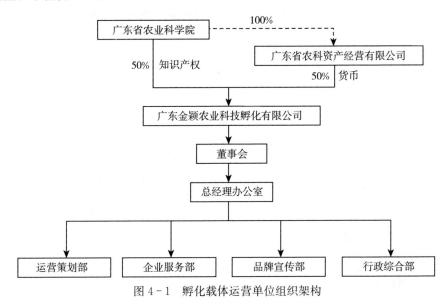

图 4 - 1　孵化载体运营单位组织架构

目前，公司下设运营策划部、企业服务部、品牌宣传部和行政综合部 4 个部门。董事会主要负责召集股东大会并向大会报告工作、执行股东大会的决议、决定公司的经营计划和投资方案等。监事对董事会和总经理的活动实施监督。总经理主持公司的日常经营管理工作，组织实施董事会决议，组织完成公司年度经营计划，组织制定本公司的各项基本管理制度和具体规章等。①运营策划部负责公司各类活动策划、资源整合；负责收集、深度解读政府各类扶持政策并进行项目申报实施及企业绩效评价。②企业服务部主要负责物业管理和企业综合服务两大部分，包括遴选、孵化创业团队，入孵企业的日常联系、管理和综合协调工作；负责入驻企业技术、资源需求对接服务。③品牌宣传部负责公司品牌建设和新媒体运营，包括新闻发布、品牌宣传、对外媒体资源的整合、沟通、交流和自有媒体平台运维工作。④行政综合部负责公司行政管理、日常事务与财务管理等工作，协助领导做好各部门之间的综合协调，落实各项规章制度等。

第三节　金颖农科孵化器（华南 A 谷）运行机制

培育农业新质生产力，推进农业科技成果转化孵化是农业科技创新的主要目的。作为广东省农业科技创新和服务"三农"的主力军，金颖农科立足产业发展和企业需求，围绕科技成果转化和企业孵化，运营广东省农业科学院科技成果转化服务平台和科技企业孵化器——金颖农科孵化器，通过"平台＋孵化器"双轮驱动的模式，形成"一盘棋"农业科技创新格局和"一条链"农业产业转化孵化模式，探索出了"四个一"成果转化孵化运行机制，推动农业科技成果向新质生产力转化。

一、建立一个成果转化孵化平台

金颖农科孵化器（华南 A 谷）依托省农科院科技人才优势，整合相关资源要素，建立了一个集"科技企业孵化、关键技术研发、科技人才创业、成果技术转化"四大功能于一体的农业科技成果转化孵化服务平台；围绕农业科技创新、新型农业主体培育、农企优品打造、创业能力提升等方面，搭建"互联网＋"线上线下农业科技服务平台，为企业提供一站式、全链条孵化服务，推动企业孵化和成果转化。

二、制定一套成果转化服务机制

金颖农科孵化器创新科技成果转化与企业孵化机制，一是构建轻资产服务体系，通过科技咨询、成果转化、联合申报项目、共建新型研发机构、技术入股和资金投资等方式，促进科企合作；二是以"补链、延链、强链、拓链"为抓手，打造"众创空间—孵化器—加速器—产业园"全链条科技孵化服务体系，着力培育引进不同细分领域的农业龙头企业，集聚农业全产业链上下游资源，打通"种业—生产—加工—流通"产业链条，构建创新生态链和产业生态圈，推动产业集聚，助力现代农业产业向高质量、集群式、规模化发展。

三、探索一条科技金融发展新路径

金颖农科孵化器充分发挥科技金融工作站"桥梁"作用，探索"科技＋金融＋产业"科技金融服务方案，打造金融资本聚集的"蓄水池"，通过创新金融产品和服务模式，创新推出省内首个农业孵化载体专属金融服务方案——"中银农科贷'华南 A 谷'孵化场景服务方案和科技成果转化场景服务方案"，精准"滴灌"农业企业，为成果转化注入金融"活水"；为进一步引导农业产业高质量发展，金颖农科孵化器联合基金管理机构共建规模为 2 亿元的孵化基金，以"金融＋科技"的捆绑投资方式，促进企业的资本化运作，推动企业成果更快落地，助力农业企业提质增效。

四、打造一个农业创新区域品牌

金颖农科孵化器积极融入"环五山创新策源区"建设，打造"华南 A 谷"品牌，建设华南现代农业"创新硅谷"，组建"1＋8＋10＋N"现代农业科技创新孵化服务联盟，将环五山创新资源要素充分释放到各农业科技企业，助力广州市天河区打造全国农科"硅谷"示范区；建立科技成果入乡转化机制，通过在粤东西北地区设立孵化器分器，构建覆盖全省、辐射华南的孵化服务网络，促进地方农业科技、企业与产业的深度融合，带动地方产业兴旺和乡村振兴。

第四节　金颖农科孵化器（华南 A 谷）特色服务

金颖农科孵化器整合集聚各类创新创业要素，构建了集政策、科技、金融、人才、产业"五位一体"的企业孵化服务体系。

一、全链条孵化育成体系

金颖农科孵化器打造了"众创空间—孵化器—加速器—产业园"全链条科技企业孵化育成体系，根据企业发展阶段和经营的"卡脖子"难题，实施动态化孵化培育；着力引进不同农业领域的农业龙头企业，充分发挥龙头企业的创新资源、市场渠道、供应链体系的带动优势，形成"以大带小"互促机制；集聚上下游产业资源，打通"生产—加工—流通"产业链条，实现大中小企业融通发展，形成现代农业创新生态链和产业生态圈。

（一）搭建众创空间促进链条前端建设

强调对创业团队（项目）的孵化及落地，提供卡位服务、创业辅导、项目指导等服务，助力创业团队（项目）成立企业并转入孵化器。

（二）对在孵企业（小微企业）从入孵到出孵之间的培育

根据在孵企业的主营业务，分门别类，专人服务，定期组织召开技术对接会、专题培训会，通过创业导师、技术专家、合作机构、辅导员等多方资源汇聚，为企业提供诸如财税、人力资源、知识产权、高新技术认定等个性化服务与指导。

（三）链条后端建设

与加速器之间建立对接机制，主要针对毕业企业、龙头企业等大型企业，注重企业的高质量、高成长性、可持续性发展，结合企业已有基础，提供更进一步的技术创新、人才培养、资金融资等服务，实现企业高质量发展。

二、创建"2＋N"服务体系

根据不同企业需求和发展情况量身定制多种专业化服务，形成"基础服务＋增值服务＋专业服务＋公司创新"的多层次、全方位孵化服务生态体系。针对企业发展过程中存在的各种难题，组建"辅导员＋创业导师＋全产业链专家服务团"的服务团队，联动第三方专业服务机构，提供包括创业辅导、融资对接、顶层设计、研发创新、财税法务等服务，实现"一企一策"。

基础服务是指入驻企业在进入孵化器以后，就能享受到办公场地、工商注册、物业管理、共享空间等基本服务；增值服务是指伴随企业的成长衍生出的一些需求，包括财税规划、产品营销与市场推广、战略规划等服务。"N"是指在科技、知识产权、法律、财税、投融资以及人才招聘等多方面为企业提供专业创新服务。譬如科技方面，结合企业的科技需求，孵化器能够充分通过科技成果转化服务平台来链接省农科院的优势农业科技资源，包括科技专家、技术、成果来帮助入驻企业。一切以企业的需求为导向，金颖农科孵化器还会针对企业提出的差异化需求，结合自身的优势，提供个性化的创新资源和服务。

在"2＋N"孵化服务体系的支撑下，平台为助力企业成长提供了全方位的支持保障。每一家企业入驻之后，孵化器都会根据企业主营业务和成长阶段来固定配置一名企业辅导员。企业辅导员的角色，相当于入驻企业与孵化器之间的桥梁和纽带，辅导员需要实时了解企业当前的业务发展情况，及时将企业在发展过程中遇到的困难和需求反馈给孵化器，最终由孵化器整合服务资源，助力企业解决问题。

三、构建轻资产科技服务体系

为不断强化科技支撑作用，创新科企合作模式，金颖农科孵化器依托省农科院科技人才优势，构建"科技＋企业＋资本"轻资产科技服务体系，建立完善科技成果"征集—入库—展示—评估—交易"的全链条成果转化服务体系，鼓励科技人员带技术、带项目服务企业，鼓励科技人员到企业兼职或驻企工作，提升企业的科技创新能力和核心竞争力；以市场为导向，以项目为依托，以企业为主体，通过科技咨询、成果转化、联合申报项目、共建新型研发机构、技术入股或资金投资等方式开展技术创新与产品创制，建立关键共性技术研发、成果转移转化、产业化推广应用运行机制，强化与企业协同创新，加快科技成果转化应用。

1. 科技咨询

充分依托省农科院全产业链科技人才及孵化器丰富的创业导师资源，为入驻农业企业精准匹配专家，开展面对面的科技咨询服务。

2. 成果转化

科研院所和企业分别作为科技成果转化的核心供体和受体，如何促进供需双方精准高效的对接，打通科技成果转化的"最后一公里"，是制约科技成果转化效能的关键环节。省农科院通过"成果转化服务平台＋孵化器"双轮驱动的模式，一端整合优质科技资源，一端匹配企业市场化的需求，充分发挥"催化剂""融合剂""增效剂"的作用，实现科技成果"相识—恋爱—联姻—开花—结果"过程，推进科技成果产业化。

3. 联合申报项目

针对农业中小微企业科研创新能力弱、企业研发投入不足的短板，通过孵化器的平台，促进企业与省农科院专家团队开展分领域分类别的科企合作，联合申报各类科技项目，为企业争取科研项目经费支持，助力企业提升自主科研创新能力。

4. 共建新型研发机构

充分发挥省农科院在仪器设备、试验平台、科技人才等方面的软硬件资源和企业的市场化优势，围绕制约产业发展的关键共性问题，共建新型研发机构开展协同攻关，如产业研究院、产业技术研发中心、专家工作站、博士工作站等，开放共享省农科院优质科技资源，即研即推、边研边推，激发科技创新活力，提升企业科技创新水平。

5. 技术入股和资金投资

为了进一步优化科企原有的松散合作模式，构建利益共享、风险共担的院企利益共同体和长效合作机制，省农科院一方面设立自有种子资金，对入驻的优质农业项目和企业进行资金投资，充分发挥种子资金的杠杆效应，撬动社会资本联合成立产业引导基金，为优质涉农企业注入金融"活水"；另一方面，不断创新投资方式，鼓励以科技成果作价入股进行投资。

四、"科技＋金融＋产业"科技金融服务体系

金颖农科孵化器（华南 A 谷）积极发挥国家级农业科技企业孵化器科技金融工作站的服务功能，聚焦乡村振兴重点领域、薄弱环节，通过搭建金融机构服务乡村振兴的平台和桥梁，精准发力创新服务举措，探索"金融＋科技＋产业"的金融服务模式，化解农业科技企业融资难题，为乡村振兴注入金融"活水"。

（一）引金融"活水"，精准"滴灌"助发展

中小企业持续稳定的发展离不开金融"活水"精准"滴灌"。金颖农科孵化器聚焦企业发展薄弱环节，打造金融资本聚集的"蓄水池"。

1. 设立自有种子资金

自筹 550 万元自有种子资金，扶持中小企业成长发展，推动广大创业青年、企业家、大学生、归国留学人员、港澳同胞等人创业就业，鼓励企业进行技术创新与产品研发，在降低创业成本的同时保障优质项目落地。

2. 定制专属金融服务

围绕"科技＋金融"的服务功能，充分发挥科技金融工作站作用，以科技创新赋能企业发展。2022 年 1 月，金颖农科孵化器与中国银行广州分行签订合作协议，创新推出广东省内首个针对现代农业科技企业和农业专业孵化载体的定制化金融服务方案——"中银农科贷'华南 A 谷'孵化场景服务方案和科技成果

转化场景服务方案"。并组建了"1＋1"（辅导员＋银行专属客户经理）金融服务团队，快速响应企业需求，为孵化园区入驻企业提供"园区贷""租金贷""人才贷""评级贷""研发贷""惠农贷"六大产品，有效化解涉农企业融资"难、慢、贵"等问题。

与此同时，针对转让许可、受让省农科院科技成果和技术的企业，提供"科技＋金融＋产业"投贷联动模式，促进科技成果转化赋能产业发展，为企业发展注入"低成本、高效能"的金融"活水"。

（二）搭服务平台，为企融资巧支招

为推动资源协同，实现科技金融服务上、中、下游的对接与耦合，金颖农科孵化器（华南 A 谷）整合各方资源，搭建科技金融服务平台，构建辅导员、创业导师、专业机构与企业投融资联动的机制，推动企业与资本的双向"配对"。

一是开展创业导师和专业机构的提质扩容行动，提升创业导师和投融资机构的数量和质量，为企业提供更加优质和全面的金融服务。目前，已累计吸纳了78 名创业导师，其中创投导师占比达到30％；累计与43 家第三方专业服务机构达成战略合作关系，其中投融资机构包括广州金控基金管理有限公司、广东创业投资协会、广州凯得创新创业投资基金管理有限公司、中国银行、建设银行、邮储银行等13 家，占比45％。

二是开展"菜单式"融资培训服务，及时高效的对接企业融资难题和需求，与金融机构合作，定期组织开展企业走访、座谈活动，针对农业企业提供"一对一"投融资答疑、定制化信贷服务，不断优化有关信贷流程，提高审批效率。

三是辅导企业参加创新创业大赛，提升企业知名度和曝光率，拓宽投融资渠道。金颖农科孵化器每年通过线上宣讲及线下走访，为参赛企业提供信息对接、项目指导、路演排练等全流程服务。其中，2022 年辅导 31 家企业参加第十一届中国创新创业大赛，11 家企业成功入围，7 家企业喜获佳绩。入驻企业广州安芮洁环保科技有限公司获成长组二等奖，是唯一获奖的农业类科技企业，并获得投资人的青睐。

四是组织举办华南 A 谷"创新引领，赋农创效"创新创业擂台赛，通过"初评—终评—路演"等环节对优质创新创业项目进行遴选，并给予获胜企业创新创业补助。

（三）惠农业企业，助企有策共成长

为鼓励农业科技企业创新，促进农业科技成果转化，推动企业高质量发展，2022 年 1 月，金颖农科孵化器发布了《广东金颖农业科技孵化有限公司华南 A 谷惠企支农"五策十条"实施办法（试行）》，围绕优质项目团队创办企业、开展创新性技术研发、知识产权创造、引进高端人才、科技专属金融服务、企业毕业、认定高新及挂牌上市等方面，提供配套优惠政策并给予资金奖励。其中，该办法的金融政策为入驻企业提供金融专属服务，助力企业不同阶段的发展需要。

（四）强农业产业，为产业发展添动能

为进一步引入和投资具有显著技术创新性、有较强的市场竞争力、有较大的市场容量且成长性好的农业科技企业和项目，金颖农科孵化器联合基金管理机构，合作共建规模为 2 亿元的孵化基金，以"金融＋科技"的捆绑投资方式，促进企业的资本化运作，推动企业成果更快地落地。与此同时，金颖农科孵化器正积极申请政府产业引导基金，引导更多的社会资本投向现代农业产业优质项目/企业，希望通过基金引导激活"一池春水"，滋养农业产业高质量发展。

第五章　农业专业孵化载体建设运营经验谈

第一节　筛选优质有潜力的涉农企业

入驻孵化器的企业质量对整个孵化基地的运营和绩效有着最直接的影响，表现在企业利润、就业岗位、优秀毕业企业及科技成果数量等方面。因此，选择具有潜力的企业对孵化基地的发展起到至关重要的作用。

一、筛选优质有潜力涉农企业的基本准则

孵化基地管理者需要制定一套对未来可能入驻企业的筛选准则，根据准则设立打分机制，得分越高意味着企业越优秀。对于未知的入驻企业采取优胜劣汰的模式，以便筛选出优质并有潜力的企业。

具体选择标准可按以下几方面评估[①]。

一是企业的创业动机。

二是企业已构建的创业团队是否合理。

三是企业是否承担得起孵化器基地的租金和服务费。

四是企业是否拥有可以商品化的产品或服务。

五是企业未来是否具有快速成长的能力。

六是企业现阶段的发展情况。

七是企业的类型是否与孵化基地可提供的服务方向相适合。

八是是否在孵化基地可提供服务的产业对象和技术领域内。

九是是否可以有效地利用孵化基地提供的服务。

十是企业是否可接受孵化基地提供的建议和咨询。

十一是孵化基地是否满足企业技术项目对设施设备及工艺环境的特殊要求。

农业科技企业专业孵化载体制定筛选准则和打分机制，通过对未来入驻涉农企业定量和定性分析并打分，可从以下维度对入驻的涉农企业进行评估。

---

① 马凤岭，王伟毅，杨晓菲．创业孵化管理［M］．北京：人民邮电出版社，2019：60.

（一）行业地位与市场份额

优先考虑在细分领域内占据领先地位的企业，如种业、农资供应、农产品深加工等领域的龙头企业。这类企业通常具有较高的市场份额、较强的品牌认知度和稳定的客户基础。

（二）财务健康状况

分析企业的财务报表，包括营收增长率、利润率、负债率等指标，优选那些盈利能力强、现金流充足、财务结构稳健的企业。

（三）创新能力与研发投入

现代农业注重技术创新，关注那些在生物技术、智能农业、精准农业等领域有较高研发投入的企业，这些企业往往能引领行业发展，具有长期增长潜力。

（四）政策与市场趋势适应性

紧跟国家农业政策导向，选择符合政策扶持方向的企业，比如生态农业、绿色农业、农村电商等。同时，分析市场需求变化，选择能够快速响应市场变化的企业。

（五）供应链与渠道优势

供应链的稳定性和渠道的广泛性是农业企业成功的关键。优选那些拥有完整产业链条、稳定的原材料供应和广泛销售渠道的企业。

（六）管理团队与企业文化

优秀的管理团队和积极向上的企业文化是企业持续发展的保障。关注企业的领导层背景、战略规划能力以及员工培训和发展计划。

（七）可持续发展与社会责任

考察企业的环保措施、资源利用效率和社会责任履行情况，这不仅符合当前社会发展趋势，也是企业长期价值的重要组成部分。

（八）品牌影响力与消费者口碑

强大的品牌和良好的消费者口碑能为企业带来额外的附加值，尤其是在消费品领域，如特色农产品、有机食品等。

（九）行业前景与成长空间

研究行业报告，了解所选企业的细分市场未来发展趋势，选择处于成长期或有广阔市场潜力的领域。

（十）风险评估

分析企业可能面临的风险，包括自然灾害、政策变动、市场竞争加剧等，并评估企业应对风险的能力。

二、涉农企业的创业计划

创业计划类似于商业计划书，是入驻企业在申请进驻孵化载体时提供给孵化载体评估的项目资料。一般创业计划应包含以下信息。

（一）企业概述

包括企业名称、主营业务、目标市场、核心竞争力、预期目标等。

（二）市场分析

包括目标市场分析、行业趋势分析、竞争分析、市场进入壁垒等。

（三）产品或服务

主要介绍提供的产品或服务。

（四）业务销售模式

包括营销计划、定价策略、销售渠道等。

（五）运营计划

包括核心团队、公司组织架构、人力资源、生产/服务流程、设施与设备等。

（六）财务规划

包括项目总投资、启动资金、成本预测、利润估算、盈亏平衡分析、现金流预测等。

（七）风险评估与应对措施

包括市场风险、财务风险、运营风险等。

三、对于涉农企业创业计划的评估

创业计划在一定意义上可等同于商业计划书，投资者会根据商业计划书对企业进行投资风险和回报的评估，从而决定是否投入资金赢取未来的盈利收入。同样，涉农企业的质量也可以根据此方法进行评定。

"天使投资"对于早期阶段企业价值的评估采取如下计算法则：50％团队＋20％产品＋20％资本＋10％品牌。其意为投资者需要甄别出具有投资价值的企业（20％产品），然后根据企业情况"对症下药"，给予其所需的资源（20％资本）和发展指引（50％团队）。从而促使企业发挥出 90％甚至更多的价值。由此可见，对于入驻的涉农企业，单纯地去看企业所拥有的资本是远远不够的。一个企业的发展，离不开企业团队的贡献和奋斗，对于创业企业来说，其团队的经验和水平是至关重要的，也是企业创业成功的关键。

评估涉农企业的创业计划时，可以依据以下几个层次来系统地分析其可行性和潜力。

（一）一般层次

涉农企业创业计划的一般层次为市场规模及未来增长潜力和企业的成长潜力；创造就业机会的能力；产生净利与支付孵化基地租金的能力；发展区域经济多样化所蕴含的潜力；增加地方税收的能力；与当地的管理政策相匹配的程度；与孵化器目标和其他孵化企业的兼容性。

（二）技术层次

涉农企业创业计划的技术层次表现在技术创新所带来的价值的增加；产品和服务的适应性与可持续性；核心竞争力；研发产品的上市时间；市场进入壁垒；概念独立性；获得外部的专门知识、人员与设施支持的能力。

（三）经营层次

涉农企业创业计划的经营层次表现为市场知识与某个具体行业的知识；以人为本的管理者和吸引重要人才的能力；发展合作关系的能力；良好的沟通能力；具有从孵化基地获取更多支持的欲望；财务健康与盈利能力。

第二节　为企业量身制定孵化培育计划

孵化基地发展的兴旺与否，与入驻企业的质量息息相关。把一家初创企业孵化到满足毕业企业要求，是孵化基地最基本的目标。入驻企业除了希望得到如设施、场地等硬件上的支持，还需要得到优质的服务，从而促使自家企业可以顺利"毕业"。因此，为企业量身制定孵化培育计划，也决定了孵化基地的未来。

为企业量身制定孵化培育计划是一个综合过程，需要充分了解企业的需求和目标，制定相应的培育策略，并整合资源，制定实施计划。在实施过程中，要不断监测和评估计划的执行情况，及时调整和优化，以确保计划的有效性。同时，营造创新氛围，激发企业内部创新活力，有助于企业更好地实现发展目标。

一、需求分析

对企业进行需求分析，可以帮助孵化基地确定孵化培育计划的重点。

（一）企业现状评估

深度了解企业当前状况，包括股权架构、经营模式、技术实力、市场定位、财务状况等。

（二）识别问题与困难

识别企业在发展过程中遇到的主要问题和困难，如资金短缺、技术瓶颈、市场拓展困难等。

二、目标设定

为企业制定孵化培育计划时，需要明确企业的发展目标，例如扩大市场份额、提高产品质量、增加技术创新能力等。这将有助于确保孵化培育计划与企业的战略目标保持一致。

（一）短期目标

设定企业短期内希望达到的目标，如完成产品研发、获得初步市场认可、实现盈利等。

（二）长期目标

明确企业的长期发展方向，如成为行业领导者、实现技术突破、拓展国际市场等。

三、孵化培育计划制定

根据企业的需求和目标，制定相应的培育策略。这不仅包括招聘和培训人才、技术研发、市场推广、投资和融资等方面的基础服务，也包括根据企业发展情况所制定的专属服务。

（一）孵化场地支持

为企业提供办公场地，根据企业需求，提供合适的办公场地和设施设备。建立共享资源，如会议室、实验室等，降低企业运营成本。

（二）资金支持

1. 创业启动资金
为有潜力的初创企业提供种子资金。

2. 研发资金
通过各类政府政策或者项目补贴，支持企业的技术研发和创新活动。

3. 市场推广资金
利用有效的媒介帮助企业进行市场推广和品牌建设。

（三）技术支持

1. 技术咨询
整合多方资源进行匹配，为企业提供技术咨询和解决方案。

2. 技术培训
通过组织各类不同领域的技术培训和交流活动，让企业之间可以相互合作从而提升企业的技术实力。

3. 技术转移转化
跟进科研单位的科技成果，帮助有意愿的企业获取和转移先进技术。

（四）市场与营销支持

1. 市场调研
帮助企业进行市场调研和分析，制定有效的营销策略。

2. 营销策划
为企业提供营销策划和推广方案。

3. 品牌推广
支持企业的品牌建设和宣传活动。

（五）管理与运营支持

1. 创业辅导
提供创业指导和管理培训，帮助企业建立健全管理体系。

2. 法律咨询
为企业提供法律咨询和知识产权保护服务。

3. 人力资源
协助企业招聘和培训人才，优化人力资源配置。

（六）创新创业支持

为企业提供创新创业的平台和机会，鼓励技术创新和商业模式创新合作。支持企业与国际先进企业或机构开展合作交流。

（七）个性化孵化服务支持

除了基础的服务创新创业服务支持，孵化基地还应根据企业发展情况制定个性化孵化服务，以支持不同时期、不同阶段的企业发展。可以从以下7个方面进行。

1. 专业化

结合孵化器自身的优势，提供更好的专业性定向服务。例如金颖农科孵化器利用广东省农业科学院对各类瓜果、蔬菜、花卉、农作物、桑蚕、茶叶、肥料、病虫害防治及畜牧等与农业产业相关联的产物都有着专门的研究成果、研究课题组、科研技术等优势，解答或者解决农业科技企业在生产生活中的一系列专业性问题。农业产业是一个风险较高的行业，所以，有相关专业知识的专家对农业创业企业进行针对性的答疑解惑、技术指导等，除了利于企业发展外，对于科研团队和专家团队也是将理论转化为实践的探索，可为专家们提供更多灵感。这也属于知识变现的一种表现方式，有助于农业科技成果的成功转化，且得到双赢。

2. 规范化

企业的辅导团队也需要提前设定好针对孵化服务的规章制度，包括权责明细的标准化，促使服务质量做到目标化，服务方法规范化，服务过程流程化。从而体现出专业、严谨、规范的效果。

3. 社会化

社会化体现在孵化基地与入驻企业自身拥有的社会资源，俗称"朋友圈"。孵化基地管理者将两者的社会资源进行分析和整合，充分利用。从而利于双方进行合理的分工协作，达到事半功倍、互利共赢的效果，也能促成企业创新。

4. 共享化

既然孵化基地与入驻企业是相互依赖的关系，那么服务项目对所有服务对象应该是开放的。这既能让创业者降低创业成本，又能提高孵化基地的服务效果。

5. 个性化

综合上述，对于企业的服务应采取一对一、面对面的形式。根据不同企业的需求和对企业发展阶段的判定，提供具有针对性的解决方案。

6. 人性化

在服务的同时，也适当地提供人文关怀，具备亲和力，让企业更加乐意配合孵化基地辅导师的工作。

7. 增值化

在全方位地了解孵化企业现状时，尽力帮助企业补齐短板，为创业者提供更多增值服务，使整套培育工作更加全面和完善。

四、实施与评估

为了确保孵化培育计划的有效性，需要定期监测和评估计划的执行情况，包括对企业的发展进度、资源使用情况、培育成果等进行评估，以便及时调整计划，确保其符合企业的发展需求。

（一）实施计划

明确计划的实施步骤和时间表，确保计划的顺利执行。

（二）跟踪评估

定期对计划的执行情况进行跟踪评估，及时调整和优化计划内容。

（三）动态调整

根据企业的发展情况和市场环境变化，动态调整孵化培育计划，以确保其始终符合企业的发展需求和市场变化。

（四）营造创新氛围

为激发企业内部创新活力，需要在企业内部营造一种鼓励创新、包容失败的氛围。这将有助于企业更好地开展技术研发和市场创新，提高竞争力。

五、总结与展望

总结孵化培育计划的执行经验和成果，提炼可复制、可推广的经验模式。
展望未来企业的发展趋势和市场需求，为企业制订更具前瞻性的孵化培育计划。

第三节　促进现代农业科技成果转化

科技成果转化从来都不是一蹴而就的。农业科技成果转化的整个链条互相关联，如果某一个或者几个环节薄弱或者不畅通，就会导致整个农业科技成果转化的链条不能高效有序运行。针对存在的问题，如何综合促进现代农业科技成果转化，可以从 4 个角度进行分析[①]。

---

① 寿蒙婷. 分析农业科技成果转化存在的问题及解决对策 ［J］. 科技致富向导，2014（5）：25，42.

一、国家的扶持

国家出台相应决策和有效政策，加快实现传统农业向现代农业的跨越，推进农业和农村经济结构的战略性调整；对于科技知识的普及投入教育资金，提升农民科技文化素质；从农村的角度分析推进农业科技创新的作用，实现农业科技创新，增加农民收入，提高农业整体素质，实现现代农业科技的升级。虽然我国农业产业与发达国家（如美国）相比仍有较大差距，但目前我国农业科技贡献率比过去有了较大提高。

二、以市场为导向的发展趋势

以市场需求作为导向，为科技转化提供动力源泉。从科研院所的角度来看，科研方向要根据现阶段市场对农业产业的需求来制定，科研成果要以解决农产品消费问题为主要目的，刺激消费者在农业产业上消费，以经济收益拉动农业发展。政府也要引导市场，对于科研机构实行鼓励激励的政策，深入实际生活，进行市场调研，从而确定好科技成果转化的类别。

三、以农业龙头企业为主体

以企业为中心的农业科技成果转化推广模式是指涉农相关企业，尤其是农业龙头企业，作为农业科技成果转化推广的主要核心动力源，来推动农业科技成果由实验室阶段转化为产品阶段，进而提高社会实际生产力的运作方式[①]。这种模式的主要特征是通过该涉农企业使科技成果的供给方和需求方可以互相充分交流、实现市场供需平衡。目前这种运作模式还有许多需要完善的地方，比如许多农业龙头企业与基层农户合作的方式还不够紧密，龙头企业只是担当中间渠道商的"低买高卖，负责流通"角色，前端的生产风险都由基层农户承担，还没有真正形成风险共担、利益共享的经济共同体。为了良性循环发展，今后有必要在利益分配机制、风险承担等方面进一步探索调整，以提高农业龙头企业示范、带动效应，同时也让基层农户分享到应用新成果的喜悦。但是，由于涉农企业受自身收益动力的影响，往往追求时间短、见效快的商业项目，对于基础性、普适性的科技成果转化推广往往缺乏兴趣，这一部分工作需要国家农技推广部门去推动。

四、建立健全农业科技推广体系

不断完善现行推广机制，发挥新媒体的作用（在下面的章节会进行具体的分析说明），拓宽全产业链渠道。同时也需要在宣传渠道上进行严格把控，杜绝假

---

① 杨加付，徐宝晨，祖振华，等. 农业科技成果转化面临的新形势和新要求［J］. 现代农业，2016（8）：88 - 90.

新闻、谣言、恶意夸大等宣传手段，树立良好的农产品品牌效益。同时也需要对相关推广工作人员进行素质教育，杜绝低俗营销等不和谐发展风气。

第四节　组建专业孵化服务团队，完善运营管理制度

组建专业孵化服务团队并完善运营管理制度，对于农业科技企业孵化器的建设具有极为重要的意义和不可或缺的必要性，它是推动农业科技企业发展、促进农业科技创新以及规范孵化器运营的关键举措。

一、推动农业科技成果转化

（一）专业指导促进技术应用

专业孵化服务团队中的全产业链专家和技术人员能够深入了解农业科技企业的技术特点和需求。他们可以凭借自身专业知识，指导企业将先进的农业科研成果有效地应用到实际生产中，加速科技成果从实验室到田间地头的转化进程，提高农业生产效率和农产品质量。

（二）资源整合助力产业化发展

完善的运营管理制度有助于整合各方资源，如科研机构、金融机构、政府扶持资金等。通过合理调配这些资源，为农业科技企业提供从技术研发到产品产业化所需的全方位支持，推动农业科技成果实现规模化、产业化发展，提升农业科技在整个农业产业中的贡献率。

二、满足农业科技企业发展需求

（一）初创期扶持需求

农业科技企业在初创期往往面临资金短缺、技术不成熟、市场认知度低等诸多困难。专业孵化服务团队可以为初创企业提供创业指导、资金申请协助、技术咨询等全方位服务，帮助其度过艰难的初创阶段。运营管理制度可明确对初创企业的扶持政策、入驻流程、考核标准等，确保扶持工作的规范有序开展。

（二）成长期拓展需求

进入成长期的农业科技企业需要拓展市场、提升管理水平、加强技术创新等。孵化服务团队中的商务拓展专员、创业导师等可以满足企业这些需求，提供

市场拓展建议、企业管理培训、创新激励等服务。同时，运营管理制度中的资源管理、服务质量评估等方面的规定，可以保障企业在成长期能够持续获得优质、高效的服务，促进其快速发展。

三、提升农业科技企业竞争力

（一）创业导师经验传承

专业孵化服务团队中的创业导师大多拥有丰富的创业经验。他们可以将在企业管理、市场开拓、品牌建设等方面的宝贵经验传授给农业科技企业的创业者，避免其走弯路，快速提升企业的运营管理水平，增强企业在市场中的竞争力。

（二）商务拓展专员拓展市场渠道

团队中的商务拓展专员能够利用自身的资源和专业能力，为农业科技企业搭建更广阔的市场平台，寻找合适的销售渠道、合作伙伴和客户群体。通过拓展市场渠道，企业能够扩大市场份额，提高产品的知名度和认可度，从而在激烈的市场竞争中脱颖而出。

四、促进农业科技创新

（一）营造创新氛围

专业孵化服务团队通过组织各类创业培训、技术交流活动等，在农业科技企业孵化器内营造浓厚的创新氛围。企业之间、创业者之间以及它们与专家团队之间可以相互学习、相互启发，激发创新思维，催生更多具有创新性的农业科技项目和解决方案。

（二）提供创新资源保障

完善的运营管理制度可以确保孵化器内各类创新资源，如实验室设备、研发资金、知识产权等得到合理配置和有效利用。这为农业科技企业开展持续性的创新活动提供了坚实的物质基础和制度保障，鼓励企业不断提升研发水平，推动农业科技创新发展。

五、规范孵化器运营管理

（一）入驻企业筛选与管理

组建专业团队并完善制度，制定科学合理的入驻标准和流程，对申请入驻的农业科技企业进行严格筛选，确保入驻企业具有一定的发展潜力和创新能力。在企业入驻后，通过定期考核等方式进行管理，根据考核结果给予相应的支持或采取必要的调整措施，保证孵化器内企业的整体质量和发展态势。

（二）资源合理配置与利用

运营管理制度能够明确规定孵化器内各类资源，如场地、设备、资金等的配置原则和利用方式。通过合理配置资源，提高资源的利用效率，同时确保不同企业在不同发展阶段都能获得所需的资源支持，实现孵化器资源的最优配置。

六、组建专业孵化团队

组建农业科技企业孵化器的专业孵化服务团队可从以下几个方面着手。

（一）明确团队构成及职责

1. 项目经理职责

（1）全面统筹协调：项目经理负责农业科技企业孵化器整体项目的规划、执行与监督，把控项目的进展方向和节奏，确保各项孵化服务工作有序开展。

（2）资源整合对接：项目经理积极整合各类资源，包括政府扶持政策、科研机构合作资源、金融机构资金资源等，并将其精准对接在孵企业，满足企业不同发展阶段的需求。

（3）企业沟通服务：项目经理与入驻的农业科技企业保持密切且常态化的沟通，深入了解企业的发展现状、面临的问题以及未来规划，及时提供针对性的解决方案和建议。

2. 农业科技专家职责

（1）技术指导支持：农业科技专家凭借自身在农业科技领域的深厚专业知识和丰富实践经验，为在孵企业提供技术方面的指导与支持。例如，针对农作物种植技术、农业病虫害防治、农产品加工工艺等具体技术问题进行答疑解惑，帮助企业突破技术瓶颈。

（2）项目评估把关：农业科技专家参与入驻企业的项目评审工作，从专业技术角度对企业申报项目的可行性、创新性以及技术发展前景等进行深入评估和严格把关，确保入驻企业具备一定的科研实力和发展潜力。

（3）技术趋势分析：农业科技专家关注国内外农业科技领域的最新发展趋势和前沿技术动态，定期为在孵企业开展技术讲座或专题研讨会，帮助企业了解行业技术走向，以便其及时调整技术研发方向和企业发展战略。

3. 创业导师

（1）创业经验传授：创业导师通常由有成功创业经历的人士担任，他们将自己在农业科技企业创业过程中的宝贵经验，如企业管理、市场开拓、资金筹集、团队组建等方面的经验教训，毫无保留地传授给在孵企业的创业者，助力其少走弯路。

（2）商业计划指导：创业导师协助在孵企业制定完善的商业计划，从市场分析、目标客户定位、产品或服务策略、财务规划等多个维度进行细致指导，确保商业计划具有较强的可操作性和市场竞争力。

（3）人脉资源共享：创业导师利用自身在农业科技行业积累的广泛人脉资源，为在孵企业牵线搭桥，帮助企业对接潜在的合作伙伴、客户群体以及投资机构等，拓宽企业的发展渠道和资源获取途径。

4. 商务拓展专员职责

（1）**市场渠道开拓**：商务拓展专员负责为在孵企业寻找并开拓新的市场渠道，通过市场调研、行业分析等手段，精准定位目标市场和潜在客户群体，帮助企业将产品或服务推向更广阔的市场。

（2）**合作项目促成**：商务拓展专员积极促成在孵企业与其他企业、科研机构、行业协会等之间的合作项目，通过组织商务洽谈会、合作对接会等活动，搭建合作交流平台，实现资源共享、优势互补，提升企业的市场竞争力。

（3）**市场信息反馈**：商务拓展专员密切关注市场动态和行业竞争态势，及时将相关市场信息反馈给在孵企业，帮助企业及时调整市场策略，适应市场变化。

5. 运营支持人员职责

（1）**场地设施管理**：运营支持人员负责农业科技企业孵化器内的场地、办公设备、实验室设备等硬件设施的日常管理与维护工作，确保企业拥有良好的办公和研发环境。例如，定期对设备进行检查、维护和保养，及时处理场地设施出现的各类问题。

（2）**行政手续办理**：运营支持人员协助入驻企业办理各类行政手续，如工商注册、税务申报、项目申报等，为企业提供一站式服务，减轻企业的行政负担，使其能够专注于企业的核心业务发展。

（3）**活动组织开展**：运营支持人员组织开展各类与农业科技企业孵化相关的活动，如创业培训、技术讲座、行业研讨会、企业交流会等，营造良好的创业氛围，促进企业之间的交流与合作。

（二）人员招募与选拔

1. 制订岗位要求

针对不同岗位，明确具体的岗位要求，包括但不限于以下方面。

（1）**专业知识**：如农业科技专家需具备农业种植、养殖、农产品加工等相关领域的专业知识；创业导师需熟悉企业管理、市场营销、财务管理等商务知识。

（2）**工作经验**：根据岗位特点，要求候选人具备一定年限的相关工作经验。例如，农业科技专家最好有多年从事农业科技研发或实践的经验；创业导师需有成功创业经历且运营企业达到一定年限。

（3）技能要求：不同岗位有不同的技能要求。商务拓展专员需要具备市场调研、商务谈判、项目管理等技能；运营支持人员需要具备办公设备维护、行政事务处理等技能。

（4）学历背景：一般来说，农业科技专家和创业导师需具备本科及以上学历，相关专业背景更佳；商务拓展专员和运营支持人员可根据实际情况，要求大专及以上学历。

2. 严格选拔流程

根据岗位要求，挑选出符合基本条件的候选人，重点关注候选人的专业知识、工作经验、学历背景等方面是否匹配岗位需求。对于通过简历筛选的候选人，进行笔试或技能测试，进一步考察其专业知识的掌握程度和相关技能的运用能力。面试可采用多轮面试的形式，如结构化面试、行为面试等。通过面试深入了解候选人的综合素质、团队合作能力、沟通能力、解决问题的能力等，确保选拔出最适合岗位的人才。

（三）团队培训与发展

1. 开展入职培训

新成员入职时，开展全面的入职培训，内容包括但不限于以下方面。

（1）孵化器介绍：向新成员详细介绍农业科技企业孵化器的功能、定位、运营模式、服务内容等基本情况，使其快速了解工作环境和自身工作职责。

（2）农业科技知识普及：针对非农业科技专业背景的成员，开展农业科技知识的普及培训，让他们对农业科技领域的基本概念、常见技术、发展趋势等有一个初步的了解，以便更好地与在孵企业沟通。

（3）服务流程及制度讲解：讲解孵化器的各项服务流程，如入驻流程、考核流程、资金申请流程等，相关的规章制度，如工作纪律、考核制度、财务制度等；确保新成员能够遵守制度，规范操作。

2. 组织专业技能培训

根据岗位需求，定期组织专业技能培训课程，提升团队成员的专业水平。

（1）农业科技专家培训：组织农业科技专家参加国内外相关领域的学术研讨会、技术培训课程等，使其能够及时了解最新的农业科技发展动态和前沿技术，不断更新知识体系，提升技术指导能力。

（2）创业导师培训：为创业导师提供企业管理、市场营销、财务管理等方面的培训课程，让他们能够更好地指导在孵企业制定商业计划、开拓市场、管理财务等，提升创业指导能力。

（3）商务拓展专员培训：对商务拓展专员进行市场调研、商务谈判、项目管理等方面的培训，提高他们的市场开拓能力和合作项目促成能力。

（4）运营支持人员培训：针对运营支持人员开展办公设备维护、行政事务处理、活动组织等方面的培训课程，提升他们的服务保障能力。

3. 开展团队建设活动

定期开展团队建设活动，如户外拓展、团队聚餐等，增强团队凝聚力和协作能力。还可以针对农业科技企业孵化过程中的一些热点或难点问题，组织主题研讨会，让成员们各抒己见，共同探讨解决方案，既提升成员们的专业知识，又增强团队的协作精神。

4. 制定职业发展规划

为团队成员制定个性化的职业发展规划，提供晋升通道和发展机会，激励员工不断提升自我。如根据不同岗位的职责和要求，明确各岗位的晋升通道；为成员提供参加培训、进修、参与重要项目的机会，让他们能够在工作中不断成长，提升自身价值；建立绩效评估体系，根据成员的工作表现、业务成果等进行绩效评估，根据评估结果给予相应的奖励（如奖金、荣誉称号等），激励成员努力工作，提升绩效。

通过以上步骤，可以组建一支专业、高效、富有凝聚力的农业科技企业孵化器专业孵化服务团队，为农业科技企业的孵化和发展提供有力的支持。

七、完善农业专业孵化载体运营管理制度

（一）入驻企业管理方面

1. 制定明确的入驻标准

（1）技术创新性：要求入驻企业具备一定程度的农业科技相关创新技术，如新型种植养殖技术、农产品加工创新工艺、农业智能化设备研发成果等，且该技术在同行业中有一定的先进性或发展潜力。

（2）企业发展前景：评估企业的商业模式是否合理，市场需求是否存在且有拓展空间，产品或服务是否具备可持续发展的潜力，例如对农产品市场需求的精准把握及后续产品线的拓展规划等。

（3）团队实力：考察企业核心团队成员的专业背景、行业经验、创新能力以及团队协作能力等，确保团队有能力将农业科技成果转化并运营好企业，比如拥有农业科研专家、经验丰富的农业生产管理人员等。

2. 规范入驻流程

（1）申请材料提交：明确企业需提交的详细申请材料，包括但不限于企业商业计划书（阐述企业发展规划、技术优势、市场分析等）、技术研发报告、团队成员简历、营业执照副本（已注册企业）等，以便全面了解申请入驻的企业情况。

（2）初审环节：由孵化器运营管理团队对申请材料进行初步审核，主要审核材料的完整性、合规性以及是否初步符合入驻标准，对不符合要求的材料及时反

馈给企业，要求其补充或修改。

（3）专家评审：组织农业科技领域专家、行业资深人士、投资专家等组成评审小组，对通过初审的企业进行评审。评审内容涵盖技术可行性、市场潜力、经济社会效益等方面，根据评审结果确定是否同意企业入驻。

（4）签约入驻：与通过评审的企业签订入驻协议，明确双方的权利和义务，包括场地使用规定、服务内容提供、考核要求、知识产权归属等相关事项。

3. 实施在孵企业考核制度

（1）设定考核周期：设定固定的考核周期，如每季度或每半年对在孵企业进行一次全面考核，以便掌握企业发展动态。

（2）考核指标设定：一是技术进展。考察企业在农业科技研发方面的进展情况，如是否按计划推进新技术研发、已有技术的改进完善程度等。二是经营状况。分析企业的财务状况（包括营收、成本、利润等）、市场份额拓展情况、客户满意度等经营指标。三是创新能力。评估企业是否持续推出新的农业科技产品或服务，以及在技术创新、商业模式创新等方面的表现。四是团队建设。关注企业核心团队的稳定性，人员扩充及培训情况等。

（3）考核结果应用：根据考核结果对在孵企业采取不同措施。对表现优秀的企业给予奖励（如提供更多的资金支持、场地优惠、优先推荐合作机会等）；对发展不佳但仍有潜力的企业提供针对性帮扶（如技术指导、市场拓展建议等）；对不符合继续孵化条件的企业进行清退处理。

（二）资源管理方面

1. 场地资源管理

（1）合理规划布局：根据农业科技企业的不同需求，将孵化器场地划分为办公区、实验室区、种植养殖试验田（如有条件）、展示区、会议区等不同功能区域，以满足企业研发、办公、展示、交流等多种需求。

（2）场地使用规则制定：明确场地的预约流程、使用时间限制、收费标准（若有）等规定。例如，企业如需使用会议室需提前预约，且在规定时间内使用完毕；对于实验室区，根据不同设备的使用情况制定详细的使用规则。

（3）定期维护与检查：安排专人负责场地的维护与检查工作，确保办公场所、实验室等设施的正常运行，及时发现并处理诸如水电故障、房屋渗漏等问题，为企业提供良好的工作环境。

2. 设备资源管理

（1）设备登记与分类：对孵化器提供的各类农业科技设备，如农业监测仪器、实验设备、农机具等进行详细登记，包括设备名称、型号、购置时间、所属部门或企业使用情况等信息，并按照设备功能进行分类管理。

（2）设备使用培训：为企业提供设备使用培训服务，确保企业员工能够正确操作使用设备，减少因操作不当导致的设备损坏和安全事故。

（3）设备维护与更新：建立设备维护制度，定期对设备进行维护保养，记录维护情况，根据设备的使用年限和磨损情况，适时安排设备更新计划，保证设备的正常运行和技术先进性。

3. 资金资源管理

（1）资金来源明确：梳理孵化器的资金来源，包括政府扶持资金、社会投资、企业入驻租金等，明确各部分资金的占比和用途，以便于进行资金管理。

（2）资金申请流程规范：制定入驻企业申请资金支持的流程，企业需提交资金申请报告，详细说明资金用途、预期效益等，经审核后按规定拨付资金。

（3）资金跟踪与审计：对拨付给企业的资金以及孵化器自身运营资金进行跟踪管理，确保资金专款专用，定期进行审计。

（三）服务质量管理方面

1. 制定服务标准

（1）创业培训服务：明确创业培训的课程内容、培训频次、培训师资要求等标准。例如，规定每季度至少开展一次创业培训课程，培训内容涵盖农业科技企业创业规划、市场分析、财务管理等方面。培训师资应由具有丰富创业经验和农业科技知识的专家担任。

（2）技术咨询服务：确定技术咨询服务的响应时间、咨询深度、专家参与情况等标准。比如，需要在企业提出技术咨询请求后 24 小时内给予响应，咨询应能深入到技术细节层面，且涉及重要技术问题时应有相关领域专家参与解答。

（3）市场拓展服务：设定市场拓展服务的目标设定、服务方式、成效评估等标准。例如，要求商务拓展人员每年为在孵企业至少拓展一个新的市场渠道，服务方式包括组织商务洽谈会、推荐合作对象等，通过市场份额增长、新客户获取等指标评估服务成效。

2. 收集客户反馈

（1）建立反馈渠道：通过设置意见箱、开通电子邮箱、开展满意度调查、定期组织座谈会等多种方式，建立畅通的客户反馈渠道，方便收集在孵企业和其他客户的意见和建议。

（2）整理与分析反馈：定期对收集到的客户反馈内容进行整理和分析，并进行分类，如服务质量、资源利用、入驻标准等方面，以便针对性地采取改进措施。

3. 服务质量评估

（1）设定评估周期：设定每季度或每半年为一个服务质量评估周期，对孵化器提供的各项服务进行全面评估。

（2）评估指标设定：一是客户满意度。通过问卷调查、面谈等方式直接获取客户的满意程度，作为评估服务质量的重要指标。二是服务效果。分析各项服务对在孵企业发展的实际促进作用，如创业培训是否提升了企业的创业能力，技术咨询是否解决了企业的技术难题等。三是资源利用效率。评估孵化器内各项资源（场地、设备、资金等）在提供服务过程中的利用效率，是否达到了预期的优化配置效果。

（3）评估结果应用：根据评估结果对服务内容、方式、人员等进行调整和改进，不断提高服务质量。

（四）财务管理方面

1. 预算编制

（1）收入预算：根据孵化器的收入来源（如政府补贴、企业入驻租金、服务收费等），预测未来一段时间（通常为一年）的收入情况，详细列出各项收入的预计金额和来源渠道。

（2）支出预算：分析孵化器运营所需的各项支出，包括人员工资、场地租赁、设备购置、服务费用等，编制详细的支出预算，明确各项支出的预计金额和用途。

2. 收入管理

（1）明确收入来源：再次确认孵化器的收入来源，确保能清晰地了解每一笔收入的来源渠道和性质，便于后续管理。

（2）入账流程规范：制定规范的入账流程，要求所有收入必须及时、准确地入账，避免不入账或延迟入账。

3. 支出管理

（1）审批流程规范：规范各项支出的审批流程，明确审批人员、审批权限和审批标准，确保每一笔支出都经过合法、合规的审批。

（2）记录与审计：对每一笔支出进行详细记录，包括支出日期、支出用途、支出金额、审批人员等信息，以便日后审计和财务分析。

4. 财务报表编制

（1）定期编制：按照会计制度的规定，定期编制财务报表，如资产负债表、利润表、现金流量表等，为孵化器的决策提供财务依据。

（2）分析与解读：对编制好的财务报表进行分析和解读，了解孵化器的财务状况、经营成果和现金流量情况，以便制定合理的经营策略。

通过以上各方面的完善，建立起一套科学、合理、高效的农业科技企业孵化器运营管理制度，从而更好地服务于农业科技企业的发展，促进农业科技创新和产业化发展。

第六章 金颖农科孵化器（华南A谷）
实践成效与案例

第一节 金颖农科孵化器（华南A谷）发展成效

科技企业孵化器作为国家创新体系的重要组成部分，是集聚创新资源载体、培育新兴产业的手段、促进经济发展的引擎。省农科院金颖农科孵化器（华南A谷），已初步形成"一盘棋"农业科技创新格局和"一条链"农业产业孵化模式，高效地整合集聚了科技、金融、人才、产业等创新创业要素，支持、培育了一大批农业科技企业，建设华南现代农业创新硅谷（华南A谷），为推动农业科技成果转化、促进乡村产业发展、提升企业综合竞争力、促进农民增收致富发挥了积极的作用。

在企业孵化培育方面，"十三五"以来，省农科院科技成果转化服务平台暨金颖农科孵化器累计引进孵化超360家农业科技企业，培育省级以上农业龙头企业33家、高新技术企业40家、省级专精特新企业12家、挂牌上市农业科技企业15家、"种子独角兽"企业1家，帮助入驻企业累计获得投融资金额超10亿元，企业年产值超100亿元，形成了"雨林式"农业创新生态和产业集聚效应，已成为粤港澳大湾区规模最大的国家级农业科技企业孵化器。

在科技成果转化方面，通过"平台＋孵化器"双轮驱动模式，搭建"科技—企业—产业"的融合发展通道，累计开展科技咨询服务及"一对一"科企对接活动超1 500次，组织开展超100场大小型院企交流对接会，对接企业超1 000家；促成超100家企业与省农科院院属单位达成产学研合作，签订科技成果转化合同102项，累计合同金额超1亿元；助推广州毅田生物技术有限公司、广州安芮洁环保科技有限公司等8家入驻企业与省农科院及院属单位共建研发平台10个，有效地激发了企业创新创业活力，提高了科技成果在农业企业和产业化推广中的转化应用效能，实现了产业与科技互促双强。

在辐射带动方面，打造华南现代农业创新硅谷（华南A谷），形成了"要素融合、协同创新、全链孵化、辐射带动"的孵化服务模式，建立科技成果入乡转化及反向飞地建设机制，通过在粤东西北地区建设5个华南A谷产业孵化分器和"1＋4"农业科创反向飞地，构建覆盖全省、辐射华南的现代农业孵化服务网络，促进地方农业科技、企业与产业的深度融合，助力广东优质农业科技成果异地转化，带动地方产业兴旺和乡村振兴。

　　未来，金颖农科孵化器（华南 A 谷）将以建设大湾区"农业硅谷"为目标，在创新要素、孵化服务体系和产业规模等方面进行迭代升级，进一步构建现代农业全过程创新生态链、产业生态圈，不断完善、形成一套可复制、可推广的经验做法，切实推动产业科技互促双强，助力农业产业高质量发展。

第二节　金颖农科孵化器（华南 A 谷）探索科技金融发展实践

　　为落实乡村振兴及广东省"百千万工程"的战略举措，抓实科技和产业融合发展的体制机制创新，切实打通制约产业科技创新的卡点堵点，金颖农科孵化器（华南 A 谷）积极推动农业科技成果转化，集聚各类创新资源要素，以科技成果转化全链条和企业孵化育成全链条为抓手，形成"轻资产科技服务""自建种子基金＋合建产业基金""投贷联动"等多种科技金融服务模式，为企业提供孵化培育、技术创新、项目路演、人才培养等全链条、多场景的金融服务，促进产业链、创新链、人才链、资金链深度融合。

一、总结凝练金融服务赋能农业科技成果转化新路径和新模式

　　探索农业科技成果转化金融服务新路径，总结凝练"科技＋金融＋产业"金融服务新模式，有助于支持新型农业经营主体发展，推进农业适度规模经营，提高农业生产效率；有助于促进农业科技创新，对提高企业科技创新和成果转化应用至关重要；有助于提升农业发展韧性，提升经营主体的风险管理能力和可持续发展能力。

二、探索适用于广东省的农业科技金融服务支持体系

　　结合广东"十四五"期间乃至更长时期农业科技创新和成果转化工作要求，立足产业发展和企业需求，优化金融服务资源要素配置，加强创新金融产品赋能科技成果，促进农业科技成果变成现实生产力，有效解决成果转化"最后一公里"的问题，为全面推进乡村振兴和加快农业农村现代化提供有力的科技支撑。

三、助推广东现代农业创新链、产业链、价值链融通发展

　　农业科技创新需要金融支撑，农业成果转化应用需要金融赋能，农业产业集群的发展更是呼唤金融活水的注入。只有发挥金融对资源的整合和引导作用，促进大中小、上下游企业科技成果的流通与应用，才能强大产业链，应对风险挑战。

（一）具体做法

1. 打造专业化产业孵化载体，集聚各类创新资源要素

围绕现代农业产业发展，构建现代农业专业孵化载体，健全"众创空间—孵化器—加速器—产业园"全链条孵化育成体系，实现"资源集聚、动态培育、一企一策"。一是集聚省农科院技术、成果、人才资源，开放共享超 190 个科研平台、1 000 多名农业科技专家、2 000 多项科技成果等，解决农业中小微企业研发力量薄弱、研发经费不足、资金匮乏、信息化水平低等问题。组建"1＋8＋10＋N"现代农业科技创新孵化服务联盟，协同"广州市天河区环五山创新策源地"各类高校、科研院所、孵化载体、服务机构等，形成协同创新合力，提供包括产品创新、上市辅导、创业培育、成果对接等科技金融服务，提升产业服务效能。二是构建分层、靶向、梯度的"雁阵型"全链条科技企业培育体系，打造"科小—高企—瞪羚—独角兽—上市"企业发展梯队。结合企业不同发展阶段及技术成熟度实行动态管理、跟踪指导，重点优化企业各阶段的融资、市场、人才、创新等服务，并以群链式、接续式服务来实现企业阶段式跃升。三是分层分类建立培育库，实行"一企一策"培育。每个入驻企业至少配备一名企业辅导员和一名创业导师，实现"一对一、多对一、一对多"的定制化服务，并根据企业发展需求，及时调整服务方式和内容，以支持企业发展壮大。

2. 构建轻资产科技服务体系，推动"科技＋金融"融合发展

建立完善科技成果"征集—入库—展示—评估—交易"的全链条成果转化服务体系，构建科技咨询、成果转化、联合申报项目、共建新型研发机构、技术入股或资金投资五种分类指导的轻资产科技服务，围绕关键共性技术研发、成果转移转化、产业化推广应用等多个环节，形成风险共担、利益共享的科技成果转化机制，强化与企业协同创新和利益共享的效用平衡，加快科技成果转化应用。此外，建立公共服务技术平台，包括金颖农科中试平台和广东省农产品加工技术研发中试公共服务平台，围绕企业检测技术、产品标准化、前瞻性技术和工程化研究、农产品加工集成创新与熟化应用等领域，提供技术小试、中试服务，打通"科技强—产业兴"通道。

3. 创新投贷联动模式，提供"菜单式"科技金融服务

充分发挥园区科技金融服务效能，促进企业与资本高效配对。一是以"自建＋合作"的形式设立"种子基金＋产业引导资金池"，投资资金规模达到 2.05 亿元，通过自有投资、推荐投资等方式，扶持更多创新型农业企业发展。二是定制专属金融服务，创新科技金融投贷联动模式，与中国银行广州分行合作推出广东省内首个针对现代农业科技企业和农业专业孵化载体的定制化金融服务方案——科技成果转化场景服务方案和"中银农科贷'华南 A 谷'孵化场景服务方案"。针对科技成果转化中技术入股、技术转让、技术服务等各类应用场景，以省农科院背书形式，按照成果转让及技术服务金额给予一定比例的企业授信额度，将科技企业的"软实力"转化为企业融资的"硬通货"。"华南 A 谷"孵化场景服务以金颖农科孵化器背书形式，为入园企业提供园区建设、场地租赁、人才引进、绩效考核、研发支出、设备采购等各类应用场景的直接授信贷款，有效解决农企抵押难、资金需求"短、频、急"等问题，为企业发展注入"低成本、高效能"的金融"活水"。三是搭建科技金融服务平台，构建辅导员、创业导师、专业机构与企业投融资联动的机制，及时高效地对接企业融资难题和需求，推动企业与资本的双向"配对"。孵化器累计投资 6 000 万元，与超 50 家农业企业开展融资对接，累计获银行授信贷款达 10 亿元。

（二）科技金融服务企业案例

1. 以企业发展为核心，打造全生命周期金融服务体系

创业投资是支持创新创业和科技中小企业成果渡过"死亡谷"的关键。在传统信贷模式下，小微农业企业由于抵押难、抗风险能力弱等问题，导致金融机构"不敢贷、不愿贷"。"中银农科贷'华南 A 谷'孵化场景服务方案"（简称"中银农科贷"），以企业发展阶段的需求为核心，针对孵化园区内不同成长阶段的农业科技企业，提供全生命周期的金融定制化产品。横向上，从初创期的"租金贷"和"人才贷"，到成长期的"研发贷"和"惠农贷"，再到成熟期的供应链贷和投贷联动，中银农科贷的服务覆盖了企业成长的每一个关键节点。纵向上，中银农科贷还特别针对孵化园区企业，推出了"评级贷"的创新模式。

以成长型企业——广州毅田生物科技有限公司为例，公司创业初期存在市场规模小且资金周转率较低导致研发投入紧缺、备货不足等问题。为解决企业现金流现状，经技术专家、创业导师、金融服务专家研判评估企业经营成本和发展情况，采用"评级贷"产品，围绕企业经营管理水平、科技研发、知识产权、人才团队建设等维度考评，以"省农科院技术服务＋金颖农科孵化器评价"方式为企业背书，保障了企业产品生产与销售。随着企业进入高速发展阶段，中银农科贷再次精准贴合企业发展需求，提供"研发贷""惠农贷""科创贷"等产品，重点关注企业资质、研发能力、专利质量、技术优势、股权投资等方面，推进企业"知本"转化为"资本"，以知识产权质押融资方式，解决企业融资难题，推动企业创新发展。

同时建立协同服务机制，联合科研单位、孵化器、第三方服务机构，提供包括科技成果服务、融资政策对接、市场信息共享、产业链条服务、企业资产管理等贷后跟踪，保障企业资金管理高效高质，降低金融机构的投融资风险。

2. 以科技创新为驱动，构建科技成果转化金融支撑

中试环节是科技创新从"发现"走向"产品化"的重要标志，是企业从研发到量产的必经之路，是科技成果产业化的关键环节。然而，资金投入不足、融资渠

道单一等问题已成为影响科技产业化率的重要瓶颈。"中银农科贷'华南 A 谷'孵化场景服务方案"为农业科技成果实现产业化提供了多渠道的金融支撑路径。

以入驻企业——广州安芮洁环保科技有限公司（以下简称"安芮洁"）为例，这是一家长期深耕有机废弃物无害化处理与资源化应用的一家生物环保科技公司，通过与广东省农业科学院资源环境研究所联合成立"城乡有机固体废弃物绿色循环利用研究院"，组建研发团队，针对黑水虻生物转化有机固体废弃物技术瓶颈问题开展科研攻关，成功培植并独家拥有了新的昆虫种苗，构筑企业竞争的"护城河"。中银农科贷围绕黑水虻处理废弃物无害化与资源化利用技术产业化应用，提供"惠农贷""技术服务贷"等信用贷款，助力企业开展有机废弃物黑水虻生物转化利用技术工艺优化升级、废弃物处理过程恶臭污染控制、多元化高值产品开发等，并建设有机固体废弃物处理与资源化示范基地、城乡废弃物循环利用示范基地、有机废弃物黑水虻生物转化及恶臭污染控制技术示范基地等，在广州、深圳、汕头等多地实现技术产业化，促成黑水虻生物转化城乡废弃物技术的产业化和规模化应用。同时，辅导企业参加创新创业大赛，提升企业知名度和曝光率，拓宽投融资渠道。

科技成果的价值在于运用。长期以来，科研人员转化成果过程中存在"不敢转、不想转、不好转、不会转"等问题，而企业转化科技成果则存在"投入高、风险大、不会用"等问题。为打通科技成果转化"最后一公里"，中银农科贷针对转让许可、受让省农科院科技成果和技术的企业，提供"科技＋金融＋产业"投贷联动模式，为企业发展注入"低成本、高效能"的金融"活水"。

以初创企业——广东益昌农业服务有限公司（以下简称"益昌农业"）为例，在决定从事花生种植、生产、加工等业务后，益昌农业在孵化器的帮助下，顺利对接了省农科院作物所，作物所通过品种权转让、技术服务、品牌商标许可使用等方式，探索了源头种植、采后加工、终端销售的全产业链运行模式的合作。然而，作为初创型企业，企业面临资金短缺，无法一次性支付大笔成果转化费用的问题，中银农科贷——科技成果转化服务场景方案中"技术转让贷"，很好的帮企业争取到产学研合同总金额 70% 的银行授信贷款，缓解了企业资金压力，促成省农科院作物所"粤油 43"花生品种权成功转让及"金爵"商标许可使用。

无独有偶，省农科院科技支撑和技术入股的企业——广东英九庄园绿色产业发展有限公司也享受了中银农科贷——科技成果转化服务场景方案中"技术入股贷"的金融支撑，让企业英德红茶实现规模化、高质化发展，推动"科技—产业—金融"良性循环。

（三）科技金融服务模式的推广价值

金融是推动科技创新和产业发展深度融合的关键一环。创新链条的不同环节、科技企业生命周期各阶段的金融需求存在较大的差别，需要提供针对性的金融服务支持。金颖农科孵化器以市场化为导向，以园区为抓手，以科研单位为依托，进一步整合集聚各类创新资源，着重科技成果源头供给、技术转移体系建设、深化创新开放协同、提升产业专业服务能力，加强各金融市场主体间的合作联动，提高金融支农的质量和效率。一方面，要畅通科技成果转化通道，解决科技成果转化信息不对称等问题。专业孵化载体作为科技成果转化的桥梁，有效整合成果供需双方的需求，通过科技咨询、项目合作、联合研发、技术入股等形式，能提高科技成果转化效率，降低成果投资风险，推动科技成果市场化、产业化。另一方面，带动社会资本投资农业企业，解决农业企业在不同阶段的融资难题。通过园区应用场景定制金融产品，引导金融资本投早、投小、投长周期、投硬科技，形成常态化的投融资对接机制，完善科技金融市场生态。

同时，金颖农科孵化器围绕企业动态发展，形成全生命周期"定制化＋驱动性"的科技金融服务，更加贴合企业需求。一方面，以科研院所及园区背书形式，提供多层次、广覆盖的信用贷款，有效解决农业企业抵押难、贷款难等问题。另一方面，以科技创新和成果转化为驱动力，聚焦做优企业技术创新关键节点和产业化方向，以科技金融支撑赋能科企协同创新合作，实现基础研究、应用研究、技术开发、产品研制的有效对接，推动科技成果与企业、市场相向而行，加速科技成果转化。

1. **助力企业更上台阶**

在科技金融赋能下，广州毅田生物技术有限公司创造出"迷向技术"，开发出新型迷向助剂，解决农业生产上针蜂防控的关键难点，促成与省农科院属单位达成产学研合作 5 项、科技成果转化 6 项，连续 5 年营业额实现正增长，2023年营收规模超 6 000 万元。并在 2023 年被认定为高新技术企业、创新型中小企业、省级专精特新企业、"种子独角兽"创新企业。

2. **激发企业创新活力**

依托"技术创新＋科研陪伴＋科技金融赋能"等定制化服务，安芮洁黑水虻生物转化技术在全国范围实现产业化和规模化应用。2022 年，安芮洁在第十一届中国创新创业大赛（广东·广州赛区）总决赛中斩获节能环保成长组第二名，成为大赛唯一获奖的农业科技企业；顺利实现了黑水虻生物转化技术创新和产品的升级，开发出了黑水虻鲜虫、黑水虻干虫粉、黑水虻酵素、虫沙有机肥等多元化高值产品，年产值连续两年超 1 亿元。

3. **促进成果产业化应用**

通过科技支撑和金融赋能，构建了"1＋1＋N＋产业村＋农户家庭"联企带农发展模式，即以广东省农业科学院为 1 个技术创新源，英九庄园为 1 个企业高标准"领跑者"，N 家企业为标准化技术"二传手"，辐射带动周边成为产业村，以科技创新驱动企业发展，以企业发展推动产业能级跃升。

第三节 金颖农科孵化器（华南 A 谷）孵化十大典型案例

【典型案例一】厚植资源沃土，开出乡村振兴产业之花

全面实施乡村振兴战略，产业振兴是关键。通过"拓产业、挖潜力、补技术"，让农业企业实现了转型升级，使科技创新真正支撑产业发展。广东坤霖堂生物科技有限公司（简称"坤霖堂"）就是在金颖农科孵化器这片创新创业"沃土"滋养下，实现企业转型升级、产业振兴的典型代表。

秉着"想要获得更多合作和支持"的想法，坤霖堂于 2020 年在金颖农科孵化器注册成立，从事灰树花（舞菇）、蛹虫草为代表的药食同源大健康产品的精深加工、生产及产品开发和销售。

孵化器以创新为动能，通过"强技术、助升级、促产业"，着力培养坤霖堂这株"企业幼苗"成为"参天大树"。一是帮助其建立技术研发体系，促成坤霖堂与省农科院蚕业与农产品加工研究所联合研发菌类新功能食品和大健康保健产品，成功制造出灰树花固体饮料、灰树花压片糖果等创新产品；二是促成企业与院所成功申报"特色浆果加工关键技术研究和产业化示范"2023 年省级乡村产业发展类项目，助力坤霖堂从第一产业向第三产业转型升级。目前，坤霖堂的"闯江湖"牌灰树花固体饮料已投放市场销售，并得到了消费者的认可。

开展粤黔东西部协作，是广东省助力全面推进乡村振兴的重要举措。自 2020 年起，金颖农科孵化器积极参与粤黔村企结对帮扶工作，探索有效的联农带农机制，切实推动地方产业振兴。在孵化器的带动下，坤霖堂在 2022 年 3 月举行的粤黔协作消费帮扶对接签约仪式上，与贵州台江县签下 3 年累计采购本地原产优质灰树花鲜菇 4 000 吨的订单，签约金额约 3 200 万元，有效地带动地方灰树花产业发展，实现经济效益、生态效益、社会效益相统一的可持续发展道路，为农户带来持续、可观的经济收益。

依托孵化器平台，坤霖堂让贵州灰树花资源与广东科研技术实现了粤黔"东西部协作产业合作"，打通从源头种植到生产到深加工、再到销售的产业链条，助力企业产业高质量发展的同时，也让"黔货入粤"开出一片美丽的乡村振兴产业之花。

【典型案例二】全链条保姆式服务，助力企业做深做强

广州苗博士生物技术有限公司（以下简称"苗博士"）成立于 2018 年，是从事种子、种苗健康领域的专业化公司，集研发、生产、销售、服务为一体的专业化高科技企业。企业上市的专利产品咪鲜胺·吡虫啉 FS，在袁隆平院士国家高产示范田连续使用多年，对水稻高产起到关键作用，并被袁隆平题词："苗博士种衣剂，杂交稻种子的好嫁衣。"

然而，在产品开发过程中，科研人员却遇到了难以攻克的瓶颈——针对水稻螟虫开发新产品，在研发过程中需要观察药剂对水稻螟虫整个生育期的防治持效性。但由于技术不足、缺乏实验工具，无法进行虫害繁殖试验研究。与此同时，企业技术人员不足，也导致技术研发缓慢，产品更新落后。

为解决技术瓶颈和人才问题，苗博士入驻金颖农科孵化器（华南 A 谷），一方面，通过孵化器对接省农科院植保所专家，为企业提供虫源的饲养技术，并帮助其在省内多地开展水稻田间试验，共建合作研究基地，联合攻关种子、种苗处理防治草地贪夜蛾研究，并开展为期 4 年的横向科技项目及多项技术研发、示范推广、成果转化等，助力苗博士在种衣剂领域做深做强；另一方面，孵化器为苗博士提供动态化、全链条服务支撑，针对企业不同发展阶段的关键点进行培育与扶持，重点协调解决企业发展初期人才招聘、政策指引、技术对接和企业毕业后市场推广、投融资、产业对接等问题，并帮助企业多次在创新创业大赛上获奖，让企业集中精力聚焦主业的同时，实现"不出户而知天下事"，切实提升企业核心竞争力，加速企业成长。

如今，通过院企合作，苗博士已成功打造了百里金、毕格赛等多个种衣剂新产品，拥有 25 项有效知识产权，产品线涵盖水稻、小麦、花生、玉米、大豆等主要农作物。其独有的缓释成膜种衣剂技术在市场上广泛应用，产品竞争力行业领先，并在 2022 年被认定为广东省专精特新中小企业。

正如苗博士商标中 M 型 4 粒红色种子所寓意的，科研机构和企业之间犹如两两相依的两粒种子，在孵化器平台上通过院企合作，不断开展技术创新，提升企业研发能力，让企业做精做细，做深做强，走在赛道的最前端。

【典型案例三】"技术＋金融"双驱，赋能农业增产农民增收

阳春三月，正是春耕备耕的好时节，农资商品进入销售旺季。作为农业生产中重要的一环，绿色安全、优质高效的农资产品，在有效防控病虫灾害、保障粮食安全等方面发挥重要作用。金颖农科孵化器入驻企业——广州毅田生物技术有限公司（以下简称"毅田生物"），就是一家致力于为农户提供高效、安全、规范、实惠的高抗病虫害防治方案的创新型科技公司，企业市场覆盖全国 18 个省份、辐射 280 万亩林地农田，累计服务农户超 100 万户，真正使企业赋能农业增产、农民增收。

然而，入驻前的毅田生物还存在着产品品类单一、创新力不足、市场规模小等问题。结合毅田生物的定位和需求，孵化器为企业"量体裁衣"，提供"技术驱动＋金融赋能"的定制化服务方案。

一是从创新源头下手，搭建起企业与省农科院技术合作桥梁，促成企业与省农科院植保所合作共建"南方高抗性病虫害研发中心""实蝇治理研究中心"，通过"企业出题，专家答题"模式，开展新型生物农药研发及"物理＋化学"防治技术的研究，成功研发了"金刚侠"针蜂药、"阿锐咖"杀螨剂等多个具有自主知识产权的新型生物农药，实现企业"借力"、科研院所成果"落地"。2022年3月，在省农科院院企合作推进会上，毅田生物与省农科院共同签署成立"广东省农业科学院毅田生物产业研究院"，院企合作全面升级，开启产业高质量发展新篇章。

二是打通科技金融服务"最后一公里"，通过中银农科贷定制化金融服务方案，帮助毅田生物获得1 000万元的银行授信，化解企业因疫情冲击导致资金回流慢、备货不足的危机，让金融"活水"精准滴灌企业，保障了企业春耕农资物品的生产与销售。

依托孵化器平台，毅田生物打拼出一片自己的产业版图：拥有自主专利12个，生物农药证件15个，创新产品80个，商标150个，品规180个……企业年营业额突破8 000万元，其主要产品"阿锐咖"（10％阿维菌素悬浮剂）获得"2021中国十大优秀杀螨剂产品"称号，"金刚侠"针蜂药在河源市10万多亩鹰嘴桃实蝇绿色防控技术应用与示范中效果显著，使落果率从原来的30％～50％降至10％以下，助力农户实现增产增收，赋能农业产业高质量发展。

【典型案例四】找准创新定位，为高质量发展增势赋能

2017年3月，人力资源社会保障部出台《关于支持和鼓励事业单位专业技术人员创新创业的指导意见》（人社部规〔2017〕4号），支持和鼓励事业单位专业技术人员离岗创新创业。之后，陆续有科研机构和高校的科研人员走上了"科研创富"之路，让科研成果真正转化为现实生产力。广州邹鲁农业有限公司（以下简称"邹鲁农业"）的创始人邹书通夫妇，就是从科研机构走出来，投入商业实践的"科研创富"博士后。

邹鲁农业于2019年4月在金颖农科孵化器（华南A谷）内成立，主要从事新型饲料添加剂、饲料原料研发与生态养殖技术服务。创业初期，邹鲁农业面临企业管理经验缺乏，市场推广和投融资能力弱等问题。金颖农科孵化器根据企业特点和需求，为邹鲁农业提供"技术创新＋资源对接＋金融赋能"的定制化企业培育方案。

一是通过组织技术研讨会，找准企业创新定位。推动省农科院动物科学研究所技术成果向企业转移，促成邹鲁农业与省农科院动物科学研究所、基因中心以委托研究形式开展科技支撑合作，加快企业技术创新和产品迭代升级，成功打造了"圣长素""圣长速"两个拳头产品。

二是对接多领域科技资源，把准企业研发方向。促使邹鲁农业与省农科院动

科所在中药饲料生态养殖科研创新和示范推广上达成战略合作，成立"邹鲁中药研究院"，并成功开发出生态养殖系列产品及配套服务方案，提高了企业在中药饲料生态养殖领域的研发能力。

三是组建"1＋1"（企业辅导员＋银行专属客户经理）金融服务团队，精准制定金融服务方案。解决企业研发投入、扩大生产规模的资金需求，帮助邹鲁农业在 2021 年获得 800 万元的银行授信，保证了企业产品生产订单的交付。

四是制定企业加速培育计划，抓准行业新赛道。整合创业导师、第三方合作专业机构等要素资源，为企业开展"点对点"精准指导，助力邹鲁农业用短短两年半时间便成功获国家高新技术企业认定，成为国家重点支持的具有高成长性的企业。

目前，邹鲁农业开发的产品"圣长素"成为同类市场上唯一实现产业化的沼泽红假单胞菌产品，并得到市场广泛认可，企业年产值连续两年超 5 000 万。依托孵化器平台这个"摇篮"，越来越多的科研人员和小微企业在这里实现他们的创新创业梦。孵化器在降低创业风险、破解瓶颈难题的同时，也助推了企业的高质量发展。

【典型案例五】"平台＋服务""智"胜餐饮赛道

近年来，我国餐饮市场进入快速发展新阶段，餐饮从业者面临数字化转型和消费升级的新机遇，"一键下单""无接触餐厅"等智慧化餐饮服务成为现代都市白领最方便快捷且常用的就餐方式。要想在智慧餐饮赛道抢占先机，企业急需一个能够促进产品味觉创新、技术创新的"外脑"专家团队，让其产品实现更高效的迭代升级，更需要具有前瞻性的数字化、标准化和专业化布局。

广州市天厨供应链科技有限公司（以下简称"天厨"）成立于 2017 年，是一家现代供应链综合服务和创新型技术服务供应商。成立之初，企业便开始了数字化供应链的布局，通过"平台＋服务"的综合业务和科技服务，精准把脉数字化餐饮转型需求。

作为首批在孵化器内成立的企业，天厨初期在农产品加工、保鲜、消杀技术，全流程供销信息化管理系统等方面仍不成熟。金颖农科孵化器以企业出题、专家支招、院所合力、资源共享为核心，搭建专业对接平台，提供多元化服务，帮助天厨实现技术提升，打造新供应链体系和新餐饮业态。

一是搭建专业平台。联合省农科院农业经济与信息研究所开展供应链系统开发和运营维护的技术研究、合作，搭建起信息化产供销一体化平台，解决了农产品供应链领域的团餐食材配送过程中采购、流转、财务、供应商管理、产品资料、溯源管理的数字信息化提升，极大地提高了运营、管理的效率，降低了企业成本，有效地实现"控成本、保质量"。

二是解决技术难题。针对农产品保鲜和加工具体要求，对接省农科院加工所的专家，提供技术解决方案，这一技术的提升让天厨成为南极科考的物资供应商，使瓜果的供应周期变长，满足了科考人员更多样化、更健康的饮食需求。

三是整合市场资源。依托孵化器平台，天厨与省农科院在各领域的农产品进行更多合作，通过引进（转化）省农科院新品种、新技术，打造供销农场，形成稳定的价格、品质和数量优势，创新爆款、健康新菜式，探索出数字化餐饮新的业态。

经过几年的发展，天厨的供销食堂智慧餐饮管控系统已被广泛用于机关事业单位、学校、医院等，累计服务超 1 000 万人次，为消费者提供优质的餐饮服务，企业年营业额突破 2 000 万元，营收实现 20% 的复合增长。深溯其往，这背后是企业专注农产品供应链精细化运营，对技术创新和源头把控的坚守，更是科企合作、科技支撑专业能效的释放。

【典型案例六】为数字农业装上"智慧大脑"

随着科学技术的不断发展，农业中的"智慧"含量也在不断增加。"十四五"规划中提出了"建设智慧农业"，国家政策层面也在不断完善对智慧农业的支撑。无论是 2018 年 9 月的《乡村振兴战略规划（2018—2022 年)》要求的"实施智慧农业工程和'互联网＋'现代农业行动"，还是 2021 年 2 月《中共中央 国务院关于全面推进乡村振兴加快农业农村现代化的意见》中提到的"布局建设一批创新基地平台，深入开展乡村振兴科技支撑行动"，都指明了智慧农业的发展前景，也突出了其与乡村振兴之间的紧密关系。

与智慧农业的兴起类似，许多服务农业农村发展的科技型现代企业，大多是以科技、IT 公司的背景起步，逐渐寻找方向，成为面向乡村振兴、发展智慧农业的中流砥柱，广东省农科三农科技服务有限公司（以下简称"农科三农"）便是其中的代表。

广东省农科三农科技服务有限公司成立于 2018 年，专注数字化与农业科技融合服务与推广，积极投身于农业技术与数字化深度融合，建设服务乡村产业振兴的服务体系。

在选择成为服务"三农"发展的科技企业之前，农科三农的创始团队已在农业领域深耕 20 余年，但对农业信息化的具体实现方式不够了解，如何再往前走、与乡村振兴结合得更紧密、对农业信息化理解得更深刻？农科三农做 IT 起家，对技术、编程谙熟，但如何将农业与 IT 深度融合，如何让技术运用在真实的农业生产中，仅靠企业自身的动能，没办法突破。

2019 年，在成立一年之后，农科三农选择了入驻金颖农科孵化器，希望通过孵化器的赋能实现技术与农业的深度融合。改变很快发生，孵化器结合企业的发展痛点"问诊把脉"，提出为数字农业装上"智慧大脑"的解决方案。一是整合省农科院技术专家与农科三农的技术人员，让技术与农业应用相结合，以"技术＋数据＋产业"的合作方式让数据说话，有效解决"有数据、有模型、却不知道怎么处理"的痛点问题，持续赋能数字农业产业；二是积极推动院企深度合作，通过技术入股方式，促成省农科院及省农科院设施农业研究所与农科三农建立紧密合作关系，推动科技成果在企业的转化应用，使技术与产业紧密结合。

目前，农科三农已服务200多个基地，辐射18个省份，年营业额连续2年突破1000万元，并在广东省内建有多个农业科技与数字化融合示范基地、乡村振兴服务驿站和乡村振兴地标产品体验馆。企业研发的"农产品全产业链数字化管理公共服务平台"在2021年获得"广东省农业科技推广一等奖"，并被中国标准化协会推评为"行业服务标准化奖"，被中国投资协会新基建委员会评为"最有投资价值乡村振兴产品"。

农业数字化犹如一条"高速公路"，科研人员每一个科研数据标准就像是在"高速公路"上行驶的"车辆"，而孵化器则是路网结合的导航，除了能让"路"与"车"彼此知晓、互相合作，也在不断发挥辐射带动作用，将企业和科研机构带入地方，让技术、科研合力铺就乡村振兴之路。

【典型案例七】"补短板""增实效"，助力产业绿色可持续发展

2020年1月1日，我国开启实施"退出除中药外的所有促生长类药物饲料添加剂品种"的最严"禁抗、限抗、无抗"政策。大力发展中草药资源及相关饲料应用产业，加大"生态高效养殖"力度，解决抗生素残留等导致动物性产品安全问题，正是响应国家政策，促进动物绿色健康生产，确保食品安全，助力健康中国建设的重要体现。

广东源品泰生态科技有限公司（以下简称"源品泰"）成立于2021年，是一家研发、生产、销售复合发酵功能饲料，推广生态养殖技术服务，致力于利用天然植物有效成分进行无抗生态养殖技术研究与应用的企业。

作为初创型企业，源品泰在入驻孵化器初期，遇到了技术创新及应用、品牌推广、行业可持续发展等难题。金颖农科孵化器发挥平台优势，通过"补短板""增实效"助力企业创新发展。

一是整合要素资源。孵化器协助源品泰对接省农科院动物科学研究所及动物卫生研究所专家，帮助其明确"动保饲料化、饲料功能化"的发展思路，促成企业与省农科院动卫所在微生物发酵技术研发创新及产业化应用方面达成产学研深度合作，实现深度互补，促进企业技术研发和产品升级。

二是共建新型研发机构。源品泰通过与省农科院动物科学研究所联合成立"动科生态技术（饲料功能化）研究院"，提升企业科技创新水平，并成功研发了复合功能饲料系列创新产品。

三是对接行业上下游资源，开展生态养殖新方法、新技术及应用管理等方面的交流活动，帮助企业搭建生物发酵饲料生产基地、配送中心及推广销售中心，

打通从技术创新到产品研发及产品销售产业链，夯实了公司创新发展的基础。

目前，源品泰发展取得阶段性成效，拥有4项自主创新发明的实用新型专利，开发出康泰宝、农场安等12个创新产品并得到行业认可，年营业额有望突破1 000万元。

在共谋产业创新绿色发展道路上，企业和科研机构都在发挥着各自的软硬件资源优势。而孵化器犹如双方合作中的"融合剂"，在融合双方优势、促进合作的同时，也在不断催化技术的创新和成果的转化，为产业绿色可持续发展增添新动能。

【典型案例八】创新院企合作模式，助"鱼"跃"龙门"

在我国，农业是国民经济的基础。农业小微企业已经成为国民经济发展的一支不可或缺的力量。大力发展农业小微企业有利于创造就业机会、培育新的经济增长点，激发市场活力，促进社会稳定。但长期以来，农业小微企业发展缓慢、周期长、抗风险能力较差和融资渠道少等，严重制约了农业小微企业持续健康发展。

广东华农互联农业科技有限公司（以下简称"华农互联"）成立于2015年，是一家集农业、互联网、生鲜品牌和消费金融服务于一体的农业龙头企业。作为第一批入驻金颖农科孵化器的农业小微企业，华农互联在探索打造产业链的过程中，遇到了技术、销售等方面的问题。

针对华农互联的具体问题，金颖农科孵化器多措并举。一是在"2＋N"孵化服务体系下，为企业量身定制了全链条的孵化培育方案，提供创业辅导、技术培训、政策咨询、产业对接等服务，帮助企业对接省农科院果树所专家，开展葡萄H型架栽培模式、阿格里斯高架草莓载体系统等研究，提升华农互联技术研发水平。二是创新院企合作模式，促成省农科院技术入股华农互联，探索风险共担、利益共享的合作模式，助力企业打造具有市场竞争力的产品。三是成立省农科院专家工作站，在有机种植、大数据与金融及相关人才培养等领域紧密合作，共同开展科学研究，推动企业利用农业物联网与区块链技术，打造"华农互联＋"智慧农业发展模式。

经过短短几年的发展，华农互联已从小微企业迅速发展为省级农业龙头企业，科技研发水平和服务支撑能力不断提升，已实现整合1 200亩蜜柚、100亩葡萄的智慧园区，并通过"公司＋基地＋农户"的产业化经营模式，带动周边2万亩蜜柚、1 000亩葡萄实现产业化，直接拉动近1万人次的农户收入，人均年增收1 500元。2020年，华农互联被认定为"广东省重点农业龙头企业"；于2021年作为"三高"农业科技服务平台建设与应用示范项目的主要完成单位之一，获得广东省农业技术推广奖。2021年11月，华农互联正式在"广东乡村振兴板"挂牌，成为省农科院首个登陆"广东乡村振兴板"的技术入股企业。

农业科技企业孵化器，为科研机构和农业小微企业搭建了科技成果与市场之间合作的桥梁，提供从场地、技术咨询到科企合作、技术入股等方面服务，让院企合作步调一致、合作更紧密。未来，越来越多像华农互联一样的后起之秀，也将依托孵化器平台的牵线搭桥和扶持，与科研院所开展更多创新合作，跃升成为农业龙头企业，登陆资本市场，实现多方共赢，助力产业振兴。

【典型案例九】一企一策，助力初创企业扬帆启航

广东具有得天独厚的资源、生态和区域优势，依托资源禀赋发展"一村一品、一镇一业"富民兴村产业，将资源变产品、产品变商品、商品变名品，推动地方特色产业发展，是实施乡村振兴战略、促进产业兴旺的重要抓手。开辟新赛道、转变经营思路、研发差异化产品、提升产品品质和服务质量等成为老品牌迈出新步伐，促进企业高质量发展的关键。

广东益昌农业服务有限公司于 2022 年入驻金颖农科孵化器（华南 A 谷），是一家专注花生种植、加工及农业生产托管的初创企业，愿景是"做广东人自己的高品质纯正花生油"。金颖农科孵化器（华南 A 谷）围绕企业的愿景目标，为企业提供定制化的"一企一策"服务，助力企业扬帆启航。

一是针对企业在花生品种选育、产品品质和产量等方面的难题，帮助对接省农科院作物研究所专家，围绕品种筛选、优质高效栽培、加工技术及品牌营销等方面开展深度合作，促成"粤油 43"花生品种权及配套技术转让，实现从生产到销售的全链条服务。

二是促成"金爵"牌花生油焕发新活力。昔日的"金爵"牌花生油，在各大食用油品牌黄曲霉素抽检超标风波下，仍能保持黄曲霉含量远低于国家标准。由于历史原因，该品牌面临衰落风险，为使老品牌焕发新活力，孵化器积极促成作物研究所将"金爵"品牌授权给益昌农业使用，助力"金爵"开启市场化运营新征程。

三是发挥科技金融优势，依托中银农科贷定制化金融服务方案，按照产学研合同金额直接给予等额的银行授信，有效地解决了成果转化"最后一公里"的问题，也让益昌农业生产的花生油顺利地在春节前上市，并实现了产品单日 20 万元的销售额。

目前，益昌农业在从化区鳌头镇集中流转了 3 000 亩土地，建立粮油轮作关键技术综合示范区，辐射带动农户种植 1 万亩花生，预计可实现亩产增收 20%，亩产增收超 1 000 元。为加强耕地保护和推进农业绿色发展提供新思路，助力乡村产业高质量发展。

人们常说，科研院校的科学研究善于创造新知识和新技术，擅长"从 0 到 1"的突破。而企业的专长就是"把 1 变成 10"，利用新知识和新技术去创造新产品、新工艺，研发出质量更好的产品，开展大规模生产。通过孵化器平台所促

成的院企合作，让科研院校的这颗"金种子"变成十个、百个、千个、万个……带领农民增收致富，助力乡村振兴。

【典型案例十】科技陪伴企业成长，创新赋能产业发展

广州安芮洁环保科技有限公司成立于 2016 年，是集农业废弃物、餐厨垃圾无害化处理、生物制药等技术研究于一体的生物环保科技公司。

作为利用昆虫生物转化处理餐厨垃圾领域的领先者，安芮洁从 2014 年就开始餐厨垃圾无害处置产业研究。但一直以来，黑水虻生物转化有机固体废弃物技术在产品研发和技术攻关上存在转化效率低、处理规模跟不上、机械化程度不高、臭气排放不达标、产品单一等一系列"卡脖子"问题，制约了该技术的推广和应用。

入驻金颖农科孵化器（华南 A 谷）之后，孵化器为安芮洁提供"技术创新＋科研陪伴＋科技金融赋能"等定制化服务，助力企业黑水虻生物转化技术在全国范围实现产业化和规模化应用。一是组织对接省农科院专家为企业提供技术"问诊"服务，联合成立"城乡有机固体废弃物绿色循环利用研究院"，开展黑水虻生物转化有机固体废弃物科研联合攻关，成功培植并独家拥有新昆虫种苗。二是促成院企共建试验示范基地，建立长期产学研合作关系，开发黑水虻多元化高值产品，实现黑水虻生物转化技术的产业化。三是量身打造企业创新和融资方案，邀请专家为企业开展"一对一"赛事辅导，助力安芮洁在第十一届中国创新创业大赛（广东·广州赛区）总决赛中斩获节能环保成长组第二名，成为大赛唯一获奖的农业科技企业。

通过从源头创新到技术扶持、金融赋能等各环节上深度"陪伴"，如今的安芮洁已成功获得国家高新技术企业、省级专精特新中小企业等资质，顺利实现了黑水虻生物转化技术创新和产品的升级，开发出了黑水虻鲜虫、黑水虻干虫粉、黑水虻酵素、虫沙有机肥等多元化高值产品；黑水虻生物转化有机固体废弃物技术也多次被评定为全国"畜禽粪污资源化利用主推技术"和全省"餐厨垃圾处理推荐技术"，并在深圳、汕头、梅州等地工厂得到推广和应用，实现了产业化，产品年产值连续两年超 1 亿元。

实践证明，这种瞄准企业和产业发展关键科技问题的合作模式，是不断夯实院企合作的基础，是筑牢企业发展根基的有效模式，也是金颖农科孵化器（华南 A 谷）搭建企业和产业高质量发展的融通平台，更是促进科企对接，科技成果转化、孵化的成功实践案例。

第七章 广东省农业科学院建设专业孵化载体模式及启示

农业科技成果转化、孵化是农业科技创新的重要组成部分，也是推动科技与产业融合，助力乡村振兴的强大动力。党的二十大报告指出，"完善科技创新体系。坚持创新在我国现代化建设全局中的核心地位。完善党中央对科技工作统一领导的体制，健全新型举国体制，强化国家战略科技力量，优化配置创新资源，优化国家科研机构、高水平研究型大学、科技领军企业定位和布局，形成国家实验室体系，统筹推进国际科技创新中心、区域科技创新中心建设，加强科技基础能力建设，强化科技战略咨询，提升国家创新体系整体效能。深化科技体制改革，深化科技评价改革，加大多元化科技投入，加强知识产权法治保障，形成支持全面创新的基础制度。培育创新文化，弘扬科学家精神，涵养优良学风，营造创新氛围。扩大国际科技交流合作，加强国际化科研环境建设，形成具有全球竞争力的开放创新生态。"

科技企业孵化器作为国家创新体系的重要组成部分，肩负着集聚创新资源、培育新兴产业、促进经济发展、增加社会就业的重要使命。科技企业孵化工作，也在促进农业现代化，推动科技与经济的紧密结合过程中发挥着至关重要的作用。

广东省农业科学院立足产业发展和企业需求，不断深化院企合作，主动搭建各类成果转化及产学研协同创新平台，建设广东省农业科学院科技成果转化基地和金颖农科孵化器，开展农业科技成果转化和企业孵化，形成了"要素融合、协同创新、全链孵化、辐射带动"的经验和模式，聚力打造粤港澳大湾区农业科技"硅谷"——华南A谷，推动科技与产业、经济的深度融合，促进农业企业和产业高质量融通发展。

一、要素融合：以专业孵化器为平台，厚植创新创业沃土

（一）打造科技成果转化孵化的"试验田"

农业科技成果转化是指成熟的技术成果，由农业科研部门、涉农院校以及其他农业技术持有者流向农村、涉农企业，应用于农业生产的过程，它是农业科技成果直接转化为生产力的重要内容之一。

为了更好地帮助农业企业做强做大，用好自身及周边农业科研单位丰富的科

技资源，让科技成果更快进入产业，转化成生产力，2016年7月，省农科院宣布筹建运营成果转化服务平台和农业科技企业孵化器，助推打造"一盘棋"农业科技创新格局和"一条链"农业科技组织模式。2017年11月27日，省农科院以"50%技术股+50%资金股"的形式，按照"政府推动、院所主导、企业支撑、国际合作、市场运作"的理念，全资组建广东金颖农业科技孵化有限公司，搭建、运营金颖农科孵化器等专业孵化载体，做好院企合作"媒人"，发挥科技成果转化孵化效能，推动实施创新驱动发展，促进科技与产业、经济的深度融合。

金颖农科孵化器以科技成果转化和企业孵化服务为核心，依托省农科院科技人才优势，整合各类创新创业资源要素，构建了集"科技企业孵化、关键技术研发、科技人才创业、成果技术转化"四大功能于一体的现代农业创新创业孵化平台，支持、培育创新型农业企业，加速农业产品（项目）产业化，激发农业科技企业创新活力，为广东现代农业高质量发展提供科技支撑服务。入驻平台的农业双创主体，可以通过平台，更好地与省农科院等科研机构合作对接，依托科研机构的技术支持，把企业做强做优做大。

如今，金颖农科孵化器这片农业科技成果转化孵化"试验田"，已让大量的科技成果从"实验室"走向了"生产线"。金颖农科孵化器已累计吸引农业科技企业超240家，涵盖种业、生产、加工、流通、品牌建设等农业全产业链，企业年产值超100亿元；集聚了2 000多项科技成果、1 000多名专家，190余个国家、省（部）级实验室资源和科研平台，以及各类财税、法律、知识产权和投融资等资源，构建了从源头创新到产业培育的全要素、全链条农业产业创新集群，成为粤港澳大湾区规模最大的国家级农业科技企业孵化器。

（二）集聚要素为农业科技企业"送春风"

培育、孵化小微（初创）企业和种子项目是孵化器的重要内容。对于农业科技初创企业来说，孵化器就是一个"有求必应"的家长，提供细致入微、全方位、"保姆式"服务。一方面，提供研发、生产、经营的场地以及共享设施，为创业者提供良好的创业环境和条件；另一方面，提供系统的创业培训与咨询，以及政策、融资、法律和市场等方面的支持，降低企业创业风险，帮助企业迅速成长。

1. 出台政策，加大保障支持力度

为厚植创新创业沃土，进一步促进农业科技成果转化和企业孵化工作，金颖农科孵化器不断建立健全相关服务和制度体系，包括设置孵化器运营服务机构及岗位职责，出台《金颖农科孵化器/加速器企业管理办法》《孵化资金管理办法》《创业导师工作机制和企业考评办法》等，规范服务流程，更高效地为企业提供专业化、一站式的孵化加速服务。

与此同时，为推动企业创新发展，发布"华南 A 谷惠企支农五策十条"扶持政策，鼓励入驻企业加大研发投入、引进高端人才，对入驻企业新获得授权的发明专利、实用新型专利给予知识产权补贴，对研发费用占营业收入 5％以上的入驻企业给予研发费用补贴，对入驻企业聘请国内外高端人才包括但不限于创新创业领军人才或入选国家、省重大人才工程等给予人才政策补贴。

2. 建立专业队伍，提高服务效能

满足企业需求、寻找融资对象、匹配技术团队、完善企业管理等全方位服务，是孵化器的工作目标。为了能够给入驻企业提供更专业、更高效的服务，针对农业科技企业的发展需求，金颖农科孵化器组建了一支拥有创新创业专业辅导能力和实战经验的"企业辅导员＋创业导师＋全产业链专家服务团"专业孵化服务队伍。企业辅导员作为企业创业之路上的贴心"管家"、企业创新创业的"好帮手"，定期为企业搜集并分享国家、省、市、区（县）等相关行业资讯和政策，及时了解、对接、反馈、解决企业创新创业需求，减少企业创业风险。依托省农科院人才优势连接的 262 个全产业链专家服务团，犹如企业创新创业的"智慧大脑""全科医生"，为企业"把脉问诊"开"良方"，解除企业和产业发展的后顾之忧。

创业导师是企业创业路上的良师益友，尽管他们的帮助并不能保证创业团队日后一定会成功，但有着丰富经验的导师往往能更熟练地给予创业团队有效的指导。孵化器通过"内培外引"方式组建的创业导师队伍拥有创新创业专业辅导能力和实战经验，他们有的是上市公司高管、企业负责人，有的是行业专家，专业涵盖农业科技、技术创新、企业管理、投融资、品牌管理与市场推广等领域。针对入驻企业发展过程中项目申报、技术对接、投融资等个性化问题和需求，创业导师发挥"智囊"作用，根据"需求调查—诊断指导—资源整合—能力提升"企业服务流程体系，通过线上线下、无缝对接的导师联络机制，为企业提供运营管理、科技金融、辅导培训、项目申报、产业对接等"一对一""一对多"精准指导服务，协助创业企业应对创业道路上的困难，避免其走入错误的发展方向，并帮助创业企业发挥优势，实现"从 0 到 1"的快速成长。

3. 共享科技资源，助力企业成长

科学仪器设备是科研人员开展科研创新的重要"武器"。然而，高达数百万元甚至数千万元的大型科学仪器设备让很多企业望而却步。

近年来，金颖农科孵化器依托省农科院科技资源优势，着力推动科技资源开放共享，向入驻企业共享省农科院 2 000 多项科技成果、1 000 多名科技专家，开放超 190 个科研平台，包括畜禽育种国家重点实验室、农业农村部南方植物营养与肥料重点实验室、农业农村部华南都市农业重点实验室、农业农村部华南地区蔬菜科学观测实验站、国家农业科技创新与集成示范基地等。让"养在深闺"的大型科学仪器设备走出校门、走出实验室、走出科研机构，成为推动企业科技创新的"利器"。

4."线上线下"双平台，提供立体服务

企业发展过程中的输入输出需要耗费大量人力、物力、财力。为进一步方便资源要素的链接，扩大产业孵化服务网络的广度和深度，金颖农科孵化器从产业发展的全要素、全环节、全链条出发，构建了线上线下的农业科技服务网络，打破物理边缘限制，使众多资源聚集后形成横向和纵向连接，为入驻企业孕育出更大商业价值的对接机会与可能。

线上方面，建成广东省农业科技成果转化公共服务平台、农技服务云平台等，形成科技成果"征集—入库—展示—评估—交易"的全链条成果转化服务体系，搭建"院地合作""科技成果转化""科技资源共享""农业科普讲堂""农业品牌打造"等板块，展示省农科院主推技术、主推品种、十大产业链技术、成果转化情况、院地合作成效等，为广大涉农群体提供对接窗口；探索"互联网＋农业科技"的新模式，开展包括成果展示、技术链接、农业科普、交流对接等"线上＋线下"科技培训和服务，实现了农业科技成果的网上征集、直观展示、供需对接等功能，有效地指导和促进农业科技成果转化。

线下方面，联合广东省农业科学院下属 15 个科研单位、17 个地方分院（促进中心）、55 个专家工作站、40 个市（县）农科所联系点、63 个地方和企业研究院、586 个示范基地，组建 262 个全产业链专家团队，整合跨地区、跨领域农业科技资源，形成全方位、立体化的农业科技推广服务网络，帮助企业对接产业资源，推动入驻企业的技术成果和产品在地方落地转化，促进产业链、创新链融合发展，支撑乡村振兴发展。

5.定制金融方案，缓解企业难题

中小企业持续稳定地发展离不开金融"滴灌"。为了让那些怀揣梦想、蓄力向上的中小微企业有盼头，创新发展的"钱袋子"更有底气，金颖农科孵化器聚焦企业发展薄弱环节，打造金融资本聚集的"蓄水池"。

（1）设立产业孵化基金：一方面通过自筹出资形式，建立 550 万元自有种子资金，鼓励企业进行技术创新与产品研发，保障优质项目落地；另一方面联合投资管理机构，共同设立规模 2 亿元的"华南 A 谷创新创业投资产业引导基金"，以"金融＋科技"的捆绑投资方式，投资和引入技术创新性显著、有较强的市场竞争力、较大的市场容量、成长性好的农业科技企业和项目，促进企业的资本化运作，帮助企业成果更快落地。

（2）发挥科技金融工作站"桥梁"作用：积极联动多家投融资机构、银行机构，与中国银行、建设银行、邮储银行等 11 家投融资机构建立战略合作，组织开展"菜单式"融资培训服务，打通科技金融服务"最后一公里"，为入驻农业科技企业和科技成果转化提供更优质、更高效的金融服务。

2022 年年初，金颖农科孵化器携手中国银行广州分行创新推出广东省内首个农业孵化载体专属金融服务方案——"中银农科贷'华南 A 谷'孵化场景服务方案",并组建了"1＋1"(辅导员＋银行专属客户经理)金融服务团队,快速响应企业需求,为孵化园区入驻企业提供"园区贷""租金贷""人才贷""评级贷""研发贷""惠农贷"六大产品,解决农业类科技企业融资难、慢、贵的难题,为科技成果转化和企业创新发展注入金融"活水"。

对于这个新推出的定制化金融服务方案,入驻企业广州毅田生物技术有限公司负责人有着深刻的体会。"真没想到你们行动这么快,我们的需求刚提出,就有专属的金融服务对接,5 个工作日贷款就批下来了,真是春耕生产的及时雨啊。"

二、协同创新:以科技创新为支撑,加快科技成果转化

科技支撑企业发展的主要目的是帮扶企业做强做大,企业强则产业兴,产业兴则农民富。金颖农科孵化器以建设高水平农业专业孵化器为目标,把科技创新与企业高质量发展相结合,通过搭建公共技术服务平台、创新合作模式,把科研院校的人才、科研平台、技术、成果和知道怎么做的头脑与企业的产品开发、种养技术革新、生产工艺改进、市场开拓、服务模式相结合,更好地发挥科技资源优势,提高企业创新的成功率,缩短新产品开发时间,降低开发成本,促进企业健康发展。

(一)合作共建中试平台,降低企业研发成本

金颖农科孵化器通过与省农科院农业质量标准与监测技术研究所合作共建金颖孵化中试平台,为入驻企业提供技术中试、产品检验、科技咨询、成果转化、研发及办公场地等服务。其中,入驻企业广州市天厨供应链科技有限公司与该平台开展了为期 2 年的农产品质量安全指标和理化品质指标成分分析项目,有效确保企业农产品质量安全;广州邹鲁农业有限公司也通过中试平台开展关于生物技术研发与动物营养配比等相关研究,促进新产品的开发,有效降低了企业的研发成本。

2021 年,面向农产品加工与产业对接的中试技术服务需求,金颖农科孵化器又与省农科院蚕业与农产品加工研究所共建 2 000 平方米的广东省农产品加工技术研发中试公共服务平台(以下简称"加工中试服务平台"),这是华南地区首个农产品加工成套技术工程平台。该平台拥有超高压杀菌设备、果蔬汁前处理设备、乳剂加工生产线、保鲜膜成型设备、中央厨房、软胶囊生产线、调味品中试线等国内领先设施设备,为现代农业产业园和农业企业提供技术中试、产品检验、成果转化及研发等服务,提升农产品加工集成创新与熟化应用能力,解决农业企业发展中存在的基础研究和成果转化、市场应用有机衔接问题。

目前,通过与企业"合作研发＋中试",加工中试服务平台已为众美佳(广

州）农牧发展有限公司、广东坤霖堂生物科技有限公司等入驻企业，广东海纳农业有限公司、深圳诺普信农化股份有限公司、广东佳宝集团有限公司等一批农业龙头企业提供加工技术支撑服务，协助近20家企业建设了米糠、凉果、豆制品、果蔬汁等农产品加工生产线，累计为企业新增产值约40亿元。

（二）构建轻资产服务体系，推动产学研深度融合

企业、产业以及经济的高质量发展，都离不开自主创新。习近平总书记曾多次强调企业创新的重要性，企业要发展，产业要升级，经济要高质量发展，都要靠自主创新。自主创新是增强企业核心竞争力、实现企业高质量发展的必由之路。

金颖农科孵化器依托省农科院科技人才资源，以市场为导向，以项目为依托，以企业为主体，强化科技支撑作用，通过科技咨询、成果转化、项目申报、新型研发机构共建、技术入股或资金投资等方式，与企业联合开展技术创新、产品创制，建立关键共性技术研发、成果转移转化、产业化推广应用运行机制，为企业引入新技术、新品种，完善企业技术研发与加工流程，解决企业"卡脖子"问题。

1. 科技咨询："借智引智"解难题

人才是创新的根基，创新驱动实质上是人才驱动，谁拥有一流的创新人才，谁就拥有了科技创新的优势和主导权。为了解决企业科技支撑、创新活力不足难题，金颖农科孵化器依托省农科院科技人才及孵化器创业导师资源，"借智引智"为入驻企业提供线上线下的科技咨询服务。充分发挥企业"出题者"，科研机构、院所"答题者"作用，通过开展专场院企交流会、"一对一"对接会等活动，支撑企业创新发展。

2. 成果转化："开花结果"推落地

"科研成果在社会上发挥作用是众多科研工作者的愿望。"而通过企业"双手"去实现是成果转化最直接的方式，但企业与成果之间要做到"门当户对"则需多方考量。金颖农科孵化器扮演着撮合科学家与企业家"谈恋爱"的"媒婆"角色，通过供需对接、洽谈等环节，实现科技成果"相识—恋爱—联姻—开花—结果"的过程，打通科技成果转化"最后一公里"，推进科技成果产业化。

3. 联合申报项目："强强联合"共创新

企业在商业运营、市场化对接上有着丰富、成功的实践经验，而科研机构则具备专业的学术背景和领先的科研资源优势。针对农业产业需求，联合企业与省农科院各院所、研究团队及地方分院专家进行分领域、分类别的深入合作，以联合申报横向科技项目形式，共同促进农业科技的创新发展。

通过联合申报横向科技项目这种合作形式，促使入驻企业广州邹鲁农业有限公司在替代鱼粉饲料蛋白原料配方上有了新的突破，成功打造了"圣长素""圣

长速"两个自有品牌产品,消除了长期依靠进口鱼粉添加替代饲料蛋白的壁垒,提升了企业产品市场竞争力。

4. 共建新型研发机构:"揭榜挂帅"助攻关

要破解科技与经济"两张皮"的难题,打造产业核心竞争力,需要充分发挥科研机构科技创新的战略支撑和企业市场化优势。共建新型研发机构是围绕企业发展的科技需求,打造产业核心竞争力的重要途径之一。围绕制约企业发展的关键技术瓶颈,组建企业研发机构,如产业研究院、产业技术研发中心、专家工作站、博士工作站等,组织专家团队协同攻关,将省农科院优质的科技资源融入产业发展,即研即推、边创边推,服务企业,释放科技创新要素活力,多措并举提升企业科技创新水平。

如今,金颖农科孵化器已有广州速率信息技术有限公司、广州毅田生物技术有限公司、广州安芮洁环保科技有限公司等多家入驻企业,与省农科院及院属单位共建"广东速率智慧畜牧水产技术研究院""南方高抗性病虫害研发中心""城乡有机固体废弃物绿色循环利用研究院"等新型研发机构8个,有效解决了企业科技创新不足的问题,在提高企业科技研发水平的同时,也全面提升了产品市场竞争力。

5. 技术入股和资金投资:"同舟共济"启新篇

过去,科研机构与企业合作通常都停留在向企业提供技术服务的层面,对产业、市场支撑不足,融合度不高。为了改变科企原有的松散合作模式,实现风险共担、利益共享,就要让院企双方真正目标一致、步调一致、共同发展,开展技术入股和资金投资,构建院企利益共同体;让科研机构在市场和产业发展上的科技引领作用实现最大化。

通过技术入股,广东华农互联农业科技有限公司开展包括葡萄 H 型架栽培模式、阿格里斯高架草莓载体系统等研究,构建"互联网+农业"的创新商业模式,提高了企业在市场上的核心竞争力。

三、全链孵化:以全链服务为抓手,推动产业融通发展

企业的快速发展得益于成熟的孵化模式。金颖农科孵化器紧扣企业发展规律,创建了"2+N"服务体系,构建了"众创空间—孵化器—加速器—产业园"全链孵化育成体系,实施科技企业梯次培育计划,为双创人员和农业科技企业提供全方位、全链条的专业孵化加速服务。

(一)创建"2+N"服务体系,一企一策促成效

"创业者和企业真正需要什么,金颖农科孵化器又能提供什么?"是孵化服务团队一直在思考的问题。针对企业在创新链上各个阶段的具体需求,金颖农科孵化器创建"2+N"特色服务模式:"2"即以基础服务和增值服务为核心的孵化

入驻、孵化空间、物业管理、创新创业辅导等服务，"N"为技术咨询服务、投融资与资本运作、知识产权对接、科技成果转化等公司创新和产业需求方面的衍生性、多元化服务。

为了切实提升服务效能，孵化器采用区别于企业"找办法"的"逆向"服务方式，即企业专职辅导员定期走访入驻企业收集需求，以企业和产业需求来逆向对接科技成果，再当"超级媒婆"，将省农科院等农业科研院校优质科技成果源源不断地精准输送至相关企业，并通过"一对一"的线下的科技对接服务，实现"一个企业一个服务政策"，最终促进科技成果在科研机构与企业、企业与企业之间实现转移转化和产业化，让科技成果更好地"走出深闺"，走入产业。

广州苗博士生物技术有限公司是一家研发、生产种衣剂的初创企业，该公司负责人表示："一直以来，苗博士存在产品单一、销售不畅等问题，入驻孵化器后，获得的帮助是实打实的，企业发展速度也稳步提升"。金颖农科孵化器通过对接广东省农业科学院植物保护研究所专家及优势技术，筛选种衣剂活性成分与应用技术，切实提升该企业研发水平，丰富产品线。

（二）全链条、阶梯式动态培育，完善体系促发展

1. 铺好企业发展的"快车道"

根据企业发展不同阶段和经营的"卡脖子"难题，金颖农科孵化器打造"众创空间—孵化器—加速器—产业园"全链条科技企业孵化育成体系，实施动态化孵化培育。一是着重链条前端众创空间建设，强调对创业团队（项目）的孵化及落地，提供卡位服务、创业辅导、项目指导等服务；二是对在孵企业（小微企业）从入孵到出孵之间的培育，通过创业导师、技术专家、合作机构、辅导员等多方资源汇聚，为企业提供诸如财税、人力资源、知识产权、高新技术认定等个性化服务与指导；三是在链条后端建设与加速器之间的对接机制，并建设入驻企业从孵化器快速入驻加速器的通道，主要针对毕业企业、龙头企业等大型企业，更加注重企业的高质量、高成长性、可持续性发展，结合企业已有基础，提供更进一步的技术创新、人才培养、资金融资等服务，实现企业高质量发展。

除此之外，金颖农科孵化器坚持把帮扶壮大农业企业作为全面推进乡村振兴、加快农业农村现代化发展、促进农民持续增收的战略支点。通过延链、拓链，把科研院校的人才、科研平台、技术、成果和企业的产品开发、技术革新、生产工艺改进、市场开拓、品牌打造有机融合，更好地发挥科技资源优势，提高企业创新能力、缩短新产品开发时间、降低开发成本，促进企业健康快速发展。

2. 搭建企业成长的"步行梯"

从企业最初组建研发团队，到发明专利等知识产权的申报；从科技型中小企业入库，到国家高新技术企业申报认证……金颖农科孵化器实施企业梯次培育计划，打造"科技型中小企业—高企—瞪羚—独角兽—上市"企业发展梯队，构建

分层、靶向、梯度的"雁阵型"全链条科技企业培育体系，根据不同企业不同发展阶段进行有针对性的培育与扶持，重点协调解决企业成长阶段的融资、市场、人才、创新等问题，持续优化营商环境，构建有利于企业发展的生态环境，陪伴企业一步一个脚印成长。

（1）强化源头培育：优化企业辅导流程及标准，将具有高成长性的企业纳入企业培育库，及时收集梳理高企、专精特新、瞪羚、独角兽和上市企业最新政策、标准与流程，整合专业服务机构提供整体的企业培育规划和辅导，提前为企业"把脉诊断"。

（2）强化创新服务：坚持靶向/定制化服务，梳理企业培育库中企业发展情况、业务亮点等，围绕企业主体培育的关键点，开展"点对点""一企一策"精准指导，建立"政府部门—加速器载体—服务机构"网格化沟通联络机制，及时反馈最新政策和申报情况。

（3）强化能力提升：整合各类技术、人才、资本政策等创新要素资源向企业集聚，大力推进产学研协同创新，推动院企合作、科企对接，引导企业持续加大创新研发投入，提升产品科技含量，依托省农科院科技人才优势，牵头开展关键技术攻关，培育壮大具有市场竞争力的农业科技领军企业。

（三）以大带小，构建产业中下游生态圈

产业链供应链是企业的"生命线"。稳住产业链供应链，才能保住大大小小的市场主体，促进产业的融通发展。金颖农科孵化器以逆向创新服务模式，形成"以大带小""上下互促"机制。一方面，积极引进培育一批不同农业领域的优质农业龙头企业，通过信息融通、市场嫁接、人才支持、资金（技术）入股、并购重组、成立企业等方式，为中小企业有效解决技术难题、融资困难与品牌推广力度不足等问题，形成农业龙头企业与中小微企业的互促机制，构建创新生态链和产业生态圈；另一方面，集聚上下游产业资源，打通种业—生产—加工—流通产业链条，实现大中小企业融通发展。简单来说是了解大企业的需求，然后在园区中寻找有能力提供服务的创业者或初创企业进行对接。但在创新能力方面，大企业往往不如小企业，而大企业却需要时刻保持创新从而走到行业前列，因此合作就是最好的途径。让上下游、大中小企业同频共振形成创新联合体，方能形成既具韧性又安全可控的产业链供应链。

如今，通过尝试这种"以大带小""上下互促"的机制，推动入驻企业广东新牧网络技术有限公司通过信息融通、市场嫁接等方式，在2021年成立广东积牧数据科技有限公司，并开展生猪和畜禽产业分析与调研；促成广东明镜生物科技有限公司与省农科院农业资源与环境研究所、省农科院农业水稻研究所进行合作对接，并组建成立广州市米上添花农业科技有限公司，从事土壤改良后水稻等农作物生产经营、技术推广，构建了产业上下游生态圈。

四、辐射带动：以"农业硅谷"为目标，助力产业兴旺

金颖农科孵化器位于广州市天河区五山"环五山创新策源区"中心区域，毗邻华南理工大学、华南农业大学、华南师范大学、中国科学院广州能源研究所等科研院校，周边集聚了全省 70%的农业科技创新资源。

为进一步推动现代科技成果转化孵化和创新创业发展，省农科院全力打造"华南 A 谷"品牌，一方面，形成产业集聚，推动区域经济发展，通过打造现代农业专业孵化载体，输出孵化服务模式，有效构建良好的资源互动生态网络，形成合力，推动乡村振兴发展；另一方面，培育一批高质量农业科技企业，通过平台加持、企业融通、技术支撑、全链孵化等多维度培育体系，积极培养一批"能文能武"既能搞研究又能实干的农业科技企业。

2021 年起，金颖农科孵化器陆续以平台资源和"华南 A 谷"品牌输出为切入点，通过委托运营、联合开发、技术入股等形式输出 A 谷品牌和管理模式，导入科技、人才、金融、产业等创新创业资源，在粤东西北拓展创新创业平台，包括技术入股共富金农孵化器（中国科学院广州能源所孵化器）、联合广州市增城正旭现代农业孵化园建设增城区农业科技成果转化孵化服务平台、联合河源市灯塔盆地国家现代农业示范区管理委员会共同打造灯塔盆地科技企业加速器、与广东省农业技术厅驻新安镇帮镇扶村工作队及新安镇政府筹建当地农业青年创业孵化园等，共同孵化培育新型农业经营主体，构建覆盖全省、辐射华南的孵化服务网络，发挥辐射引领作用，打造创新链产业链融合的广东样板，带动地方产业兴旺和乡村振兴。

目前，已在粤东西北地区建立了 5 个华南 A 谷产业孵化分器。其中，在化州市新安镇建设全省首个镇级农业青年创新创业孵化园——新安镇农业青年创新创业孵化园（华南 A 谷新安分器），成功引进 15 家农业企业入驻，年营收总额超 2 000 万；辅导入园企业参加各类创新创业大赛，举办各类创新创业辅导和农技培训活动 36 场次，现场开展技术服务对接 20 次；企业新增就业岗位 43 个，带动当地新增临时用工超 1 万人次（其中脱贫户用工 5 040 人次），实现企业增产、农民增收的良好开局，助推广东"百千万工程"实施落地见效。2023 年 11 月，广东金颖农业科技孵化有限公司主动走出广东，在湖南省湘潭天易经开区建立现代农业"科创飞地"，助力广东优质农业科技成果异地转化，实现产业资源、技术产品的双向互通融合。

省农科院围绕打造华南现代农业科技创新高地、人才创新高地、产业创新高地的建设目标，在 2022 年 3 月 10 日举行的院企合作工作推进会上，正式面向全省发布"华南 A 谷"品牌（华南现代农业创新硅谷），并发起组建了"1＋8＋10＋N"现代农业科技创新孵化服务联盟，以"环五山创新策源区"为轴心，协同"环五山"8 家高校及科研院所，10 家科技企业载体及 N 个第三方专业服务

机构，形成协同创新合力，提升产业服务效能，打通"科技强—产业兴"通道，打造大湾区"农业硅谷"，推进科技成果进市场、强企业、兴产业，加快推动农业科技与产业的融合，为提升全省农业产业现代化提供强有力的创新驱动力和科技支撑。

五、迈上华南现代农业新征程

驰而不息，久久为功。金颖农科孵化器成立 5 年来，先后获得国家级星创天地、国家级科技企业孵化器、国家技术转移转化示范基地、全国农村创新创业孵化实训基地、广东省现代农业产业技术成果转化基地、广东省创业孵化示范基地、中国生产力促进中心协会"2023 年度生产力促进（服务贡献）"三等奖、广州市标杆孵化载体、天河优创"产业孵化器"等 40 余项资质或荣誉，并连续多年获得国家级孵化器绩效评价优秀（A 类）。

探索出了"建设一个专业园区，培育农业科技企业；制定一套成果转化服务机制，提升产业服务效能；搭建一个成果转化孵化平台，推动成果加速转化；探索一条科技金融新路径，为成果转化注入金融'活水'；塑造一个品牌，助推乡村振兴产业兴旺"的"五个一"创新创业孵化实践经验。

孵化培育了一批具有较强自主创新能力的农业企业。其中，孵化培育 40 家农业企业成为国家高新技术企业、12 家省级专精特新企业、1 家"种子独角兽"创新企业，助推 33 家企业成为国家和省级农业龙头企业，辅导 15 家企业成功挂牌、上市，促成省农科院技术入股 20 家企业，与企业合作共建 84 家研发机构、346 个示范基地，建立产学研合作超 102 项，成果转化金额超 5 亿元。已成为华南现代农业创新创业的核心新动能。

接下来，金颖农科孵化器（华南 A 谷）还将持续优化"众创空间—孵化器—加速器"全链条高质量孵化育成体系，做深链条式产业孵化服务，促进更多农业科技创新成果真正应用到产业链上；探索开展成果逆向孵化和逆向创新模式，实现创新资源的异地集聚和跳跃式输送；围绕大湾区"农业硅谷"目标，持续擦亮"华南 A 谷"品牌，推动创新型产业集聚成群、创新成链、发展成势，持续释放品牌效能，形成带动企业创新驱动发展和推动农业产业高质量发展的先行样板，为提升全省农业产业现代化提供强有力的创新驱动力和科技支撑。

第八章　媒体报道为专业孵化
载体建设"加油鼓劲"

第一节　孵化器篇

2020 年 9 月《羊城晚报》

广东省农业科学院金颖农科孵化器正式启用"华南 A 谷"商标

品牌创造价值助推发展，广东省农业科学院科技成果转化服务平台暨金颖农科孵化器打造华南地区现代农业硅谷步伐不止。随着入驻企业数量达到 150 家，金颖农科孵化器于 9 月 17 日正式启用"华南 A 谷"商标。

"华南 A 谷"（A 为英文"Agriculture"）传承广东省农业科学院核心宗旨"科技创新，服务'三农'"，专注现代农业领域发展，打造华南地区现代农业集聚产业带。

金颖农科孵化器集聚全省 70% 农业科技创新资源，坐落于金融中心区域天河区文脉地带——五山，周边学府林立，人才集聚，拥有广东省农业科学院、华南农业大学、华南理工大学等丰富的科研院校人才科技资源。

依托广东省农业科学院得天独厚的科研技术、产业发展优势资源，以"集聚农业产业资源，助推乡村振兴"为目标，金颖农科孵化器全力打造线上线下"创业苗圃—孵化器—加速器"孵化育成体系，为华南地区农业科技人员和企业提供全要素的创新创业服务，让科研成果对接企业需求，促进科技成果转化，助力华南地区现代农业发展。

目前，"华南 A 谷"已吸引从事农业上中下游全产业链的 150 余家企业入驻，企业类型涵盖种养、加工、流通等农业全领域，已初步形成农业产业集聚效应。在广东海纳农业有限公司、无穷食品有限公司、梅州市稻丰实业有限公司等一批国家级重点农业龙头企业的带动下，通过以"大"带"小"，构建上下游，由龙头企业带动初创企业成长，打造农业经济循环生态圈。

接下来，"华南 A 谷"将在 3 年内集聚 500 家农业科技型企业，进一步打造华南地区现代农业集聚产业带，为广东现代农业的发展作出更大贡献。

未来，"华南 A 谷"农业品牌战略定位将全方位齐头并进，谱写金颖农科孵化器新篇章。

（文/羊城晚报全媒体记者　刘　云　通讯员　周星星）

2021年1月南方网

国家级！广东省农业科学院金颖农科孵化器
获批国家级科技企业孵化器！

近日，根据《科技部关于公布2020年度国家级科技企业孵化器的通知》，金颖农科孵化器等133家单位成功入选，实现了广东省农业领域国家级科技企业孵化器零的突破。

1. **全院之力，高标准建设孵化载体**

一直以来，广东省农业科学院高度重视农业科技成果转化孵化工作。一是出台科技成果转化、院企合作等系列管理制度，营造创新创业浓厚氛围，有效地促进了科技成果转化孵化。二是准备场地、资金，设置工作任务，明确"利用创新大楼办公场地建设农业科技成果转化服务机构，逐步建成省级、国家级农业科技孵化器"的工作思路。三是专门成立工作小组，引进专职人员筹建运营成果转化服务平台和现代农业科技企业孵化器，全面推进成果转化孵化平台建设。为了提高效率和服务质量，进一步专业化、市场化运营孵化载体，打破机制体制限制，在广东省出台有关文件后，广东省农业科学院探索创新一系列促进科技成果转化孵化举措，成立广东金颖农业科技孵化有限公司，举全院之力建设农业孵化载体并定下了"三年申报国家级孵化器"的工作目标。

2. **精准服务，赋能双创高质量成长**

在深入推进粤港澳大湾区战略规划的背景下，对推动大众创业万众创新提出了新的更高要求，金颖农科孵化器积极贯彻创新驱动战略和乡村振兴战略，围绕专业学科和优势研究领域，加快专业孵化载体建设，进一步提升专业孵化服务能力，促进科技成果转化孵化。目前，金颖农科孵化器入驻的农业科技企业达150余家，业务范围涵盖种业、加工、流通、品牌建设等农业全产业链，其中包括5家国家级重点农业龙头企业、12家省重点农业龙头企业、18家高新技术企业等。累计孵化16家毕业企业，助推院及院属单位技术入股16家入驻企业，累计为入驻企业投融资超2.5亿元，初步形成了农业科技聚集效应，也是大湾区规模最大的农业科技孵化器，成为大湾区推进乡村振兴发展战略、培育新兴产业和转换新旧动能的重要力量。

3. **开拓进取，助力孵化器高效发展**

金颖农科孵化器周边高校林立，毗邻华南理工大学、华南农业大学、华南师范大学、中国科学院广州能源所等科研院校，集聚了全省70%农业科技创新资源。3年来，金颖农科孵化器按照"政府推动、科研院所主导、企业支撑、国际合作、市场化运作"理念，依托省农科院轻资产科技服务体系和科技、人才和地方分院等资源，整合相关要素，以服务创新创业和科技成果转化为核心，打造了集关键技术研发、科技企业孵化、人才团队创业、成果转移转化四大功能于一体的成果转化孵化平台，创建了"2＋N"服务体系，构建了"众创空间—孵化器—加速器"全链孵化育成体系，为双创人员和农业科技企业提供全面专业的孵化加速服务。

金颖农科孵化器自成立以来，先后获得国家级星创天地、全国农村创新创业孵化实训基地、中国百家特色载体、广东省孵化载体试点单位、广东省现代农业产业技术成果转化基地、广州市创新创业（孵化）示范基地、广州市首批科技金融工作站、天河区专业创新载体等称号。如今，金颖农科孵化器被认定为国家级科技企业孵化器，这既是对园区孵化服务能力的肯定，同时也标志着金颖农科孵化器在推动"大众创业，万众创新"道路上迈出更加坚实有力的步伐。

4. 展望未来，砥砺前行再创新佳绩

接下来，金颖农科孵化器将以获评国家级科技企业孵化器为新的起点，全面启用"华南 A 谷"商标（已注册，A 代表"Agriculture"），围绕产业链部署创新链，围绕创新链布局产业链，全力打造华南农业创新硅谷（"华南 A 谷"），连接国家和地方创新创业资源，加快构建现代农业产业服务体系，形成可复制可推广的孵化模式，为科技服务乡村振兴、实现农业农村现代化贡献更大力量。

2022 年 1 月《广州日报》

年产值超 100 亿元！金颖农科孵化器（华南 A 谷）年度"成绩单"出炉

占地面积超 5 万平方米，167 家农业科技入驻企业，年产值超 100 亿元，投融资金额超 3 亿元……金颖农科孵化器（华南 A 谷）在 2021 年交出了一份漂亮的"成绩单"，成为粤港澳大湾区规模至大的农业科技企业孵化器。

1 月 14 日下午，由广东省农业科学院、广东金颖农业科技孵化有限公司（华南 A 谷）主办，"同心筑梦　启航新程——金颖农科孵化器 2021 年度总结暨惠企政策发布会"在广东省农业科学院创新大楼举行。会上，广东金颖农业科技孵化有限公司与中国银行广州分行签订战略合作协议，为入驻企业提供"中银农科贷'华南 A 谷'孵化场景服务方案"，助力企业发展跑出"加速度"。

据了解，为激发企业创新活力，发挥龙头企业引领作用，金颖农科孵化器（华南 A 谷）还发起年度"A 谷企业榜单"活动，共有 27 家企业入选"2021 年度 A 谷企业榜单"，并在此次会议上进行表彰。

深挖需求，推动企业产业化加速

年产值超 100 亿元

金颖农科孵化器（华南 A 谷）是广东省农业科学院按照"政府推动、院所主导、企业支撑、国际合作、市场化运作"的理念，打造的集"政府、科技、人才、金融、企业"五位一体的现代农业产业孵化平台。2021 年 1 月，金颖农科孵化器（华南 A 谷）被认定为"国家科技企业孵化器"，成为省内首批国家农业科技企业孵化器。

"孵化器结合公司优势和定位，量身定制服务政策，搭建起公司与省农科院技术咨询服务桥梁，开展'补短板'关键技术指导，帮助公司解决发展过程中融资需求。"广州毅田生物技术有限公司总经理桂艳男在会上分享。

金颖农科孵化器（华南 A 谷）自成立运营以来，以科技成果转化和企业孵化为核心，依托省农科院资源优势，构建了"众创空间—孵化器—加速器"全链条孵化育成体系、"2＋N"孵化服务体系、轻资产科技服务体系，有效解决了企业科技研发的问题，提升了产品市场竞争力。发挥孵化器科技金融服务站的作用，打通科技金融服务"最后一公里"，助力企业加速成长。

目前，金颖农科孵化器（华南 A 谷）共有入驻农业科技企业 167 家，业务范围涵盖种业、生产、加工、流通、品牌建设、农业规划等农业全产业链，其中包括 6 家国家重点农业龙头企业、20 家省级重点农业龙头企业、25 家高新技术企业、5 家新三板挂牌企业、9 家新四板挂牌企业、54 家科技型中小企业，培育孵化毕业企业 27 家，促成省农科院及院属单位技术入股企业 20 家，累计帮助入驻企业获得投融资金额超 3 亿元，并在增城、东源、化州、海丰等地筹备建立华南 A 谷孵化分器，入孵企业年产值超 100 亿元。

"华南 A 谷五策十条"组合拳
精准助力中小企业发展

10 万元的创业礼包，国家、省、市、区引进人才最高贷款金额 1 000 万元，A 级入驻企业有 100 万元信用贷款额度……

会上，广东金颖农业科技孵化有限公司常务副总经理许立超发布了"金颖农科孵化器 2022 年度惠企政策——华南 A 谷惠企支农五策十条"（以下简称"A 谷五策十条"），护航中小企业稳定经营和创新发展，为 2022 年开好局起好步提供强劲支撑。

据悉，"A 谷五策十条"针对企业创业、创新、发展、人才、金融 5 个方面，精准推出惠企支农系列政策。对研究生以上学历人员、科技人员（副高以上职称）、归国留学人员、港澳青年、退役军人、领军人才投资创办企业，并入驻金颖农科孵化器（华南 A 谷）的，赠送价值 10 万元的创业礼包；对在孵企业知识产权创造、研发，给予费用补贴，并享孵化器自有中试服务平台技术服务 8 折优惠；根据企业发展需求，提供科技咨询、成果转化、联合申报项目、共建研发平台、技术入股等农业全产业链科技支撑服务；对入驻企业高端人才，符合国家、省、市、区人才引进计划的，给予最长 3 年、最高金额 1 000 万元的贷款；为考核 A 级的入驻企业，给予一次性信用贷款 100 万元额度。

据中国银行广东省分行高级经理黄海宁介绍，中国银行广州分行将与金颖农科孵化器一起，探索"金融＋科技＋投贷联动"的金融服务模式，根据客群需求与场景的不同，为入驻企业提供的研发贷、惠农贷、人才贷、评级贷等"线上＋线下"融资支持和各类综合金融的服务方案，通过"中银农科贷'华南 A 谷'孵化场景服务方案"的应用，为园区内企业、新型农业经营主体发展等提供优质、高效的金融服务，支撑服务全省乡村振兴，助推农业农村经济社会发展。

广东省农业科学院副院长杨少海表示，省农科院将进一步做强做优做大金颖农科孵化器（华南 A 谷）品牌，巩固和深化"创新驱动、要素融合、提质增效、联企带农"的院企合作模式。多措并举提升企业科技研发水平，充分发挥现代农业科技对农业企业高质量发展的支撑作用，助力农业企业转型升级、提质增效，为地方经济及产业发展作出更大贡献。

2022 年 1 月《人民日报》

广东省农业科学院科技成果转化基地暨华南 A 谷揭牌

1 月 7 日，广东省农业科学院科技成果转化基地暨华南 A 谷在广州天河区金山大厦揭牌。广东省农业科学院副院长何秀古、杨少海对科技成果转化基地暨华南 A 谷揭牌表示祝贺。他们指出，农业科技成果转化孵化工作是农业科技创新的重要组成部分，广东省农业科学院将持续推进创新驱动发展战略与乡村振兴战略深度融合，用好人、财、物资源，加大农业科技成果转化孵化的工作力度，进一步推动科技与产业融合创新，促进科技成果转化，助力产业兴旺和乡

村振兴。

以农业专业孵化载体为抓手
助力科技成果转化孵化跑出"加速度"

一直以来,广东省农业科学院高度重视科技成果转化孵化工作,依托自身科技人才资源优势,通过搭建成果转化孵化平台,加快集聚各类创新创业资源,加速科技成果转化,加强协同创新发展。

2017年,广东省农业科学院启动建设金颖农科孵化器,按照"政府推动、院所主导、企业支撑、国际合作、市场化运作"的理念,以科技成果转化和企业孵化为核心,构建了"众创空间—孵化器—加速器"全链条孵化育成体系、"2+N"孵化服务体系、轻资产科技服务体系,为农业双创主体提供全面专业的孵化加速服务。

目前,广东省农业科学院吸引入驻农业科技企业167家,业务范围涵盖种业、生产、加工、流通、品牌建设等农业全产业链,其中包括6家国家级重点农业龙头企业、20家省级重点农业龙头企业、25家高新技术企业、5家新三板挂牌企业、9家新四板挂牌企业、54家科技型中小企业,培育孵化毕业企业27家,促成省农科院及院属单位技术入股企业17家,累计帮助入驻企业获得投融资金额超3亿元,已形成现代农业产业集聚效益。

2021年1月,金颖农科孵化器被科技部认定为国家级科技企业孵化器,实现了广东省农业领域国家级孵化器"零"的突破,是粤港澳大湾区规模最大的国家级农业科技企业孵化器。

以科技成果转化基地为平台
全力打造华南现代农业创新硅谷

"我们是第一批入驻的企业,通过金颖农科孵化器(华南A谷)的平台,帮助我们很好地与省农业科学院动物科学研究所(水产研究所)开展'卡脖子''补短板'关键技术的协同研发攻关,提升了企业的技术创新研发能力。"广东省鳇鲸海洋生物科技有限公司负责人表示。

广东金颖农业科技孵化有限公司常务副总经理许立超介绍,接下来,金颖农科孵化器(华南A谷)将以国家级科技企业孵化器为新起点,充分发挥金颖农科孵化器在全省农业科技转化孵化工作中的平台和龙头作用,围绕产业链布局创新链,联动地方创新创业资源,聚焦建链延链补链强链,吸引各类优质农业双创主体入驻,孵化培育更多的农业龙头企业、高新技术企业、上市企业及高端企业管理人才。

金颖农科孵化器还将引导更多的头部农业企业在地方落地,做大做强优势产业集群,打造华南现代农业创新硅谷,加快构建现代农业产业孵化服务体系,形成一套可复制、可推广的经验做法,为推进农业农村现代化和乡村振兴提供高质量的技术和智力支撑。

2022 年 3 月《科技日报》

广东省农业科学院密织院地合作网络
大批农业科技成果走出"深闺"

通过院企合作，广东省农业科学院大批优质科技成果走出"深闺"，依托企业实现产业化。广东省农业科学院在全省建设了 16 个地方分院、55 个专家工作站和一批特色产业研究所，通过院地协同的农业科技服务网络，不断推动科技资源下沉地方、导入企业。

"我们深爱着 1002，买楼选 1002，车牌也选 1002，1002 带给我们成就感、幸福感，走上致富路。"广东华茂高科种业有限公司（以下简称"华茂高科"）总经理刘伯全口中的吉祥数字"1002"，指的是广东省农业科学院水稻研究所（以下简称"水稻所"）吉丰优 1002 系列杂交稻组合。

从濒临重组到成长为广东省重点农业龙头企业，刘伯全把功劳归结为"院企合作"。在实现乡村全面振兴的过程中，农业企业"出题"，科研机构"答题"正成为行之有效的农业科技应用方式，院企合作应运而生。

"借助院地合作构建起的科技服务网络，立足产业发展和企业需求，围绕共性、关键技术难题，完善机制、创新模式，加强院企合作，多措并举为企业发展注入科技动力，支撑企业做强做优做大，形成了'需求导向、资源共享、联合研发、强企兴业'的院企合作模式。"近日，在广东省农业科学院院企合作工作推进会上，省农科院院长陆华忠如是说。

1. 与超 2 000 家企业开展科技合作

事情还得从 12 年前说起。2010 年前后，在市场萎缩、品种短缺、人才流失等多重压力影响下，"华茂高科迷失方向，团队失去灵魂，员工缺乏动力，公司濒临重组。"辗转之下，刘伯全找到水稻所，并从 2013 年至今，和水稻所开展深入合作。吉丰优 1002 是双方达成水稻新品种转化应用合作中的品种之一。

"科技成果的植入，使公司焕发了新的生命力。"刘伯全自豪地报出一串数字：吉丰优 1002 组合连续 4 年单品单季销量过百万斤 *，2020 年推广种植面积 85 万亩，累计推广面积约 450 万亩，实现水稻增产 2.5 亿公斤 **，为农民增收约 7 亿元，是广东省单季节单品种推广量最大的杂交稻组合。

华茂高科的发展变化，得益于省农科院的院企合作制度。"企业家经常到科研院校找成果、找技术、找人才、找平台，但他们来到科研院校的时候更多的是谈企业的需求，实际上就是给我们的科技人员出研发题目。"陆华忠说，"我们开

---

* 斤为非法定计量单位，1 斤＝0.5 千克。——编者注

** 公斤为非法定计量单位，1 公斤＝1 千克。——编者注

展科技创新首先以产业发展需求、企业发展需求为导向。在此之下,我们积极构建院地合作服务网络,打造对接企业的科技成果转化服务平台,并主动联系企业、听取企业家的意见建议,全方位了解企业的科技需求。"

省农科院在全省建设了16个地方分院、55个专家工作站和一批特色产业研究所,通过院地协同的农业科技服务网络,不断推动科技资源下沉地方、导入企业。

据省农科院党委书记廖森泰介绍,该院利用院内100多个科研平台优势,为企业提供成果、技术、人才、实验室、委托研发、合作研究和技术服务,向企业开放创新要素。重点针对企业产品开发、种养技术革新、生产工艺改进、市场开拓等环节科技帮扶"企业强",促进"产业旺",带动"农民富"。

"十三五"期间,省农科院提供了广东省63.5%的农业主导品种和70.2%的主推技术,与企业合作共建95家研发机构、441个示范基地,累计与2 347家企业开展科技合作,科技成果转化合同总数902项、科技成果作价技术入股30项,组建全产业链专家服务团209个,派出1 000多名科技特派员服务各类农业经营主体,对接服务全省90%的产业园建设。

2. "十三五"成果转化合同金额超5亿元

我国推广面积最大的籼稻品种"黄华占"和"美香占2号"、引领广东红茶产业发展的"英红九号"、占领高端市场的"仙进奉"荔枝、全国推广的"岭南黄鸡"……这些响当当的农产品均为省农科院的科研成果。

通过院企合作,省农科院大批优质科技成果走出"深闺",依托企业实现产业化。

黑水虻是一种环境昆虫,能够消纳有机废弃物,并可转化为昆虫蛋白及生物有机肥,实现了物质的闭路循环和能量的梯次使用,是典型的循环经济模式。省农科院是国内较早从事这方面研究的单位,并一直走在全国前列。

2019年起,省农科院农业资源与环境研究所和广州安芮洁环保科技有限公司合作共建城乡有机固体废弃物绿色循环利用研究院,以支撑黑水虻处置有机废弃物的全产业链。

"我们已成功培植并独家拥有了新的昆虫种苗,使生产成本节约了30%,成为企业与同行竞争的'护城河'。同时通过对昆虫的深加工,形成新产品,目前市场占有率达70%,企业利润率提高了25%。"广州安芮洁环保科技有限公司董事长郑增豪告诉记者,"产业发展中,企业与科研犹如车之两轮,合之两利,相得益彰。就像我们一起发现并挖掘的昆虫中的多种功能性物质,为企业乃至行业的发展创造了新的可能。"

记者了解到,"十三五"以来,省农科院累计签订科技成果转化和技术转让合同1 200项,合同金额超5亿元。

"通过院企联合推广良种良法,有力促进产业增效、农民增收。"陆华忠介绍。如由省农科院科技支撑的海纳农业不断扩大种粮面积;英九庄园实施"1+

Ｎ＋家庭农场＋科技"红茶规模化标准化生产；仙基农业的"仙进奉"荔枝在各产区布点、全国销售；在广东的惠州、江门、湛江等多地实践"稻—稻—薯"一年3造栽培模式，实现每亩总产值突破8 000元、亩均纯利润达3 000元。

3. 打造华南农业创新"硅谷"

广州毅田生物技术有限公司直接把公司设在金颖农业科技孵化器里。这是省农科院建立的一家国家级科技企业孵化器。截至2021年年底，该孵化器已累计吸引240家涉农企业入驻，孵化毕业企业27家。

"我们专注研发生物农药。孵化器为企业成长壮大提供了成熟的科技、人才、资金服务平台，既为企业提升主体创新能力赋能，也打通了技术研发和产业化应用的通道，助力企业跑出'加速度'。"广州毅田生物技术有限公司董事长桂艳男介绍，公司已和省农科院相关院所成立了高抗性病虫害研发中心、基地合作，未来还打算在柑橘、茶叶、荔枝等作物领域逐步和院里的各个所、专家合作，让企业走得更远。

建企业孵化器培育创新型农业企业，是省农科院不断扩大院企合作内涵的举措之一。3月10日，省农科院正式发布"华南Ａ谷"品牌，并举行"1＋8＋10＋Ｎ"华南Ａ谷现代农业科技创新孵化服务联盟启动仪式，打造华南现代农业创新"硅谷"，为院企合作注入新内容。

据介绍，从技术咨询、成果转化、联合申报项目、共建研发平台到技术入股、资金投资，"华南Ａ谷"将不断创新转化孵化服务模式。

"通过搭建平台、成果转化、专家进企、科技孵化等方式，与企业深入开展产学研协同创新，极大地激活企业科技创新潜力，有效解决科研与生产'两张皮'问题。"廖森泰表示。

据了解，省农科院将继续创新院企合作机制，围绕企业发展需求，当好"答题者"，结合产业需求部署、联合实施创新任务，即研即推，边创边推，提高科技产出质量和转化成效。

"夯实农业科技基础，实现更多从'0到1'的突破，围绕优势产区和跨县集群产业园建设，凝练优势产业发展急需突破的关键技术问题，联合农科机构和农业龙头企业协同开展科技攻关和产业化推广。"陆华忠透露，省农科院将搭建科技服务平台，同时推广院企合作模式，通过多种方式将研究项目、成果、技术、服务、人才、平台、品牌等科技要素与企业、产业发展深度融合，构建院企合作新格局。

2022年3月南方＋

大湾区农业"硅谷"来了！"华南Ａ谷"品牌发布

3月10日上午，广东省农业科学院在院企合作工作推进会上发布"华南Ａ谷"品牌，并举行"1＋8＋10＋Ｎ"华南Ａ谷现代农业科技创新孵化服务联盟启动仪式,就进一步深化院企合作搭建了农业企业和产业高质量发展的融通平台,打造华南现代农业创新硅谷。

华南A谷(华南现代农业创新硅谷)是省农科院依托科技资源优势,以现代农业科技为核心引擎,通过人才集聚、要素集约、产业集成,构建的集"科技企业孵化、关键技术研发、科技人才创业、成果技术转化"四大功能于一体的现代农业创新创业孵化平台,旨在为农业创新创业主体提供全面专业的孵化和加速服务,助力乡村振兴。

创新驱动
打造华南现代农业科技创新策源地

华南A谷位于广州"环五山创新策源地"中心区域,毗邻华南理工大学、华南农业大学、华南师范大学、中国科学院广州能源研究所等科研院校,周边集聚了全省70%农业科技创新资源,通过发挥涉农科研机构人才、科技、平台等优势资源,形成农业"硅谷"效应,打造华南现代农业科技创新高地、人才创新高地、产业创新高地,为提升全省农业产业现代化水平提供强有力的创新驱动力和科技支撑。

为进一步提升产业服务效能,华南A谷还发起组建"1+8+10+N"现代农业科技创新孵化服务联盟,以"环五山创新策源地"为轴心,协同区域内8所涉农高校、科研院所和10个科技企业孵化载体,整合N个专业第三方服务机构资源,形成科技支撑合力,推进成果进市场、强企业、兴产业,加快推动农业科技与产业的融合。

要素融合
构建开放共享、协同创新的产业生态圈

华南A谷依托省农科院科技资源优势,整合相关资源要素,共享优势科技平台、人才和成果资源,搭建线上线下农业科技服务平台,构建了集政策、科

技、金融、人才、产业"五位一体"的企业孵化加速服务体系，为企业提供全面、专业的科技指导和企业孵化服务，促进科技成果的转化和应用；设立产业孵化基金和科技金融定制化服务方案，为企业发展注入金融"活水"；围绕省农科院16个地方分院（促进中心）、30个产业研究院、441个示范基地的现代农业产业综合服务网络，辐射带动全省科技服务资源与产业需求对接，形成了开放共享、协同创新的创新生态链和产业生态圈。

从技术咨询、成果转化、联合申报项目、共建研发平台到技术入股、资金投资，华南A谷不断创新转化孵化服务模式，以科技创新赋能企业发展，进一步夯实了企业创新发展基础，为企业发展注入新动能。"华南A谷为我们搭建起与省农科院技术合作桥梁，有效地解决了技术研发的'卡脖子'问题，有效地提升了产品市场竞争力。"广州苗博士生物技术有限公司负责人分享道，"专属金融服务方案，也拓宽了公司融资渠道，让公司有更多资金投入到技术研发，开发出更多新产品，目前公司稳步发展，预计今年营业额突破1亿元"。

今年刚开春，华南A谷携手中国银行广州分行创新推出的省内首个农业孵化载体专属金融服务方案——"中银农科贷'华南A谷'孵化场景服务方案"，就成功为10家企业进行了科技金融需求的对接，累计帮助企业获得授信金额达1亿元，为春耕生产注入"低成本、高效能"的金融"活水"，助力产业兴旺。

全链服务
建设现代农业创新链与产业链融合的"广东样板"

目前，华南A谷已建成粤港澳大湾区规模最大的国家级农业科技企业孵化器（金颖农科孵化器），累计吸引超过240家农业科技企业入驻，涵盖种业、生产、加工、流通、品牌建设等农业全产业链，企业年产值超100亿元，构建了从源头创新到产业培育的全要素、全链条农业产业创新集群。

广东金颖农业科技孵化有限公司总经理许立超表示，华南A谷通过构建"众创空间—孵化器—加速器—产业园"全链条科技企业孵化育成体系、"2+N"孵化服务体系、轻资产科技服务体系，实行"一企一策"专人服务，以大带小融合发展，加速企业的成长。

通过企业孵化，当地已培育了一批具有较强自主创新能力的农业企业，助推33家农业企业成为国家级、省级农业龙头企业，29家企业成为高新技术企业，13家农业科技企业挂牌上市，促成省农科院技术入股20家入驻企业，使华南A谷成为创新创业的一方沃土。

站在广东现代农业高质量发展的新起点，华南A谷将以助力全面推进乡村振兴为己任，以提升产业服务能力为抓手，以推动农业企业和产业高质量发展为核心，不断加强现代农业产业创新孵化平台建设，全力打造创新链产业链融合的广东样板，为全面推进乡村振兴和加速实现农业农村现代化贡献"华南A谷"力量。

（《南方时报》、南方+记者　李鹏程　实习生　吴嘉丽）

2022年3月南方+

金融活水浇灌"春耕"！全省首个农业孵化
载体专属金融服务方案落地

今年1月，金颖农科孵化器（华南A谷）与中国银行广州分行签署《战略合作协议》，创新推出广东省内第一个针对现代农业科技企业和农业专业孵化载体的定制化金融服务方案——"中银农科贷'华南A谷'孵化场景服务方案"（以下简称"方案"）。实施一个月以来，方案已成功为10家企业进行融资需求对接，累计获得授信金额达1亿元，有效化解涉农企业融资"难、慢、贵"等问题。

此前，广东省《关于金融支持全面推进乡村振兴的实施意见》中提出，鼓励金融资金、社会资本支持农村创业、创新项目和主体，创设新型金融产品，搭建低成本融资服务平台。2022年2月，中央一号文件首次将"强化乡村振兴金融服务"单列为一项重要内容。

金颖农科孵化器（华南A谷）积极发挥国家级农业科技企业孵化器科技金融服务站的功能，聚焦乡村振兴重点领域、薄弱环节，通过搭建金融机构服务乡村振兴的平台和桥梁，精准发力创新服务举措，探索"金融＋科技＋产业"的金融服务模式，化解农业科技企业融资难题，为乡村振兴注入"金融活水"。

"我们组建了'1＋1'（企业辅导员＋银行专属客户经理）金融服务团队，快速响应企业需求并提供一对一的金融服务咨询，解决涉农企业'融资难、融资贵'等问题。"广东金颖农业科技孵化有限公司总经理许立超表示，通过金融产品和服务的创新，解决园区金融服务供给不足这一"卡脖子"问题，护航中小企业稳定经营和创新发展。

"真没想到你们行动这么快，我们的需求刚提出，就有专属的金融服务对接，5个工作日贷款就批下来了，真是春耕生产的及时雨啊！"金颖农科孵化器（华南A谷）入驻企业广州毅田生物技术有限公司负责人说。

"中银农科贷'华南A谷'孵化场景服务方案"为农业专业孵化载体和农业经营主体提供了"线上＋线下"融资支持和各类优质、高效的专属金融服务，主要包括园区贷、租金贷、人才贷、评级贷、研发贷、惠农贷六大内容。根据孵化器园区建设、运营和双创人才、技术研发、生产经营、设备采购等方面需求，方案提供最高5 000万元、3 000万元、1 000万元不等的信用额度。此外，方案还创新推出"评级贷"金融服务，即根据华南A谷对企业的考核结果，直接给予入驻时间超1年半且连续3次获得A级考核结果的入驻企业最高100万元的授信，支持、培育优质涉农企业的同时，鼓励企业做大做强。

为进一步赋能产业发展，华南A谷还积极搭建科技金融服务平台，联合中国银行专属服务经理为与省农科院有实质合作的农业科技企业提供专属金融服务咨询。"有了省农科院产品研发的技术指导，又加上专属金融服务的支持，公司将加大研发的投入，开发出更多的新产品。"广东英九庄园绿色产业发展有限公司负责人说。目前，共有 18 家省农科院技术入股或有实质合作的企业获得授信，累计金额超 2 亿元，大幅提高农业科技成果转移转化成效，助推现代农业高质量发展。

接下来，金颖农科孵化器（华南 A 谷）将继续发挥农业科技金融服务"桥梁"作用，连接多方资源，创新金融服务方式方法，用活用足好金融政策和信贷资源，精准、高效地满足涉农企业金融服务需求，为农业科技企业孵化、科技成果转化提供更优质、高效的金融服务，促进农村一、二、三产业融合发展，打造实施乡村振兴战略的新支点、新载体，助力产业兴旺、乡村振兴。

（《南方日报》、南方＋记者　李鹏程　通讯员　钟璐珊）

2022 年 3 月《南方日报》

华南 A 谷集聚全省 70％农业科技创新资源，赋能现代农业
双创主体培育创新生态　打造农业"硅谷"

3 月 10 日，广东省农业科学院在院企合作工作推进会上发布了"华南 A 谷"品牌，并举行"1＋8＋10＋N"华南 A 谷现代农业科技创新孵化服务联盟启动仪式，就进一步深化院企合作搭建了农业企业和产业高质量发展的融通平台，打造华南现代农业创新硅谷。

华南 A 谷（华南现代农业创新硅谷）是省农科院依托科技资源优势，构建的集"科技企业孵化、关键技术研发、科技人才创业、成果技术转化"四大功能于一体的现代农业创新创业孵化平台，旨在为农业创新创业主体提供全面专业的孵化和加速服务，助力乡村振兴。

作为华南 A 谷的实体单位，金颖农科孵化器现已是粤港澳大湾区规模最大的国家级农业科技企业孵化器。该孵化器位于广州"环五山创新策源地"中心区域，当地集聚了全省 70％的农业科技创新资源。一个开放共享、协同创新的创新生态链和产业生态圈正在此加速形成。

孵化育成大平台

尖端科技助力打通产业化"快速通道"

"命名'A 谷'基于三方面考量：首先，我们专注于孵化现代农业产业，农业的英文是 Agriculture，首字母是 A；其次，背靠全省农业科研资源最集聚地区，我们希望成为华南该领域最优秀的孵化平台，即为 A 级；此外，'A 谷'与'A 股'谐音，希望有更多企业能从平台登陆资本市场。"广东金颖农业科技孵化有限公司总经理许立超介绍。

对此，在金颖农科孵化器迈开中年创业步伐的王群峰深有感触。在农业领域深耕多年，王群峰和团队成员凭经验能清楚地了解动物饲料如何搭配可以实现投入少、效益高。但在面向市场推广时，却遇到了新情况——由于公司成立时间不长，存在技术数据不全、技术研发人才不够权威等问题。此时，王群峰担任执行总经理的广东源品泰生态科技有限公司决定向省农科院动物卫生研究所、动物科学研究所寻求产学研合作攻关。在科研人员的帮助下，源品泰生产的复合功能饲料迅速成为国内领先品牌。

"我们还借助省农科院的试验平台，推出了生态养殖整体解决方案。"王群峰谈道。他们研制出了用于水产养殖业的杀菌产品"水体清"。该产品产业化过程要用到专业水体检测设备才能科学分析杀菌效果。若由企业购置相关设备，需额外花费数十万元，如今企业只需借助省农科院的公共服务平台，即可低成本完成科学检测。

源品泰是在华南Ａ谷孵化育成的企业缩影。以现代农业科技为核心引擎，华南Ａ谷致力实现人才集聚、要素集约、产业集成。

在人才共享方面，华南Ａ谷进驻企业共享省农科院1 000多名农业技术人才、第三方服务机构及孵化载体运营机构创新创业专家资源；在成果共享方面，企业共享省农科院2 000多项科研成果，助力提升市场竞争力；在平台共享方面，华南Ａ谷现有金颖农科中试平台、广东省农产品加工技术研发中试平台，以及省农科院20个国家级、160个省部级等科研平台。

"我们吸纳了各方资源共同赋能企业，建立了从科研到产业的'最后一公里'快速通道。"许立超说。一方面，入谷企业更易得到强力科技支撑，甚至有了现成的实验室；另一方面，技术专家在孵化机制的引导下，也会面向企业的个性化需求开展有针对性的攻关。

科技服务全体系
全链条科企成长体系实现动态化培育

广州苗博士生物技术有限公司在成立一年后决定，将办公场地搬迁至金颖农科孵化器内。在总经理助理童琴看来，除了专业的农业技术吸引力外，置身华南Ａ谷，可以让企业在成长阶段免除诸多"后顾之忧"。

苗博士的一款核心产品种衣剂，可以给种子期、苗期的作物添上一道"保护层"，免受病虫害的侵扰。在冷冻期较长的东北地区，该产品因利于花生快出苗、出壮苗而深得农户喜爱。"刚进驻时，金颖农科孵化器的服务团队免费帮我们申请了专利。企业发展壮大后，又不断提供创新创业辅导，包括高企申报、研发费用加计扣除等，这正是我们所需要的信息。"童琴说。

与此同时，华南Ａ谷构建起轻资产科技服务体系，建立健全科技成果"征集—入库—展示—评估—交易"的全链条成果转化服务平台。童琴指出，孵化器时常会邀请苗博士等企业参与技术合作对接会。相关产业信息的及时提供，能够让企业在集中精力聚焦主业的同时，亦可"不出户而知天下事"。

"华南Ａ谷建立了'2＋N'服务体系。"许立超指出，其中的"2"是指基础服务，孵化载体普遍都会提供此类服务，包括办公场地提供、物业管理服务等。金颖农科孵化器给每家企业都配备了一位创业辅导员，每月定期收集国家、省、市、区在科技财税等方面的政策，定时向企业发布。"N"则包括了多种类型的其他服务，既有企业成长过程中所需的财税规划、知识产权申报等助长举措，也有依托于省农科院科技资源提供的技术解惑，还有在众创空间、孵化器、加速器等不同企业发展阶段配备的创新服务。

从工商注册到创业辅导再到技术咨询，基础服务、增值服务、专业服务"全垒打"；从众创空间到孵化器再到加速器，培育团队、培育企业、培育产业"一条龙"。华南Ａ谷可以根据企业需求和发展状况，量身定制多种专业化、全程动态化服务，通过分门别类、以大带小实现融合发展。

在平台"硬件"支撑和服务"软件"加持的共同驱动下，目前已有240家农业科技企业进驻华南Ａ谷，覆盖了农业全产业链。"几乎任何一家农科企业，都能在这里找到上游供应商和下游经销商。"许立超说。

投贷联动新方式
推出全省首个农业孵化载体专属金融服务

今年1月，华南Ａ谷携手中国银行广州分行创新推出省内首个农业孵化载体专属金融服务方案——"中银农科贷'华南Ａ谷'孵化场景服务方案"，成功为10家企业对接科技金融需求，累计帮助企业获得授信金额达1亿元，为春耕生产注入"低成本、高效能"的金融"活水"。

"金融之于科技创新，就如同人体的血液一样重要。"许立超指出，金颖农科孵化器成立之初，就已经从结构上设计好如何做好科技金融工作。该孵化器针对农业企业专设了自有种子资金550万元，现已累计投资415万元，并制定了《种子资金管理办法》《企业孵化器管理制度》等，支持企业创新创业发展。

随着科技企业的增多变强，需要加入更多社会资本的力量。但现实情况是，农业类科技企业往往很难从金融机构得到融资。

经过多次对接、洽谈最终达成的"中银农科贷'华南Ａ谷'孵化场景服务方案"，可为农业专业孵化载体和农业经营主体提供"线上＋线下"融资支持和各类优质、高效的专属金融服务，主要包括园区贷、租金贷、人才贷、评级贷、研发贷、惠农贷六大内容。

除了贷款提质增效，华南Ａ谷还探索"科技＋金融＋产业"投贷联动新方式，尝试通过轻资产的"技术入股"方式，在扶持企业成长的过程中实现效益增收，从而达到双赢。广东省农科三农科技服务有限公司是由金颖农科孵化器孵化并由省农科院参股的一家服务农业农村发展的科技型现代企业。

"省农科院拥有我们15％的股份，他们的'出资'就是提供优质科研成果和精良科研团队。"广东省农科三农科技服务有限公司总经理陈星笑称,他经常会找自己的股东帮忙攻克技术难关。在公司与省农科院的院企合作下,目前已拥有数字农业农村软件著作权 36 项、实用新型专利 5 项、发明专利 2 项并与中国科学院遥感所、清华同方、中国移动等单位达成战略合作。

数读

金颖农科孵化器 协同创新显成效

• 培育企业

孵化器累计引进培育 240 家农业科技企业;促成技术入股 20 家企业,折合股份金额 4 856 万元;助推 33 家农业企业成为国家级、省级农业龙头企业;培育 29 家企业成为高新技术企业;辅导 13 家挂牌、上市农业科技企业;新增 1 800 项知识产权;企业年产值超 100 亿元,获投融资金额超 10 亿元。

• 科技服务

与 42 家服务机构建立战略合作伙伴关系,为企业提供包括科技金融、知识产权、财税法务、品牌推广等方面的专业服务。累计对接咨询服务超 1 000 次;累计开展技术培训、专题宣讲活动超 100 场;培养新农人超 2 000 人次。

• 合作成果

组织院企对接会,促成企业与省农科院各院所开展横向科技项目,促成签订科技成果转化合同 1 200 项,合同金额超 5 亿元。同时,围绕行业发展中的技术需求,助推科研院所与企业共建研发机构,解决企业在发展中遇到的技术难题、产业瓶颈问题,促成与企业合作共建 95 个研发平台、441 个示范基地。

(记者 李鹏程 实习生 吴嘉丽 通讯员 钟璐珊)

2022 年 3 月《南方日报》

广东省农业科学院召开院企合作工作推进会
助力农业科技成果走出"深闺"实现产业化
企业出题专家答 共绘乡村振兴新画卷

农业科学院为擎,绘就丰收画卷;企业为舟,赋能高质量发展;科企联姻,为产业振兴谱写壮丽新篇章。3 月 10 日,广东省农业科学院召开院企合作工作推进会,总结院企合作工作成效和经验,进一步调动各方工作能动性,更好地推动全省农业科技整体跃升,形成可复制、可推广的省农科院院企合作工作经验。

2021 年,广东印发《关于全面推进乡村振兴加快农业农村现代化的实施意见》和《关于实现巩固拓展脱贫攻坚成果同乡村振兴有效衔接的实施意见》,均强调要巩固推广院地合作模式,并提出了一系列科技支撑乡村振兴的重要任务。近 3 年来,通过技术入股,孵化培育创新型农业企业,专家驻企兼职等方式,省农科院受委托的技术研发项目达到 2 309 项，项目经费超过 4 亿元。

1. 孵化亿元级农业科技企业

"自公司成立以来，我们累计推广了省农科院水稻研究所选育的品种已经超过 100 个，累计推广面积超过 8 000 万亩！"广东省金稻种业有限公司总经理李小盛说。与省农科院水稻研究所合作，不仅为金稻公司带来了极大的效益，也为国家的粮食安全作出了极大的贡献。

在实现乡村全面振兴的过程中，农业企业"出题"，科研机构"答题"正成为行之有效的农业科技应用方式，"院企合作"亦应运而生。其中，省农科院与企业共享研发平台，共享专家人才，使科研项目、科研成果、技术、信息等各种要素落到企业，推动企业标准化、专业化、信息化、规模化、品牌化建设，引导企业发展；对于企业而言，院企合作"短期任务＋长期支撑"的合作机制，使企业在较低成本下，取得良好的科研团队支撑，解决企业在发展中遇到的技术难题、产业瓶颈问题，推动企业产品质量提升，实现效益提高。

院企合作开展以来，一批农业科技企业已经孵化成功，2019 年 6 月从省农科院成立的金颖农业科技孵化器孵化的广州毅田生物技术有限公司是其中之一。毅田生物负责人桂艳男说，院企合作为企业的技术研发支持、政府资源对接、金融服务等方面提供了诸多便利。

"毅田生物自成立以来，已陆续和省农科院植物保护研究所成立了高抗性病虫害研发中心，和蔬菜研究所建立基地合作，获益良多；未来还打算在柑橘、茶叶、荔枝、香蕉、瓜菜等作物领域逐步和农科院各个研究所、各位专家建立合作，让企业走得更远。"桂艳男说。目前，毅田生物营销网络遍布全国 20 多个省份，经营产品包括杀虫剂、杀菌剂、植物生长调节剂、除草剂及植物营养等 100 多个品种，年产值超亿元。作为全省首个农业领域的国家级科技企业孵化器，金颖农业科技孵化器自成立以来累计吸引 240 家企业入驻，孵化 27 家毕业企业，培育 13 家上市挂牌企业，打造了华南现代农业科技创新高地——华南A谷。

"十三五"以来，省农科院已与企业签订成果转化合同 1 180 项，合同金额超 5 亿元，位居全国省级农科院所前列，打通了农业科技成果转化应用的"最后一公里"。

2. 为现代农业产业园解难题

近年来，广东把科技支撑现代农业产业园作为乡村振兴工作的重要抓手，省农科院积极响应，为省级现代农业产业园组建全产业链专家服务团队。目前，省农科院已组建全产业链专家团队 209 个，与 115 个产业园签订科技项目合同，与产业园相关企业签订 359 份科技合作协议，合同金额 1.85 亿元，包括科技支撑类 191 份，咨询类 168 份，协助产业园解决了 60 多个关键技术问题，研发及推广新工艺 88 项、新品种 444 个（次），人才培训 8 189 人次。

从各产业园实施主体看来，省农科院专家以专家服务团、科技特派员、农技服务轻骑兵等多元化方式提供科技服务，为产业园带来了实打实的核心技术和竞争力。近年来火遍全国的红茶"英红九号"正出自省农科院茶叶研究所之手。

"'英红九号'全国大卖背后，构建英德红茶的标准化体系，以及以标准化为核心的工业化生产体系至关重要。这其中，茶叶研究所和省农科院是支撑这两个体系建设的关键力量。"英九庄园董事长易振华说。省农科院通过创新"1＋N＋家庭农场＋科技"，打造联企带农新链条。得益于此，英九庄园绿色发展有限公司为周边 35 个家庭农场 4 000 亩茶园提供标准化加工技术服务，有效促进了英德红茶产业规模化发展。

除茶叶研究所外，省农科院下属共 15 个科研机构也在共同发力，支撑广东农业科技高质量发展。近年来，省农科院科技成果转化位居全省科研院校前列；农业企业委托的技术研发项目也大幅度增加。

"以省农科院蚕业与农产品加工研究所（以下简称'加工所'）为例，通过建设基础研究到共性关键技术研发及工程化，再到产业化应用一体化的农产品加工科技创新和成果转化平台，近年来，加工所已成功对接了荔枝、陈皮等国家农业产业园和蔬菜、柑橘、水产等 60 多家省级现代农业产业园，为省内外 100 多家中小企业提供技术支撑服务。"加工所所长徐玉娟说。

近年来，加工所还与一批世界 500 强及行业龙头企业深入合作，进一步提升了企业影响力。徐玉娟说，下一步，加工所将进一步加大科企对接力度，构筑科企合作平台，推动农业科技创新，有效提高企业科创实力和市场竞争力，更好地服务产业转型升级，助推乡村振兴高质量发展。

3. 将加强农业科技基础研究

通过院企合作，广东大批优质科技成果成功走出"深闺"，依托企业实现产业化。"十三五"以来，省农科院在广东省农业主导品种和主推技术中的占比分别达到 63.5％、70.2％；累计签订科技成果转化和技术转让合同 1 200 项，合同金额超 5 亿元。

"比如我国推广面积最大的籼稻品种'黄华占'、广东省播种面积最大的特优质水稻品种'美香占 2 号'、占领高端市场的'仙进奉'荔枝、全国推广的'岭南黄鸡'、水稻'三控栽培技术'等均为省农科院的研究成果。"省农科院院长陆华忠介绍。

在推进会前的发布会上，还揭晓了广东省农业科学院科技服务现代农业产业园建设"十佳优秀团队"、广东省农业科学院院企合作"十佳企业"、广东省农业科学院院企合作成果转化"十佳企业"等奖项。陆华忠透露，以本次院企合作推进会为契机，下一步，省农科院将做好一系列重点工作。

加强基础研究和做好农业科技的基础性工作，围绕实施种业振兴行动，进一步做好种质资源的开发利用，加快培育符合产业需求、综合性状优良的突破性新品种。按照企业是创新主体的新格局，强化院企合作，促进成果转化和产业化。

• 深化院企合作体制机制创新。围绕企业发展需求，对接全省农业优势产区和农业龙头企业，合作共建一批企业研究院。进一步扩大与中小企业的合作，吸纳企业的技术骨干加入，组建院地企协同的专家团队，开展技术研发和服务，推动企业技术创新、帮扶企业发展，带动产业和地方科技力量发展壮大。

• 搭建面向企业的科技服务平台。组建全产业链专家服务团队，持续为现代农业产业园提供咨询规划、良种良法、加工物流、品牌打造、信息化建设、科技研发和人才培训等产业园科技服务平台。充分发挥和提高"农产品加工技术研发中试公共服务平台""农产品质量标准和安全监测平台""科技成果转化和服务平台""土壤质量观测实验站"等平台的服务水平，新建"种质资源信息化共享平台""农作物表型组学研究平台""畜禽育种国家重点实验室地方分中心""预制菜研发平台""蔬菜高品质生产地图"等，更好地为企业提供更广泛的技术服务。

• 提升农业科技能力，促进产业高质量发展。围绕优势产区和跨县集群产业园建设，凝练优势产业发展急需突破的关键技术问题，联合地方农科机构和农业龙头企业协同开展科技攻关和产业化推广。

• 大力推广院企合作模式。按照"需求导向、资源共享、联合研发、强企兴业"的院企合作模式，聚集科技、人才和平台要素，与企业形成发展合力，构建院企合作新格局。

陆华忠透露，接下来省农科院将以科技为引领，积极配合广东农业农村工作"九大攻坚战"行动，助力跨县集群产业园、功能性产业园、特色产业园、一村一品等富民兴村产业发展，以助力涉农企业壮大发展为目标，在农业科技基础研究等方面持续发力，发挥科技对产业发展的支撑引领作用。

2022年4月《广州日报》

藏粮于地　藏粮于技，筑牢"广州粮"压舱石

百年变局和世纪疫情交织叠加，作为"国之大者"的粮食安全显得尤为重要，"稳定器"和压舱石的作用愈发凸显。

悠悠万事，吃饭为大。人口总量长期位居全省第一的广州市，抓好抓实农业工作丝毫不敢松懈。据了解，2021年广州全市粮食种植面积43.84万亩，总产量15.08万吨，水稻单产713斤，实现粮食种植面积、总产量、单产连续3年"三增长"，早稻播种面积增幅全省最大。2022年，广州全市春播粮食面积瞄准20.76万亩的新目标，以更高站位、更大力度、更实措施，深入实施"藏粮于地、藏粮于技"战略，全力以赴抓好粮食生产。

一线直击

搭"台"唱"戏"：全链条服务科技成果转化

强化科技兴农，让科技成果真正落在田间地头才是硬道理。然而，科技成果转、化需要全链条体系的支撑，科研院所、技术经纪人、金融资本、科技企业等

元素缺一不可。

但实际上农业企业天然就不是金融机构的宠儿，这源于农业投资回报周期较长、盈利水平不高，同时农企要发展壮大就需要扩大生产经营规模，这同样需要大量的资金支持。

广东省农业科学院于 2017 年已启动建设现代农业专业孵化载体——金颖农科孵化器（华南 A 谷），以科技成果转化和企业孵化为核心，整合各类创新要素，为农业创业团队和涉农企业提供一站式孵化加速服务。2021 年 1 月，金颖农科孵化器被科技部认定为国家级科技企业孵化器，实现了广东省农业领域国家级孵化器"零"的突破，更成为粤港澳大湾区规模最大的国家级农业科技企业孵化器。今年，金颖农科孵化器将与广州正旭农业科技有限公司合作共建"华南 A 谷（增城分园）"，未来将成为增城农业科技成果转化孵化服务的重要平台。

广东省农业科学院科技合作部成果转化与推广科科长、金颖农科孵化公司总经理许立超告诉记者，在农业科技成果入乡转化的过程中，科技成果的供体、载体和受体三部分都缺一不可。从供体而言，金颖农科孵化器整合了省农科院 15 个研究所的技术、成果和全产业链的科技专家服务团。就受体来讲，孵化器已培育引进了 170 多家涉及种植、养殖、加工、农产品流通等覆盖农业全产业链的农业科技企业。

"相当于右手拿着企业的需求，左手连着专家团队的成果和技术。同时，我们的员工拥有科技企业孵化从业资格证、基金从业人员资格证等资质，这意味着可以精准地提供科技金融、技术对接等专业服务。"许立超说。

金颖农科孵化器能为农业企业提供个性化、全流程的科技金融服务方案，这也体现了国家级农业科技企业孵化器的专业性。比如今年 1 月，金颖农科孵化器与中国银行广州分行达成战略合作协议，推出针对农业企业的定制化金融服务方案。其中，如果入驻企业连续 3 次获得孵化器认定的绩效评定 A 级，银行就可直接向这家企业提供 100 万元的信用贷款，这相当于银行在授信评价方面认可了金颖农科孵化器制定的企业发展评价体系。

2022 年 6 月《广州日报》

国家级农业科技企业孵化器在增城布点

6 月 30 日，增城区农业科技成果转化、孵化服务平台暨华南 A 谷增城正旭分器揭牌。金颖农科孵化器（华南 A 谷）是广东省农业科学院打造的现代农业产业孵化平台，并于 2021 年 1 月被认定为"国家科技企业孵化器"，成为省内首批国家农业科技企业孵化器。增城区农业科技成果转化孵化服务平台建设项目将建设一个具有"科技创新、产权交易、成果转化、创业孵化、人才培育"功能于一体的农业科技成果转化、孵化服务平台，解决增城当地农业企业（项目）所需的农业科学技术需求。

当日，增城区农业科技成果转化孵化服务平台邀请广东省农业科学院果树研究所荔枝栽培与生理研究室主任向旭，深入田间地头开展实地教学。向旭告诉记者，以往荔枝遭遇小年普遍因为成花难，桂味、糯米糍等荔枝品种今年遭遇"小年"，却并非因为成花难，而是因为成花之后遭遇了低温和暴雨天气，影响了坐果。

1. 构建农业科技成果快速转化通道

华南Ａ谷运营单位——广东金颖农业科技有限公司总经理许立超说，通过与增城农业龙头企业广州市正旭农业科技有限公司合作共建华南Ａ谷增城正旭分器，导入华南Ａ谷品牌、模式、人才等优势资源，为增城区农业企业、农民合作社等新型农业企业提供技术转移、科技金融、创业辅导、资源链接、成果转化等一站式的科技综合服务。

市科技局农社处二级调研员冯杰表示，市科技局将通过在增城区建立农业科技成果入乡转化机制，围绕设立技术转移机构、构建科技成果快速转化通道、深化农村科技特派员制度等重点任务，支持和推动增城区农业科技成果转化孵化服务平台建设。

记者了解到，为高标准建设增城区农业科技成果转化孵化服务平台，省农科院金颖农科孵化公司将聚焦增城区农业发展科技需求，搭建线上农业科技成果转化孵化服务平台，建立农业科技成果供需数据库，构建增城区农业科技成果快速转化通道，转化更多优秀农业科技成果，实现平台与成果、技术支撑与需求、市场的精准对接。

2. 北园绿荔枝如何"青出于蓝"

当日，华南Ａ谷（增城分器）邀请广东省农业科学院果树研究所荔枝栽培与生理研究室主任向旭为广大种植户讲解北园绿荔枝的种植知识。

北园绿荔枝，作为省农科院果树研究所、增城区农技推广中心、广州市正旭农业科技有限公司等单位共同选育的特优荔枝新品种，是近年来广东省荔枝产业联盟主推的十大品种之一。

北园绿荔枝又名北园挂绿，在增城荔城街桥头村、挂绿广场、群爱村、中新镇五联村、安良村等地均有栽培。因为荔城街桥头村栽培数量最多，当地村民也习惯将北园绿荔枝称为桥头挂绿。这一品种因为此前未申报审定，市场认知度并不高。

广东省荔枝产业技术创新团队首席专家、广东荔枝产业联盟秘书长、广东省农业科学院果树研究所研究员向旭告诉记者，在20世纪80年代改革开放初期，增城区以赠送挂绿荔枝的方式向前来投资的企业家表达谢意。因挂绿荔枝品质一直以来并不稳定，增城区农业技术推广中心一直在跟踪记录优质的种质资源。

2008年，选育单位开始对北园绿荔枝进行种源核实，种性鉴定等系列性状调查、分析、研究及文献资料搜集和查证。经过近10年的努力,他们以"北园绿"荔枝这一名字向业务部门提出申请审定。

"我们做了分子标记鉴定、遗传鉴定以后,确定它是西园挂绿的后代。通过在几个地区推广,我们做了一些比较,获得品质稳定性、丰产性的一系列相关数据。"向旭说,2018年2月,北园绿荔枝正式通过广东省农作物品种审定委员会审定。

既然是西园挂绿的后代,北园绿荔枝展现出"青出于蓝"的特征。据向旭介绍,北园绿荔枝的颜色更加鲜艳,平均单果比普通挂绿荔枝大20%左右,肉质的爽脆度与西园挂绿不相上下。北园绿甜度稍差,但是清甜更容易被消费者接受,而不像糯米糍因为太甜而不被部分消费者接受。北园绿荔枝同样具有优秀的丰产性、稳产性,适应性强,很多地方都可以种植。

3. 桂味、糯米糍遭遇小年源于特殊气候

广东桂味、糯米糍等荔枝品种今年遭遇"小年",价格看涨。向旭说,以前荔枝遭遇"小年"是因为成花难。而今年3月份桂味、糯米糍等荔枝品种成花率有70%～80%,此种情况下遭遇"小年"是源于今年特殊的气候。

低温有利于成花。今年2月,全国共出现2次冷空气和4次大范围雨雪天气,特别是南方地区出现持续低温雨雪天气,平均气温仅有6.6℃,较常年同期偏低2.8℃。"今年2月下旬的气温比以往春节后的气温都低,这个是很难得的。桂味、糯米糍等中晚熟品种往往在暖冬成不了花,今年成花不是问题。"向旭说。

向旭表示,今年3月气候的转暖有利于花的发育,但接下来的气候状况对结果非常不利。"4月的低温期影响花的发育,因为阳光少了。5月的大暴雨和低温天气则容易导致落果。低温阴雨天气也容易发生各种病害,下雨让喷药也难起作用。"他说。

向旭说,虽然桂味、糯米糍遭遇了"小年",但是其他荔枝品种受气候的影响不大。这主要因为经过高接换种的荔枝种植户种植的都是新品种,他们通过科学地施肥、管理、提高树势健壮度等措施,实现了稳定坐果,保证荔枝产量。

2022年7月广州科技创新

金颖农科孵化器专注农业科技成果转化
助力现代农业产业跑出"加速度"

2020年,广州市科技局首创科技金融工作站(以下简称"工作站")、科技金融特派员(以下简称"特派员")精准匹配机制,通过建立覆盖全市的科技金融赋能孵化育成体系,优化科技金融服务环境,打通科技金融服务"最后一公里",打造一流创新创业生态。目前,在市科技局指导下,承办单位大湾区科技创新服务中心(以下简称"大湾区中心")通过开展5批次工作站、特派员征集

工作，已在广州重点园区建立 110 家工作站，覆盖全市 80% 以上的国家级孵化器；从银行、投资机构中遴选出 179 名特派员，与工作站"精准匹配"，累计促成企业融资超 160 亿元。

为发挥优秀工作站、特派员的示范引领作用，立企业创新创业服务标杆、树科技金融服务典型，广州市科技局对 2021 年工作站及特派员进行工作评选，其中，金颖农科孵化器（华南A谷）荣获 2021 年"优秀科技金融工作站"称号。

金颖农科孵化器是广东省农业科学院科技成果转化服务平台，也是粤港澳大湾区规模最大的国家级农业科技企业孵化器，专注农业科技企业培育，以科技成果转化为核心，依托省农科院的科技人才及产学研资源优势，构建了从源头创新到产业培育的全要素、全链条农业产业创新集群，为广大创新创业者和农业科技企业提供全面、专业的孵化加速服务。

依托资源禀赋打造华南现代农业创新"硅谷"

厚植农业科技企业成长沃土

金颖农科孵化器由省农科院全资组建，位于广州"环五山创新策源区"中心区域，毗邻华南理工大学等众多科研院校，依托省农科院及涉农科研机构聚集了海量农业科技优势资源，自诞生起便有着科技创新资源禀赋。为构建农业科技创新集群，涵养科技创新生态，金颖农科孵化器引入无穷食品、雪印集团、稻丰实业、海纳农业等国家重点农业龙头企业，聚集华农互联、飞禧特生物科技、益农生态等有着巨大发展潜力的优秀企业。

金颖农科孵化器用优势资源培育农业科技企业生存和发展的沃土，又用全链条服务悉心浇灌。一是开展创业导师和专业机构的提质扩容行动。2021 年累计吸纳 62 名创业导师，其中创投导师占比达到 30%；累计与 30 家第三方专业服务机构如力华投资、中国银行等达成战略合作，为企业提供政策解读、商业模式打磨等服务。二是辅导企业参加创新创业赛事。鼓励企业积极参赛，并提供赛事宣讲、商业计划书培训、路演指导等服务，参赛企业晋级率近 80%。

院企合作推动农业科技成果加速转化

实现产学研深度融合发展

2021 年，金颖农科孵化器立足产业发展和企业需求，围绕共性、关键技术难题，开展院企对接活动共 20 场，促成省农科院以"技术＋资金"入股广东英九庄园绿色产业发展有限公司（占股 15%），促成省农科院技术入股广东省农科三农科技服务有限公司（占股 15%）。目前，累计促成省农科院及院属单位技术入股 40 家企业，折合金额超 6 800 万元。

携手科技金融特派员创新金融服务

助力企业获贷超亿元

金颖农科孵化器作为工作站，积极参加市科技局开展的特派员园区行、工作站（特派）训练营等系列活动，通过与特派员常态化联动，为入驻企业与特派员搭建合作桥梁，提供一对一金融服务。此外，聚焦乡村振兴重点领域、薄弱环节，针对农业企业发展情况、技术特点、融资需求等开展充分的调研。2022年，金颖农科孵化器携手中国银行广州分行创新推出省内首个农业孵化载体专属金融服务方案——"中银农科贷'华南A谷'孵化场景服务方案"，并组建了"1＋1"（辅导员＋银行专属客户经理）金融服务团队，快速响应企业需求，已成功为10余家企业授信超1亿元，助力农业产业兴旺。其中，广州毅田生物技术有限公司作为中银农科贷的受益企业之一，通过围绕其现阶段发展情况，为其匹配"中银农科贷'华南A谷'孵化场景服务方案"，成功促成公司获得贷款。"我们需求刚提出，就有专属的金融服务对接，不到一周时间，贷款就批下来了，可谓是春耕生产的及时雨！"毅田公司负责人欣喜地说道。

目前，金颖农科孵化器已累计吸引超过240家农业科技企业入驻，在其打造的现代农业科技创新"硅谷"生态中，通过工作站与特派员的联手，将更多金融资源与创新创业服务向孵化器企业聚集、赋能，持续推动农业科技成果转化，助力现代农业产业跑出"加速度"。

2023年2月17日广州科技创新

广州标杆孵化器巡礼　金颖农科孵化器

近年来，广州市不断推动孵化载体高质量发展，获得显著成效：连续3年新增国家级孵化器数量排名全国第一，连续多年国家级孵化器绩效评价排名前列。2022年，广州市共有18家国家级科技企业孵化器被科技部评为优秀（A类），优秀率达44％。为发挥标杆孵化器示范带动作用，特推出系列报道。

金颖农科孵化器（华南A谷）是广东省农业科学院立足产业发展和企业需求，依托科技资源优势，整合集聚各类创新创业要素，搭建的集"科技企业孵化、关键技术研发、科技人才创业、成果技术转化"四大功能于一体的现代农业科技成果转化孵化服务平台。

粤港澳大湾区规模最大的国家级现代农业专业孵化载体金颖农科孵化器，打造了"众创空间—孵化器—加速器—产业园"、全链条科技企业孵化育成体系。累计引进培育超300家农业企业，孵化培育32家毕业企业，助推33家农业企业成为国家级、省级农业龙头企业，培育85家科技型中小企业，培育31家企业成为高新技术企业，培育8家省级专精特新中小企业，辅导14家挂牌、上市农业科技企业，企业新增1 800项知识产权，促成技术入股20家企业，获投融资金额超10亿元，企业年产值超100亿元。

华南A谷培育孵化的广州安芮洁环保科技有限公司成立于2016年，是集农业废弃物、餐厨垃圾无害化处理，生物制药等技术研究为一体的生物环保科技公司。孵化器为其提供"技术创新＋科研陪伴＋科技金融赋能"等定制化服务，助力企业黑水虻生物转化技术在全国范围内建立领先优势。一是组织省农科院专家为企业提供技术"问诊"服务，联合成立"城乡有机固体废弃物绿色循环利用研究院"，开展黑水虻生物转化有机固体废弃物科研联合攻关，成功培植并独家拥有新昆虫种苗；二是院企共建试验示范基地，建立长期产学研合作关系，开发黑水虻多元化高值产品，实现黑水虻生物转化技术的产业化；三是量身打造企业创新和融资方案，助力安芮洁在第十一届中国创新创业大赛（广东·广州赛区）总决赛中斩获节能环保成长组第二名，成为大赛唯一获奖的农业科技企业。

目前，企业的黑水虻生物转化技术多次被评定为全国畜禽粪污资源化利用主推技术和全省餐厨垃圾处理推荐技术，企业被认定为国家高新技术企业、专精特新中小企业，在行业处于全国领先地位。

华南 A 谷五大特色服务
孵化培育更多优质农业科技企业
· 出名华南 A 谷惠企支农"五策十条"。
· 开放共享省农科院 1 000 多名农业科技人才、2 000 多项科技成果、191 个科研平台。
· 组建"企业辅导员＋创业导师＋全产业链科技专家"服务团队，实行"一企一策"动态化培育辅导。
· 推出省内首个农业孵化载体专属金融服务方案。
· 开展科技咨询、成果转化、联合申报项目、共建研发平台等五大轻资产科技服务。

2023 年 2 月 20 日南方＋

《华南兴农策》发布，唱响现代农业高质量发展新篇章

2 月 17 日，由广东人民出版社出版的《华南兴农策——广东省农业科学院现代农业创新创业孵化实践》主题图书，在金颖农科孵化器成立五周年暨 2023 年工作会议上发布。广东省农业科学院副院长何秀古，南方出版传媒股份有限公司副总经理、广东人民出版社社长肖风华，华南师范大学经济与管理学院教授周怀峰及图书主编成员出席发布仪式。

据肖风华介绍，《华南兴农策》是围绕反映乡村振兴、科技创新等方面成就亮点，聚焦省农科院农业创新创业孵化实践和科技成果转化孵化模式、经验出版的主题图书，是广东省内首部现代农业创新创业孵化实践的图书，对推动农业科技成果转化和企业创新，实现科技兴农、产业兴旺、乡村振兴具有重要的实践意义。

取名"华南兴农策"有两层涵义：一是"兴"通"新"，寓意着省农科院立足于华南现代农业科技创新和产业高质量发展的需求，提出的新思想、新模式、

新经验；二是"兴农策"指省农科院坚持科技兴农，构建科学有效的农业科技成果转化和企业孵化平台，推进农业科技入企、强企、兴企，助力产业兴旺、乡村振兴的方法、体系。

《华南兴农策》针对省农科院农业创新创业孵化实践和科技成果转化孵化模式和经验，从政策理论、企业案例及媒体等多维度出发，分4个部分进行内容阐述：第一部分讲述了各类科技企业孵化器的发展状况，尤其以农业科技孵化器为重点，并摘录、整理了广东省科技创新相关政策指引；第二部分总结、凝练了省农科院金颖农科孵化器科技成果转化和企业孵化服务模式，并邀请业内专家、学者和孵化器建设者们对话，回顾孵化器的发展历程，畅谈发展愿景；第三部分以案例的形式，分享了入驻金颖农科孵化器的部分企业创新、创业故事；第四部分归纳了近年来围绕金颖农科孵化器的相关报道，通过细腻生动的讲述，展现了金颖农科孵化器给入驻农业企业带来的面貌更新、对现代农业产业发展起到的积极作用。

通过《华南兴农策》，读者可以清晰地了解如何通过创新、创业孵化服务，推动农业科技成果转化和企业创新，实现科技兴农、产业兴旺、乡村振兴。此外，也为建设科技创新能力突出、成果转化优势明显、支撑引领全面有力的高水平农业科技企业孵化载体提供实践经验。

2023年2月20日《南方日报》

定策兴农铸全链　创新驱动促振兴
金颖农科孵化器成立五周年，打造华南现代农业"创新硅谷"

获批全省首批国家级农业科技企业孵化器，累计引进培育超300家农业企业，助推33家农业企业成为国家级、省级农业龙头企业，促成技术入股20家企业并获投融资金额超10亿元，企业年产值超100亿元……成立五周年之际，金颖农科孵化器迎来硕果满枝。

2023年2月17日，金颖农科孵化器成立五周年暨2023年工作会议在广州举行。此次会议总结表彰、献智未来，为"三农"发展、乡村振兴播下"春天的种子"。

依托广东省农业科学院优势农业科技资源，金颖农科孵化器谋划布局全链条创新生态，打造华南现代农业创新硅谷（华南A谷），现已成为粤港澳大湾区规模最大的国家级现代农业专业孵化载体。

"接下来，我们将继续做好'融合剂'，链接科技成果供给方与需求方，推介省农科院优质科技资源；做好'催化剂'，践行轻资产科技服务体系，推动院企合作走深走实；做好'增效剂'，创新科技金融服务体系，提升成果转化和企业孵化效能。"金颖农科孵化器运营单位——广东金颖农业科技孵化有限公司总经理许立超说。

搭乘"快车"

现代农业结硕果

"苗博士种衣剂，杂交稻种子的好嫁衣"，袁隆平院士曾为一款种衣剂这样题词。这是广州苗博士生物技术有限公司的独有专利。该企业的缓释成膜种衣剂技术在袁隆平院士国家高产示范田上连续多年使用，对水稻高产起到了关键作用。

苗博士种衣剂产品的开发过程并非一帆风顺。"科研人员一度遇到难以攻克的瓶颈"，苗博士研发负责人李庆回忆，"我们需要观察药剂对螟虫生育期的防治持效性，但当时实验室没法繁殖虫害，就等于没有研究的标本"。

为此，苗博士的科研团队找到了金颖农科孵化器。通过孵化器搭建桥梁，省农科院植物保护研究所向苗博士提供了虫源的饲养技术，成功打造了百里金、毕格赛等多个种衣剂新产品，助力苗博士在种衣剂领域做深做强。

2023 年中央一号文件指出，强化农业科技支撑，构建梯次分明、分工协作、适度竞争的农业科技创新体系，推进乡村产业高质量发展。苗博士的发展历程是科技创新支撑农业产业迈向高质量发展的典型实践。

在对现代农业创新创业的孵化探索实践中，金颖农科孵化器总结了现代农业具备的四大特征：具有较高的综合生产率；农业主体为技能型劳动者；农业生产经营一体化；建立起现代化服务体系。

为了让农业搭乘高质量发展的"快车"，金颖农科孵化器身体力行进行了探索。除了提升农业研产销的科技含量，还致力于构建一、二、三产业全链条紧密联系、协同发展的产业生态链和创新生态圈，并建立起现代农业企业发展和产业兴旺所需的农业企业孵化服务体系，从科技、信息、金融、产业等方面，为现代农业行稳致远护航。

作为第一批进驻金颖农科孵化器的企业，广州安芮洁环保科技有限公司对此深有体会。"我们与金颖农科孵化器、省农科院的关系不是'一锤子'买卖，而是紧密合作、'科技陪伴'的形式，这种'陪伴'一直维持了近 10 年。"安芮洁总经理徐松说。

安芮洁此前的有机固废处理技术存在转化效率低、处理规模跟不上、机械化程度不高等系列"卡脖子"问题。金颖农科孵化器为其提供的"技术创新＋科研陪伴＋科技金融赋能"等定制化服务，助力该企业锻长板、补短板、固底板。2022 年以来，安芮洁代表农科企业在中国创新创业大赛初露锋芒，全国领先的黑水虻生物转化技术得到了多位投资者关注。

弯道"超车"

院企合作解难题

"科技领先是小微企业存活下去的基础"，广州邹鲁农业有限公司的创始人邹书通说。这名从省农科院动科所走出来的博士后，同样深谙科技对于企业发展的推动作用。

在金颖农科孵化器内成立的邹鲁农业，顺利与省农科院动科所、基因中心等单位以委托研究的方式开展科技合作。"我们现在约有70%的产品是与省农科院合作的成果。"邹书通介绍，企业产品得到市场广泛认可，年产值连续两年超5 000万元。

现代农业在高质量发展大潮中奋进向前，产业与科研犹如车之两轮。然而，长期以来，在农业科技领域存在这样的难题：一边是院所、研究团队的科技成果"束之高阁"，找不到合适的转化对象；另一边是农业企业"嗷嗷待哺"，缺乏核心技术的支撑。

为加快科技成果转化，科技部提出，推动创新链产业链资金链人才链深度融合，加强企业主导的产学研深度融合。在此指引下，金颖农科孵化器充分发挥省农科院科技成果转化服务平台的效能，有效整合省农科院的科技成果与市场充分对接，助力科技人员带项目、带技术深入企业，有效疏通了科研到产业的"最后一公里"。

2022年，在金颖农科孵化器的帮助下，广东益昌农业服务有限公司与省农科院作物研究所开展合作。作物研究所通过品种权转让、技术服务等方式，与益昌农业共同探索了源头种植、采后加工、终端销售的全产业链运行模式。

作为益昌农业核心产品的"金爵"牌花生油品质纯正、气味清香、色泽金黄，黄曲霉菌含量优于国家标准，在粮油市场竞争激烈的环境下实现了"突围"。花生油结合了8项专利技术，产生了与普通花生油的不同的品质，这一切离不开省农科院专家协力探索的过滤工艺。

院企碰撞最容易产生科技创新的火花，科研院校的科学研究善于创造新知识和新技术，擅长"从0变成1"。而企业的专长是"把1变成10"，利用新知识和新技术去创造新的产品、新的工艺，开展大规模生产，做出质量更好、成本更低的产品，推向社会、创造财富。

打造出拳头产品的同时，益昌农业也将省农科院"传授"的技术推向了更广阔的市场：筛选出"粤油43"等适宜岭南地区的花生品种；探索出花生优质高效栽培技术，每亩地仅需3个人便可完成以往15个人的工作……

目前，金颖农科孵化器已成功促成50多家入驻企业与省农科院及院属单位达成产学研合作，不仅助力它们"弯道超车"成为行业佼佼者，还实现科技成果转化落地金额超8 000万元，形成了从源头创新到产业集聚的"硅谷"效应。

发展"便车"
孵化赋能启新篇

"这真是春耕生产的及时雨！"拿到企业贷款的广州毅田生物技术有限公司创始人兼总经理桂艳男兴奋地感叹。

2022 年年初，金颖农科孵化器携手中国银行广州分行创新推出省内首个农业孵化载体定制化金融服务方案——"中银农科贷'华南 A 谷'孵化场景服务方案"，为科技成果转化和企业创新发展注入金融"活水"。

作为金颖农科孵化器的入驻企业，毅田生物从孵化器提供的金融服务中受益匪浅。"我们刚提需求，就有专属的金融服务对接，5 个工作日贷款就批下来了。"面对资金回流慢、备货不足等危机，毅田生物在孵化器的助力下，累计获得银行信用贷款约 800 万元，逆势实现 30％的复合增长。

广东提出，扎实抓好"百县千镇万村高质量发展工程"、构建全过程创新生态链、推动产业有序转移等重大部署落实，全力支持服务企业高质量发展。

多重支撑，宾至如归。金颖农科孵化器积极加强自身平台建设，为农业产业的创新发展提供全要素的支撑，成为小微企业的"避风港"、高质量发展的"助推器"。

孵化器为广东农科监测科技有限公司"把脉开方"，为完善企业制度、经营策略建言献策；入驻孵化器的初创企业广州农联科创信息技术有限公司，有了"回家的感觉"，租金减免、场地协调、停车位安置等大小事情都一一得到落实；入驻孵化器的广东华农互联农业科技有限公司在创业辅导、技术培训、政策咨询、产业对接等服务的加持下，构建起"互联网＋农业"的创新商业模式，并成功挂牌乡村振兴板。

"华南 A 谷通过五大特色服务，力图孵化培育更多优质农业科技企业。一个开放共享、协同创新的创新生态链和产业生态圈正在此加速形成。"许立超介绍。其中，特色服务包括：出台华南 A 谷惠企支农"五策十条"；开放共享省农科院 1 000 多名农业科技人才、2 000 多项科技成果、191 个科研平台；组建"企业辅导员＋创业导师＋全产业链科技专家"服务团队，实行"一企一策"动态化培育辅导；推出省内首个农业孵化载体专属金融服务方案；开展科技咨询、成果转化、联合申报项目、共建研发平台等轻资产科技服务。

憧憬未来，许立超表示，将做大做强华南现代农业创新硅谷（华南 A 谷），立足广州、引领华南、辐射全国，探索形成一套可复制、可推广的经验做法，为助力全面推进乡村振兴贡献 A 谷力量！

（撰文　李鹏程　王一晴　钟璐珊）

2023 年 2 月 21 日《人民日报》

超 300 家农企入驻广州农业"硅谷"

近日，金颖农科孵化器成立五周年暨 2023 年工作会议在广州召开。会上发布了"华南 A 谷创新创业孵化十大典型案例"和《华南兴农策——广东省农业科学院现代农业创新创业孵化实践》主题图书，表彰一批优秀企业，并举行了

"华南 A 谷院企合作共建产业研究院"揭牌仪式。

记者从会上获悉，自 2017 年起，为深入实施创新驱动发展战略，加快集聚创新资源，加速科技成果转化，加强协同创新发展，广东省农业科学院启动建设金颖农科孵化器（华南 A 谷），通过构建集"科技企业孵化、关键技术研发、科技人才创业、成果技术转化"四大功能于一体的现代农业创新创业孵化平台，支持、培育创新型农业企业。入驻孵化器的农业双创主体，可以更高效地"嫁接"省农科院等科研机构的资源，为企业发展注入科技动力，把企业做强做优做大。

经过 5 年实践，金颖农科孵化器已成为粤港澳大湾区规模最大的国家级农业科技企业孵化器，打通了从"科技—企业—产业"到"众创空间—孵化器—加速器"的融合发展通道，形成了"要素融合、协同创新、全链孵化、辐射带动"的企业孵化服务模式，构建了从源头创新到产业培育的全要素、全链条农业产业创新集群，打造华南现代农业创新硅谷（华南 A 谷）。

目前，金颖农科孵化器已累计引进培育超 300 家农业企业，助推 33 家农业企业成为国家级、省级农业龙头企业；85 家科技型中小企业，31 家企业高新技术企业，14 家挂牌、上市农业科技企业，8 家省级专精特新中小企业；企业申请知识产权数达 1 800 项，培育孵化毕业企业 32 家，促成超 50 家企业与省农科院院属单位达成产学研合作，8 家入驻企业与省农科院及院属单位共建研发平台 9 个，成果转化 66 项落地金额超 8 000 万元；促成省农科院及院属单位技术入股企业 20 家，累计帮助入驻企业获得投融资金额超 10 亿元，企业年产值超 100 亿元。

2023 年 3 月 3 日《科技日报》

疏通科技成果转化"堰塞湖"，这家农科孵化器有妙招

一边是院所、研究团队的科技成果"束之高阁"，找不到合适的转化对象；一边是农业企业"嗷嗷待哺"，缺乏核心技术的支撑。如何疏通农业科技成果转化的"堰塞湖"？广东省农业科学院金颖农科孵化器给出了他们的答案。

2 月 28 日，记者来到金颖农科孵化器，了解其创新做法。金颖农科孵化器依托广东省农业科学院优势农业科技资源，谋划布局全链条创新生态，打造华南现代农业创新硅谷（华南 A 谷），成为粤港澳大湾区规模最大的国家级现代农业专业孵化载体，让大批优质的科技成果走出"深闺"。

1. 搭好创新创业"主舞台"

"依托金颖农科孵化器这个平台，我们与省农科院专家进行了深度合作，联合成立'城乡有机固体废弃物绿色循环利用研究院'，共同组建研发团队，针对技术瓶颈问题开展科研攻关，实现黑水虻生物转化技术的产业化。"广州安芮洁

环保科技有限公司总经理徐松分享道。

自 2017 年起，省农科院启动建设金颖农科孵化器（华南 A 谷），整合集聚科技、金融、人才、产业等创新创业要素，构建了集"科技企业孵化、关键技术研发、科技人才创业、成果技术转化"四大功能于一体的现代农业创新创业孵化平台，形成了"一盘棋"农业科技创新格局和"一条链"农业产业孵化模式，支持、培育农业科技企业做强做优做大。

安芮洁便是在此地成长起来的企业。通过入驻孵化器，企业可以更高效地"嫁接"省农科院等科研机构的科技创新资源，不断提升企业的科技创新能力，也让企业有了登上舞台"唱主角"的实力。在孵化器的助力下，安芮洁斩获第十一届中国创新创业大赛（广东·广州赛区）总决赛节能环保专业第二名，企业的黑水虻生物转化技术多次被评定为"全国畜禽粪污资源化利用主推技术"和"全省餐厨垃圾处理推荐技术"，在全国处于行业领先地位，吸引了众多投资者关注。

2. 建好科技服务"传送带"

"创业者和企业需要什么，孵化器就提供什么。"金颖农科孵化器运营单位——广东金颖农业科技孵化有限公司总经理许立超表示。为了切实提升孵化服务效能，孵化器以企业和产业需求来"逆向"对接科技成果，再当"超级媒婆"将省农科院等农业科研院校优质科技成果精准输送至企业，实现科技成果转移转化孵化，让农业科技成果在企业"落地开花结硕果"。

2 月 17 日，在金颖农科孵化器成立五周年暨 2023 年工作会议上，金颖农科孵化器晒出了五大特色服务，包括出台华南 A 谷惠企支农"五策十条"；开放共享省农科院 1 000 多名农业科技人才、2 000 多项科技成果、191 个科研平台；"企业辅导员＋创业导师＋全产业链科技专家"服务团队，实行"一企一策"动态化培育辅导；推出省内首个农业孵化载体专属金融服务方案；开展科技咨询、成果转化、联合申报项目、共建研发平台等轻资产科技服务。

"得益于孵化器的科技金融和科企精准对接服务，我们顺利对接了省农科院作物研究所专家。"广东益昌农业服务有限公司总经理胡健铭介绍，通过品种权转让、技术服务、"金爵"商标许可使用等方式，益昌农业与省农科院作物所进行源头种植、采后加工、终端销售的全产业链运行模式的合作，开启了重塑"金爵"牌纯正花生油品牌的新征程。

经过 5 年实践，金颖农科孵化器已累计引进培育超 300 家农业企业，促成超 50 家入驻企业与省农科院院属单位达成产学研合作，成果转化落地金额超 8 000 万元。探索创建了"2＋N"服务体系、轻资产服务体系，打通了从"科技—企业—产业"到"众创空间—孵化器—加速器"的融合发展通道，形成了"要素融合、协同创新、全链孵化、辐射带动"的企业孵化服务模式，构建了从源头创新到产业培育的全要素、全链条农业产业创新集群。

许立超表示，未来将持续培育壮大更多农业创新主体，做大做强华南现代农业创新硅谷（华南A谷），为科技支撑乡村振兴、农业高质量发展贡献A谷力量。

（记者　叶　青　通讯员　钟璐珊）

2023年7月9日南方＋

华南A谷粤西布局，建设全省首个镇级农业青年创新创业孵化园

为深入贯彻落实"百县千镇万村高质量发展工程"，充分发挥科技创新在促进城乡区域协调发展中的重要作用，7月8日，广东省农业科学院国家级科技企业孵化器（华南A谷）与化州市新安镇党委政府，广东省农业农村厅、广东电网公司驻化州市新安镇帮镇扶村工作队，在2023化州（新安）第七届水果文化旅游节上签订合作协议，共建全省首个镇级农业青年创新创业孵化园——新安镇农业青年创新创业孵化园（华南A谷新安分器），以科技创新支撑新安水果产业全链发展，助力粤西打造农业农村双创孵化样板。

新安镇农业青年创新创业孵化园（华南A谷新安分器）的建设，围绕"一中心多卫星"（即以孵化园为中心，联动周边多个村庄作为卫星承载地）发展规划体系进行功能布局和区域设置，旨在搭建新安企业孵化和产业加速服务平台，培育、孵化一批"有知识、懂技术、会经营"的返乡入乡创业青年和农业科技企业，构建新安特色水果产业发展全过程创新链，打通"科技创新—企业孵化—产业振兴"通道，推动新安成为新时代农村青年双创孵化中心、科技成果转移转化中心、农产品出村进城物流中心。

目前，该孵化园立足当地产业发展和青年创业需求，依托华南A谷平台资源优势，已构建了集创业辅导、企业孵化、人才培养、成果转化、科技金融、电商直播、冷链物流和品牌推广于一体的全链条孵化育成服务体系，可为新安镇返乡入乡创业青年、新型农业经营主体和农业科技企业提供全产业链资源共享型的支撑服务。

为进一步推动新安镇一、二、三产业深度融合，助推全镇水果产业提质增效，孵化园还将以科技创新为支撑，搭建"三库一院一基地"，即成果库、人才库和需求库，建设特色水果种植示范基地，打造新安特色水果产业研究院，导入省农科院等科研机构的优质资源和成果，促进更多农业科技成果入乡转化落地，推进农业农村现代化，实现增收致富。

活动当天，华南A谷还协同新安镇党委政府，广东省农业农村厅、广东电网公司驻化州市新安镇帮镇扶村工作队，新时代振兴帮扶产业联盟联合主办了粤西地区产业振兴高质量发展研讨会，来自省直、中直和广州市驻湛江、茂名、梅州等市的15支驻镇帮镇扶村工作队，以及湛江、茂名部分涉农企业、合作社、

农产品供应链代表共 90 多人参加。会上，省农科院金颖农科孵化公司总经理许立超结合省农科院开展科技成果转化和企业孵化培育实践，介绍了新安青创园创建的背景、目标和下一步建设运营思路。各工作队、新安镇党委和企业负责人踊跃发言，各抒己见，围绕推动乡村产业振兴、百县千镇万村高质量发展工程，进行了充分交流和深入讨论。

（记者　李鹏程）

2023 年 7 月 9 日《南方农村报》

粤西地区乡村产业高质量发展研讨会在化州新安召开

7 月 8 日，由广东省农业农村厅、广东电网公司驻化州市新安镇帮镇扶村工作队和粤西新时代乡村产业振兴联盟发起，省直、中直和广州市驻湛江、茂名、梅州等市的 15 支驻镇帮镇扶村工作队，以及湛江、茂名部分涉农企业、合作社、农产品供应链代表共 90 多人，在化州市新安镇农业青年创新创业孵化园召开粤西地区乡村产业高质量发展研讨会。会议邀请了广东省乡村振兴局综合督查处处长彭彬、广东省财经职业技术学校校长彭熙和化州市人民政府副市长袁海峰等到会指导。

本次会议主要目的是深入学习领会习近平总书记到湛江、茂名视察时的重要讲话精神，贯彻落实广东"百县千镇万村高质量发展工程"决策部署，扎实推动乡村振兴驻镇帮镇扶村工作取得更大成效。

会议期间，省委农办秘书处副处长、驻新安镇工作队队长孔令辰分享了驻镇帮扶乡村产业发展实践经验，省农科院金颖农科孵化公司总经理许立超介绍了新安镇农业青年创新创业孵化园建设进展和下一步思路计划。各工作队、新安镇党委和企业负责人踊跃发言、各抒己见，围绕推动乡村产业振兴、百县千镇万村高质量发展工程，进行了充分交流和深入讨论。

与会人员一致认为本次会议圆满成功、意义非凡。大家通过实践交流、经验分享，互学互促，取长补短，增强了本领，提振了信心，增进了感情，为接下来深入开展驻镇帮扶加快推动乡村产业高质量发展，注入了强大动能。

（记者　韩安东）

2023 年 7 月 10 日中国新闻网

2023 化州（新安）第七届水果文化旅游节举行

7 月 8 日，"甜蜜新安　佳果有约"2023 化州（新安）第七届水果文化旅游节暨新安水果品牌推介会活动在茂名化州市新安镇举行，现场各类特色农副产品纷纷"登场亮相"，以"果"为媒，共话乡村振兴，共尝丰收硕果。

活动发布了新安农业青年创新创业孵化园形象片，介绍了"乡村振兴地图服务应用示范试点——数字新安"，对新安镇退桉种果政策进行宣讲，并重点推介了新安镇名优水果。新安镇与茂名供电局签订消费帮扶协议，新安镇与金颖农科孵化器、邦发有限公司签订合作运营孵化园协议，新安镇及新安镇农业青年创新创业孵化园与4家单位签约进驻协议，助推新安水果产业升级，进一步落实"百县千镇万村高质量发展工程"，擦亮新安"水果之乡"金字招牌，拓展水果销售渠道，助力农民增收致富。活动还为新安镇水果种植能手、水果销售能手进行了颁奖。

在活动专门安排布置的美食街现场，处处瓜果飘香，黄皮果、菠萝蜜、芭乐番石榴、龙眼、胭脂红番石榴、红杨桃等优质农产品琳琅满目，吸引了不少市民前来品尝。

据悉，近年来，新安镇依托本地生态资源优势，深入实施"百县千镇万村高质量发展工程"，大力发展特色水果产业，成功把水果文化旅游节办成展示新安风貌的窗口和对外交流的平台，水果经济已成为新安促进地方经济发展、农民增产增收的强大动力。

新安镇党委书记陈海洋表示，举办新安第七届水果文化旅游节暨水果品牌推介会，是希望通过搭建一个平台，让新安特色水果充分向外界展示，持续提升新安水果知名度、美誉度；突出一个特色，因地制宜，把"绿色生态"与"产业富民"深度融合，大力发展绿色经济；提升一个产业，完善水果上下游产业，达到强链、补链、延链效果。经过连续七年举办水果文化旅游节，新安的果农们连年增收。

据了解，目前，新安全镇水果种植面积超过7.5万亩，一棵棵水果树成为新安群众的"摇钱树"，进一步推进"绿色经济"高质量发展。

（周美均　林浩然）

2023年7月13日中国科技网

广东首个镇级农业青年创新创业孵化园揭牌

7月13日，记者从广东省农科院国家级科技企业孵化器（华南A谷）获悉，全省首个镇级农业青年创新创业孵化园——新安镇农业青年创新创业孵化园暨华南A谷新安分器（以下简称"新安青创园"）在茂名市化州市正式揭牌运营，全面开启以科技创新支撑化州市新安镇农业产业全链发展，打造粤西农业农村双创孵化样板，助力乡村振兴新征程。

据介绍，新安青创园是广东省农业农村厅、广东电网公司驻化州市新安镇帮镇扶村工作队，协同新安镇党委政府、广东省农业科学院国家级科技企业孵化器（华南A谷），全面贯彻落实广东省委、省政府实施"百县千镇万村高质量发展工程"部署要求，立足当地产业发展和青年创业需求，搭建的企业孵化和产业加速服务平台，旨在培育、孵化一批"有知识、懂技术、会经营"的返乡入乡创业青年和农业科技企业，构建新安特色水果产业发展全过程创新链，打通"科技创新—企业孵化—产业振兴"通道，助力产业高质量发展。

新安青创园的建设围绕"一中心多卫星"（以孵化园为中心，联动周边多个村庄作为卫星承载地）发展规划体系进行功能布局和区域设置，通过搭建"三库一院一基地"（即成果库、人才库、需求库，建设特色水果种植示范基地），打造新安特色水果产业研究院，导入省农科院等科研机构的优质资源和成果，促进农业科技成果入乡转化落地，推动新安镇一、二、三产业融合发展和全镇水果产业提质增效。

目前，新安青创园依托华南 A 谷平台资源优势，已构建了集"创业辅导、企业孵化、人才培养、成果转化、科技金融、电商直播、冷链物流和品牌推广"为一体的全链条孵化育成服务体系，可为新安镇返乡入乡创业青年、新型农业经营主体和广大农户提供全产业链资源共享型的支撑服务。

（《科技日报》记者　叶　青　通讯员　钟璐珊）

2023 年 9 月 6 日南方＋

架起市院合作桥梁，赋能广州农业农村高质量发展

9 月 6 日，广州市 2023 下半年农业招商引资引智暨与广东省农业科学院成果转化对接活动举行。

活动中，广州市农业农村局与广东省农业科学院签署全面深化合作框架协议，省农科院和广州 7 个涉农区分别作推介，省农科院金颖农科孵化器、市农业科学院及相关农业企业代表分享了合作经验和成功案例。省农科院与 10 家广州农业企业交换合作意向书，并为长期合作的 10 家广州农业企业颁授了"广东省农业科学院科技成果转化基地"牌匾。

本次活动是继 2023 年 3 月广州市成功举办首场农业专场招商活动后，在农业引智引技方面的又一个重头戏。

广州市农业农村局党组书记、局长李世通介绍，此次与省农科院的深度合作，将更加紧密对接雄厚科研资源和旺盛产业需求，为农业科技成果转化再升温、再加码、再提速，架起省级科研院所与农业企业和市、区两级之间的桥梁，系紧农业科技创新、成果推广与人才培育的纽带，希望省农科院能把更前沿的科技成果落地广州，把更优秀的人才留在广州，把更多的农业农村资源引入广州，共享高质量发展机遇，共同谱写广州农业农村高质量发展新篇章。

1. 全面深化市院合作

此次广州市农业农村局与省农科院签署全面深化合作框架协议，通过建立双方长期稳定的全面合作关系，探索构建农业科技成果转化应用、农业科研和人才

交流合作新模式、新机制，为促进广州都市现代农业高质高效、城乡融合发展和乡村全面振兴提供强有力的人才、技术支撑。

此次合作重点围绕4个方面开展：

一是开展科技协同创新，打造市院合作共赢新标杆。开展省市农科机构协同创新行动，协同围绕制约广州农业农村发展的核心关键技术问题开展攻关，解决产业突出技术问题，推动一、二、三产业融合发展，加快形成突破性成果；支持建设成果转移转化平台，以国家级科技企业孵化器——金颖农科孵化器为依托，大力推进科技成果转化及产业化应用。

二是推动产业科技支撑，赋能现代农业高质量发展。推进"广州粤港澳大湾区'菜篮子'研究院"建设；双方将围绕广州优势特色农业产业的发展需求，强化全链条、全要素、全流程的科技支撑，建设产业研究院、专家工作站等科技创新与服务平台，引导科技资源下沉服务广州农业产业一线。

三是协同人才培养，推动科技咨询服务广州农业农村发展。协同推进基层农技人员能力提升；开展乡村振兴实用人才培育；开展广州市农业发展战略研究，对广州市科技进步促进农业发展、农业现代化示范区建设、农业重大工程项目的申报和实施提供技术咨询与建议。

四是持续优化科技服务，培育农业发展新动能。建立健全农业扶持政策体系，加快推进人才制度的创新，优化成长环境，催生创新动能；持续发挥省农科院人才优势，开展技术指导和人才培训服务，壮大省、市级农技轻骑兵队伍，将良种、良技、良法向基层一线延伸，提升基层农技人员和乡土专家技术水平与服务能力，为广州市农业产业高质量发展提供强有力的科技服务保障。

2. 打造华南现代农业"创新硅谷"

作为全省农业科技创新的主力军和服务"三农"排头兵，省农科院以"科技创新、服务'三农'"为办院宗旨，把科技创新推动产业技术攻关、科技推广带动优势特色产业发展为工作出发点和落脚点，努力为广东乡村振兴战略和农业农村现代化建设提供强有力的科技支撑。

"十三五"以来，省农科院获得各级科技成果奖励506项，获通过审定（登记、评定）品种1 198个，获植物新品种权269个，获授权专利1 429件、计算机软著982件，制定标准476项，成果转化合同金额超5亿元。主导品种及主推技术在全省占比已连续8年超60%和70%，持续保持全省领先地位。

近年来，省农科院立足产业发展和企业需求，在广州搭建了集"科技企业孵化、关键技术研发、科技人才创业、成果技术转化"四大功能于一体的农业科技成果转化暨企业孵化服务平台——金颖农科孵化器，是粤港澳大湾区规模最大的国家级现代农业专业孵化载体，构建了从"众创空间—孵化器—加速器—产业园"全链条科技企业孵化育成体系，全力打造华南现代农业创新硅谷（华南A谷），现已成为粤港澳大湾区规模最大的国家级现代农业专业孵化载体。

自成立以来，省农科院和金颖农科孵化器累计引进孵化超 322 家农业科技企业，涵盖种业、生产、加工、流通、品牌建设等农业全产业链，培育了一批具有较强自主创新能力的农业企业，其中包括国家级、省级重点农业龙头企业 33 家，35 家高新技术企业，8 家省级专精特新企业，培育毕业企业 32 家；企业申请知识产权数达 1 800 项，促成省农科院及院属单位技术入股企业 20 家，累计帮助入驻企业获得投融资金额超 10 亿元，企业年产值超 100 亿元，已初步形成现代农业创新创业集聚效应。

【链接】都市现代农业未来可期

近年来，广州市全面实施"科技兴农"战略，强化现代科技和装备支撑，深入实施"穗字种业"振兴行动，推进现代农机装备应用，加快智慧农业和数字乡村建设，向科技创新要产量、要产能、要效益、要绿美，引领都市现代农业高质量发展。

2022 年，全市农林牧渔业总产值达 575.3 亿元，农业科技进步贡献率达 73.85%，在全国省会城市中位居前列。

一是农业科技创新资源丰厚。全市集聚了 18 家涉农科研院所和高校，161 个农业科技创新平台，其中国家级重点实验室 3 家，省级重点实验室和工程技术研究中心 126 家；共有涉农两院院士（含双聘）21 人，强大的科技支撑为广州"三农"高质量发展打造了核心引擎。

二是农业科技成果丰硕。广州市水稻矮化育种在全国占据头位，菜心、红掌、生猪、黄羽鸡、鱼虾等育种水平全国领先，成功研发培育了一批"穗字号"优良品种和先进前沿技术，首创的"数字化种猪育种技术"入选全国唯一的生猪育种主推技术。

三是农业技术推广体系健全、服务成效突出。建成市、区、镇三级农技推广体系，其中，市级分设农技推广和农机推广机构，7 个涉农区建有 9 个区级农技推广机构和 35 个镇（街）级农技服务综合机构，基本实现涉农镇街"一镇（街）一机构"。

（南方＋记者　傅　鹏）

2023 年 11 月 3 日《农民日报》

让农业科技成果落地"生金"
——第三届全国农业科技成果转化大会侧记

超强筋高产广适小麦新品种"济麦 44"，2022 年实打亩产 808.6 公斤，再次刷新我国超强筋小麦单产最高纪录；"中畜长白半番鸭"新品种年出栏量超过 2 000 万只，在国内肥肝市场的占比迅速提高到 40% 左右，打破了半番鸭品种长期依赖进口的局面……近年来，一批批先进农业科技成果层出不穷，全国农业科技进步贡献率逐步提高，日益彰显出科技创新助力乡村振兴的强大动能。

从实验室到大田、从科研到产业，农业科技成果需要走好转化应用的"最后一公里"。如何让更多创新农业科技成果转化为现实生产力，使更多"金点子"在广大农村落地生根，长成"致富树"？近日举行的2023（第三届）全国农业科技成果转化大会为我们提供了答案与启发。本次大会以"农业强国　科技驱动"为主题，举办了一场高级别全体会议、一场展会、13个专场活动，通过展览展示、会议论坛、成果品鉴、交易合作等多种形式，搭建科技成果转化公共服务平台，全面促进农业科技成果的转化与应用。

1. 搭建"舞台"展现科技成果风采

绿色高产优质的玉米新品种"中玉303"、稻麦无人收获协同卸粮作业设备、家蚕高效养殖环境控制关键技术开发与应用……大会在全国范围内征集农业科技成果，从中评选出100项前沿性、标志性重大科技成果和1 000项优秀科技成果现场发布，涵盖绿色种植、健康养殖、智能机械与装备、农产品加工、质量安全、资源与环境等多个领域。

好成果需要好"舞台"。大会设置了近1万平方米、共11个主题的全国农业科技成果展区，全面展示了包括中国农业科学院和省级农业科研机构、大学、企业的科技成果，以及全国农业科技现代化先行县和乡村振兴示范县等县域产业资源等，搭建了一个具有广泛性、引领性、务实性的农业科技成果展示交流、转移转化平台。

在智能装备展区，几个"其貌不扬"的果蔬吸引了众多参展者的关注，拿起观察才发现，这些果蔬都被标注上了精致的LOGO，显得格外与众不同。"这是我们团队研发的一款紫外激光打标机，可以实现地理标志、LOGO等个性图案的永久性标记，同时不会伤害果蔬品质，是本次大会发布的1 000项优秀科技成果之一。"西北农林科技大学机械与电子工程学院研究生何逸飞介绍道。据了解，这套设备不仅能消除以往果蔬纸质标签、油墨喷印等方式的弊端，还可以有效解决果蔬溯源和防伪难题，同时帮助打造品牌、提高果品附加值，展览期间已有不少果业公司和该团队达成合作意向。

如今，我国农村劳动力加速减少，老龄化趋势愈加明显，未来谁来种地、怎么种地成了不得不面对的问题。在此次展会上，潍坊汇金海物联网技术有限公司带来了自己的解决方案——智能全自动精准种植管理系统。"这是目标浇水量和施肥量，这是当前浇水量和施肥量，前端传感器像人眼一样实时监测土壤墒情，不需要人工操作就可以自动浇水施肥。"公司总经理徐宝刚告诉记者，这套系统按照作物生长模型按需供给，实现了全程无人值守，可节省人工30％以上，节省水60％以上，节省肥50％以上，同时作物的品质和产量均能提高。

2. 铺设"通道"建立成果转化机制

在会期举办的高级别全体会议上，一场签约仪式庄重举行，超过24个重大科技成果转化项目现场达成了成果转化和战略合作，累计签约金额超20亿元。

其中，中国农业科学院油料作物研究所（以下简称"油料所"）与武汉中油种业有限公司签订了高产高油优质多抗适机收油菜新品种——"中油杂 501"的专利转让协议，转让金额达 3 300 万元。

"中油杂 501"是油料所王汉中院士团队将耐密植、耐盐碱、高产、高油、优质、多抗、花期集中等优异性状聚合于一体选育而成的新品种，曾创下长江流域油菜高产纪录和盐碱地油菜高产纪录。"品种转让之后，将会通过公司化运营，逐步扩大市场占有率，力争在 3 年内成为全国年推广面积前十的品种，并在此基础上申报国家科技奖励，使其发挥更大价值。"油料所科技与成果转化处副处长程晓晖告诉记者。

想要给农业科研成果找到称心如意的"归宿"，科研机构就不能只是埋头苦干，还要高瞻远瞩，为成果推广应用和产业化发展打造畅通出路。近年来，中国水稻研究所（以下简称"水稻所"）成果转化经济效益增长迅速，这与水稻所建立起的成果转化措施机制密不可分。水稻所构建了较为完善的制度体系，出台了《中国水稻研究所成果转化管理暂行办法》等一批管理文件，优化成果孵化机制、提升成果转化效能；同时加大奖励能级，落实知识价值导向分配机制，优化考核分配制度，赋予科研人员充分自主权，激发团队干事创业的热情。

在同期举行的全国农业科教机构成果转化圆桌会议上，中国农业科学院联合全国 34 家高校、省级农业科研院所，共同发起并签署"以高水平科技成果转化助力大面积单产提升行动"倡议书。各与会单位将充分发挥农业科研机构的平台优势、科研优势、人才优势，补短板、强弱项，构建协同创新机制，共同促进提升单产行动全要素推进，努力将科技潜力转化为现实产量、专家产量转化为农民产量、典型产量转化为大田产量，尽快推动粮食和重要农产品生产能力迈上新台阶。

3. 引入"活水"激发更多资本动能

"我们公司专注于农业生物技术、美味番茄等蔬菜水果新品种培育，本轮计划融资 2 000 万元人民币，真诚希望能和各位优秀同仁成为合作伙伴。"在会期举行的农业科技金融研讨会暨成果对接会上，中农美蔬公司负责人发出邀请函后，多家投资机构向其抛出了橄榄枝。

如果说农业科技创新是一场漫长的"马拉松"，成果转化应用是科技创新的"最后一公里"，那么金融支持就是这段道路上具有巨大动能的"加速器"。中国农业科学院农业经济与发展研究所党委书记、研究员毛世平在会上表示："农业科技创新亟需金融支持，我们要营造有利于农业科技创新的环境，引导社会资本流入农业科技创新领域。"其中，创新科技中介与金融机构服务升级，搭建农业科技"一站式"金融服务平台是重要举措之一。

2022 年 3 月，广东省农业科学院面向广东省发布"华南 A 谷"品牌，聚力打造华南现代农业创新硅谷，积极搭建农业企业和产业高质量发展的融通平台，开展农业科技成果转化和企业孵化服务。目前，华南A谷已建成粤港澳大湾区规模最大的国家级农业科技企业孵化器——金颖农科孵化器，探索出了一条"金融＋科技＋产业"创新发展新路径，为成果转化注入源源不断的金融"活水"。

"在金融支持农业成果转化方面，我们设立了550万元自有种子资金，并联合基金公司发起成立了2亿元的农业产业孵化基金，鼓励农业企业进行技术创新与产品研发，同时积极联动多家投融资机构、银行，为入驻农业科技企业提供更优质、高效的科技金融服务。"广东金颖农业科技孵化有限公司（金颖农科孵化器）副董事长、总经理许立超介绍道。此外，金颖农科孵化器立足产业发展和企业需求，在2022年创新推出农业孵化载体定制化科技金融服务方案，解决企业融资"难、慢、贵"的问题，并促成广东省农业科学院与中国银行广东省分行签订《金融助力农业科技成果转化合作协议》，整体授信金额达20亿元人民币。

（农民日报　中国农网记者　李丽颖　见习记者　赵艺璇）

2024年2月1日南方＋

"乡村CEO"培训班在穗结课，学员点赞："解药"可行！

近日，由广东省农业农村厅主办、广东省农业科学院承办的"广东省高素质农民（农业经理人）培训班"在广州圆满结课，培养了百名致力于成为"乡村CEO"的农业经理人，他们有文化、懂经营、善管理，为推进"百千万工程"和乡村振兴提供人才支撑。

当前，被称为"乡村CEO"的农业职业经理人正日渐崭露头角。根据人社部发布的《农业经理人就业景气现状分析报告》，我国农业经理人从业人员已超过286万人，预计全国范围内仍有150万名人才缺口。

"我在一线搞种植，时常感到困难重重。经过培训以后，了解到了很多之前没有接触过的专业农业知识和管理知识，对企业未来的发展有了更清晰的思路。"来自韶关新丰的学员江家胜说，"加强管理者自身的专业性，打造一支有实力的团队，与客户共赢，才能将新时代的农业做大做强。"

1. 增设"农科"特色小班课

现代农业产业的经营管理与发展规划，早已不停留在传统的"一分耕耘一分收获"；想要成为合格的农业职业经理人，不仅要具备指导生产、带动增收的能力，还应具备统筹上下游产业链、应用新兴科学技术等促进农业产业经济协同发展的能力。

为帮助学员成为真正"会经营、善管理、懂技术、爱生活"的农业职业经理人，实现从"乡村劳动者"到"乡村CEO"的转变，此次培训在课程主题和学习形式设计方面作了特色化尝试。

与传统课堂专注于理论授课不同，除开设基础常规课程外，此次培训依据不

119

同学员从事的不同农业产业领域，增设具有"农科"特色的专授小班课，系统性讲解专项知识，针对性解答学员的个别疑问，并通过通俗易懂的案例教学，引导学员沉浸式参与研讨，提升学员生产、技术、经营、管理水平，从实践中把握规律、总结经验，成长为高素质高水平农业复合型人才。

学员黄晨龙在广东一家大型兽药、饲料企业从事经营管理工作，他在培训后表示，省农科院的老师讲课理论扎实，又更贴近实际生产，深入浅出地解读农业产业的投入产出比，让他对农业产业的发展充满信心。

无论是农业生产，还是产业经济发展，都是强实践性的课题，关键的"解题思路"深藏于对理论的践行，以及对技术的应用。具有指导性、点拨性的教学，是培养合格"乡村 CEO"的必备秘籍。

"参加培训收获颇丰，我不仅对农业职业经理人的角色和职责有了更深入的了解，还学到了很多实用的管理技巧和经营策略，原来农业不只有种植和养殖。"学员梁显星说，培训期间给自己留下最深刻印象的是关于"农业大数据应用"的课程，让他了解了大数据技术在农业领域的应用，为农业产业的发展带来了巨大的潜力和机遇。而农科院授课老师对技术理论和实践经验的生动讲解，让他对大数据在农业中的应用产生了浓厚的兴趣。

梁显星来自清远市阳山县小江镇下坪村委会老围村，从事生态绿色蔬菜种植，拥有 150 亩蔬菜种植基地，年产值约 100 万元。面对着农业产业的新型市场化发展需求，梁显星希望深入了解农业产业的发展方向和未来趋势，提前做好事业规划，以便抓住新机遇。通过培训，他愈发确信，要想激活农业产业经济活力，必须积极寻求经营模式创新、高端品牌建设，并关注资源和生态的可持续发展。

2. 17 位"宝藏"导师支招

梁显星说，于他而言，农业的世界看似熟悉，却又充满奥秘。"农业是一个复杂的产业链，涉及众多的环节和因素。只有全面学习各领域知识，深入了解实际运作，才能真正懂得如何将理论与实践相结合，如何因地制宜地制定农业产业发展策略。"他说。

梁显星的需求也是众多农业经理人的普遍需求。通过分析政策信息、解读前沿技术、讲授管理知识，培养符合当地农业发展需求的职业化"乡村 CEO"，规划产业发展新业态，吸引城市动能入乡村，正逐渐成为乡村振兴探索中的新亮点。

因此，在本次培训中，根据学员从事的农业产业领域，来自省农科院 15 个院属科研单位的 17 位"宝藏"导师组团进课堂，从农业发展的各个领域的专业知识出发，进行水产养殖、岭南果蔬加工、无抗饲料应用技术、生物基因检测等专授小班课，系统性、专业性和针对性地解答学员实际生产中的技术需求和疑问，提升学习效果、达到学以致用的目标。

为让学习更贴合田野大地，此次培训组织学员们前往省内规模最大的农业领域国家级科技企业孵化器——金颖农科孵化器，向入驻在孵化器内的农业科技企业取"创业经"；还跟着"宝藏"导师团到了省农科院国家农业科技园区，体验科学技术成果的"鲜活"触感，并感知科技创新的魅力；在农业龙头企业和省级现代农业产业园实训基地中，"乡村CEO"们还一起畅想着属于他们的未来农业。

"这次的课程、教学内容很丰富，像个'大礼包'，很实用。"来自揭阳惠来的学员周楚升说，此次培训有理论有分析，点出了农业人的痛点，也给出了可行的"解药"，让他专业能力上有了一个大的提升，也结识到许多志同道合的朋友。

近年来，广东省农业科学院通过高素质农民培育省级示范（综合类）基地以及国家级科技企业孵化器（金颖农科孵化器）等平台开展乡村振兴人才和创新创业培训，积极承担科技支撑和社会服务的责任，在培养乡村振兴各级各类技术应用型和复合应用型人才、建设乡村人才队伍方面发挥了引领和示范作用。

"我们还将在后续跟踪服务中，组织更多专家以政策宣讲、技术指导与辅导答疑等方式持续为参训学员提供服务，不断提升学员经营管理能力，扩大产业规模，助力乡村振兴。"广东省农业科学院培训班相关负责人表示。

（南方+记者 邵一弘 通讯员 邹文平）

2024年5月21日《农民日报》

跨"粤"向新再升级
——广东打造"三元引擎"催生农业发展加速度

开栏的话：习近平总书记多次指出要牢牢把握高质量发展这个首要任务，因地制宜发展新质生产力。新质生产力是马克思主义生产力理论的创新和发展，凝聚了党领导推动经济社会发展的深邃理论洞见和丰富实践经验。为深入学习贯彻习近平总书记关于新质生产力的重要指示要求，即日起，本报开设专栏，报道全国各地在农业领域发展新质生产力的探索和实践。

东南西北中，发展看广东。4月24日，广东省统计局发布一季度经济数据，4.4%的地区生产总值同比增速折射出经济企稳回升的良好态势。数据的量变，来源于新质生产力带来的质变。党的十八大以来，习近平总书记多次到广东考察，从粤西大地到珠江之滨，从宽广海洋到山林田野，总书记的考察足迹饱含着对广东的殷殷期许，也为广东"三农"工作指明了前进方向，提供了根本遵循。

奔驰在3000多万亩的岭南土地上，犹如置身于一场激动人心的F1赛车比赛，创新产业科技融通作为发动机，推动农业高速发展；创新成果转化贯通作为变速器，让农业各生产要素之间更协调；创新科技金融互通作为加速系统，为农业产业深度升级提供不竭动力。"三元引擎"让如今的广东农业疾速飞驰，展示出"世界工厂"的力量与激情。

1. 主力引擎：科技强省，把握科技创新"总航标"

在广东，新质生产力强调的不仅仅是一种全新的生产力形态，更是一种新的发展理念、新的发展方式、新的发展机制。

北有五常，南有丝苗。丝苗米作为中国籼米的极品代表，已有500多年历史，如何通过技术进步和制度创新推动丝苗米新一轮可持续发展？广东省农业农村厅发挥广州国家农业科创中心"国字号"平台力量，创建"湾区种质数字港"，汇聚了856份丝苗米核心种质和2万余份关联种质，形成基因组、表型组等组学数据超1 000亿条，通过对"表型＋基因型"身份鉴定建立起"五位一体"身份识别系统，构建广东丝苗米高质量"泛基因组"，归纳出一批宏观视角的遗传育种规律。当前"湾区种质数字港"已面向全国开放进行2.0物种扩容，生物技术、人工智能、大数据、合成生物学等智能育种技术工具也在快速汇聚，将陆续惠及其他植物、动物、微生物领域的智能育种。"湾区种质数字港"的建立，一方面为避免科研人员低水平重复研究提供了宏观之眼，另一方面在摸清家底、精准匹配、快捷高效、智能育种上，蹚出了广东路径。

大豆是典型的短日照植物，对光周期反应非常敏感，所以一直以来，中国的大豆主产地在北方。广东虽然不是大豆的主产地，但是在大豆压榨、豆制品加工等方面位于全国前列，仅酱油就占全国1/3。

面对这样的产业格局，如何有效利用华南地区丰富的光热水等资源禀赋，推动"北豆南移"战略实施，成了行业内外关注的焦点。华南农业大学南方大豆团队历经20年的不懈探索，成功定位并验证了热带大豆发展的关键基因长童期基因J，揭示了低纬度短日高温地区大豆长童期性状的分子遗传基础。在此基础上，他们顺势而上，又把耐酸铝低磷、白粉病抗性等重要基因陆续整合到一起，最终育成了一批高产优质多抗的大豆新品种。

"华南地区地处热带亚热带，拥有得天独厚的土地资源，光热水资源丰富，大豆的生育期短，一些地区甚至可以实现一年三季种植。这意味着，在华南地区扩种大豆的潜力巨大，适合间套作和轮作的潜在耕地超过5 000万亩。"国家大豆改良中心广东分中心主任、华南农业大学教授年海告诉记者。

此外，热带地区的一些"一带一路"共建国家同样具有大豆种植的优越条件。经过农业农村部的批准，目前已有200多个华南农业大学培育的大豆品种在海外进行试验，特别是在巴西和非洲、东南亚一些国家试种表现优异。鉴于此，非洲被视为具有再建一个"巴西"的潜力。自2006年以来，华南农业大学在非洲开展大豆育种和新品种示范工作，已成功审定了3个品种。

2023年中央经济工作会议强调，要以科技创新推动产业创新，特别是以颠覆性技术和前沿技术催生新产业、新模式、新动能，发展新质生产力。

二氧化碳人工合成淀粉、二氧化碳人工合成葡萄糖和脂肪酸、生物基尼龙替代化石基尼龙、高效生物合成人乳寡糖……这些通过合成生物技术产生的未来"天工造物"已然成为现实。来到深圳，中国科学院深圳先进技术研究院（以下简称"先进院"）的合成生物学研究所是绕不开的一站，在这里你可以挖掘合成生物的万亿蓝海。

"合成生物学在农业上应用前景是广泛和深远的。我们有望借助合成生物学的翅膀飞向中国及全球粮食安全和人类健康的愿景。"先进院合成生物学研究所研究员杨贞标告诉记者，针对中国耕地和高产优质种质稀缺的难题，通过整合合成生物学和智慧工厂设施技术，可以创新微生物肥料改良不耕之地；可以创制高效光合微藻种质向海要地；可以利用光伏驱动的智慧植物工厂向天要地。

"集中力量办大事"是我国的优良传统，先进院创新生态系统在新型举国体制下蓬勃发展，体现为"科学统筹"和"优化机制"。不同于传统的科研机构自由探索、"慢工出细活"，先进院实行研究中心制，强调团队攻关。在创新人才管理机制上，实行全员聘用制，所有人员实行年终考核和末位淘汰制，既保障了先进院人才队伍的创新活力，又以科技人才输入的形式反哺上下游产业经济发展。

2. **控制引擎：要素优化，催生全要素生产率** $1+1>2$

广东的农业产业是以创新为引领，通过整合传统产业、战略性新兴产业和未来产业的资源和优势，以市场为培育力、创新资源为配置、执行力为抓手的战略，聚焦创新逻辑、产业逻辑和动能转化逻辑，推进一、二、三产业融合发展和良性互动融合。

在传统养殖业，"华农温氏合作模式"被誉为我国农业领域高校与企业紧密合作的一面旗帜。4月9日，双方签署第四期全面战略合作协议之2024—2028年行动任务协议，深度整合高校"人才、技术、信息"与企业"资金、基地、市场"等资源，科企合作迎来5.0时代。走进华农温氏科技创新中心，猪基因组育种技术研究已过关斩将，以人工智能、大数据、云计算等为代表的技术革命性突破，为企业提供了全新的工具和方法，使产业过程更加高效、智能化。"当前，我们把创新内化到新发展格局的构建中，聚焦新的创新逻辑，从规模扩张转向创新领先，即实施'点—线—面'的创新模式变革，所谓'点'指关键技术创新点的突破，'线'则指构建产业链的创新生态系统，'面'则是将产业链、供应链和创新链汇聚融合成面。"温氏集团董事长温志芬说。

在广东茂名，同样是传统产业的荔枝和液氮的跨界融合，使得不同品种的荔枝都有了自己专属的"冻眠袋"，使荔枝最长保鲜期可达18个月并保持原汁原味。"荔枝产业不仅是让农民从品种、种植等方面获得收入，也要结合下游产品开发，组成共同体，现在利用'冻眠'技术建成的荔枝保鲜生产线就可以让农民收益翻番。"华南农业大学教授、广东省功能食品活性物重点实验室主任曹庸告诉记者，要撬动传统农业的产业杠杆就必须引入新技术、研发新产品、改进生产流程，这种生产要素的协同效应有助于传统产业向战略性新兴产业转型。

在战略性新兴产业，科技创新能够引进新的生产要素，开拓新的生产技术，并提升产业价值。竹产业被公认为理想的低碳产业，去年，中国与国际竹藤组织联合发布"以竹代塑"全球行动计划（2023—2030），在"以竹代塑"倡议基础上呼吁相关国际组织和有关国家的各级政府部门、科研教育机构等，在发展战略和规划中纳入"以竹代塑"元素，共同推动减少塑料污染。作为麻竹笋之乡，英德市拥有得天独厚的生态资源。在粤琼两地的产业联动背景下，海南文昌冰鲜鸡的1.2亿只托盘就产自于英德。"市面上代塑的材料有：玉米淀粉、甘蔗渣、秸秆和竹子，通过核算成本对比最省钱的就是竹子，并且整个代塑的生产流程没有排放，完全是一个绿色工厂。"广东创德新竹业有限公司董事长王华珍说，竹纤维材料使餐盒具有全生物降解的特性，能在自然条件下128天实现全降解，减少环境污染。据了解，当前，英德市通过引进新的生产要素、开拓新的生产技术、发展多元化产业链，着力将竹产业打造成为"百亿产业"。

要打好面向未来的产业之战，广东正通过动能转化实现海洋经济的跨越式提升，人工智能等新数据要素、新技术和新业态不断涌现，加速构建了现代化海洋牧场建设。

4月8日，湛江现代化海洋牧场迎来重大进展，全球首创漂浮式动力定位养殖平台——"湛江湾一号"开工建造。同日，广东最大养殖平台"恒燚一号"落户湛江。湛江湾实验室科研人员告诉记者，去年下水投产使用的"海威2号"可以结合水质、水文、气象监测与预测，融合水下鱼群视觉与声学信息，形成海水养殖鱼类立体监测系统，通过海况、气象、物理、生物等多源异构数据智能分析，构建鱼群生物量检测、鱼群行为智能识别、鱼群生长预测、病死鱼识别定位等鱼群状态智能识别体系，提升深远海精益养殖水平和生产管理效率。

除了湛江，广州市南沙区也积极推动现代育种与养殖技术下沉，正在广州掀起一场现代渔业"变革"。"刘少军院士工作站"和"广州南沙华农渔业研究院"先后入驻南沙渔业产业园，为水产种业高质量发展插上了"科技的翅膀"。广州南沙华农渔业研究院已培育出两个石斑鱼抗病毒新品系，石斑鱼虹彩病毒灭活疫苗也于不久前获得了农业农村部颁发的临床试验批件，是国家唯一一个海水鱼病毒的临床批件。

3. 加速引擎：破旧立新，畅通"金融—科技—产业"多循环

金融是现代经济的核心，畅通新质生产力的金融动脉，是当前广东金融改革和产业发展的重要课题。

2023年6月，广州市花都区率先在10个村开展"金融村官"试点赋能"百千万工程"。"养了十几年的鱼，由于没有足够的资产抵押，加之小农经济收益率低，我以前一直很难从银行申请到贷款。"赤坭镇莲塘村村民骆生告诉记者，现在用今年申请到的20万元授信额度扩大了鱼塘的养殖规模，现在的收入相当不错。

据了解，"金融村官"在试点村充当"参谋员、服务员、宣传员"角色，将

金融支持实体经济的天职使命转化为实际行动，变广普金融服务为精准产业金融支持，在试点工作中，花都区"金融村官"充分发挥金融机构和乡村之间的纽带作用，金融机构为蓝莓产业相关企业授信近 6 亿元，放款 8 000 多万元，推动蓝莓特色产业升级；为莲塘村设立水产品质量安全检测驿站，助力产业逐步从"小户、散户"向"大户、龙头、规模化"升级；为村民量身定制"民宿贷"，为闲置空房改造成民宿提供了金融支持，推动了乡村休闲旅游产业的发展。

当下，在科技与金融的双向驱动下，新质生产力得到前所未有的发展。在撬动社会资本金融助力上，广东成立省种业振兴股权投资基金，广泛吸引社会、金融资本投入，推进优势企业兼并重组，加快构建企业为主体的商业化育种体系。目前，资金总规模已达 100 亿元，成功推动广东恒健集团、现代农业基金与温氏集团、华南农业大学组建广东中芯种业科技有限公司，全力打造世界前三的头部生猪种业龙头企业。在多元投入激发市场活力上，广东省积极牵线搭桥，促使华南农业大学与温氏集团、中山大学与壹号食品集团、北京畜牧兽医研究所与佛山新广农牧公司等 20 多个单位签订深度融合协议，共建研发平台。统筹省级财政每年安排 5 亿元资金支持种业振兴，引导金融机构发放种业中长期低息贷款 4 700 余万元。

畅通新质生产力的金融动脉，需要"金融—科技—产业"的三维赋能。根据专家测算，农业技术创新从基础研究到应用研究、开发研究再到技术成果的商品化和产业化，其投入经费呈现指数级增加，投入比大致为 1∶10∶100。在农业科技成果及技术成熟且有市场需求之后，制约成果在农业科技企业落地转化的最核心问题就是资金投入。

科技创新需要得到资金支持，而金融机构在支持科技创新的同时也可以获得投资回报，形成良性循环。由广东省农业科学院全资组建的广东金颖农业科技孵化有限公司，探索创新了一系列科技金融服务举措，并先后推出了"A 谷五策十条""中银农科贷'华南 A 谷'孵化场景服务方案""中银农科贷'华南 A 谷'科技成果转化场景服务方案"等金融服务方案，并取得了良好成效。

"银行之前的风险评估体系主要是解决'能不能贷'的问题，但大多数农业企业都会被排除在外，现在有了'中银农科贷'，企业可以跳过'能不能贷'这个流程，直接进入到'能贷多少'这个环节，相当于为园区农业科技企业量身定制一个授信体系。"公司负责人许立超说。

产业的发展需要金融服务的支持，金融机构通过为产业提供融资、投资和风险管理等服务参与产业发展，并从中获取回报。2021 年 11 月，广东省农业农村厅与广东股权交易中心共建的"广东乡村振兴板"正式开始运行，上榜企业可以依托平台资源、规范经营、对接资本，借助金融力量推动加速发展。2023 年，英玖红茶业有限公司在平台正式挂牌，公司负责人张醒根表示，企业要做大做强，离不开资本的投入，未来将聚焦茶叶精深加工、多茶类开发、茶旅融合等方面发力，实现产品结构更优、企业品牌更响、产业链条更长。截至 2023 年 11 月，"广东乡村振兴板"已帮助 263 家企业获 11 家银行 79.52 亿元融资授信，96 家企业实现银行融资 15.93 亿元，10 家企业获得股权融资 18.51 亿元，并推动 12 家企业开展股份制改造。

向新向实向未来。发展农业新质生产力，广东正以前所未有的速度和规模，加速让农业"科技之花"结出更多产业"好果"。

（《农民日报》、中国农网记者　孙　眉　赵博文）

2024 年 5 月 24 日天河优创

走进天河优创⑤金颖农科孵化器：打造华南现代农业创新"硅谷"，推动农业产业高质量发展

科技企业孵化器、众创空间等孵化载体发展状况，是评价区域创新能力的重要指标之一。天河区近年来深入实施"天河优创"计划，推动孵化育成体系高质量发展，构建"众创空间—孵化器—加速器—产业园"创新创业孵化链条，不断完善优质科技创新生态。在"天河优创"的引导下，天河区科技企业孵化载体规模及产业贡献值不断提升，目前，天河区孵化器、众创空间总数达 265 家，其中省级以上的孵化载体 66 家，市级以上的孵化载体 83 家，均位居全市首位，一批高成长性企业从载体孵化、发展、壮大，对产业发展起到了显著引领作用。

近期，我们将开展"走进天河优创"系列报道，"走进"部分孵化载体，了解其起步、发展，以及如何为天河区科技创新、产业发展赋能。

今天，一起来看看金颖农科孵化器。

金颖农科孵化器（华南 A 谷）位于广州市天河区"环五山创新策源区"核心区域，是广东省农业科学院立足产业发展和企业需求，依托科技资源优势，整合集聚各类创新创业要素，搭建的集"科技企业孵化、关键技术研发、科技人才创业、成果技术转化"四大功能于一体的现代农业科技成果转化孵化服务平台。

作为粤港澳大湾区规模最大的国家级现代农业专业孵化载体，金颖农科孵化器打造了"众创空间—孵化器—加速器—产业园"全链条科技企业孵化育成体系，累计引进培育超 350 家农业企业，孵化培育 39 家毕业企业，助推 33 家农业企业成为国家级、省级农业龙头企业，培育 85 家科技型中小企业，培育 40 家企业成为高新技术企业，培育 12 家省级专精特新中小企业，培育 1 家"种子独角兽"创新企业，辅导 15 家挂牌、上市农业科技企业，帮助企业新增 2 130 项知识产权，促成技术入股 20 家企业，获投融资金额超 10 亿元，企业年产值超 100 亿元。

1. 资源共享、科研陪伴　夯实现代农业创新全过程科技支撑

华南 A 谷集聚科技成果和平台等资源，共享省农科院 1 000 多名农业科技人才、第三方专业服务机构及孵化载体运营机构在人力、金融、财税、法律、知识

产权、企业经营管理等方面的专业人才资源，开放超 190 个科研平台、2 000 多项科技成果和 441 个示范基地，以及覆盖全省的现代农业产业综合服务网络资源，解决企业研发力量弱、研发经费不足、实验仪器设备购置资金缺乏、信息化水平低等系列问题，降低中小企业研发投入。

广州安芮洁环保科技有限公司是集农业废弃物、餐厨垃圾无害化处理，生物制药等技术研究为一体的生物环保科技公司。自安芮洁入驻以来，华南 A 谷为其提供"技术创新＋科研陪伴＋科技金融赋能"等定制化服务，助力企业黑水虻生物转化技术在全国范围内建立领先优势。华南 A 谷组织省农科院专家为企业提供技术"问诊"服务，联合成立"城乡有机固体废弃物绿色循环利用研究院"，开展黑水虻生物转化有机固体废弃物科研联合攻关，成功培植并独家拥有新昆虫种苗。华南 A 谷还助力安芮洁与院校共建试验示范基地，建立长期产学研合作关系，开发黑水虻多元化高值产品，实现黑水虻生物转化技术的产业化。此外，华南 A 谷为其量身打造企业创新和融资方案，助力安芮洁在第十一届中国创新创业大赛（广东·广州赛区）总决赛中斩获节能环保成长组第二名，成为大赛唯一获奖的农业科技企业。

目前，企业的黑水虻生物转化技术多次被评定为全国畜禽粪污资源化利用主推技术和全省餐厨垃圾处理推荐技术，企业被认定为国家高新技术企业、专精特新中小企业，在行业处于全国领先地位。

2. 定制金融服务　助力科技企业成长跑出"加速度"

华南 A 谷设立自有种子基金和产业孵化基金，链接科技金融服务资源 50 余项，联合基金管理机构共同设立"华南 A 谷创新创业投资产业引导基金"，以"金融＋科技"的捆绑投资方式，保障优质项目落地；另外，还建设了科技金融工作站，组织开展"菜单式"融资培训服务，与中国银行广州分行创新推出广东省内首个农业孵化载体专属金融服务方案"中银农科贷"，为农业科技企业提供人才贷、评级贷、研发贷、惠农贷等，同时只要与省农科院签订成果转化合同的企业，即可按照合同金额最高 70％授信额度，有效化解农业科技企业融资难题。

广东益昌农业服务有限公司是一家专注花生种植、加工及农业生产托管的初创企业，通过"中银农科贷"以科技成果转化合同获得授信，成功受让省农科院作物所"粤油 43"花生品种权和"金爵"品牌使用权，缓解了企业资金压力，推动企业实现从源头种植、采后加工、终端销售的全链条产业化，开启了重塑"金爵"牌纯正花生油品牌的新征程。

3. "12345"特色服务　孵化培育更多优质农业科技企业

（1）"1"个联盟

发起组建"1＋8＋10＋N"现代农业产业孵化服务联盟，形成产业支撑合力。

（2）"2"个创新服务

"一企一策"动态化服务：组建"企业辅导员＋创业导师＋全产业链科技专家"服务团队，实行"一企一策"动态化培育辅导。

"科技＋金融"定制化服务：推出全省首个农业专业孵化载体定制化金融服务方案——中银农科贷，解决涉农企业融资"难、慢、贵"问题。

（3）"3"个惠企政策

惠企支农"五策十条"：推出惠企支农"五策十条"，护航企业稳定经营和创新发展。

知识产权协同创新：鼓励科企、院企协同创新，共同促进专利转化运用。

"A 谷之星"企业成长：评选华南 A 谷年度"成长之星""创新之星"和"潜力之星"。

（4）"4"个孵化育成服务体系

"2＋N"企业服务体系：以基础服务和增值服务为基础，搭建线上线下农业科技服务平台，根据企业不同发展阶段的特点和需求，开展定制化的专业服务，降低企业创业风险。

轻资产科技服务体系：通过科技咨询、成果转化、联合申报项目、共建新型研发机构、技术入股或资金投资等方式，建立关键共性技术研发、成果转移转化、产业化推广应用运行机制，强化与企业协同创新，培育创新型产业集群，提高企业科技和产业化水平。

全链条育成服务体系：构建从"众创空间—孵化器—加速器—产业园"全链条科技企业孵化育成体系，为农业创业团队和涉农企业提供从项目辅导到孵化毕业再到加速发展的全流程服务。

"以大带小"孵化服务体系：着力引进不同农业领域的农业龙头企业，形成以大带小互促机制，促进产业集聚和上下游产业链融通。

（5）"5"大科技资源

华南 A 谷拥有 15 个农业领域专业科研机构，3 000 多项农业科技成果，191 个国家级、省级科研创新平台，262 个农业全产业链专家服务团，覆盖全省 17 个主要农业市的分院服务网络资源。

2024 年 6 月 26 日《南方日报》

广东省农科院坚持产业需求导向，强化农业科技创新
推动产业科技互促双强　助力"百千万工程"走深走实

机械臂伸出采摘头轻轻摇摆，鲜红的荔枝稳稳落下，一会儿就装满一筐……日前，在广州增城举行的荔枝高效采摘技术装备展示与交流观摩会上，广东省农业科学院等多个机构展示新型农机装备，吸引来自广州从化、白云、花都等地的

荔枝经营者"围观"。

省农科院科研团队瞄准荔枝采收"无机可用"和"无好机用"的产业卡点问题，自主研发出荔枝高效采摘的农机装备，既能缓解劳动力短缺的问题，又能提升生产效率，将为荔枝产业注入强劲动力。

发展新质生产力，以科技创新驱动生产力向新的质态跃升，在农业科技领域，一个个案例不断涌现。近年来，在广东省科技厅、广东省农业农村厅等行业主管部门大力支持下，省农科院投身乡村全面振兴主阵地，努力建设走在全国前列的高水平农科院，为保障粮食安全、推进农业农村现代化、建设农业强省提供了强有力的科技支撑。

2016年以来，该院"农业科学"和"植物学与动物学"ESI全球前1‰排名持续提升，获得科技成果奖励619项，育成通过审定品种1 472个，科技综合实力显著提升。

持续擦亮种子"芯片"
科技支撑种业振兴

粮安天下，种为粮先。种子是农业的"芯片"，关系国家粮食安全，关乎农业效益和农民收入，关涉农产品全球竞争力，是发展新质生产力的重要抓手。

近年来，省农科院深入贯彻落实种业振兴战略部署，以种源保护、鉴评、品种培育为重点，不断完善种业科技创新链条，助力保障粮食安全和重要农产品稳产保供，为实现种业科技自立自强、种源自主可控贡献力量。

近两年，该院共有20个（项）品种和技术入选农业农村部农业主导品种和主推技术，入选数量持续保持全省领先地位。选育的农业主导品种连续9年占广东省农业主导品种总数的60%左右，研制的农业主推技术连续8年占广东省农业主推技术总数的70%左右。

种质资源是种业原始创新的物质基础。资源保存的多样性，为我省育种创新提供了源头活水。省农科院长期坚持种质资源收集、保存和利用，建有国家种质资源圃（分圃）6个，主要包括野生稻、甘薯、荔枝、香蕉、茶树、桑树等。在广东省农业农村厅的支持下，实施"广东省农作物种质资源库（圃）建设与资源收集保存、鉴评"项目，建成"广东农作物种质资源保护库"，累计保存农作物种质资源6.7万余份，涵盖190多种农作物，占全省的70%以上，荔枝、黄皮、热带亚热带桑保存数量居世界首位。

省农科院坚持聚焦产业发展瓶颈问题，开展种业科技创新，培育出系列新品种，在多个育种领域作出了重大贡献。目前，全国推广面积最大的10个常规稻品种中，有4个籼稻品种由省农科院育成，2个籼稻品种含有育成品种血缘。"黄华占"在南方稻区大面积推广种植，2018—2023年连续成为我国年种植面积最大的籼稻品种；"南晶香占""19香"初步解决高端丝苗米品种"优质不高产""高产不优质""优质不抗病"问题；"象竹香丝苗"解决了丝苗米品种"早造无好米"上市的被动局面，造就了"中国籼稻，广东种芯"的"粤稻现象"。

加强核心技术攻关

赋能农业高质量发展

推进农业现代化，科技是第一生产力，改革是根本动力，要强化科技和改革双轮驱动，强化农民增收举措，打好乡村全面振兴漂亮仗，绘就宜居宜业和美乡村新画卷，以加快农业农村现代化更好推进中国式现代化建设。

省农科院着眼于发展需求，面向世界科技前沿，聚焦重点领域，依靠深厚的科研累积，集中力量进行核心技术攻关，已取得了系列进展。比如，构建国际首张花生单细胞基因表达图谱，解析了花生遗传改良分子机制，首次阐明中国花生的引进传播"路线图"；国际上首次建立香蕉高效无转基因残留编辑体系，并利用基因编辑技术，成功将香蕉的货架期延长4倍。绘制冬瓜和丝瓜第一张全基因组图谱和变异组图谱，建立冬瓜分子辅助育种技术体系，将冬瓜育种时间由5～8年缩短为3～4年。

科技创新既要"顶天"，又要"立地"。省农科院坚持以产业需求为导向，加强共性关键技术集成示范，为助力我省农业产业健康可持续发展注入强劲科技动能。为破解荔枝保鲜难题，省农科院联合中集冷链、小蜂嗡嗡等企业，针对不同的市场应用场景，研发集成推广荔枝保鲜实用成套技术，从田头到餐桌全链条提供保鲜技术与装备，在茂名高州主产区镇和村实现了全覆盖，形成可复制可推广的荔枝保鲜模式，并辐射推广到粤东、粤西、珠三角等荔枝主产区，以科技赋能产业兴、农民富。针对肉鸡产业常见且危害严重的鸡球虫病，研发出新型高效、绿色安全的鸡球虫病四价活疫苗及其防控技术，减少肉鸡抗生素使用量20％～50％，推广应用的各大养殖场鸡球虫病发生率控制在仅1％以下，节省用药成本30％，为广东肉鸡产业发展筑牢安全屏障。

打造"院地企"推广体系

助力"百千万工程"实施

城乡区域发展不平衡，是广东高质量发展的最突出短板，也是最大潜力板。广东吹响破解城乡区域发展不平衡问题的"冲锋号"——深入实施"百县千镇万村高质量发展工程"（以下简称"百千万工程"），并将其作为头号工程全面推进。

全省实施"百千万工程"以来，省农科院建立了"一所牵头、多所参与"工作机制，按照全产业链的科技支撑思维，组建专家团队开展精准对接服务，实施"一县一清单"的目标任务，加力提速，推动"百千万工程"走深走实。

目前，全省共有49个县（市）与省农科院签订了"百千万工程"科技支撑框架协议，开展480人次的科技人员调研、农业科技服务，由省农科院科技支撑的翁源、高州、鹤山、博罗、三水、南雄、梅县、清新、东源等15个县（市）在2023年度广东省实施的"百千万工程"考核中获评优秀。

"目前，我们兰花种植面积3.5万亩，品种达1000余种，年产值超30亿元，国兰供应量占全国供应量的 60%，是全国最大的国兰生产基地，也是全国唯一的国家级兰花类现代农业产业园。"粤台农业合作试验区翁源核心区管委会负责人说。省农科院兰花团队坚守 20 余年，与翁源县政府共建省农科院专家翁源工作站和广东（翁源）兰花研究院，开展全产业链精准技术服务，科技支撑翁源兰花产业实现由无到有、由小到大、由大到强的跨越式发展。

推进"院地企"合作，省农科院已与地方政府合作共建了 17 个地方分院（现代农业促进中心），组建 269 个全产业链专家服务团队，服务全省九成以上的现代农业产业园建设，赋能产业科技互促双强。

农业大县汕尾海丰近年来发展势头迅猛，海丰油占米、莲花山茶成为家喻户晓的知名品牌，离不开省农科院的科技支撑。近年来，省农科院与海丰共建全国农业科技现代化先行县，重点支撑省级现代农业产业园建设、种子"芯片"工程等工作，已建成油占米、蔬菜、茶叶 3 个省级现代农业产业园和 1 个丝苗米跨县集群现代农业产业园，拥有 12 个全国名特优新农产品、22 个广东省名特优新农产品、18 个"粤字号"农业知名品牌，培育形成一批优势特色产业，全面激发乡村振兴新动能。

推进创新要素集聚

夯实高水平科技基础

2024 年广东高质量发展大会提出，抓实科技和产业融合发展的体制机制创新，切实打通制约产业科技创新的卡点堵点。在农业科技领域，省农科院加速集聚创新要素，发展动能持续释放。

着力推进创新平台建设。省农科院牵头并联合华南农业大学、四川农业大学、温氏食品集团、德康农牧集团重组建设猪禽种业全国重点实验室。该实验室是我国农业畜禽育种领域 3 家全国重点实验室之一，重点开展基因资源挖掘与品种鉴定、育种新技术创建、种质创新与新品种培育、畜禽良种产业化技术研发等工作，聚力提升畜禽种业原始科技创新水平，为我国畜牧业提供育种技术支撑和种源保障。

深入开展产学研协同创新。2016 年以来，省农科院与 3 342 家企业开展科技合作，签订科技成果转化合同 2 047 项，合同金额达 7.53 亿元。2023 年，通过水稻品种使用权转让的方式与多家企业签订成果转让协议，转让"金香""象竹香丝苗""粤芽丝苗"等水稻品种使用权 15 项，转让金额超 1 500 万元。

金融支持科技创新形成良性循环。由省农科院全资组建的广东金颖农业科技孵化有限公司，探索创新了一系列科技金融服务举措，先后推出了"A 谷五策十条""中银农科贷'华南 A 谷'孵化场景服务方案"等金融服务方案，化解农业企业贷款难题，累计引进培育 300 多家农业科技企业入驻，现已成为大湾区规模最大的国家级农业科技企业孵化器。

拥抱新的"科学的春天"时不我待。省农科院负责人表示，该院将继续秉承科技创新、服务"三农"宗旨，发展农业新质生产力，从产业中来、到产业中去，构建从基础研究、技术攻关、品种/产品创制到推广应用、转化落地、服务企业的全产业链科技创新生态体系，巩固院地企合作模式，将科技创新成果转化为现实生产力，推进农业"科技之花"结出更多产业"好果"，科技支撑"百千万工程"加力提速。

（撰文 邵一弘 邹文平）

2024 年 7 月 25 日广州市天河区人民政府

天河区成立现代农业知识产权联盟！

近日，广州市天河区市场监督管理局（知识产权局）召开了广州市天河区首届现代农业产业知识产权联盟代表大会。广州市、天河区市场监管局相关负责人及广东金颖农业科技孵化有限公司、广州三环专利商标代理有限公司等天河区现代农业企业、知识产权服务机构、金融机构代表 80 余人参加了本次会议。

1. 广州市首个"涉农"产业知识产权联盟成立

广州市市场监管局知识产权促进处处长林海军在致辞中表示，天河区现代农业知识产权联盟是广州市首个"涉农"产业知识产权联盟，对于推动乡村振兴战略和"百千万工程"有深远意义，联盟成立将为天河区现代农业产业带来新的发展机遇和动力，推动农业产业向更高层次、更高质量发展。

天河区市场监督管理局（知识产权局）局长肖泽顺表示，近年来，天河区充分运用农业资源集聚优势，推动科技创新和产业创新"双轮驱动"结硕果。现代农业知识产权联盟的成立，旨在发挥区域优势，鼓励高校院所、企业、园区、服务机构以及金融机构等共同参与，整合产业链知识产权资源，凝聚产业链创新力量，为培育新质生产力、推动高质量发展作出更大贡献。

活动现场，林海军和肖泽顺共同为广州市天河区现代农业知识产权联盟成立揭牌，该联盟在广州市市场监管局指导下，由天河区市场监管局牵头，天河区涉农企业、园区、服务机构、金融机构共同参与，构建开放、共享的知识产权服务组织。联盟将服务天河区内现代农业产业园区和创新主体，建立专利池，推动建立"产、学、研、金、介、用"深度融合的产业核心知识产权研发、运营体系，促进知识产权合作创新、交叉许可、高效运用和协同保护，加快知识产权与产业发展深度融合。

2. 金颖农科孵化器（华南 A 谷）获授现代农业知识产权服务工作站

活动中，肖泽顺为金颖农科孵化器（华南 A 谷）授予"现代农业知识产权服务工作站"牌匾，并为 11 家入选首届现代农业知识产权联盟成员单位颁发"广州市天河区现代农业知识产权联盟"证书。

仪式结束后，天河区市场监管局（知识产权局）二级高级主办柯杰兵主持召开联盟成员首次座谈会，探讨涉农企业知识产权转化运用，助推农业科技成果的转化推广。同时，来自广州三环、金颖农科孵化器（华南 A 谷）等的 4 位嘉宾进行了知识产权成果转化探索、知识产权质押融资实务、园区技术成果展示等主题分享和推介。

天河区现代农业知识产权联盟的建立，将通过联盟化方式整合产业链知识产权资源，凝聚产业链创新力量，促进产业链上下游企业之间的紧密合作，降低企业创新风险，提高产业竞争力，促进知识产权的有效利用和价值的最大化，将成为推动现代农业创新发展、培育新质生产力的主阵地。

2024 年 8 月 27 日《南方都市报》

鸡有鸡味、菜有菜味！"广州味"成广博会顶流，背后别有洞天

"鸡有鸡味，菜有菜味"，这是老广对优质食材的寻味法则，也称得上最高评价。

为期 4 天的第 32 届广州博览会于 8 月 26 日正式收官，如往年一般，特色农产品专区异常"引流"，让博览会巧变"吃货节"。广州也精心设置了品牌农产品展区，组织了 69 家本土农业企业端出"看家产品"，尽地主之谊，让观众一站式体验广州味道。

跟着一群老广寻味其中，南都记者明显发现，广州作为"中华美食之都""国际美食之都"，又在加快建设都市现代农业强市，不仅会吃，还会种、会养。展区里，市民餐桌上的"稀客"变得供不应求，它们的"稀"或在品种培育难，或在种养技术高，或在生产产量低，又都通过广州博览会，让大众感受都市现代农业的"广州魅力"。

1. 绿叶菜、白切鸡遭"哄抢"

老广有多钟爱绿叶菜？在增城区的展位，摆一台电煮锅，抓一把新鲜蔬菜扔锅里，只需清水白灼，便有扎堆的观众拿着小纸杯将其"瓜分"，哪怕只淋上少许酱汁，他们也吃得津津有味。

这样的钟爱同样出现在了白切鸡上。在南沙区的展位，新鲜出炉的白切鸡被斩成小块，观众拿着竹签挑起一块鸡肉，蘸些姜蒜调料便大快朵颐。

在老广的餐桌上，绿叶菜和白切鸡再常见不过，为何在广州博览会上还如此抢手？细看之后，南都记者发现，这些绿叶菜是来自广州绿垠农业科技发展有限公司（以下简称"绿垠农业"）的水耕蔬菜，主打无公害产品；白切鸡实则是南沙"十大名特优农产品"葵花鸡。这些都属于日常餐桌上少见的品类。

南沙葵花鸡饲养于百万葵园，自出生起就主要以新鲜葵花盘、叶为食，每日两餐，饮用的是葵花榨成的汁，养足 5 个月上市。"葵花鸡"主理人黄子君介绍，如此特殊的饲养方法，使得葵花鸡不仅富含维生素 E 和不饱和脂肪，而且经烹

任后肉质滑嫩、鸡皮金黄爽脆、鸡味浓郁，带有淡淡的葵花香。

绿垠农业带来的水耕蔬菜，除了常见的小白菜、上海青、皇帝菜等，还有人参叶、忧遁草、石斛苗菜、益肝菜、养心菜等营养丰富的功能性菜品，部分菜品还可生吃。华南农业大学资源环境学院教授、无土栽培技术研究室主任刘士哲于 2013 年创办了绿垠农业，利用物联网、水耕栽培等技术手段，在增城区小楼镇约场村打造了无土栽培工厂化蔬菜生产基地。整个基地占地 520 亩，目前已建成规模化水培蔬菜种植设施约 250 亩。

"只要能在土里长的，都能在这里水培。"刘士哲介绍称，基地均采用"离地高设管道水耕技术"进行水耕无公害蔬菜生产，水源来自基地井下的地下泉水，种植过程中通过人工调控精准施肥，营养液也经过科学调配，与土壤里的有效养分无本质区别，能避免农药、化肥污染及重金属残留。如此一来，水耕蔬菜基本不用靠天吃饭，可以一个月产一茬，速度比传统土壤种植快一倍左右。

日积月累的发展中，它们获得了更高的品质认证。2023 年 8 月，南沙葵花鸡被列入"2023 年第二批全国名特优新农产品"名录。今年 3 月以来，绿垠农业基地内的水耕樱桃番茄、红生菜、芹菜、韭菜、茼蒿、忧遁草、石斛苗菜、益肝菜、土人参叶 9 个品类，也先后获得"湾区认证"证书。

2. 学习"名品牌"，做强"大市场"

2020 年，为将南沙葵花鸡的优良品质做大做强，广州葵园生态农业技术有限责任公司收购了葵花鸡品牌，打造了位于南沙区新港大道 168 号的葵花鸡养殖基地，并以更大的研发投入力度推动其风味更上一层楼。

这些年，南沙葵花鸡在全国 150 多家五星级酒店及米其林、黑珍珠餐厅有所供应，葵花鸡在酒店的售价每只超过千元人民币，被食客称作"鸡中茅台"。也因此，它并不为大众熟知。

同样，特意从增城赶到广交会场馆逛展的石女士，对绿垠农业推出的水耕蔬菜也感到新奇，"平时在菜市场里没见过水培蔬菜，特别是忧遁草、石斛苗菜、益肝菜等功能性蔬菜，日常更是少见"。对此，刘士哲告诉南都记者，这些菜品主要在广州、深圳、香港等地的高端连锁商超、部分社区商店、酒店、食堂等地出售或烹饪，即便价格较贵，也往往供不应求。

展会现场，黄子君架起了手机和灯架，开启了南沙葵花鸡的直播带货。光是展会首日，她就进行了 4 场直播。"（直播间）反响挺好的，也会有很多人下单，包括现场有很多人看到我们在直播，也会来下单，"黄子君说。今年 8 月起，她就开始在短视频平台上直播，拓展消费渠道，向普通消费者推广南沙葵花鸡。

留意到葵花鸡热闹的直播现场，一旁的勤家园果蔬种植农民专业合作社（以下简称"勤家园"）理事长孔杰荣忍不住前来取经，交流品牌营销经验。

勤家园主营的是南沙又一特产"佳丽蕉"。据介绍，佳丽蕉源自泰国美人蕉，由广东省农业科学院果树研究所香蕉资源研究室作为种质资源引进并诱变培育，在勤家园已种植了 12 年。成熟的佳丽蕉约有一指长、一指半粗，果肉结实香甜，皮薄馅靓，甜度高。

"刚抽蕾结果时，农户们都认为它没有价值，但我们发现它品质很好，不断对种苗选优培育，才达到现在的商品价值。"孔杰荣说，国际香蕉多样性组织首席科学家尼古拉斯曾于 2016 年考察时对佳丽蕉赞不绝口，佳丽蕉也先后入选了 2020 年"粤字号"农业品牌目录、2022 年中国农业品牌目录。

展会第一天，勤家园的佳丽蕉得到了许多市民、采购商的青睐，200 斤存货悉数卖光，来自深圳、江门等地的采购商还留下了联系方式。孔杰荣考虑到，勤家园过往的销售方式主要是社区团购、批发和网络零售，接下来也可学习葵花鸡打响品牌、拓宽销路。"他们（葵花鸡）给我们推荐了团队，我们也希望打造一个广州本地的优质品牌，成为一个立足大湾区、面向全国的优质农产品。"孔杰荣说。

有了"湾区认证"，绿垠农业的高品质蔬菜在粤港两地流通更为便捷。每袋蔬菜的包装上均贴有粤港澳大湾区"菜篮子"认证二维码，扫码可登录广东省农产品质量安全智慧监管平台，查询产品详情及官方检测结果，部分菜品包装还贴有中国质量认证中心二维码，扫码可查询产品认证结果。"这些蔬菜基本实现了全链条可追溯。"刘士哲说。

由于在展会上表现活跃，勤家园也被推荐参加澳门等地方展览。孔杰荣很是憧憬，"希望通过到澳门参加展览，我们也有机会打开港澳市场"。

3. 科技与市场在孵化器里"双向奔赴"

粮食、蔬菜、畜禽、水产、花卉……展区里的广州品牌农产品品类繁多，看似不足为奇，实则"别有洞天"，不乏首次亮相的新技术、新成果。

天河区的展位里，水瓶里、花盆中长得灵艳动人的"红蔓"舞花姜，就是在本届广州博览会中首次展出。据悉，这是广东省农业科学院环境园艺研究所自主选育的花卉新优品种，也是国内首个评定的舞花姜新品种。

"它花型奇特，花序有色彩瑰丽的苞片，像舞者的彩衣，又名'跳舞花'，极具经济和观赏价值。"广东金颖农业科技孵化有限公司运营总监钟璐珊向南都记者介绍，"红蔓"舞花姜的成功培育，丰富了广东夏季花卉的多样性，在高档花艺设计和公园造景方面前景可观，目前也收获了良好的市场反馈。也许在不久后，在广东夏季的公园里，市民也能观赏到一丛丛随风摇曳的"红蔓"舞花姜。

这是金颖农科成功孵化的农业科技成果，而金颖农科又是广东省农业科学院创立的科技成果转化暨企业培育孵化服务平台，"我们依托省农科院的科技优势，整合企业创新创业所需的各类要素，助力孵化农业科技企业。"钟璐珊说。

众所周知，科技成果转化周期漫长，农业领域也不例外。为此，金颖农科构建了轻资产科技服务体系，让企业能够更便捷地与省农科院专家资源开展技术对接，助力企业技术创新、产品研发以及成果转化。同时，省农科院的最新科研成果也可通过孵化器向企业、市场进行推广和转化。这是一种互利双赢的发展模式。

在金颖农科的展位上，无穷"憂胖"系列产品被展示在了显眼位置。为研发多样化新产品，无穷食品有限公司在金颖孵化器内成立了无穷健康食品研究院，并在其助力下成功研发"憂胖"系列产品。

以低脂鸡胸肉为例，市场常见的同类产品主要以45天白羽肉鸡为原材料，往往口感干柴、不入味。"憂胖"低脂鸡胸肉则选用现代化养殖365天的优质老鸡肉，经过低温冻泡、人工去皮、先蒸后烘再烤等17道制作工序，既能满足低脂高蛋白的营养标准，又让鸡肉汁水丰盈有劲道，符合"鸡有鸡味"的广州味道。

如今，金颖农科已被评为国家级科技企业孵化器，吸引了超过360家农业科技企业入驻，涵盖种业、生产、加工、流通、品牌建设等农业全产业链，年产值超百亿元。这些科技力量，正在为广州发展农业新质生产力，注入源源不断的新动能。

2024年9月15日《羊城晚报》

从"实验室"到"生产线"，环五山的科技成果转化有何"秘诀"

汇聚粤港澳大湾区50%的双一流高校，拥有11家科研机构、16所职业院校、10家国家重点实验室、117家省级重点实验室，集聚9家国家工程技术研究中心、126家省级以上重点实验室、4家粤港澳联合实验室……环五山创新策源区（简称"环五山"）可谓是广东"智力密集度"最高的地区之一。

近期，广州市住房和城乡建设局组织编制的《环五山创新策源区"1+N"更新发展方案》正式印发实施，为环五山创新策源区明确"华南智芯·科创旗舰"和"天河科技创新动力之源"的发展定位。连日来，羊城晚报全媒体记者对环五山多家科技园区、高新技术企业进行实地走访，探寻企业利用"高技术"实现"高创收"的"秘诀"。

1. 构建全方位创新创业服务体系

科技成果转化是落实"科学技术是第一生产力"的关键，也是创新驱动发展的重要环节。20世纪80年代，一些科研人员率先走出实验室，在市场上推销自己的科研成果，提出建立科技成果有偿转让制度。位于广州环五山片区的高校，更是走出了一批"星期六工程师"，成为当时成果转化最早的探路者。历经40余年的发展变迁，如今的环五山创新策源区汇聚了一批高校、科研院所及科创企业，"产学研"的火种自此不断传播蔓延、星火燎原。

2020年，依托五山—石牌高教区，天河区高标准、高水平打造的广州（国际)科技成果转化天河基地正式投入运营。这是一个集科技成果服务、展示、发布、交易、转化五大功能于一体的创新平台，也是广东省首个科技成果转化基地。

"基地由华南理工大学、暨南大学、华南师范大学、华南农业大学、中国科学院广州能源所和广东省农业科学院6家单位发起，为企业提供'找技术、找资金、找市场、找人才、找场地'的'5个找'全方位创新创业服务体系，具备科技金融集聚区、人力资源服务产业园先导区、科技企业孵化加速器及科技成果转化公共服务区4大功能区。"广州(国际)科技成果转化天河基地运营总监阮华介绍，目前基地已成功引进18个优质科技成果转化项目入驻孵化，通过培育，各入驻项目发展迅猛，已累计孵化6家广东省专精特新中小企业。

广州普锐生物科技有限公司是基地首批入驻孵化的项目之一，作为一家以科技研发为基础的高新技术企业，普锐生物主要为市场提供免疫医学与检测服务、基于流式细胞术单细胞功能分析的体外诊断试剂盒开发、生产及销售、为临床医生提供转化医学研究服务。目前，该企业与中山大学附属第一医院、中山大学附属第三医院、暨南大学附属第一医院、广州复大肿瘤医院、华中科技大学同济医学院附属协和医院、珠海市人民医院、上海市第十人民医院等多家三甲医院、科研院所、高等院校均开展临床科研合作。

"天河基地毗邻五山—石牌科教区核心地带，拥有丰富的科教资源。'企教'合作的模式有力地促进产研合作，提高科研成果的转化效率和企业的经济效益。"普锐生物董事长尹福生表示，天河基地提供全链条的创新服务体系，推动政策、人才、资金等要素向企业集聚，有助于企业将技术优势转化为市场优势。

2. 构建供体、载体、受体三体联动机制

科技创新是促进生产力发展的关键变量，也是发展新质生产力的核心要素。无论是"从0到1"的创新突破，还是"从1到N"的推广转化，都离不开产学研融合这一过程。一头连着高校科研机构，一头连着企业市场需求，产学研融合是科技与产业互融互通，实现科技成果转化的桥梁。

依托省农科院的优势农业科技资源，广东金颖农业科技孵化有限公司建成粤港澳大湾区规模最大的农业领域国家级科技企业孵化器(金颖农科孵化器)和省内首家农业科技企业加速器(金颖农科加速器)。构建了集"科技企业孵化、关键技术研发、科技人才创业、成果技术转化"四大功能于一体的现代农业创新创业孵化平台，形成了"要素融合、协同创新、全链孵化、辐射带动"的企业孵化服务模式。

长期以来，掣肘科技成果转化为现实生产力的重要因素来源于供需信息不对称。金颖农科总经理许立超认为，解决问题的关键钥匙在于平台"硬件"支撑和服务"软件"加持。

"以企业需求为中心主体，以市场化机制整合多方资源，建设运营孵化器，

我们有'两块牌子''一套人马'。省农科院科技人员坚持将原始的科研创新要素资源整合在成果转化服务平台上，这是供给端的一块牌子；另一块牌子是科技企业孵化器，对象是服务企业，企业的需求代表着产业的需求，这是需求端的牌子。金颖农科则是作为一个载体和平台，我们构建的是一个供体、载体、受体三体联动的机制。"许立超说。

此外，企业不可能"一人包打天下"，必须依靠"众英雄好汉齐聚绿林"，实现各企业之间优势互补、协同创新。许立超介绍，针对初创期、成长期或已达成熟期的企业，金颖农科为企业提供上下游全链条资源的融合互补，目前已累计引进超 360 家农业科技企业入驻孵化，涵盖种业、生产、加工、流通、品牌建设等农业全产业链，企业年产值超 100 亿元，形成了"雨林式"农业创新生态和产业集聚效应。

（记者　符　畅　实习生　蒋可怡）

第二节　企业篇

2023 年 8 月 17 日科技与金融杂志

封面故事｜梦之禽张柏铭：大火烧掉鸭棚但烧不掉梦想

"创业是一场修行，不会没有困难。"2023 年 2 月，一场大火烧了张柏铭 4 个山头的养殖场后，他曾在社交平台上写道，"大火烧了我的鸭棚，却阻碍不了我养'鸭'的心，因为我是有梦想的人。"这是张柏铭从中山大学毕业的第十二年，也是他返乡创业的第十一年。

1. "输了，就重新再来！"

2012 年，父母得知名校毕业的张柏铭打算回农村养山鸡的消息后，曾扬言跟他断绝关系。"做农民没钱没出息，读了这么多书却回来务农，这是浪费了大好前途，给祖宗丢脸。再说，创业需要大笔钱财，你哪来的资金？"在父母眼里，儿子的想法无异于痴人说梦。

不仅父母难以理解，村里的乡亲好友也都觉得张柏铭的选择匪夷所思。"当时大家都觉得我是傻子，其实我脑子已经有了很清晰的规划，目标很明确。"张柏铭回忆道，他的返乡梦源于《致富经》上福建蓝氏兄弟的山鸡养殖致富故事。

开始只觉得很有趣，随着自己阅读了大量养殖方面的书籍，以及对山鸡养殖方法、市场前景的深入调研后，便坚定了返乡创业的决心。就这样，张柏铭用积蓄购买了山鸡苗，与妻子回到家乡，开启了漫长的农业创业之路。

虽然一路上磕磕碰碰，但在夫妻俩的不懈努力下，山鸡养殖生意越来越红火。累积了一定资金和养殖经验的张柏铭一鼓作气，于 2015 年成立了广东梦之禽农业科技股份有限公司。2016年，他又通过当地政府招商，签订了土地租赁合同，计划扩建养殖场。然而，正当他踌躇满志准备大干一场时，意外发生了……

"在租赁土地开工的第一天，突然来了几十个村民，说我抢他们土地，上来就对我拳打脚踢。"即使张柏铭一再解释他已经跟政府签订了合同，但村民仍旧不断阻挠养殖场的生产。

这也让张柏铭明白，武力并非最好的解决方法，关键在于要让村民知道他不是强抢土地的"坏人"。为此，他动之以情，晓之以理，承诺给每户村民免费发放500只鸡苗，并教授他们养殖方法，山鸡养大后还可以进行保价回收。

张柏铭这一举措不仅平息了村民的怒火，也让村民学到了养殖技术，拓宽了收入来源。以至于后来张柏铭提出向村民流转其他土地时，几乎没有遇到任何阻力。"村民相信我可以带着他们致富。"

然而，祸不单行，好不容易解决了土地纠纷，还没筹措到足够资金启动新养殖基地，原来的鸡场就因为政策变动，被迫关停。曾经风光一时的山鸡养殖场，一时之间成了"废墟"。张柏铭感到非常落魄，但不服输的他并没有就此被击垮。

"输了，就重新再来！"他东奔西走想尽各种办法解决眼前困境，有时候困了就直接在自己车上凑合着休息，就这样"流浪"了3个月。

2018年，张柏铭从自己信用卡预支了12 000元，大半用来买奶粉给刚出生的孩子，再扣掉必要生活支出，剩下的5 000元用于新养殖场的启动资金。为了省钱，他事事亲力亲为，把7个山头共2 500亩的山地修葺成可以养殖的土地。与此同时，他还登门拜访周边农庄、酒店，不断开拓市场、拓展销售渠道。

2019年，张柏铭的养殖事业再一次风生水起，除了养殖山鸡、鸭子外，他还在山底修建了鱼塘，并开垦了其中4个山头共1 200亩土地种植香蕉、荔枝、龙眼、芒果等果树，形成了种养结合的生态循环体系。那时候，张柏铭的梦想是将农庄盖到山里头，将养殖场打造成融农家乐、民宿、科普于一体的综合基地，让更多的城里人体会到他所享有的乐趣。

2. "大火烧掉鸭棚但烧不掉梦想"

"2022年养殖基地的销售额达到了7 800万元，今年还签订了一个1.7亿元的大订单。"眼看白手起家的事业终于步入正轨，可命运再一次跟他开起了玩笑。

2023年2月底，一场突如其来的大火，烧毁了张柏铭大半个基地，不仅果树成了焦炭，不少鸭子、鱼等也死于这场意外。屋漏偏逢连夜雨，银行也因这起火情，抽回了他早前申请的数百万贷款，这对张柏铭来说可谓雪上加霜。"这350万元贷款本来是3年还清，现在用了还不到一年就要抽回，这简直是晴天霹雳。"张柏铭说，这场大火起因是隔壁山头有人用火不当导致的，火势顺势蔓延到他的基地，属于人为因素，所以保险没有任何赔付。

"大火已经让我亏了好几百万，银行还在这时候以经营异常为由，要求我在 3 月底之前把贷款全部还回去。"对于银行的突然抽贷，张柏铭既生气又无奈。为了偿还贷款，他把鸡、鸭、鱼等全部"家当"能卖的都卖掉，能抵押的也全部拿去抵押。"那段时间，我一个月都没怎么睡，人也瘦了 10 斤。"

在他看来，风险大是农业的特点，但降低风险却离不开金融的支持。"农业贷款如果能灵活一点，对我们创业者来说效果会更好。"他回忆，近年他向银行申请贷款，虽然公司已做到数千万元的销售额，征信也不存在问题，但银行依然规定，必须要用房产等固定资产作为抵押物，且最多只能提供 300 多万元贷款。

"土地的租金一年就 35 万元，加上各项养殖费用，几百万对我来说只是杯水车薪。而面对山火造成的意外损失，银行也没有从企业的发展前景等多方面考察，就迅速以经营风险为由进行抽贷，这对我们公司的现金流造成了很大影响。"

张柏铭建议，农业金融作为一种普惠金融，要跟房地产、制造业等行业金融有所区别，要从农业特点出发，适当降低门槛，增加贷款灵活性，才能真正惠及需要资金周转的新农人。

"创业是一场修行，不会没有困难，大火烧了我的鸭棚，也阻碍不了我养'鸭'的心，因为我是有梦想的人。"深爱着农业的张柏铭收拾完大火遗留下来的"残局"后，曾在社交平台上如此写道。

3. 重新出发，用科技赋能农业

这一次，张柏铭决定拓展一个新赛道。一方面，他着手恢复养殖场的生产，暂停了公司农旅结合的发展规划；另一方面，他将公司总部搬到了广州，并在东莞建立研发中心，全面布局农业科技。

"因为我以前是学 IT 的，希望能把学到的知识运用到基地养殖上，用科技赋能农业发展。"他坦承，这次大火既让他看到了政府扶持对农业发展的重要性，也让他开始认真思考，如何才能提高公司的抗风险能力。"我不可能放弃农业梦，只是换一个地方，拓展一个赛道，希望能把这个梦做得更长一点！"说着，张柏铭带记者参观了他这十余年来研发的各种智能产品。

"这是由山鸡标本制成的机器鸡，不仅可以走路，还可以与人对话。这是自动抓鸡器、这是太阳能鸡粪无害化处理装置……那边是风力发电机、烘干房……"出于兴趣和养殖需求，十年间，张柏铭发明了不少自动化、智能化产品，但大多是在自家养殖场小规模试用。

"在很多人看来，养鸭养鸡没有什么科技含量，更有网友质疑我建设研发中心的目的。"他强调，农业是世界上最容易做的，也是最难做的。农业发展需要科技力量。比如养鸭子，要知道它们的适宜温度，生病了要懂得给它们配药，它们每天吃的饲料也有不同的配料比。

"同样规模化养殖 40 天的鸭子，为什么有的人养出来的鸭子每只有 8 斤，有的却只有 7 斤。虽然只有 1 斤差别，如果市场价格是 8 元每斤，那么 10 万只鸭子,就是 80 万元的差价了。所以饲料非常重要,我们有上万个饲料配方,工程师要每个月去计算它的料比、配方、营养成分,要根据动物的不同养殖时期、生理情况来配比。又如夏天天气热,鸭子一般不怎么吃饲料,那怎么变重?总不能让它们只靠喝水或者用手塞给它们吃吧,那就要通过科学方法,这实际上也是一种管理和技术。"

养殖场内,到处可见张柏铭的各种奇思妙想,其中的疫苗注射机器鸡引起了记者注意。他介绍,家禽、牲畜的疫苗注射对他们养殖户来说是刚需,不然很难把它们养大。但目前疫苗注射的人工成本很高,以鸭子为例,每只要打 4 次疫苗,每次的人工成本是 0.1 元,那么每只鸭子仅疫苗注射的人工成本就 0.4 元,10 万只鸭子的人工注射费就高达 4 万元,这还不包含疫苗、人工费用。

"目前,东莞研发中心和广州总公司装修已经完成,许多产品还在完善中,估计 8 月左右投产,希望投入使用后能降低人工成本、提高效率。"重新出发的张柏铭不久前在抖音上写道:"初心不变,一直奋斗在第一线!"创业 11 年来,几经风雨。在低谷时,他没有选择逃避,而是乘风破浪、蓄势待发。"不忘初心,方得始终",或许这也是不少"新农人"的真实写照。

2024 年 1 月 16 日科技与金融杂志

封面故事 | 金颖农科许立超:农业科技企业的金融支持需从普惠金融中单列出来

2023 年中央一号文件指出,推动农业关键核心技术攻关,要坚持产业需求导向,构建梯次分明、分工协作、适度竞争的农业科技创新体系,加快前沿技术突破。

在多年的现代农业科技创新孵化实践中,广东金颖农业科技孵化有限公司总经理许立超总结了农业科技企业孵化器区别于其他孵化器的几个特点:一是企业孵化周期更长,二是投资成本较高,三是投资回报率较低,四是资源约束较多。

用他的话说,涉农企业成长过程中面临的风险及制约较多,如何为其创新能力、生存能力、管理能力、融资能力赋能已成为乡村振兴战略给农业科技企业孵化载体出的一道考题。

"这几年,农业科技创新正在加速改变农业、农村和农民的面貌。在农业科技成果入乡转化的过程中,科技成果的供体、载体和受体三部分缺一不可,孵化器的工作就是将这三者整合到一起。"

1. 院所主导,市场运作

"农业的天然弱质性决定了农业科技创新及产业的高质量发展很难在短期内获得显著成效。"在掌舵金颖农科之前,许立超已在农业企业及科研育种单位工作数十年,深知农业科技发展的掣肘。长期以来,我国农业科技一直存在着条块分割、资源分散、低水平重复等问题，尤其是科技与产业之间缺乏有效的连接机制，导致许多科研成果束之高阁，没有得到有效转化，而农业科技创新的长周期也使得其更易与市场需求发生错位。

"农业科技成果转化过程包含市场调研、选题立项、研究与试验、成果鉴定、推广应用等环节，这一般需要6～10年，这期间，许多科技成果研发后，还没进入推广应用阶段，就与市场需求脱节了。"打破科技成果供给端和需求端的信息差，打通农业科技成果转化"最后一公里"成了广东省农业科学院创立金颖农科的初衷。

许立超回忆道，当时国内专注于农业科技企业的孵化器还比较少，金颖农科孵化器更是走在了农业科研院所创立孵化器的前列。成立之初的金颖农科曾走过一段艰难的创业路，金颖农科首任总经理周星星曾对外描述过当时的情形："计划和省农科院共建金颖农科的两家单位认为农业孵化器不赚钱，临时选择了退出""整个团队只有4个人，手上没有客户资源""群发邮件请全院科研人员帮忙介绍企业""收集大量涉农企业的联系方式，逐个打电话表达合作意愿"……

"金颖农科设立的初衷和农业科技孵化的特点决定了公司经营的目标不是为了赚钱。"许立超表示，金颖农科的定位是促进农业科技成果转化和企业孵化，打造国内领先的现代农业专业孵化载体，虽然前期面临企业入驻率低的问题，但为了保证农业企业项目的优质性，金颖农科仍制定了严格的项目遴选标准，通过涉农企业主营业务赛道、企业核心竞争力、管理团队经营管理能力等多个维度遴选适合的入驻企业和项目，"主营业务所处赛道要符合国家对农业可持续发展的要求，企业的定位、发展目标、研发创新能力以及团队的运营管理能力也是重要的参考指标。"目前，金颖农科孵化器已累计吸引农业科技企业超340家，涵盖种业、生产、加工、流通、品牌建设等农业全产业链，企业年产值超过100亿元。

2. 院企合作，资源共享

如果说金颖农科前期招商主要得益于省农科院的品牌背书，那等到企业真正入驻后，科研、技术、服务优势才真正显示出来。

"企业入驻后，通过孵化器可以直接对接省农科院科研人才及技术成果资源，真正实现了'企业出题，专家答题'的院企合作。"许立超称，依托省农科院的优势，金颖农科的在孵企业可以共享农科院的专家人才、科研平台等科技资源。对于农科院而言，其科研项目、人才、成果、技术等各种要素也可以真正落到企业；对于初创企业而言，这种模式可以在较低成本下解决其在发展中遇到的技术、产业瓶颈，实现效益提升。"近年来，金颖农科共向入驻企业开放共享了省农科院2 000多项科技成果、1 000多名科技专家，相当于一手牵着企业的需求，一手牵着专家团队、成果和技术，我们就是科技成果供给和产业技术需求协同创新、融合发展的一个载体和平台。"

除了人才共享，金颖农科还建立了平台共享、服务网络共享等共享机制。依托金颖农科，在孵企业可共享农科院的贵重仪器设备、高规格科研创新平台等资源，其中不乏畜禽育种国家重点实验室、农业农村部南方植物营养与肥料重点实验室、农业农村部华南都市农业重点实验室、农业农村部华南地区蔬菜科学观测实验室、国家农业科技创新与集成示范基地等多个国家级、省级科研平台。

"在孵企业还可以通过省农科院各地方分院，更加快捷地对接当地的政府、产业资源。"目前，省农科院已在广东省内与各地方政府合作共建了17个地方分院、55个专家工作站和一批特色产业研究院，这些网络服务资源也同样对在孵企业共享。在许立超看来，孵化器与在孵企业之间不是简单的"房东"与"租客"的关系，孵化器只有不断了解在孵企业的需求，建立跟踪服务的机制，才能让孵化服务更精准、有效。组建5年来，金颖农科已逐渐探索构建了一套包括基础服务和创新服务在内的"2＋N"孵化服务体系，为企业成长提供全链条、全方位的支持保障。

2022年3月，省农科院正式面向广东省发布"华南A谷"品牌，并联合天河环五山地区的8家高校、科研院所，10家科技企业孵化载体共同启动建设"华南现代农业创新孵化服务联盟"，"这是我们由点到面，从建设专业孵化载体到构建创新生态圈的重要跨越。我们希望能够形成科技支撑现代农业产业发展的合力，以孵化器为支点，全力打造现代农业创新生态链和产业生态圈。"许立超说。

3. 金融赋能，投贷联动

根据专家测算，农业技术创新从基础研究到应用研究、开发研究再到技术成果的商品化和产业化，其投入经费呈现指数级增加，投入比大致为1：10：100。在农业科技成果及技术成熟且有市场需求之后，制约成果在农业科技企业落地转化的最核心问题就是资金投入。

"现代农业产业的发展需要大量社会资本的加入，但现实情况是，农业类科技企业往往很难从金融机构拿到贷款和融资。"以银行贷款为例，按照大多数银行的金融授信和风控管理体系，中小微农业科技企业，尤其是刚设立的农业企业几乎被银行排除在外。

许立超表示，针对农业企业全生命周期的融资需求，金颖农科探索创新了一系列科技金融服务举措，并先后推出了"A谷五策十条""中银农科贷'华南A谷'孵化场景服务方案""中银农科贷'华南A谷'科技成果转化场景服务方案"（简称"中银农科贷"）等金融扶持方案。

以中银农科贷为例，在与中国银行广州分行长达半年的调研、洽谈后，金颖农科与中国银行广州分行于2022年共同推出广东省内首个农业孵化载体定制化专属金融服务方案，并根据应用场景分为"华南A谷"企业孵化场景和科技成果转化场景。根据该方案，中国银行广州分行可为金颖农科入驻企业提供"租金贷""人才贷""评级贷""研发贷""惠农贷""技术入股贷""技术转让贷""技术服务贷"八大产品。

"银行之前的风险评估体系主要是解决'能不能贷'的问题，且大多数农业企业都会被排除在外，现在有了'中银农科贷'，企业可以跳过'能不能贷'这个流程，直接进入到'贷多少'这个环节，相当于为园区农业科技企业'量身定制'一个授信贷款体系。"许立超介绍，根据中银农科贷的相关产品规定，在孵企业招聘一位博士生可向中国银行申请信用贷款100万；在孵企业连续3次（每半年一次）在金颖农科的企业运行考核评价中获得A等级，可再获得100万信用贷款；企业如果受让省农科院的技术、成果，就可以按照交易价格的70％申请信用贷款。

除了债权融资方面的服务，金颖农科还探索"科技＋金融＋产业"投贷联动新方式，以资金投资和轻资产的技术入股方式，投资和引入科技创新性显著、有较强的市场竞争力和较大市场容量、成长性好的农业科技企业和项目，促进企业的资本化运作，帮助企业成果更快地落地。

许立超认为，相较于企业单打独斗，农业科技企业孵化器可以通过整合各类企业成长资源，弥补创新生态系统的缺失，其中关键是引入风险投资和其他金融资本，解决农业科技成果转化和企业创新发展中的资金需求问题。"虽然目前国家已经将乡村振兴列入国家战略，也出台了许多支持农业科技和农村产业发展的政策，但从出台政策到具体落实方面还存在一些断层。"他表示，现代农业产业要实现高质量发展，必须不断提高农业科技创新和运用的效能，需要将农业科技金融从普惠金融中单拎出来，这样金融"活水"才能更加精准和高效的浇灌到涉农科技企业，助力现代农业产业发展。

2024 年 2 月 21 日科技与金融杂志

创投荟
专精特新成长记第三季①
毅田生物桂艳男：差异化农药制剂让果园不再"蜂"烟四起

果实蝇，又称针蜂，繁殖能力非常强，其卵通过尾针产于瓜果内，气温适宜时只需几天就能孵化成蛆。传统防治以简单喷药扑杀为主，但因实蝇早在果内产卵，对瓜果的损坏已不可逆转：轻则果皮坚硬，口感变苦，重则瓜果腐烂发臭，落瓜落果。"既然杀不绝，那就改变思路，让它们闻不到果香，找不到果实。"

广州毅田生物科技有限公司创始人兼总经理桂艳男表示，正是秉承着差异化的治虫与营销理念，企业才得以在新冠疫情防控的近3年逆势实现30％的复合增长。用他的话来说，产品的差异化可以化解市场冲突，企业的差异则可以化解竞争。

1. 独辟蹊径解决果实蝇防治难题

大学毕业后就从事农药制剂研究的桂艳男，20 年来一直深耕植保领域。2019 年，他放弃了行业龙头企业市场总监的职位，创办毅田生物，并入驻广东省农业科学院国家级农业科技企业孵化器——金颖农科孵化器进行孵化。

随后，新冠疫情暴发，全球经济受到严重冲击，彼时，成立仅一年的毅田生物亦摇摇欲坠。面对困境，桂艳男选择了一条有别于传统农药企业的差异化发展道路。

"农药制剂作为功能性产品，功效永远是第一位，所以，注重产品技术研发一直是毅田生物发展的重中之重。"桂艳男表示，自成立以来，公司每年的研发费用均超过 100 万元，占总体营收比重的 10％以上。

除了自建研发团队，毅田生物通过金颖农科对接到了省农科院专家科技资源，并与省农科院植保所成立了"南方高抗性病虫害研发中心""广东省农业科学院毅田生物农业研究院"等共研平台，形成了与省农科院全方位的科研共创合作机制。

桂艳男称，省农科院的优势在科学研究，毅田生物的优势在产业化应用和推广，二者建立的合作机制通常由企业出题，农科院各课题组科研人员则负责"揭榜挂帅"进行解题。

以果实蝇防治为例，毅田生物通过大量走访调研，发现这种虫害正呈逐年加重趋势，南方的苦瓜、丝瓜、南瓜，因针蜂所致的落果率高达 50％～60％；鹰嘴桃、三华李、火龙果、荔枝、龙眼、杨桃、番石榴等水果也都出现不同程度掉果，部分地区出现大量减产甚至绝收。

"传统药剂只把实蝇杀死，难以起到保果作用，而且打药没多久，实蝇又迁飞回来，防治效果十分有限。"在详细分析掉果原因后，毅田生物与省农科院植保所的科研团队达成共识——根治实蝇的关键是不让果实蝇接触果实，二者遂将研究方向从常规的"杀害虫"转变为了"防落果"。

"目前很少有企业和机构专门对果实蝇进行深入研究，像我们这样在调研基础上进行差异化研发的更是少之又少。"桂艳男称，经过两年多的技术攻关，毅田生物与省科学院植保所联合研发出针对实蝇的迷向药剂。

瓜果树打药后，不仅能让实蝇死亡，其中的迷向助剂更可干扰它们的嗅觉系统，让迁飞过来的实蝇找不到果实，降低它们对果实的危害。

除了在防治方向上与众不同，市场推广出身的桂艳男在品牌营销方面也选择了另辟蹊径。"科技和品牌是企业发展的两大驱动力，必须一手抓研发，一手抓营销。"桂艳男表示，毅田生物会根据市场功能和特点，选择差异化的定位、差异化的产品、差异化的宣传推广。

在他看来，一般企业是卖"产品"，毅田生物则是卖"方案"。老百姓感冒生病，医生会根据病人情况选择不同的治疗方案，在农作物的病虫害治理方面，农药制剂企业与医生扮演着同样的角色。"很多时候，植物病虫害也并非一种药就能解决，建立方案思维，才能真正为果农解决问题。"

对于新冠疫情导致的线下推广难题，桂艳男再次打破传统，把宣传营销推到线上。"看到疫情防控的形势严峻，我们当即就组建了线上营销部，在摸索中不断学习，想尽一切办法把产品通过互联网推广出去。"

随着业务量增多，毅田生物还组建了短视频拍摄团队、直播团队，通过抖音、快手等短视频平台与农户、经销商互动，分享农药科普、产品优势等资讯，并进行直播带货。"通过互联网，我们可以直接连接到C端农户，这既提高了公司利润，也让老百姓得到了实实在在的价格优惠。"

2. 生物农药与化学农药互补成植保趋势

在从事农药制剂研发与推广的20年里，桂艳男也见证着中国农药制剂行业的发展壮大。"我国农药制剂真正产业化虽然只有30年，但发展却十分迅猛。"

桂艳男回忆，21世纪之前，国内的农药制剂基本上都是"拿来主义"，进口产品也大多是一些高毒化合物制剂。"那时，国内厂商只会简单复制、模仿，或者生产销售专利期过了的农药。随着科技进步，国内厂商开始自主研发农药产品，专利也逐渐增多。"

目前，中国在每个板块、每个领域都有具备知识产权的自主研发农药，产品也从第一代的高毒高残留，迭代至了第四、五代的低毒低残留，甚至微毒无残留。与此同时，中国也已成为全球最大的农药生产国，产量占全球一半以上，70%~80%的农药原药由中国企业生产供应。

我国农药行业虽取得长足发展，但大多是仿制药，与国外相比仍属于起步阶段。作为多年的老植保人，桂艳男也深知中国与国际的差距，"我国的创新性化合物目前还较为欠缺，现在90%的农药创新依然把握在德国、美国、日本等头部企业手里，农药自主创新之路任重道远。"

随着可持续发展战略的深入实施，以及国家对农药化肥"双减"政策的提出，生物农药逐渐登上植保"舞台"，桂艳男看到了中国农药发展的新方向，并适时将公司重心由化学农药转向生物和微生物农药领域。

与化学农药相比，后者因其提取自植物和活菌，安全性好，残留量少，副作用低，甚至可以现打现摘。虽然生物农药有着诸多优势，但桂艳男强调"它绝不会取代化学农药"。

在他看来，化学农药的特点是含量高、起效快，效果立竿见影，能集中解决某个问题，犹如西药；生物农药则跟中药类似，需要有一个调理过程，但对于一些化学农药解决不了的综合问题或疑难杂症，生物农药无疑是很好的治理药剂。

"比如一些'植物癌症'，若只靠化学农药，可能加大十倍使用量都解决不了，如果与生物农药有机结合，让它们性能互补，则有可能将其'治愈'。"桂艳男表示，生物农药与化学农药协同使用，能在一定程度上降低化学农药的使用量，达到"防效倍增、农残倍减"的效果，成为推动绿色农业高质量发展的"加速器"，而"微生物＋农药""微生物＋肥料"等"生物＋"或许也将成为综合解决土壤问题的方案之一。

3. 专精特新扶持政策需真正落到实处

4 年的风雨兼程，毅田生物已从初创时的默默无闻成长为专业防治高抗性病虫害的创新型农药企业，研发生产出杀虫剂、微生物菌肥、植物生长调节剂等逾百个品种，拥有生物农药证件 15 个、自有专利 12 个，企业年产值超亿元，2023 年更获评为省级"专精特新"企业。

毅田生物的快速成长，不仅是一众为农业发展默默耕耘的科研工作者的初心见证，更是现代农业孵化育成体系的成功探索。

桂艳男透露，农药行业是一个重资产投资的行业，尤其在发展初期，资金投入非常大，但回流相对较慢。"当时幸好有金颖农科的帮助，我们刚提需求，就有专属的金融服务人员进行对接，帮我们顺利拿到了近千万元的无抵押信用贷款，正因为如此，才有后来毅田生物逆势实现 30％ 复合增长的故事。"

作为省农科院倾力打造的现代农业科技成果转化暨企业孵化平台，2022 年年初，金颖农科携手中国银行广州分行推出农业孵化载体定制化科技金融服务方案，为入驻农业科技企业提供多种定制化无抵押信用贷款服务，帮助企业解决发展过程中的融资需求。

谈及广东省专精特新企业的成长氛围时，桂艳男称，"广东对中小企业的关注度非常高"，但他也同时提到，"一些政策支持仍未完全落到实处"。

"政策扶持除了资金奖补，更重要的应该是产业资源的整合。对于生物农药企业而言，如果政府能帮助我们与同类企业形成集群，并在此基础上进行分类指导，这对于我们的成长壮大将会非常有利。"

2024 年 3 月 15 日科技与金融杂志

创投荟
专精特新成长记第三季②
安芮洁：锚定餐厨垃圾市场，将一只虫子卖出千万身价

近十年来，中国通过大力发展循环经济，废弃物的资源属性得到充分挖掘，一大批关键技术由此应运而生。以餐厨垃圾的循环利用为例，自 2010 年国家发改委印发《关于组织开展城市餐厨废弃物资源化利用和无害化处理试点工作的通知》后，我国餐厨垃圾的处理方式逐渐由填埋、焚烧向资源化利用和无害化处理的技术工艺路线转变，餐厨废弃物资源化和无害化处理水平日益提高，形成了以厌氧发酵为主，好氧堆肥、生物转化、脱水焚烧、饲料化等为辅的技术处理格局。

广州安芮洁环保科技有限公司是我国较早探索餐厨垃圾生物转化技术的企业，也是国内最早利用黑水虻实现日处理餐厨垃圾超百吨的企业：近 10 公斤的黑水虻同时工作，不仅吃掉了 100 吨厨余垃圾，还产出了 15 吨昆虫蛋白和 10 吨生物肥。用安芮洁总经理徐松的话来说，国家政策让餐厨垃圾生物转化技术成为可能，而安芮洁则致力于让黑水虻的资源化利用价值被市场看见。

1. 锚定餐厨垃圾市场

根据中国城市建设研究院牵头编写的《餐厨垃圾处理技术规范》，餐厨垃圾主要包括餐饮垃圾和厨余垃圾。针对家庭产生的分散厨余垃圾，国家与地方政府一直呼吁从源头进行分类，即在家庭中实现厨房垃圾的干湿分离；针对餐厅、食堂集中产生的餐厨垃圾，目前的做法则是统一回收进行资源化利用和无害化处理。"有些餐厨垃圾经过脱水、消毒、脱油脂、脱盐去除杂质后变成了动物饲料，有些则进行厌氧处理产生沼气，还有一些通过堆肥技术成为了农业肥料。"徐松表示，在各类技术工艺"登场"前，我国餐厨垃圾处理曾有过一段蛮荒发展期。

"餐厨垃圾对人体和环境卫生有着恶劣的影响，理应进行统一回收处理，但由于利益驱使，很多餐厨垃圾的生产单位不愿意将其免费交给正规单位，而是以每吨 300~500 元转卖给养猪场。"徐松回忆道，在很长一段时间里，富含肉类蛋白以及动物性脂肪的餐厨"泔水"，一部分变成了猪的饲料或"地沟油"的原料，另一部分则被直接填埋或焚烧，加重了污水处理厂和环境的负担。很多餐厨垃圾处理单位沦为"摆设"，成立不久的安芮洁也陷入了缺少餐厨垃圾进行研发的窘境。

一边是行业对于餐厨垃圾的处理尚未达成统一共识，另一边安芮洁却持续加大了生物转化技术的研发力度，并于 2014 年在广州建立了第一个中试基地。"从安芮洁创办起，我们创始团队就坚持认为有机固废的生物转化会成为趋势，这种坚持让我们走过了创业初期开拓市场的困境，也使得安芮洁始终在这个赛道中保持领先地位。"

回顾安芮洁创业的初衷，徐松反复提及了"社会效益""环保效益"和"经济效益"三个词，并表示当一个技术兼具这"三效"时，即使短期推广遇到难题，但从长期看也会获得政府和市场的认可。

情况正如徐松所料想的那样，2018 年"非洲猪瘟"事件后，国家进一步加大餐厨垃圾的监管力度，全国各地纷纷出台政策禁止餐厨垃圾买卖，并对餐厨垃圾的收集、运输和处置、监管以及法律责任作出了明确规定，通过立法约束餐饮和餐厨垃圾收集处理企业，管住餐厨垃圾的前端和后端，为防止地沟油、泔水猪流向百姓餐桌提供了立法保障。此外，安芮洁也真正迎来了发展的黄金时代。

2. 聚焦黑水虻生物转化

与大多数推崇厌氧发酵技术的企业不同，安芮洁一早便瞄向了生物处理技术。"餐厨垃圾成分的复杂性决定了使用单一的处理技术难以完成高效、高产值处理，因此，综合运用多项处理技术进行餐厨垃圾的资源化利用是必然的处理思路，比如现在主流的厌氧技术在有机固渣和沼渣的解决方案仍面临巨大瓶颈，生物处理技术就能很好地弥补这方面的不足。"

徐松表示，目前生物处理技术中，家蝇、蚯蚓均具有扎实的研究基础，但二者的产业化却面临较大困难：家蝇从卵到成虫需3~4天，完成一个世代仅需10天左右，虽然周期短，但却存在扰民和传播疾病的风险；蚯蚓基本没有安全风险，但养殖周期却长达4~5个月，不利于产业化发展。相较而言，兼具经济效应和生态效益"双效"的食腐昆虫黑水虻成了安芮洁的主攻方向，并与广东省农业科学院进行了相关的科技成果转化。

"在可控的特定环境条件下，利用黑水虻采食餐厨垃圾，可以使餐厨垃圾直接有效减量，还能实现生物质形态的完全转化，产生昆虫蛋白及优质昆虫生物肥。"徐松介绍，黑水虻幼虫在食物充分的情况下可全天24小时进食，1公斤幼虫在6~8天中可处理10吨餐厨垃圾。与此同时，黑水虻特殊的生理构造还能杀死餐厨垃圾中的病原菌、寄生虫，垃圾中的有机废水也会被黑水虻幼虫循环利用，实现废水零排放。经6~8天的采食后，黑水虻虫体增重近万倍，达到商业应用最佳龄期，此时经过分离装置快速分离采收后，其粪便可作为优质有机生物肥料，虫体则可成为昆虫蛋白原料。在这种视角下，餐厨垃圾已经不再是垃圾，而是一个巨大的蛋白质原料库。

文献资料显示，猪对含干燥黑水虻幼虫粉饲料的粗脂肪消化率相比其他对照组有显著的提高。黑水虻虫粉与早期断奶仔猪精料或昆虫蛋白粉搭配饲喂，可以很好地提高动物的抗病率，降低腹泻概率。与此同时，用添加75%~100%黑水虻虫粉的饲料饲喂的仔猪无胃损伤病变发生或仅观察到轻微的胃损伤。"目前，100吨餐厨垃圾处理量，可以产出差不多15吨昆虫蛋白和10吨生物肥。我们相信，黑水虻养殖和资源化利用将是未来环保领域的重要发展方向。"

随着研发的不断深入，"吃货"黑水虻的市场价值也在不断拓展。"以往大家对黑水虻的认识只停留在'替代鱼粉'的层面上，但是用不同的原料喂养的黑水虻的营养成分是有差异的。"徐松表示，通过对黑水虻的常规营养成分、特殊营养成分、功能性成分、限制性因子和抗营养因子等进行试验，安芮洁已逐渐在黑水虻酵素、黑水虻酶解剂、黑水虻肽等多元化高值产品中取得突破进展。而除了解决餐厨垃圾之外，黑水虻生物转化技术在解决畜禽粪污领域的资源化问题方面也存在巨大的空间——目前全国每年产生畜禽粪污总量约40亿吨，市场规模超1 200亿元。

3. 赋能产业发展

事实上，作为喝到餐厨垃圾生物转化技术"头啖汤"的企业，安芮洁的每一步都比后继者要艰难。采访中，徐松曾多次提到多年前为烘干黑水虻虫体，公司购置谷物烘干机进行改造的故事。

彼时，餐厨垃圾生物转化技术尚处于起步阶段，进行黑水虻产业化的企业屈指可数，对于安芮洁而言，从生产工艺到储存加工全流程都是摸着石头过河。"没有烘干机器，我们就只能选择基本原理相似的机器进行改造，那时常常是一边测试，一边跟机器设备厂家沟通改善意见，最后是在谷物烘干机的基础上进行来回多次调整才有了现在的黑水虻虫体烘干机。"

作为金颖农科孵化器的入孵企业，徐松也会感叹安芮洁"来晚了"，并表示，如果能早点进入孵化器，企业的发展或许会更快速。以技术研发为例，金颖农科孵化器是广东省农业科学院全资组建的专业孵化载体，构建了集"科技企业孵化、关键技术研发、科技人才创业、成果技术转化"四大功能于一体的现代农业创新创业孵化平台，凭借着其强大的资源优势，安芮洁入孵后便与广东省农业科学院农业资源与环境研究所（以下简称"省农科院资环所"）联合成立了"城乡有机固体废弃物绿色循环利用研究院"，就黑水虻生物转化有机固体废弃物科研开展联合攻关，目前已成功培植并独家拥有新昆虫种苗。

与此同时，安芮洁还与省农科院资环所等科研单位联合编制了《厨余垃圾生产黑水虻饲料技术规范》，使黑水虻处理厨余垃圾的先进技术成为具有先进性和适用可行的行业协会推荐技术之一。

据试验测算，用这一标准饲料饲养黑水虻，饲料转化率达到20%，即5公斤饲料可产出1公斤黑水虻虫，效率比原始投养提高40%，取得可观的经济效益、社会效益和生态效益。"我们之所以投入人力物力做行业标准、技术规范，并不是为了显示我们在行业的领导地位，而是为了避免后来的企业走弯路，也希望让更广阔的市场看到黑水虻技术的价值。"

徐松表示，在安芮洁取得黑水虻技术的突破后，他接待了很多前来"取经"的企业：饲养黑水虻的饲料标准、加工方式、储存方式……大多数企业如今面临的困境正是安芮洁曾经走过的路。如今，安芮洁不仅在汕头、深圳、梅州建立了多个餐厨垃圾处理基地，也正在用自己的经验帮助投身黑水虻生物转化的企业和个人在这条路上走得更快、更远。

2024年4月17日科技与金融杂志

创投荟
专精特新成长记第三季③
邹鲁农业：乘"减抗替抗"东风，抢占养殖业饲料原料百亿市场

绿色养殖给当今的养殖业带来了极大的发展机遇和挑战。根据农业农村部公告第194号，自2020年1月1日起，退出除中药外的所有促生长类药物饲料添加剂品种；自2020年7月1日起，饲料生产企业停止生产含有促生长类药物饲料添加剂（中药类除外）的商品饲料。从饲料禁抗到畜产品无抗，健康养殖风口已至，而一大批以"减抗""替抗"为宗旨的企业也已随风而起，广州邹鲁农业

有限公司便是其中之一。

"我国每年使用的抗生素药物原料约 20 万吨,其中 50％用于养殖业,如果将其全部替代,这将是一个新的百亿赛道。"邹鲁农业总经理邹书通表示,既然时代将企业推向了风口,邹鲁农业要做的就是迎风而上。

1. 突破口

作为一个农业科技企业,邹鲁农业成立不到 5 年就做到 5 000 万元年产值,这其中既有偶然性,也有时代的必然性。

"一直以来,我其实并没有把创业这件事想得多么艰难,当时放弃'铁饭碗'下海创业,单纯地觉得畜牧学是应用科学,想把知识变成现实的生产力。"谈起创业的初衷,邹书通的表情很平静,似乎创业在他那里并不是"九死一生"的事。也正是凭借着这一股勇者无畏的冲劲,2019 年 4 月,邹书通和几位科研伙伴在金颖农科孵化器正式注册成立了邹鲁农业公司,专注生态养殖领域的饲料和原料开发。

在邹鲁农业成立仅 3 个月后,农业农村部公告第 194 号让整个饲料行业沸腾了。根据公告内容,中国停止生产、进口、经营、使用部分药物饲料添加剂,并对相关管理政策作出调整。"虽然公告并没有出现'全面禁止添加抗生素'的字样,但行业内的人都知道,'禁抗'已经是大势所趋了。"邹书通说。

在此之前,我国批准动物养殖业使用的兽用抗菌药分为抗生素和合成抗菌药两大类,主要用于防治动物疾病和促进生长。其中,抗生素的耐药性,及其导致的菌群失调对畜禽和人体造成了重大损害。据统计,2019 年,有 495 万人的死亡与耐药细菌感染有关,其中 127 万人的死亡是直接由抗微生物药物耐药性导致的。为此,包括欧盟、美国等发达国家和地区已先后禁止抗生素成长促进剂的使用。

"这几年,无论是饲料企业,还是养殖场,都在寻找替代饲用抗生素的新型饲料添加剂或方法,但这种替代品,既要杜绝产生新的耐药菌株,又要无限接近抗生素的防病促长效果,这项研发注定将是一场长跑。"邹书通介绍称,目前国内各种替抗方案均处于刚刚起步阶段,微生态制剂、酶制剂、中药及植物提取物等各有优势,但暂未发现有单一饲料添加剂可以完全替代饲用抗生素的促生长效果。不过,多年的研发经验让他将决定以中药为突破口,寻找替代抗生素的解决方案,并将生物发酵技术应用到中兽药的研发中。

"中药及天然植物含有生物碱、多糖、苷类等生物活性物质,应用在饲料添加剂中可以起到杀菌抑菌作用,从而促进肠道吸收、增强免疫、提高动物健康水平,尤其经过发酵后的中药,效用更好。"邹书通解释道,现代发酵中药已不再局限于传统的中药炮制的发酵方式,而是将发酵工程与微生物学和生物工程学相结合,在发酵过程中利用先进工程技术对发酵参数,包括菌种情况、通气情况和温湿度等因素进行监控,可较大地提升中药药效。实践证明,邹鲁农业的中药

"替抗"之路走通了，其开发的"圣产速"和"乐胃素"两个中药产品推出不到3年，增长已超过500%。

2. 新蓝海

中国畜牧兽医学会中兽医学分会副理事长、华南农业大学教授郭世宁曾公开表示，未来中兽药的重点应用方向包括蛋鸡替抗，需要解决抗菌药物残留问题；母猪围产期保健，需要达到缩短分娩时间、增加乳汁分泌和提高健仔率的目的；畜牧肠道菌群调控。作为邹鲁农业首席技术官，郭世宁的以上3个研究成果均已率先在邹鲁农业实现了产业化。

"我曾在华南农业大学学习、工作过，对郭教授团队研究的市场价值非常清楚，选择创业也是为了将这些成果进行转化落地。"邹书通表示，郭世宁围绕参苓白术散及肠道菌群，对中药与肠道菌群互作、肠道菌群代谢功能及关键代谢产物在生猪无抗养殖，尤其是缓解仔猪断奶腹泻等方面的功能及其机制已进行了长达十余年的研究，当郭世宁同意在邹鲁农业进行科技成果转化时，他就知道自己已经成功了一半。

中医讲究未病先防、愈后防复。在邹书通看来，这同样适用于兽医保健。"以母猪难产为例，很多人在发现母猪难产问题时第一时间是打缩宫素助产，这很容易对母猪母体造成损害。根据中医的原理，我们在补虚类中药古方'四君子汤'的基础上，配伍陈皮、黄芪、山药、莲子、杜仲、白芍等多种中草药，采用水冷微粉技术制成了用于母猪产前产后调理的产品圣产速。"根据邹鲁农业提供的数据，圣产速不仅可以将母猪产程缩短18%～26%，仔猪的健仔也可以增加0.3～1.5头，对于养殖户而言，还能减少助产的劳动量，从而减低感染风险。

采访中，邹书通还算了一笔账：目前全国的能繁母猪存栏量约4 500万头，每头母猪平均年产仔2.5窝。在养猪实践中，母猪难产比例往往会超过3%，甚至达到10%。按照成本估算，仅母猪难产就有将近50亿元的市场。但是，邹书通和邹鲁农业的"野心"显然不止于此。

自成立起，邹鲁农业还积极对蚕沙的饲料价值进行了布局。"中国是动物产品生产和消费大国，饲料主要原料玉米、豆粕、鱼粉进口依赖度非常高，严重限制了行业发展。"他解释道，我国非常规饲料资源数量大、种类多、分布广，资源总量逾10亿吨，有的营养价值也很高，将这些物质如果经过加工处理，大部分具有较高的营养价值，可补充家畜所需的蛋白质、矿物质、微量元素。同时，用这些非常规饲料来代替部分常规饲料，还可降低饲料成本，获得可观的经济价值。

"比如，蚕沙中含丰富的粗蛋白质，还含有维生素A、维生素E等营养物质，其饲料价值不亚于米糠。"蚕沙经过发酵处理后，可以作为一种优质的饲料原料，在猪、鸡、鸭和水产养殖中都有不错的效果，为此，经过与广东省农业科学院动物科学研究所的产学研合作，邹鲁农业成功研发"圣肥素"饲料原料，目前年产已达 6 万吨，预计产值可达 1 个亿。"邹鲁农业面向的是整个绿色养殖市场，为人和动物的健康服务。"邹书通坚定地说。

3. 产学研

从"圣长素""圣长速"，到"圣产素""圣抗素""乐胃素""圣肝泰""肠康泰"等一系列适用于家畜家禽和水产动物的饲料产品，邹书通将其称为产学研合作结出的"果实"，其中，仅与广东省农科院的合作就占到了邹鲁农业总成果的 70%。

"对于初创的小微企业来说，只有持续的创新，才能有持续的发展，而与科研机构进行产学研合作是企业前期提升创新能力和技术水平的最佳捷径。"邹书通表示，邹鲁农业与包括广东省农科院动物科学研究所、广东省农科院基因中心、华南农业大学兽医学院、佛山科技学院等科研院所都保持着密切合作。

2022 年，邹鲁农业计划开发一款源自羽毛的全溶氨基酸饲料原料，但是购置相关实验器材需要一笔巨资，也需要专门的试验场地，初创的邹鲁农业并不具备这些条件。后来，在孵化基地金颖农科孵化器的促成下，邹鲁农业与广东省农科院基因中心以委托研究的方式开展科技支撑合作，借助基因中心科研平台完成了新技术的革新和产品的开发。"那时候，我们的科技人员到基因中心去，与中心的专家联合攻关，经过 1 年多的反复摸索，最终获得了完整的生产工艺。"

"除了技术上联合攻关，科研院所对邹鲁农业的赋能还体现在信任背书和品牌宣传上，有了他们的背书，我们在产品推广中更容易获得客户的信任。"邹书通称，作为金颖农科孵化器的入孵企业，邹鲁农业自成立之初就享受着广东省农科院的平台及资源优势。

在邹鲁农业成立之时，金颖农科孵化器已在科技咨询、成果转化、共建研发机构、科技金融服务等方面形成了一套完整的企业孵化育成体系。出于对"老东家"的信任，邹书通将邹鲁农业的第一站定在了金颖农科孵化器。"某种程度上来说，在邹鲁农业的成长过程中，孵化器真正做到了'母鸡'的角色。"邹书通回忆，邹鲁农业成立之初恰逢新冠疫情肆虐全球，经济下行和原材料价格上涨让其陷入了资金短缺、产能不足的困境。为了缓解邹鲁农业的融资危机，金颖农科孵化器发挥科技金融服务站优势，组建了"1＋1"（企业辅导员＋银行专属客户经理）金融服务团队，先后帮助邹鲁农业获得了 800 万元纯信用贷款，解了燃眉之急。

科研人员出身的邹书通深谙科技创新的重要性，在与各大科研院所展开联合攻关之余，他也在不断打造着公司自身的科研实力，并于 2020 年成立了邹鲁中药研究院，"为了使发酵中药更好地应用于畜禽养殖中，推动畜牧业的绿色、高质量发展。"

2024 年 6 月 18 日科技与金融杂志

创投荟

专精特新成长记第三季④

农联科创：利用信息化手段守卫人们"舌尖上的安全"

国以民为本，民以食为天，食以安为先，农产品质量安全历来是公众瞩目的焦点。2022 年中央一号文件提出"完善农产品全产业链质量安全追溯体系"，同年 9 月，经过全面修订的《中华人民共和国农产品质量安全法》（以下简称"新《农安法》"）正式颁布，明确将农户纳入法律监管范围、建立农产品承诺达标合格证制度、加强农产品质量安全追溯管理等系列举措，为农产品质量安全提供了坚实的法律支撑。

"可以看出，新《农安法》通过构建农产品质量安全社会共治体系，明确了各环节、各主体的责任，有利于实现农产品从田间地头到消费者餐桌的全过程、全链条监管，保障农产品质量安全。"广州农联科创信息技术有限公司（以下简称"农联科创"）创始人傅学锋表示，作为广东省农产品承诺达标合格证的技术支持服务单位，农联科创正在用技术手段搭建农产品质量安全智慧监管平台，提高农产品质量安全监管的效率和精准度。"社会对农产品食品安全有多重视，农联科创的未来就有多广阔。"

1. "不赚钱也要坚持下去"

在创办农联科创前，傅学锋从未想过农业这条路会这么艰难。"农业是民生工程，投资周期长、利润低，入局企业既要准确把握产业方向，又要有足够的现金流作支撑。"傅学锋称，农联科创自 2017 年创办起就聚焦农产品质量安全赛道，但直到 2022 年新《农安法》出台后，整个产业发展的方向才逐渐明朗。"前几年我们主要在做'承诺达标合格证'的免费培训和推广，作为一个科技企业，做了很多'宣传员'的工作，目的就是给农户普及农产品质量安全的重要性。"

傅学锋口中的"承诺达标合格证"指的是"农产品质量安全承诺达标合格证"，是食用农产品生产经营主体根据质量安全控制、检测结果等依法开具，保证其销售的食用农产品农药兽药残留等符合农产品质量安全标准，落实主体责任的质量安全标识。承诺达标合格证通常附着在农产品外包装上，具有产地准出、市场准入、质量安全追溯等功能，被认为是农产品的身份证、生产者的承诺书。

"广东是 2019 年开始试行农产品承诺达标合格证制度的，试行初期，承诺达标合格证以企业和农户自愿参与为主，因为缺乏法律约束，制度的推广面临巨大阻力。"傅学锋表示，承诺达标合格证制度虽然为农产品生产者设定了更高的质量安全标准，但严要求也增加了生产企业和农户的生产压力，尤其是对于食品安全意识较为淡薄、生产经营本就困难的小农户而言，参与的积极性都很低。

为了保证农产品承诺达标合格证的顺利推广，在《农安法》出台前的 3 年里，傅学锋一边带领农联科创积极配合政府搭建农产品承诺达标合格证平台系统，一边鼓励企业全员参与到一线宣讲中，免费为农户和生产经营者提供教育、咨询等服务，以强化农户对农产品生产经营的安全责任意识。在他看来，农安项目绝非一般商业项目，而是一项关乎民生的重大工程。"赚钱固然重要，但农业安全关乎老百姓的饭碗和生命健康，哪怕不赚钱，也必须坚持做下去。"

根据第三次全国农业普查数据，我国规模农业经营户占农业经营户的比重仅为 1.9%，通过土地流转经营 30 亩以上的农户占农户总数的 5%，这意味着我国 93% 的农业经营者都是小农户。面对"大国小农""人多地少"的基本农情，农产品质量安全的潜在隐患和追溯难度可想而知。傅学锋称，仅在广东，其所要面对的小农户就多达 900 多万户。

2. "做好服务才有机会占据市场"

事实上，傅学锋执着于农产品食品安全赛道，跟他与家人的两次食物中毒经历密切相关。在他看来，创办农联科创既有情怀使然，也有对农安前景的看好。为此，他为农联科创规划了十分清晰的发展路径，"先把服务和技术打磨至臻，才有机会占据市场。如果一开始就过于追求利益，而忽视了不赚钱但有意义的项目，企业的路只会越走越窄。"

作为一家农业信息科技企业，农联科创最大的优势并非技术，对农产品安全的深刻理解与多年积累的业务经验才是其发展的"护城河"。"这几年，我们在系统平台公布了电话和微信号，又用了三年时间到全省各地进行农安法宣讲，对监管机构、农业农村部门、行业协会、企业等进行培训宣传，以'传帮带''人传人'的方式，把我们的服务和联系方式传递到有需要的农户和企业手中，他们可以随时找到我们，我们也可以第一时间了解他们的需求。"傅学锋称，技术只有跟具体的产业结合才有实际意义，也正是多年深入一线的观察和经验积累，让农联科创可以将 CA 电子签章、标签防伪、区块链等技术手段以农户可以接受的方式运用到农安领域，在确保承诺达标合格证可追溯信息真实可靠的同时，提高农户的使用体验。

为了给"烧钱"但前景明朗的农安业务"输血"，傅学锋一方面努力"降本"，另一方面积极开拓增值服务，确保企业稳健经营。"得益于金颖农科孵化器（全称'广东金颖农业科技孵化有限公司'）的全链条孵化服务，不管是租金减免还是业务对接、行业交流等，都对我们提供了非常多的帮助。同时，我们这两年也积极尝试在农产品生产、销售和宣传推广上附加一些增值功能：一是产销对接，当生产者的农产品质量安全信用达到 A 级以上，就可以查看买家采购情况，让产销信息透明化，实现开证企业与市场经营主体的有效对接，提高市场交易效率和公平性；二是辅助企业提升品牌形象，把合格证追溯标签样式分为标准版面和个性化定制两种，灵活满足企业在形象展示方面的不同需求，提高企业主体办证用证积极性；三是将合格证与生产经营主体的自有电商衔接，当企业达到一定信用和安全标准后即可入驻，以拓宽产品销售渠道（这一服务目前仍处于筹备阶段）。"

傅学锋表示，随着新《农安法》的出台，广东省如今已有超过9万个主体开具了承诺达标合格证。"虽然现在开证的生产经营者大概只占总数的50%，距离全面推进农产品'承诺合格'和质量安全追溯还有很长的路要走，但相信未来一定会更好。"傅学锋说，农产品质量安全追溯的全面落实，必须协同推进意识提升、服务优化和市场驱动这3大方面。"只有大众对农产品质量安全意识提高，政府和企业服务不断完善，市场与消费者形成倒逼机制，农产品质量安全追溯链条才能不断完善。"

3. "提升自我造血能力比盲目引入资本更重要"

融资对很多创业者来说，往往意味着成长的跳板，是支撑其实现宏伟蓝图的关键一环。然而，傅学锋对于融资却有着与众不同的见解。他深知融资的重要性，但并不会盲目追求资本的注入，而是更倾向于稳健经营与自我造血能力的提升，对融资保持着理性又审慎的态度。

"我们暂时没想过引进风投，资本都是逐利的，而农安属于民生工程，与资本的逐利性存在天然的冲突，一旦资本进入，后期农联科创的发展或许会偏离初衷。"傅学锋笑称"自己没有能力满足资本的需求"，所以只能选择稳扎稳打。在他看来，创业者应首先立足于自身的产品或服务，确保其核心竞争力和市场地位，这样才能真正实现企业的可持续发展。

然而，稳健并不意味着墨守成规，傅学锋明白，稳健经营只是企业发展的基石，而要推动企业不断前行，则需要更多尝试与创新。他透露，农联科创正在肇庆市怀集县探索"农安信用＋金融"的模式，即根据农产品质量信用级别的评定，农业生产经营者可直接获得银行等金融机构的授信支持，从而免去传统烦琐的抵押物要求，为农户提供融资便利，激发其主动提高农产品质量安全的积极性。

深耕多年，农联科创通过信息化赋能农产品质量安全监管，不仅为农业监管部门和基层单位提供了技术支撑，提升了农产品质量安全的监管效率，建立起良好的企业口碑，也被评为"省级专精特新企业"。"创业者只要跟着国家政策和产业趋势走，他的每一分努力就都会积累起来从而形成势能，终有一天会取得成功。"傅学锋说。

附录一　金颖农科孵化器（华南 A 谷）大事记（2017—2024 年）

2017 年

6 月 17 日　广东省农业科学院组织召开全省农业龙头企业对接会，面向全社会推介广东省农业科学院科技成果转化服务平台，发布孵化器组建思路，并开始招商。

11 月 28 日　广东金颖农业科技孵化有限公司注册成立。

2018 年

1 月 15 日　广东省农业科学院科技成果转化服务平台暨广东金颖农业科技孵化有限公司（金颖农科孵化器）正式揭牌运营。

7 月 10 日　金颖农科孵化器被评为"广州市科技企业孵化器培育单位"。

10 月 23 日　金颖农科孵化器技术入股广州共富金农孵化器管理有限公司（共富金农新能源孵化器），输出管理与孵化服务模式及经验。

12 月 3 日　金颖农科孵化器获评天河优创"网红创新载体""时代创咖"。

12 月 19 日　金颖农科孵化器获评"国家级星创天地"。

12 月 28 日　金颖农科成立中共广东金颖农业科技孵化有限公司支部委员会。

2019 年

1 月 3 日　"成果转化孵化基地建设技术"被广东省农业农村厅评定为"2019 年广东省农业主推技术"。

5 月 17 日　金颖农科孵化器累计引进培养突破 100 家农业科技企业。

11 月 3 日　金颖农科孵化器获评天河优创"先锋孵化器""时代创咖—产学研链接空间"。

11 月 7 日　金颖农科孵化器被认定为"广州市级科技企业孵化器"。

12 月 17 日　金颖农科孵化器被认定为"全国农村创新创业孵化实训基地"。

12 月 21 日　金颖农科成为广东省农业标准化协会理事单位、广东股权交易中心创新类推荐机构会员。

2020 年

3 月 13 日　金颖农科被认定为"广州市创新创业（孵化）示范基地"。

3 月 27 日　金颖农科连续两年被认定为"广东省科技型中小企业"。

6 月 19 日　金颖农科被认定为"广东省高素质农民培育省级示范基地"。

9 月 17 日　金颖农科孵化器被认定为"科技金融工作站"，并连续 2 年获评优秀。

10 月 15 日　金颖农科孵化器获评"2020 年中国百家特色载体（产业孵化类）"。

11 月 2 日　金颖农科被认定为"广州市中小企业服务站"。

11 月 10 日　金颖农科孵化器总结凝练运营服务经验与模式，出版专著《现代农业科技转化孵化基地运营实务》。

11 月 12 日　金颖农科孵化器获评广州市科技企业孵化器工作绩效评价 A 级，同年 12 月获评广东省科技企业孵化器运营评价 A 级。

11 月 29 日　金颖农科孵化器获评天河优创"先锋孵化器""专业创新载体"。

12 月 7 日　金颖农科孵化器获批"专业孵化载体试点单位"（广东省首批）。

2021 年

1 月 1 日　金颖农科孵化器累计引进培养突破 200 家农业科技企业。

1 月 20 日　金颖农科孵化器被认定为"省级科技企业孵化器""国家级科技企业孵化器（全省首家农业领域国家级科技企业孵化器）"。

2 月 20 日　金颖农科孵化器被认定为"广州市中小企业公共服务示范平台"。

3 月 24 日　金颖农科孵化器被评为"优秀中小企业服务站"。

7 月 28 日　金颖农科孵化党支部获评"天河区新兴领域党群服务站示范点"。

11 月 30 日　金颖农科成为广州科技企业孵化协会第四届理事会理事单位。

12 月 20 日　金颖农科孵化器获评 2021 年度天河优创"产业孵化器"。

2022 年

1 月 7 日　广东省农业科学院科技成果转化基地暨华南 A 谷正式揭牌运营（金颖农科加速器）。

1 月 14 日　发布广东省内首个针对现代农业科技企业和农业专业孵化载体的定制化金融服务方案——"中银农科贷'华南 A 谷'孵化场景服务方案"，并推出"华南 A 谷惠企支农五策十条"。

1 月 21 日　金颖农科孵化器获评"广东省省级创业孵化示范基地"。

3 月 10 日　面向全省发布并正式启用"华南 A 谷"品牌，发起组建"1＋8＋10＋N"华南 A 谷现代农业科技创新孵化服务联盟。

6 月 30 日　增城区农业科技成果转化孵化服务平台暨华南 A 谷增城正旭分器正式揭牌。

7 月 4 日　金颖农科孵化器获评"广州市高新技术企业服务工作站"。

8 月 22 日　华南 A 谷累计引进培养突破 300 家农业科技企业。

9 月 5 日　金颖农科孵化器获评 2022 粤港澳大湾区营商环境创新实践评选"年度产业园优秀奖"称号。

12 月 9 日　举办 2022 年华南 A 谷"赋农增效"创新创业擂台赛，共 15 家农业科技企业（初创组 5 家、成长组 10 家）获胜。

12 月 26 日　金颖农科孵化器获评 2021 年度国家级科技企业孵化器评价优秀（A 类）。

2023 年

2 月 17 日　金颖农科孵化器召开成立五周年暨 2023 年工作会议，发布"华南 A 谷创新创业孵化十大典型案例"和主题图书《华南兴农策——广东省农业科学院现代农业创新创业孵化实践》。

3 月 17 日　金颖农科孵化器入选广州市科技企业孵化载体"最具专业化榜"。

4 月 23 日　金颖农科孵化器获评"2022 年度广州市优秀高新技术企业服务工作站"。

7 月 8 日　华南 A 谷建设全省首个镇级农业青年创新创业孵化园——新安镇农业青年创新创业孵化园。

10 月 4 日　"华南 A 谷"品牌被写入《广州市"十四五"环五山创新策源区建设规划方案》。

10 月 20 日　金颖农科孵化器获评中国生产力促进协会"2023 年度生产力促进（服务贡献）"三等奖。

11 月 3 日　金颖农科孵化器获评 2023 年广州市科技企业孵化载体"以赛促评"一等奖。

11 月 10 日　金颖农科成为广东省科技企业孵化器协会副会长单位。

11 月 13 日　开展第二届（2023 年）华南 A 谷"创新引领　赋农创效"创新创业孵化项目评选，共 15 家农业科技企业（初创组 5 家、成长组 10 家）入选。

12 月 15 日　金颖农科孵化器获评广东省生产力促进协会"2023 年度生产力促进奖（科技服务机构）"二等奖。

12 月 18 日　金颖农科孵化器获评"2023 年广州市标杆科技企业孵化器"、2022 年度天河优创"领航孵化器"，金颖农科加速器获评天河区"加速器试点单位"。

2024 年

1 月 21 日　金颖农科孵化器连续 5 年上榜天河优创，获评 2023 年度天河优创"领航孵化器""品牌示范孵化器"。

5 月 29 日　金颖农科孵化器蝉联国家级科技企业孵化器评价优秀（A 类）（2022 年度）。

7 月 15 日　广州市市场监督管理局（知识产权局）授予金颖农科孵化器（华南 A 谷）"现代农业知识产权服务工作站"牌匾。

8 月 29 日　金颖农科孵化器（华南 A 谷）蝉联广州市创业孵化基地评价优秀。

附录二　主要政策文件

一、中华人民共和国促进科技成果转化法（2015 年修订）（中华人民共和国主席令第三十二号）

二、科技企业孵化器管理办法（国科发区〔2018〕300 号）

三、广东省人民政府印发关于进一步促进科技创新若干政策措施的通知（粤府〔2019〕1 号）

四、国务院办公厅关于提升大众创业万众创新示范基地带动作用进一步促改革稳就业强动能的实施意见（国办发〔2020〕26 号）

五、农业农村部关于促进农业产业化龙头企业做大做强的意见（农产发〔2021〕5 号）

六、财政部 科技部关于印发《国家科技成果转化引导基金管理暂行办法》的通知（财教〔2021〕176 号）

七、广东省科技孵化育成体系高质量发展专项行动计划（2021—2025 年）（粤科高字〔2021〕222 号）

八、广东省人民政府办公厅关于金融支持全面推进乡村振兴的实施意见（粤府办〔2021〕46 号）

九、中共广东省委 广东省人民政府关于全面推进乡村振兴加快农业农村现代化的实施意见

十、广州市科技创新条例

十一、广州市促进创新链产业链融合发展行动计划（2022—2025 年）（穗府办〔2022〕19 号）

十二、中国人民银行 国家金融监督管理总局 证监会 财政部 农业农村部关于金融支持全面推进乡村振兴加快建设农业强国的指导意见（银发〔2023〕97 号）

十三、广东省科学技术厅关于印发《广东省科技支撑"百县千镇万村高质量发展工程"促进城乡区域协调发展实施方案（试行）》的通知（粤科农字〔2023〕116 号）

十四、广州市人民政府办公厅关于印发广州市壮大科技创新主体促进高新技术企业高质量发展若干措施的通知（穗府办〔2023〕16 号）

十五、国务院办公厅关于印发《促进创业投资高质量发展的若干政策措施》的通知（国办发〔2024〕31 号）

十六、关于印发《创新加速器建设指引》的通知（火炬〔2024〕3号）

十七、广东省人民政府办公厅关于加快构建现代化中试平台体系推动产业科技互促双强的实施意见（粤府办〔2024〕7号）

十八、广州市人民政府办公厅关于印发广州市进一步促进科技成果转移转化若干措施的通知（穗府办〔2024〕7号）

十九、广东省第十四届人民代表大会常务委员会公告（第31号）

中华人民共和国促进科技成果转化法
（2015 年修订）

中华人民共和国主席令第三十二号

《全国人民代表大会常务委员会关于修改〈中华人民共和国促进科技成果转化法〉的决定》已由中华人民共和国第十二届全国人民代表大会常务委员会第十六次会议于 2015 年 8 月 29 日通过，现予公布，自 2015 年 10 月 1 日起施行。

中华人民共和国主席　习近平

2015 年 8 月 29 日

中华人民共和国促进科技成果转化法
（2015 年修订）

（1996 年 5 月 15 日第八届全国人民代表大会常务委员会第十九次会议通过

根据 2015 年 8 月 29 日第十二届全国人民代表大会常务委员会第十六次会议《关于修改〈中华人民共和国促进科技成果转化法〉的决定》修正）

目　　录

第一章　总　　则

第一条　为了促进科技成果转化为现实生产力，规范科技成果转化活动，加速科学技术进步，推动经济建设和社会发展，制定本法。

第二条　本法所称科技成果，是指通过科学研究与技术开发所产生的具有实用价值的成果。职务科技成果，是指执行研究开发机构、高等院校和企业等单位的工作任务，或者主要是利用上述单位的物质技术条件所完成的科技成果。

本法所称科技成果转化，是指为提高生产力水平而对科技成果所进行的后续试验、开发、应用、推广直至形成新技术、新工艺、新材料、新产品，发展新产业等活动。

第三条　科技成果转化活动应当有利于加快实施创新驱动发展战略，促进科技与经济的结合，有利于提高经济效益、社会效益和保护环境、合理利用资源，有利于促进经济建设、社会发展和维护国家安全。

科技成果转化活动应当尊重市场规律，发挥企业的主体作用，遵循自愿、互利、公平、诚实信用的原则，依照法律法规规定和合同约定，享有权益，承担风险。科技成果转化活动中的知识产权受法律保护。

科技成果转化活动应当遵守法律法规，维护国家利益，不得损害社会公共利益和他人合法权益。

第四条　国家对科技成果转化合理安排财政资金投入，引导社会资金投入，推动科技成果转化资金投入的多元化。

第五条　国务院和地方各级人民政府应当加强科技、财政、投资、税收、人才、产业、金融、政府采购、军民融合等政策协同，为科技成果转化创造良好环境。

地方各级人民政府根据本法规定的原则，结合本地实际，可以采取更加有利于促进科技成果转化的措施。

第六条　国家鼓励科技成果首先在中国境内实施。中国单位或者个人向境外的组织、个人转让或者许可其实施科技成果的，应当遵守相关法律、行政法规以及国家有关规定。

第七条　国家为了国家安全、国家利益和重大社会公共利益的需要，可以依法组织实施或者许可他人实施相关科技成果。

第八条　国务院科学技术行政部门、经济综合管理部门和其他有关行政部门依照国务院规定的职责，管理、指导和协调科技成果转化工作。

地方各级人民政府负责管理、指导和协调本行政区域内的科技成果转化工作。

第二章　组织实施

第九条　国务院和地方各级人民政府应当将科技成果的转化纳入国民经济和社会发展计划，并组织协调实施有关科技成果的转化。

第十条　利用财政资金设立应用类科技项目和其他相关科技项目，有关行政部门、管理机构应当改进和完善科研组织管理方式，在制定相关科技规划、计划和编制项目指南时应当听取相关行业、企业的意见；在组织实施应用类科技项目时，应当明确项目承担者的科技成果转化义务，加强知识产权管理，并将科技成果转化和知识产权创造、运用作为立项和验收的重要内容和依据。

第十一条　国家建立、完善科技报告制度和科技成果信息系统，向社会公布科技项目实施情况以及科技成果和相关知识产权信息，提供科技成果信息查询、筛选等公益服务。公布有关信息不得泄露国家秘密和商业秘密。对不予公布的信息，有关部门应当及时告知相关科技项目承担者。

利用财政资金设立的科技项目的承担者应当按照规定及时提交相关科技报

告，并将科技成果和相关知识产权信息汇交到科技成果信息系统。

国家鼓励利用非财政资金设立的科技项目的承担者提交相关科技报告，将科技成果和相关知识产权信息汇交到科技成果信息系统，县级以上人民政府负责相关工作的部门应当为其提供方便。

第十二条 对下列科技成果转化项目，国家通过政府采购、研究开发资助、发布产业技术指导目录、示范推广等方式予以支持：

（一）能够显著提高产业技术水平、经济效益或者能够形成促进社会经济健康发展的新产业的；

（二）能够显著提高国家安全能力和公共安全水平的；

（三）能够合理开发和利用资源、节约能源、降低消耗以及防治环境污染、保护生态、提高应对气候变化和防灾减灾能力的；

（四）能够改善民生和提高公共健康水平的；

（五）能够促进现代农业或者农村经济发展的；

（六）能够加快民族地区、边远地区、贫困地区社会经济发展的。

第十三条 国家通过制定政策措施，提倡和鼓励采用先进技术、工艺和装备，不断改进、限制使用或者淘汰落后技术、工艺和装备。

第十四条 国家加强标准制定工作，对新技术、新工艺、新材料、新产品依法及时制定国家标准、行业标准，积极参与国际标准的制定，推动先进适用技术推广和应用。

国家建立有效的军民科技成果相互转化体系，完善国防科技协同创新体制机制。军品科研生产应当依法优先采用先进适用的民用标准，推动军用、民用技术相互转移、转化。

第十五条 各级人民政府组织实施的重点科技成果转化项目，可以由有关部门组织采用公开招标的方式实施转化。有关部门应当对中标单位提供招标时确定的资助或者其他条件。

第十六条 科技成果持有者可以采用下列方式进行科技成果转化：

（一）自行投资实施转化；

（二）向他人转让该科技成果；

（三）许可他人使用该科技成果；

（四）以该科技成果作为合作条件，与他人共同实施转化；

（五）以该科技成果作价投资，折算股份或者出资比例；

（六）其他协商确定的方式。

第十七条 国家鼓励研究开发机构、高等院校采取转让、许可或者作价投资等方式，向企业或者其他组织转移科技成果。

国家设立的研究开发机构、高等院校应当加强对科技成果转化的管理、组织和协调，促进科技成果转化队伍建设，优化科技成果转化流程，通过本单位负责技术转移工作的机构或者委托独立的科技成果转化服务机构开展技术转移。

第十八条　国家设立的研究开发机构、高等院校对其持有的科技成果，可以自主决定转让、许可或者作价投资，但应当通过协议定价、在技术交易市场挂牌交易、拍卖等方式确定价格。通过协议定价的，应当在本单位公示科技成果名称和拟交易价格。

第十九条　国家设立的研究开发机构、高等院校所取得的职务科技成果，完成人和参加人在不变更职务科技成果权属的前提下，可以根据与本单位的协议进行该项科技成果的转化，并享有协议规定的权益。该单位对上述科技成果转化活动应当予以支持。

科技成果完成人或者课题负责人，不得阻碍职务科技成果的转化，不得将职务科技成果及其技术资料和数据占为己有，侵犯单位的合法权益。

第二十条　研究开发机构、高等院校的主管部门以及财政、科学技术等相关行政部门应当建立有利于促进科技成果转化的绩效考核评价体系，将科技成果转化情况作为对相关单位及人员评价、科研资金支持的重要内容和依据之一，并对科技成果转化绩效突出的相关单位及人员加大科研资金支持。

国家设立的研究开发机构、高等院校应当建立符合科技成果转化工作特点的职称评定、岗位管理和考核评价制度，完善收入分配激励约束机制。

第二十一条　国家设立的研究开发机构、高等院校应当向其主管部门提交科技成果转化情况年度报告，说明本单位依法取得的科技成果数量、实施转化情况以及相关收入分配情况，该主管部门应当按照规定将科技成果转化情况年度报告报送财政、科学技术等相关行政部门。

第二十二条　企业为采用新技术、新工艺、新材料和生产新产品，可以自行发布信息或者委托科技中介服务机构征集其所需的科技成果，或者征寻科技成果转化的合作者。

县级以上地方各级人民政府科学技术行政部门和其他有关部门应当根据职责分工，为企业获取所需的科技成果提供帮助和支持。

第二十三条　企业依法有权独立或者与境内外企业、事业单位和其他合作者联合实施科技成果转化。

企业可以通过公平竞争，独立或者与其他单位联合承担政府组织实施的科技研究开发和科技成果转化项目。

第二十四条　对利用财政资金设立的具有市场应用前景、产业目标明确的科技项目，政府有关部门、管理机构应当发挥企业在研究开发方向选择、项目实施和成果应用中的主导作用，鼓励企业、研究开发机构、高等院校及其他组织共同实施。

第二十五条　国家鼓励研究开发机构、高等院校与企业相结合，联合实施科技成果转化。

研究开发机构、高等院校可以参与政府有关部门或者企业实施科技成果转化的招标投标活动。

第二十六条 国家鼓励企业与研究开发机构、高等院校及其他组织采取联合建立研究开发平台、技术转移机构或者技术创新联盟等产学研合作方式，共同开展研究开发、成果应用与推广、标准研究与制定等活动。

合作各方应当签订协议，依法约定合作的组织形式、任务分工、资金投入、知识产权归属、权益分配、风险分担和违约责任等事项。

第二十七条 国家鼓励研究开发机构、高等院校与企业及其他组织开展科技人员交流，根据专业特点、行业领域技术发展需要，聘请企业及其他组织的科技人员兼职从事教学和科研工作，支持本单位的科技人员到企业及其他组织从事科技成果转化活动。

第二十八条 国家支持企业与研究开发机构、高等院校、职业院校及培训机构联合建立学生实习实践培训基地和研究生科研实践工作机构，共同培养专业技术人才和高技能人才。

第二十九条 国家鼓励农业科研机构、农业试验示范单位独立或者与其他单位合作实施农业科技成果转化。

第三十条 国家培育和发展技术市场，鼓励创办科技中介服务机构，为技术交易提供交易场所、信息平台以及信息检索、加工与分析、评估、经纪等服务。

科技中介服务机构提供服务，应当遵循公正、客观的原则，不得提供虚假的信息和证明，对其在服务过程中知悉的国家秘密和当事人的商业秘密负有保密义务。

第三十一条 国家支持根据产业和区域发展需要建设公共研究开发平台，为科技成果转化提供技术集成、共性技术研究开发、中间试验和工业性试验、科技成果系统化和工程化开发、技术推广与示范等服务。

第三十二条 国家支持科技企业孵化器、大学科技园等科技企业孵化机构发展，为初创期科技型中小企业提供孵化场地、创业辅导、研究开发与管理咨询等服务。

第三章 保 障 措 施

第三十三条 科技成果转化财政经费，主要用于科技成果转化的引导资金、贷款贴息、补助资金和风险投资以及其他促进科技成果转化的资金用途。

第三十四条 国家依照有关税收法律、行政法规规定对科技成果转化活动实行税收优惠。

第三十五条 国家鼓励银行业金融机构在组织形式、管理机制、金融产品和服务等方面进行创新，鼓励开展知识产权质押贷款、股权质押贷款等贷款业务，为科技成果转化提供金融支持。

国家鼓励政策性金融机构采取措施，加大对科技成果转化的金融支持。

第三十六条　国家鼓励保险机构开发符合科技成果转化特点的保险品种，为科技成果转化提供保险服务。

第三十七条　国家完善多层次资本市场，支持企业通过股权交易、依法发行股票和债券等直接融资方式为科技成果转化项目进行融资。

第三十八条　国家鼓励创业投资机构投资科技成果转化项目。

国家设立的创业投资引导基金，应当引导和支持创业投资机构投资初创期科技型中小企业。

第三十九条　国家鼓励设立科技成果转化基金或者风险基金，其资金来源由国家、地方、企业、事业单位以及其他组织或者个人提供，用于支持高投入、高风险、高产出的科技成果的转化，加速重大科技成果的产业化。

科技成果转化基金和风险基金的设立及其资金使用，依照国家有关规定执行。

第四章　技　术　权　益

第四十条　科技成果完成单位与其他单位合作进行科技成果转化的，应当依法由合同约定该科技成果有关权益的归属。合同未作约定的，按照下列原则办理：

（一）在合作转化中无新的发明创造的，该科技成果的权益，归该科技成果完成单位；

（二）在合作转化中产生新的发明创造的，该新发明创造的权益归合作各方共有；

（三）对合作转化中产生的科技成果，各方都有实施该项科技成果的权利，转让该科技成果应经合作各方同意。

第四十一条　科技成果完成单位与其他单位合作进行科技成果转化的，合作各方应当就保守技术秘密达成协议；当事人不得违反协议或者违反权利人有关保守技术秘密的要求，披露、允许他人使用该技术。

第四十二条　企业、事业单位应当建立健全技术秘密保护制度，保护本单位的技术秘密。职工应当遵守本单位的技术秘密保护制度。

企业、事业单位可以与参加科技成果转化的有关人员签订在职期间或者离职、离休、退休后一定期限内保守本单位技术秘密的协议；有关人员不得违反协议约定，泄露本单位的技术秘密和从事与原单位相同的科技成果转化活动。

职工不得将职务科技成果擅自转让或者变相转让。

第四十三条　国家设立的研究开发机构、高等院校转化科技成果所获得的收入全部留归本单位，在对完成、转化职务科技成果做出重要贡献的人员给予奖励和报酬后，主要用于科学技术研究开发与成果转化等相关工作。

第四十四条　职务科技成果转化后，由科技成果完成单位对完成、转化该项科技成果做出重要贡献的人员给予奖励和报酬。

科技成果完成单位可以规定或者与科技人员约定奖励和报酬的方式、数额和时限。单位制定相关规定，应当充分听取本单位科技人员的意见，并在本单位公开相关规定。

第四十五条 科技成果完成单位未规定、也未与科技人员约定奖励和报酬的方式和数额的，按照下列标准对完成、转化职务科技成果做出重要贡献的人员给予奖励和报酬：

（一）将该项职务科技成果转让、许可给他人实施的，从该项科技成果转让净收入或者许可净收入中提取不低于百分之五十的比例；

（二）利用该项职务科技成果作价投资的，从该项科技成果形成的股份或者出资比例中提取不低于百分之五十的比例；

（三）将该项职务科技成果自行实施或者与他人合作实施的，应当在实施转化成功投产后连续三至五年，每年从实施该项科技成果的营业利润中提取不低于百分之五的比例。

国家设立的研究开发机构、高等院校规定或者与科技人员约定奖励和报酬的方式和数额应当符合前款第一项至第三项规定的标准。

国有企业、事业单位依照本法规定对完成、转化职务科技成果做出重要贡献的人员给予奖励和报酬的支出计入当年本单位工资总额，但不受当年本单位工资总额限制、不纳入本单位工资总额基数。

第五章　法　律　责　任

第四十六条 利用财政资金设立的科技项目的承担者未依照本法规定提交科技报告、汇交科技成果和相关知识产权信息的，由组织实施项目的政府有关部门、管理机构责令改正；情节严重的，予以通报批评，禁止其在一定期限内承担利用财政资金设立的科技项目。

国家设立的研究开发机构、高等院校未依照本法规定提交科技成果转化情况年度报告的，由其主管部门责令改正；情节严重的，予以通报批评。

第四十七条 违反本法规定，在科技成果转化活动中弄虚作假，采取欺骗手段，骗取奖励和荣誉称号、诈骗钱财、非法牟利的，由政府有关部门依照管理职责责令改正，取消该奖励和荣誉称号，没收违法所得，并处以罚款。给他人造成经济损失的，依法承担民事赔偿责任。构成犯罪的，依法追究刑事责任。

第四十八条 科技服务机构及其从业人员违反本法规定，故意提供虚假的信息、实验结果或者评估意见等欺骗当事人，或者与当事人一方串通欺骗另一方当事人的，由政府有关部门依照管理职责责令改正，没收违法所得，并处以罚款；情节严重的，由工商行政管理部门依法吊销营业执照。给他人造成经济损失的，依法承担民事赔偿责任；构成犯罪的，依法追究刑事责任。

科技中介服务机构及其从业人员违反本法规定泄露国家秘密或者当事人的商业秘密的，依照有关法律、行政法规的规定承担相应的法律责任。

第四十九条 科学技术行政部门和其他有关部门及其工作人员在科技成果转化中滥用职权、玩忽职守、徇私舞弊的，由任免机关或者监察机关对直接负责的主管人员和其他直接责任人员依法给予处分；构成犯罪的，依法追究刑事责任。

第五十条 违反本法规定，以唆使窃取、利诱胁迫等手段侵占他人的科技成果，侵犯他人合法权益的，依法承担民事赔偿责任，可以处以罚款；构成犯罪的，依法追究刑事责任。

第五十一条 违反本法规定，职工未经单位允许，泄露本单位的技术秘密，或者擅自转让、变相转让职务科技成果的，参加科技成果转化的有关人员违反与本单位的协议，在离职、离休、退休后约定的期限内从事与原单位相同的科技成果转化活动，给本单位造成经济损失的，依法承担民事赔偿责任；构成犯罪的，依法追究刑事责任。

第六章　附　　则

第五十二条 本法自 1996 年 10 月 1 日起施行。

科技企业孵化器管理办法

国科发区〔2018〕300 号

第一章 总 则

第一条 为贯彻落实《中华人民共和国中小企业促进法》《中华人民共和国促进科技成果转化法》《国家创新驱动发展战略纲要》，引导我国科技企业孵化器高质量发展，支持科技型中小微企业快速成长，构建良好的科技创业生态，推动大众创业万众创新上水平，加快创新型国家建设，制定本办法。

第二条 科技企业孵化器（含众创空间等，以下简称孵化器）是以促进科技成果转化，培育科技企业和企业家精神为宗旨，提供物理空间、共享设施和专业化服务的科技创业服务机构，是国家创新体系的重要组成部分、创新创业人才的培养基地、大众创新创业的支撑平台。

第三条 孵化器的主要功能是围绕科技企业的成长需求，集聚各类要素资源，推动科技型创新创业，提供创业场地、共享设施、技术服务、咨询服务、投资融资、创业辅导、资源对接等服务，降低创业成本，提高创业存活率，促进企业成长，以创业带动就业，激发全社会创新创业活力。

第四条 孵化器的建设目标是落实国家创新驱动发展战略，构建完善的创业孵化服务体系，不断提高服务能力和孵化成效，形成主体多元、类型多样、业态丰富的发展格局，持续孵化新企业、催生新产业、形成新业态，推动创新与创业结合、线上与线下结合、投资与孵化结合，培育经济发展新动能，促进实体经济转型升级，为建设现代化经济体系提供支撑。

第五条 科技部和地方科技厅（委、局）负责对全国及所在地区的孵化器进行宏观管理和业务指导。

第二章 国家级科技企业孵化器认定条件

第六条 申请国家级科技企业孵化器应具备以下条件：

1. 孵化器具有独立法人资格，发展方向明确，具备完善的运营管理体系和孵化服务机制。机构实际注册并运营满 3 年，且至少连续 2 年报送真实完整的统计数据；

2. 孵化场地集中，可自主支配的孵化场地面积不低于 10 000 平方米。其中，在孵企业使用面积（含公共服务面积）占 75% 以上；

3. 孵化器配备自有种子资金或合作的孵化资金规模不低于 500 万元人民币，获得投融资的在孵企业占比不低于 10%，并有不少于 3 个的资金使用案例；

4. 孵化器拥有职业化的服务队伍，专业孵化服务人员（指具有创业、投融资、企业管理等经验或经过创业服务相关培训的孵化器专职工作人员）占机构总人数 80％以上，每 10 家在孵企业至少配备 1 名专业孵化服务人员和 1 名创业导师（指接受科技部门、行业协会或孵化器的聘任，能为创业企业、创业者提供专业化、实践性辅导服务的企业家、投资专家、管理咨询专家）；

5. 孵化器在孵企业中已申请专利的企业占在孵企业总数比例不低于 50％或拥有有效知识产权的企业占比不低于 30％；

6. 孵化器在孵企业不少于 50 家且每千平方米平均在孵企业不少于 3 家；

7. 孵化器累计毕业企业应达到 20 家以上。

第七条 在同一产业领域从事研发、生产的企业占在孵企业总数的 75％以上，且提供细分产业的精准孵化服务，拥有可自主支配的公共服务平台，能够提供研究开发、检验检测、小试中试等专业技术服务的可按专业孵化器进行认定管理。专业孵化器内在孵企业应不少于 30 家且每千平方米平均在孵企业不少于 2 家；累计毕业企业应达到 15 家以上。

第八条 本办法中孵化器在孵企业是指具备以下条件的被孵化企业：

1. 主要从事新技术、新产品的研发、生产和服务，应满足科技型中小企业相关要求；

2. 企业注册地和主要研发、办公场所须在本孵化器场地内，入驻时成立时间不超过 24 个月；

3. 孵化时限原则上不超过 48 个月。技术领域为生物医药、现代农业、集成电路的企业，孵化时限不超过 60 个月。

第九条 企业从孵化器中毕业应至少符合以下条件中的一项：

1. 经国家备案通过的高新技术企业；

2. 累计获得天使投资或风险投资超过 500 万元；

3. 连续 2 年营业收入累计超过 1 000 万元；

4. 被兼并、收购或在国内外资本市场挂牌、上市。

第十条 全国艰苦边远地区（按照人力资源和社会保障部艰苦边远地区范围和类别规定）的科技企业孵化器，孵化场地面积、在孵和毕业企业数量、孵化资金规模、知识产权比例等要求可降低 20％。

第三章 申报与管理

第十一条 国家级科技企业孵化器申报程序：

1. 申报机构向所在地省级科技厅（委、局）提出申请。

2. 省级科技厅（委、局）负责组织专家进行评审并实地核查，评审结果对外公示。对公示无异议机构书面推荐到科技部。

3. 科技部负责对推荐申报材料进行审核并公示结果，合格机构以科技部文件形式确认为国家级科技企业孵化器。

第十二条 国家级科技企业孵化器（含国家备案众创空间），按照国家政策和文件规定享受相关优惠政策。

第十三条　科技部依据国家统计局审批的统计报表对孵化器进行规范统计，国家级科技企业孵化器应按要求及时提供真实完整的统计数据。

第十四条　科技部依据孵化器评价指标体系定期对国家级科技企业孵化器开展考核评价工作，并进行动态管理。对连续2次考核评价不合格的，取消其国家级科技企业孵化器资格。

第十五条　国家级科技企业孵化器发生名称变更或运营主体、面积范围、场地位置等认定条件发生变化的，需在三个月内向所在地省级科技厅（委、局）报告。经省级科技厅（委、局）审核并实地核查后，符合本办法要求的，向科技部提出变更建议；不符合本办法要求的，向科技部提出取消资格建议。

第十六条　在申报过程中存在弄虚作假行为的，取消其国家级科技企业孵化器评审资格，2年内不得再次申报；在评审过程中存在徇私舞弊、有违公平公正等行为的，按照有关规定追究相应责任。

第四章　促进与发展

第十七条　孵化器应加强服务能力建设，利用互联网、大数据、人工智能等新技术，提升服务效率。有条件的孵化器应形成"众创—孵化—加速"机制，提供全周期创业服务，营造科技创新创业生态。

第十八条　孵化器应加强从业人员培训，打造专业化创业导师队伍，为在孵企业提供精准化、高质量的创业服务，不断拓宽就业渠道，推动留学人员、科研人员及大学生创业就业。

第十九条　孵化器应提高市场化运营能力，鼓励企业化运作，构建可持续发展的运营模式，提升自身品牌影响力。

第二十条　孵化器应积极融入全球创新创业网络，开展国际技术转移、离岸孵化等业务，引进海外优质项目、技术成果和人才等资源，帮助创业者对接海外市场。

第二十一条　各级地方政府和科技部门、国家自主创新示范区、国家高新技术产业开发区管理机构及其相关部门应在孵化器发展规划、用地、财政等方面提供政策支持。

第二十二条　各地区应结合区域优势和现实需求引导孵化器向专业化方向发展，支持有条件的龙头企业、高校、科研院所、新型研发机构、投资机构等主体建设专业孵化器，促进创新创业资源的开放共享，促进大中小企业融通发展。

第二十三条　各地区应发挥协会、联盟等行业组织的作用，促进区域孵化器之间的经验交流和资源共享。

第五章　附　　则

第二十四条　省级科技厅（委、局）可参照本办法制定本地区孵化器管理办法。

第二十五条　本办法由科技部负责解释，自2019年1月1日起实施。《科技企业孵化器认定和管理办法》（国科发高〔2010〕680号）同时废止。

广东省人民政府印发关于进一步促进
科技创新若干政策措施的通知

粤府〔2019〕1 号

各地级以上市人民政府，各县（市、区）人民政府，省政府各部门、各直属
机构：

现将《关于进一步促进科技创新的若干政策措施》印发给你们，请认真组织
实施。实施过程中遇到的问题，请径向省科技厅反映。

创新是引领发展的第一动力，是推动高质量发展的战略支撑。各地、各部门
要深入贯彻落实习近平总书记视察广东重要讲话精神，继续发扬改革创新的优良
传统，解放思想、真抓实干、锐意进取，全面深化科技体制机制改革，建立健全
容错免责机制，强化协调联动和宣传引导，有效激发全社会创新创业活力，为奋
力实现"四个走在全国前列"、当好"两个重要窗口"提供重要支撑。

广东省人民政府

2018 年 12 月 24 日

关于进一步促进科技创新的若干政策措施

为深入贯彻习近平新时代中国特色社会主义思想和党的十九大精神，深入贯
彻习近平总书记视察广东重要讲话精神，深入实施创新驱动发展战略，大力推进
以科技创新为核心的全面创新，不断提升我省自主创新能力，充分发挥科技创新
对经济社会发展的支撑引领作用，特制定以下政策措施。

一、推进粤港澳大湾区国际科技创新中心建设。构建更加灵活高效的粤港澳
科技合作机制，启动实施粤港澳大湾区科技创新行动计划，共建重大创新平台和
成果转化基地，共同开展基础研究和关键核心技术攻关；围绕创建综合性国家科
学中心，完善重大科技基础设施共建机制，协同落实国家战略布局和支持政策，
建设世界一流重大科技基础设施集群，省市在建设规划、用地审批、资金安排、
人才政策等方面给予重点支持。推动重大科技基础设施、国家重点实验室、省实
验室开放共享，建设面向港澳开放的散裂中子源谱仪，保障对港澳的专用机时和
服务。支持港澳及世界知名高校、科研机构、企业来粤设立分支机构并享受相关
优惠政策，促使重大科技成果落地转化。支持我省高校、科研机构、企业在国际
创新人才密集区和"一带一路"沿线国家设立离岸科技孵化基地或研发机构，集

聚全球高端创新资源。试行高校、科研机构和企业科技人员按需办理往来港澳有效期 3 年的多次商务签注，企业商务签注备案不受纳税额限制；允许持优粤卡 A 卡的港澳和外籍高层次人才，申办 1 副港澳入出内地商务车辆牌证。支持各市至少建设 1 家港澳青年创新创业基地，基地可直接认定为省级科技企业孵化器并享受相关优惠政策。减轻在粤工作的港澳人才和外籍高层次人才内地工资薪金所得税税负，珠三角九市可按内地与境外个人所得税税负差额给予补贴。

二、鼓励港澳高校和科研机构承担省科技计划项目。省科技计划项目向港澳开放，支持港澳高校、科研机构牵头或独立申报省科技计划项目。建立省财政科研资金跨境使用机制，允许项目资金直接拨付至港澳两地牵头或参与单位。完善符合港澳实际的财政科研资金管理机制，保障资金高效、规范使用。建立资金拨付绿色通道，省科技行政部门凭立项文件、立项合同到税务部门进行对外支付税务备案，即时办结后到相关银行办理拨款手续。港澳项目承担单位应提供人民币银行账户，港澳银行收取的管理费可从科研资金中列支。港澳项目承担单位获得的科技成果与知识产权原则上归其所有，依合同约定使用管理，并优先在我省产业化。鼓励有条件的地级以上市向港澳开放科技计划项目。

三、推进创新人才高地建设。调整优化省重大人才工程，加强省重大人才工程与重大科技计划、各级人才计划衔接协同；对于引进人才与本土人才，一视同仁。率先实施更优人才永久居留政策，在珠三角九市先行先试技术移民制度，缩短外籍人才申请永久居留的审批期限。优化人才签证制度，外籍高层次人才、急需紧缺人才可凭科技（外专）部门签发的确认函，直接向我国驻外签证机关申请办理有效期最高 10 年、每次停留时间最高 180 日的 R 字签证，上述人才的配偶及未成年子女亦可办理有效期相同、多次入境的相应种类签证；简化外籍人才短期（90 日以内）来粤工作的签证办理程序，外籍人才凭科技（外专）部门签发的邀请函，可直接向我国驻外签证机关申请 F 字签证，入境后免办工作许可和居留许可；对需紧急入境但未能在我国驻外签证机关办理 R 字或 F 字签证的外籍人才，可凭科技（外专）部门签发的确认函或邀请函，直接在我省口岸签证机关申请 R 字或 F 字临时签证入境（30 日以内），入境后如需延长停留时间按规定办理。对已获得来华工作许可和居留许可的外籍高层次人才，其外籍团队成员及科研助手可办理相应期限的工作许可和居留许可。试行港澳人才享受我省企业职工基本养老保险延缴政策，对达到法定退休年龄、累计缴费不足 15 年的可以延缴，对男性满 65 周岁、女性满 60 周岁时缴费年限仍不足 15 年的可予趸缴。对在粤工作、不能享受社会保险待遇的外籍人才，允许用人单位使用财政资金为其购买任期内商业养老保险和商业医疗保险。强化企业家在科技创新中的重要作用，实施企业家职称评审直通车制度，科技型企业家可直接申报高级（含正高级）专业技术职称。支持各地级以上市按照职住平衡、就近建设、定向供应的原则，在高校、科研机构、高新技术产业开发区（以下简称高新区）等人才密集区建设产权型或租赁型人才住房。

　　四、加快建设省实验室和新型研发机构。对标国家实验室，在重点领域建设
10 个左右省实验室。支持省实验室实行新型管理体制和运营机制，赋予其人财
物自主权，可自主评审正高级职称，自主决策孵化企业投资，自主设立的科技项
目视同省科技计划项目，重点引进的人才团队纳入省重大人才工程。支持省实验
室与高校联合共建博士点、硕士点，培养高水平创新人才。支持国内外知名高
校、科研机构、世界 500 强企业、中央企业等来粤设立研发总部或区域研发中
心，在新一代通信与网络、量子科学、脑科学、人工智能等前沿科学领域布局建
设高水平研究院，并直接认定为省新型研发机构，评估优秀的省财政最高给予
1 000 万元奖补。符合条件的省实验室及所属科研机构、高水平研究院，经批准
可作为省或市登记设立的事业单位，不纳入机构编制管理。对省市参与建设的事
业单位性质新型研发机构，省或市可授予其自主审批下属创投公司最高 3 000 万
元的投资决策权。试点实施事业单位性质的新型研发机构运营管理机制改革，允
许新型研发机构设立多元投资的混合制运营公司，其管理层和核心骨干可以货币
出资方式持有 50% 以上股份，并经理事会批准授权，由运营公司负责新型研发
机构经营管理；在实现国有资产保值增值的前提下，盈余的国有资产增值部分可
按不低于 50% 的比例留归运营公司。稳步推进省属公益类科研机构改革，开展
中长期绩效综合评价，对评价优秀的实行基本科研业务费制度。

　　五、加快高新区改革创新发展。推进国家级高新区地市全覆盖，并在三年内
布局新建 40 个以上省级高新区。设立高新区和高新技术企业发展资金，提升高
新区产业集聚和公共服务能力，培育一批高新技术企业和高成长性科技型中小企
业。支持国家级高新区和发展水平高的省级高新区整合或托管区位相邻、产业相
近、分布零散的产业园区。向国家和省级高新区下放更多的省级和市级经济管理
权限。各地级以上市根据精简、效能原则，设立专业化、专职化的高新区管理机
构，高新区内设机构可在核定的数额内根据需要动态调整并按程序报批。深化高
新区干部人事制度改革，高新区管理机构主要领导由所在地党政领导成员兼任，
所在地科技行政部门负责同志兼任高新区管理机构的领导班子成员，赋予高新区
核定编制内选人用人自主权。理顺高新区财政管理体制，赋予国家级高新区和具
备条件的省级高新区一级财政管理权限。鼓励各地级以上市按高新区上缴的财政
贡献和土地出让收入，对高新区给予一定奖补。

　　六、加大企业创新普惠性支持。进一步降低企业研发成本，在全面执行国家
研发费用税前加计扣除 75% 政策基础上，鼓励有条件的地级以上市对评价入库
的科技型中小企业再按 25% 研发费用税前加计扣除标准给予奖补。调整优化企
业研发财政补助政策，持续激励企业加大研发投入，并适当向粤东西北地区企业
倾斜。鼓励有条件的地级以上市对设立时间不超过 5 年、经评价入库的科技型中
小企业，按其形成的财政贡献给予一定奖励。对当年通过高新技术企业认定、入

库培育、新建研发机构的企业，省市财政给予一定奖励。鼓励各地级以上市建立高成长性科技型企业种子库，提供分类施策和一企一策靶向服务，支持企业在境内外上市。改革省科技创新券使用管理，扩大创新券规模和适用范围，实现全国使用、广东兑付，重点支持科技型中小企业和创业者购买创新创业服务。支持企业联合高校、科研机构创建国家级和省级技术创新中心、产业创新中心和制造业创新中心。探索建立符合国际规则的创新产品政府首购制度，加大对首次投放国内市场、具有核心知识产权但暂不具备市场竞争力的重大创新产品采购力度。政府机关、事业单位和团体组织使用财政性资金采购同类型产品时，应合理设置首创性、先进性等评审因素和权重，不得对创新产品提出市场占有率、使用业绩等要求。国有企业利用国有资金采购创新产品的，应参照上述规定执行。实施重大创新产品示范应用工程，为重点领域研发计划等形成的重大创新产品提供应用场景。

七、打通科技成果转化"最后一公里"。构建国家重大科技项目接续支持机制，吸引一批国家项目在粤开展延展性研究和产业化应用，促使更多已结题、未转化的国家项目落地。提高科技成果转化积极性，高校独资设立的资产管理公司可将高校委托或划拨的科技成果自主作价投资，对科技人员实施股权激励，所持企业国有股份收益分配及退出由高校自主审批，收益可部分留归公司使用。高校资产管理公司开展科技成果作价投资，经履行勤勉尽责义务仍发生投资亏损的，由高校及其主管部门审核后，不纳入国有资产对外投资保值增值考核范围，免责办理亏损资产核销手续。高校、科研机构开展技术开发、技术咨询、技术服务等活动取得的净收入视同科技成果转化收入，可留归自主使用。试点开展科技成果权属改革，高校、科研机构以市场委托方式取得的横向项目，可约定其成果权属归科技人员所有；对利用财政资金形成的新增职务科技成果，按照有利于提高成果转化效率的原则，高校、科研机构可与科技人员共同申请知识产权，赋予科技人员成果所有权。支持专业化技术转移服务机构建设，省财政按其上年度促成高校、科研机构与企业签订的、除关联交易之外的登记技术合同交易额，以及引进境外技术交易额的一定比例给予奖补，重点用于引进培育技术经纪人或奖励机构人员绩效支出。

八、促进科技金融深度融合。建立企业创新融资需求与金融机构、创投机构信息对接机制，向金融机构、创投机构开放高新技术企业、科技型中小企业和承担省重点领域研发计划项目企业融资需求相关信息。鼓励银行开展科技信贷特色服务，创新外部投贷联动服务模式，加大对科技型中小企业的信贷支持力度，省财政按其实际投放金额予以一定奖补。省财政与有条件的地级以上市联动设立当地科技风险准备金池，对金融机构开展科技型中小企业贷款和知识产权质押投融资业务发生的损失，给予一定比例的风险补偿，促进解决民营科技型中小企业融资难、融资贵问题。鼓励有条件的地级以上市对新注册登记的私募股权和创业投资管理企业，从其形成财政贡献之日起，给予最多5年适当奖补；对新注册成立的创业投资企业、创业投资管理企业分别按实缴注册资金额、实际管理资金额的一定比例给予奖补，重点用于奖励其高管及骨干人员。发挥省创新创业基金引导作用，重点投向初创科技型企业，引导更多社会资金助推创新创业。改革省政策性引导基金的出资方式和管理模式，鼓励加大让利幅度，允许基金归属财政出资部分的收益全部让渡给社会资本出资方。对投资初创科技型企业的省内创业投资企业，省财政按其累计投资额的一定比例给予奖补。支持符合条件的创业投资企业及其股东、有限合伙人发行创投债，扩大创业投资企业资本规模。鼓励有条件的地级以上市大力发展金融科技产业，吸引金融科技企业和人才落户，对云计算、大数据、区块链、人工智能等新技术在金融领域的应用予以支持。

九、加强科研用地保障。优先保障重大科技项目用地，新增的非营利性科技项目用地计划指标由省统筹解决。国家下达的年度林地定额，优先用于重大科技基础设施、省实验室、省新型研发机构等重点科技创新项目建设，该类项目使用林地申请优先受理审核。对将"三旧"改造用地用于科技创新类项目的县（区），省按相关规定奖励新增建设用地计划指标。通过"三旧"改造建设重大科技基础设施、省实验室、高新技术企业，以及各市新型研发机构、科技企业孵化器和众创空间，在满足基础设施承载能力前提下，依法适当放宽地块容积率限制，缩短规划审批时间。对国家级、省级科技企业孵化器（含国家级科技企业孵化器培育单位）、大学科技园（含国家级大学科技园培育单位）和国家备案众创空间自用及提供给在孵对象使用的房产、土地，免征房产税和城镇土地使用税。在符合规划、不改变用途的前提下，国家级科技企业孵化器利用原有科研用地提高建筑密度和增加容积率的，可按一定优惠幅度征收土地价款差额。支持高校、科研机构围绕优势专业领域，利用自有物业、闲置楼宇建设众创空间、科技企业孵化器和加速器，选择若干高校、科研机构试点自主招租或授权运营机构公开招租，其租金收入财政全额返还，主要用于孵化器建设与运营、科技服务人员奖励等；其孵化服务收入全部归属为科技成果转化收入，留归高校、科研机构自主使用。支持广深科技创新走廊十大核心平台建设，简化"三旧"改造项目地块建设规划审批流程，按控制性详细规划法定程序编制并经所在市批准的"三旧"改造单元规划，可作为改造地块的控制性详细规划；符合产业准入条件的创新主体，在结构安全、外观良好、不影响周边建筑使用、不改变主体结构、不增加容积率的前提下，改变现有建筑使用功能用于创新活动的，无需进行规划报建。

十、提高区域创新发展平衡性协调性。着力构建以广州和深圳为主引擎、珠三角地区为核心、沿海经济带和北部生态区协调发展的区域创新格局，加强分类指导，实施差异化政策支持。在粤东西北地区采取省市共建等方式建设省实验室、省重点实验室，对创建国家级和新建省级高新区给予倾斜支持，布局新建一批农业高新技术产业示范区。对在粤东西北地区建设的高水平新型研发机构，省财政给予启动经费支持，经认定为省新型研发机构且评估优秀的，最高给予2 000万元奖补。对在粤东西北地区设立分校、分院或分支机构的高校、科研机构、高水平医院、国家重点实验室，在规划用地、建设资金等方面优先予以保障。对整体搬迁至粤东西北地区的高新技术企业，执行国家税收优惠政策。实施乡村振兴科技计划，加快建设现代农业产业园，支持国家现代农业产业科技创新中心开展体制机制创新，先行先试创新政策；开展农村科技特派员行动，强化结果导向，重点考核派驻单位实现科技致富、农民增收目标情况，农村科技特派员承担重点派驻任务视同承担省级科技计划项目，纳入职称评价、职务晋升考核体系。鼓励省创新创业基金、农业供给侧结构性改革基金设立子基金，重点支持粤东西北地区科技型企业发展和现代农业产业科技创新中心建设。加大力度实施扬帆计划，加强粤东西北地区人才队伍建设。

十一、加强科研诚信和科研伦理建设。建立健全职责明确、高效协同的科研诚信管理体系，倡导良好学风，弘扬科学家精神，加强对科研人员的科研诚信和科研伦理教育。科研人员应当树立正确的学术价值观，克服浮躁、潜心科研、淡泊名利，恪守科研道德准则，不得挑战科研诚信与科研伦理底线。支持开展科研伦理和道德研究，不断完善相关规章制度，进一步强化科研伦理和道德的专家评估、审查、监督、调查处理和应急处置等工作。生命科学、医学、人工智能等前沿领域和对社会、环境具有潜在威胁的科研活动，应当在立项前实行科研伦理承诺制，对不签订科研伦理承诺书的项目不予立项。涉及人的生物医学科研和从事实验动物生产、使用的单位，应当按国家相关规定设立伦理委员会，增强科研伦理意识，履行管理主体责任，严格执行有关法律法规，遵循国际公认的科研伦理规范和生命伦理准则。加强科研诚信信息跨部门跨区域共享共用，对严重违背科研诚信和科研伦理要求的行为零容忍，实行终身追责、联合惩戒，涉嫌违法犯罪的及时移送司法机关依法处理。

十二、持续加大科技领域"放管服"改革力度。改革科研组织管理和项目形成机制，采用定向组织、并行支持、悬赏揭榜等新型科研组织模式，率先面向全国开放申报，常年受理、集中入库，吸引大机构、大团队落户。试行部分财政科研资金委托地市、高校、科研机构自主立项、自主管理。简化科研项目过程管理，减少项目实施周期内的各类评估、检查、抽查、审计等活动，对同一项目同一年度的监督、检查、评估等结果互通互认，避免重复多头检查。完善省财政科研项目资金管理办法，人力资源成本费不受比例限制，直接费用调剂权全部下放给项目承担单位。项目承担单位应当提高服务意识和水平，减少繁文缛节，便于科研人员按照规定报销科研经费；科研人员应当强化责任和诚信意识，严格按照资金开支范围和标准使用科研经费。高校、科研机构自主制订的横向项目经费管理办法，可作为评估、检查、审计等依据，实行有别于财政科研经费的分类管理方式；横向项目结余经费可全部奖励项目组成员，横向项目给予科技人员的报酬和奖励支出在核定的单位绩效工资总量外单列。高校、科研机构通过招投标或购买服务获取的财政性规划类、专题调研类、科技服务与管理类项目，可按横向项目管理。将更多省级科技创新行政管理职权事项下放或委托广州、深圳市，已经下放或委托给广州、深圳市的事项，逐步下放至其他具备条件的地市。

省有关部门及各地级以上市应于本通知下发之日起3个月内制定相关配套措施。鼓励驻粤中直高校、科研机构、央企及所属单位全面适用本政策。我省现有政策与本文件规定不一致的，按照本文件执行。

国务院办公厅关于提升大众创业万众创新示范基地带动作用进一步促改革稳就业强动能的实施意见

国办发〔2020〕26号

各省、自治区、直辖市人民政府，国务院各部委、各直属机构：

大众创业万众创新示范基地启动建设以来，创新资源不断集聚，创业活力持续提升，平台能力显著增强，有力带动了创新创业深入发展。为进一步提升双创示范基地对促改革、稳就业、强动能的带动作用，促进双创更加蓬勃发展，更大程度激发市场活力和社会创造力，经国务院同意，现提出以下意见。

一、总体要求

以习近平新时代中国特色社会主义思想为指导，全面贯彻党的十九大和十九届二中、三中、四中全会精神，认真落实党中央、国务院关于统筹推进新冠肺炎疫情防控和经济社会发展工作的决策部署，深入实施创新驱动发展战略，聚焦系统集成协同高效的改革创新，聚焦更充分更高质量就业，聚焦持续增强经济发展新动能，强化政策协同，增强发展后劲，以新动能支撑保就业保市场主体，尤其是支持高校毕业生、返乡农民工等重点群体创业就业，努力把双创示范基地打造成为创业就业的重要载体、融通创新的引领标杆、精益创业的集聚平台、全球化创业的重要节点、全面创新改革的示范样本，推动我国创新创业高质量发展。

二、积极应对疫情影响，巩固壮大创新创业内生活力

（一）落实创业企业纾困政策。切实落实阶段性减免企业社会保险费、缓缴住房公积金等减负政策，根据所在统筹地区政策做好阶段性减征职工基本医疗保险费工作，落实好小规模纳税人增值税减免等优惠政策。落实承租国有房屋房租减免政策，确保惠及最终承租人。鼓励双创示范基地通过延长孵化期限、实施房租补贴等方式，降低初创企业经营负担。优先对受疫情影响较大但发展潜力好的创新型企业加大金融支持力度，简化贷款审批流程，提高信用贷款、中长期贷款比重。（有关部门按职责分工负责）

（二）强化双创复工达产服务。进一步提升双创示范基地服务信息化、便利化水平，充分发挥双创支撑平台、工业互联网平台、电子商务平台等作用，推广"一键申领、网上兑现""企业网上跑、政府现场办"等经验，多渠道为企业解决物流、资金、用工等问题，补齐供应链短板，推动全产业链协同。鼓励双创示范基地积极探索应对疫情影响的新业态新模式。政府投资开发的孵化基地等创业载体安排一定比例场地，免费向下岗失业人员、高校毕业生、农民工等群体提供。

引导平台企业降低个体经营者相关服务费，支持开展线上创业。（地方各级人民政府负责）

（三）增强协同创新发展合力。充分发挥双创示范基地大企业带动作用，协助中小企业开展应收账款融资，帮助产业链上下游企业和相关创新主体解决生产经营难题。在符合条件的示范基地加快推广全面创新改革试验经验，探索实施政银保联动授信担保、建立风险缓释资金池等改革举措，为中小企业应对疫情影响提供有效金融支持。（地方各级人民政府负责）

三、发挥多元主体带动作用，打造创业就业重要载体

（四）实施社会服务创业带动就业示范行动。顺应消费需求升级和服务便利化要求，重点围绕托育、养老、家政、乡村旅游等领域，组织有条件的企业、区域示范基地与互联网平台企业联合开展创业培训、供需衔接、信息共享和能力建设，打造社会服务创业带动就业标杆项目，及时复制推广经验成果，吸引社会资本发展社会服务新业态新模式，拓展更大就业空间。（国家发展改革委牵头负责）

（五）增强创业带动就业能力。加大创业带动就业支持力度，出台支持灵活就业的具体举措。（人力资源社会保障部牵头负责）盘活闲置厂房、低效利用土地等，加强对创业带动就业重点项目的支持。（地方各级人民政府负责）加强创业培训与创业担保贷款等支持政策的协同联动，提升创业担保贷款贴息等扶持政策的针对性和及时性。支持有条件的区域示范基地建设产教融合实训基地、人力资源服务产业园，加快发展面向重点群体的专业化创业服务载体。（国家发展改革委、人力资源社会保障部、财政部、人民银行按职责分工负责）

（六）加强返乡入乡创业政策保障。优先支持区域示范基地实施返乡创业示范项目。发挥互联网平台企业带动作用，引导社会资本和大学生创客、返乡能人等入乡开展"互联网＋乡村旅游"、农村电商等创业项目。（国家发展改革委、文化和旅游部、商务部按职责分工负责）完善支持返乡入乡创业的引人育人留人政策，加大对乡村创业带头人的创业培训力度，培育一批能工巧匠型创业领军人才。对首次创业并正常经营1年以上的返乡入乡创业人员，可给予一次性创业补贴。对符合条件的返乡入乡创业人员按规定给予创业担保贷款贴息和培训补贴。（财政部、人力资源社会保障部、农业农村部、人民银行按职责分工负责）对返乡创业失败后就业和生活遇到困难的人员，及时提供就业服务、就业援助和社会救助。（人力资源社会保障部牵头负责）

（七）提升高校学生创新创业能力。支持高校示范基地打造并在线开放一批创新创业教育优质课程，加强创业实践和动手能力培养，依托高校示范基地开展双创园建设，促进科技成果转化与创新创业实践紧密结合。推动高校示范基地和企业示范基地深度合作，建立创业导师共享机制。支持区域示范基地与高校、企业共建面向特色产业的实训场景，加快培养满足社会需求的实用型技能人才。促进大学生加强数理化和生物等基础理论研究，夯实国家创新能力基础。（教育部牵头负责）实施双创示范基地"校企行"专项行动，充分释放岗位需求，支持将具备持续创新能力和发展潜力的高校毕业生创业团队纳入企业示范基地人才储备和合作计划，通过职业微展示、创业合伙人招募等新方式，拓宽创业带动就业的渠道。（国家发展改革委、国务院国资委、教育部、人力资源社会保障部按职责分工负责）

（八）发挥大企业创业就业带动作用。支持大企业与地方政府、高校共建创业孵化园区，鼓励有条件的双创示范基地开展产教融合型企业建设试点。（国家发展改革委牵头负责）对中央企业示范基地内创业带动就业效果明显的新增企业，探索不纳入压减净增法人数量。（国务院国资委牵头负责）发展"互联网平台＋创业单元""大企业＋创业单元"等模式，依托企业和平台加强创新创业要素保障。（工业和信息化部、国家发展改革委牵头负责）

四、提升协同联动发展水平，树立融通创新引领标杆

（九）构建大中小企业融通创新生态。鼓励企业示范基地结合产业优势建设大中小企业融通发展平台，向中小企业开放资源、开放场景、开放应用、开放创新需求，支持将中小企业首创高科技产品纳入大企业采购体系。（国家发展改革委、工业和信息化部、国务院国资委牵头负责）细化政府采购政策，加大对中小企业的采购支持力度。（财政部牵头负责）鼓励双创示范基地聚焦核心芯片、医疗设备等关键环节和短板领域，建立大中小企业协同技术研发与产业化的合作机制，带动壮大高新技术企业、科技型中小企业规模。（国家发展改革委、科技部、工业和信息化部按职责分工负责）瞄准专业细分领域，培育专精特新"小巨人"企业、制造业单项冠军企业。（工业和信息化部牵头负责）

（十）构筑产学研融通创新创业体系。加强双创示范基地"校＋园＋企"创新创业合作，建设专业化的科技成果转化服务平台，增强中试服务和产业孵化能力。（地方各级人民政府负责）鼓励企业示范基地牵头构建以市场为导向、产学研深度融合的创新联合体。（国家发展改革委、科技部、工业和信息化部、国务院国资委按职责分工负责）不断优化科技企业孵化器、大学科技园和众创空间及其在孵企业的认定或备案条件，加大对具备条件的创业服务机构的支持力度。（科技部、教育部牵头负责）中央预算内投资安排专项资金支持双创示范基地建设，降低对双创示范基地相关支持项目的固定资产投资比例要求。（国家发展改革委、科技部牵头负责）支持有条件的双创示范基地建设学科交叉和协同创新科研基地。（教育部牵头负责）优先在双创示范基地建设企业技术中心等创新平台。（国家发展改革委牵头负责）

（十一）加强不同类型双创示范基地协同联动。搭建双创示范基地跨区域合作交流平台，推广跨区域孵化"飞地模式"，探索在孵项目跨区域梯次流动衔接的合作机制，在资源共享、产业协同、知识产权保护和运营等方面开展跨区域融通合作。推动建设孵化器、加速器、产业园区相互接续的创业服务体系。（地方各级人民政府负责）中央预算内资金优先支持区域一体化创新创业服务平台建设。（国家发展改革委牵头负责）优化长三角、京津冀和西部示范基地联盟，支持建立中部、南部示范基地联盟。（国家发展改革委牵头负责）

五、加强创新创业金融支持，着力破解融资难题

（十二）深化金融服务创新创业示范。支持双创示范基地与金融机构建立长期稳定合作关系，共同参与孵化园区、科技企业孵化器、专业化众创空间等创新创业服务载体建设。（科技部、人民银行、银保监会、证监会按职责分工负责）鼓励以双创示范基地为载体开展政银企合作，探索多样化的科技金融服务。鼓励金融机构与双创示范基地合作开展设备融资租赁等金融服务。（人民银行、银保监会、证监会按职责分工负责）支持双创示范基地内符合条件的企业发行双创孵化专项债券、创业投资基金类债券、创新创业公司债券和双创债务融资工具。支持在双创示范基地开展与创业相关的保险业务。（国家发展改革委、人民银行、证监会、银保监会按职责分工负责）支持将双创示范基地企业信息纳入全国知识产权质押信息平台。在有条件的区域示范基地设立知识产权质押融资风险补偿基金，对无可抵押资产、无现金流、无订单的初创企业知识产权质押融资实施风险补偿。（国家发展改革委、人民银行、银保监会、国家知识产权局按职责分工负责）

（十三）完善创新创业创投生态链。鼓励国家出资的创业投资引导基金、产业投资基金等与双创示范基地深度合作，加强新兴领域创业投资服务，提升项目路演、投融资对接、信息交流等市场化专业化服务水平。（国家发展改革委、财政部、工业和信息化部、科技部按职责分工负责）支持金融机构在依法合规、风险可控前提下，与科研院所示范基地和区域示范基地按照市场化原则合作建立创业投资基金、产业投资基金，支持成立公益性天使投资人联盟等平台组织，加大对细分领域初创期、种子期项目的投入。（国家发展改革委、科技部、人民银行、证监会、银保监会按职责分工负责）

六、深化对外开放合作，构筑全球化创业重要节点

（十四）做强开放创业孵化载体。鼓励有条件的双创示范基地建设国际创业孵化器，与知名高校、跨国公司、中介机构等联合打造离岸创新创业基地，提升海外创业项目转化效率。支持设立海外创业投资基金，为优质创新创业项目提供资金支持。（科技部、证监会、中国科协按职责分工负责）

（十五）搭建多双边创业合作平台。优先将双创示范基地纳入多双边创新创业合作机制，支持承办大型国际创新创业大赛和论坛活动。支持双创示范基地建立国际合作产业园、海外创新中心。加强与国际重点城市的创新创业政策沟通、资源融通和链接。支持双创示范基地依托双创周"海外活动周"等举办创新创业重点活动，对接国际创新资源。加强与海外孵化器、国际创业组织和服务机构合作，为本土中小企业"走出去"拓展合作提供支撑。（国家发展改革委、科技部、

中国科协按职责分工负责）

七、推进全面创新改革试点，激发创新创业创造动力

（十六）探索完善包容创新监管机制。支持双创示范基地深化商事制度改革，营造良好营商环境。（市场监管总局牵头负责）在省级政府事权范围内，支持区域示范基地在完善创业带动就业保障体系、建立新业态发展"监管沙盒"、推动各类主体融通创新、健全对创业失败者容错机制等方面开展试点，加快构建创新引领、协同发展的创新创业创造生态。（有关省级人民政府统筹组织遴选方案）

（十七）深化双创体制改革创新试点。支持企业示范基地重点在建立大企业牵头的创新联合体、完善中央企业衍生混合所有制初创企业配套支持政策等方面开展试点，加快形成企业主体、市场导向的融通创新体系。支持企业示范基地率先试点改革国有投资监管考评制度，建立可操作的创新创业容错机制。支持在具有较高风险和不确定性的业务领域实施员工跟投机制，探索"事业合伙人"方式，形成骨干员工和企业的利益共同体。（国务院国资委牵头统筹组织遴选方案）

（十八）创新促进科技成果转化机制。支持高校和科研院所示范基地在建设现代科研院所、推动高校创新创业与科技成果转化相结合、推进职务科技成果所有权或长期使用权改革、优化科技成果转化决策流程、完善产学研深度融合的新机制、建立专业化技术转移机构等方面开展试点，为加快科技成果转移转化提供制度保障。（科技部、教育部、中科院等按职责分工统筹组织遴选方案）

各地区、各部门要认真贯彻落实党中央、国务院决策部署，抓好本意见的贯彻落实。发展改革委要会同有关部门加强协调指导，完善双创示范基地运行监测和第三方评估，健全长效管理运行机制，遴选一批体制改革有突破、持续创业氛围浓、融通创新带动强的区域、企业、高校和科研院所，新建一批示范基地。对示范成效明显、带动能力强的双创示范基地要给予适当表彰激励，对示范成效差的要及时调整退出。

国务院办公厅

2020 年 7 月 23 日

农业农村部关于促进农业产业化
龙头企业做大做强的意见

农产发〔2021〕5 号

农业产业化龙头企业（以下简称"龙头企业"）是引领带动乡村全面振兴和农业农村现代化的生力军，是打造农业全产业链、构建现代乡村产业体系的中坚力量，是带动农民就业增收的重要主体，在加快推进乡村全面振兴中具有不可替代的重要作用。为贯彻落实 2021 年中央一号文件精神和《国务院关于促进乡村产业振兴的指导意见》要求，支持龙头企业创新发展、做大做强，现提出以下意见。

一、总体要求

（一）指导思想。以习近平新时代中国特色社会主义思想为指导，全面贯彻党的十九大和十九届二中、三中、四中、五中全会精神，立足新发展阶段，贯彻新发展理念，融入新发展格局，以保障国家粮食安全和重要农产品有效供给为根本目标，以打造农业全产业链为重点任务，以建立联农带农利益联结机制为纽带，促进小农户和现代农业发展有机衔接，构建农民主体、企业带动、科技支撑、金融助力的现代乡村产业体系，为全面推进乡村振兴和农业农村现代化夯实产业根基。

（二）基本原则。

——坚持市场导向。发挥市场在资源配置中的决定性作用，尊重龙头企业主导作用和农民主体地位，满足消费者绿色、安全、多样的需求，实现可持续发展。更好发挥政府作用，完善支持政策，优化龙头企业发展环境。

——坚持创新驱动。围绕产业链部署创新链，加大研发投入力度，引进培育科技领军人才，形成市场出题、科企协同攻关的创新机制，推动新技术研发、新装备创制、新产品开发和新模式应用，引领带动产品转化增值、产业提档升级。

——坚持全链打造。发挥龙头企业的链主作用，不断拓展农业的食品保障、休闲体验、生态涵养和文化传承等多种功能，延长产业链、优化供应链、提升价值链，推动产加销服贯通、农食文旅教融合，构建高质高效的现代乡村产业体系。

——坚持联农带农。增强龙头企业社会责任意识，发展多样化的联合与合作，完善与各类经营主体的联结机制，积极投身乡村振兴"万企兴万村"活动，把产业链实体更多留在县域，把就业岗位和产业链增值收益更多留给农民，促进共同富裕。

（三）总体目标。到 2025 年，龙头企业队伍不断壮大，规模实力持续提升，科技创新能力明显增强，质量安全水平显著提高，品牌影响力不断扩大，新产业新业态蓬勃发展，全产业链建设加快推进，产业集聚度进一步提升，联农带农机制更加健全，保障国家粮食安全和重要农产品供给的作用更加突出。到 2025 年末，培育农业产业化国家重点龙头企业超过 2 000 家、国家级农业产业化重点联合体超过 500 个，引领乡村产业高质量发展。

二、明确方向，实现龙头企业高质量发展

（四）提高龙头企业创新发展能力。以国家农业科技创新联盟、国家现代农业产业科技创新中心、国家现代农业产业技术体系、国家农产品加工技术研发体系等为抓手，打造"政产学研用"优势资源集聚融合的平台载体，为龙头企业创新发展提供技术支撑。支持构建龙头企业牵头、高校院所支撑、各创新主体相互协同的体系化、组织化、任务型的创新联合体。支持科技领军型龙头企业参与关键核心技术攻关，承担国家重大科技项目，参与跨领域、大协作、高强度的创新基地与平台建设。支持龙头企业会同科研机构、装备制造企业，开展共性技术和工艺设备联合攻关，提高乡村产业发展技术水平和物质装备条件。引导种业龙头企业加大种质资源保护和开发利用，强化重点种源关键核心技术和农业生物育种技术研发能力，建立健全商业化育种体系，培育新品种、新品系。

（五）提高龙头企业数字化发展能力。鼓励龙头企业应用数字技术，整合产业链上中下游的信息资源，打造产业互联网等生产性服务共享平台，带动上中下游各类主体协同发展，实现产业链整体转型提升。引导有条件的龙头企业建设乡村产业数字中心，加强对生产、加工、流通和服务等全链条的数字化改造，提高乡村产业全链条信息化、智能化水平。鼓励龙头企业应用区块链技术，加强产品溯源体系建设；采用大数据、云计算等技术，发展智慧农业，建立健全智能化、网络化的农业生产经营服务体系，为银行、保险等金融机构服务乡村产业提供信用支撑。

（六）提高龙头企业绿色发展能力。引导龙头企业围绕碳达峰、碳中和目标，研究应用减排减损技术和节能装备，开展减排、减损、固碳、能源替代等示范，打造一批零碳示范样板。畜禽粪污资源化利用整县推进、农村沼气工程、生态循环农业等项目，要将龙头企业作为重要实施主体，实现大型养殖龙头企业畜禽粪污处理支持全覆盖。引导龙头企业强化生物、信息等技术集成应用，发展精细加工，推进深度开发，提升加工副产物综合利用水平。鼓励龙头企业开展农业自愿减排减损。

（七）提高龙头企业品牌发展能力。引导龙头企业立足地方优势，发展特色产业，推动区域公用品牌建设。鼓励龙头企业将特色产业与生态涵养、文化传承相结合，发扬"工匠精神"，打造企业知名品牌。支持龙头企业按照高标准高质量要求，加强顶层设计，提高产品附加值和综合效益，打造一批具有国内、国际影响力的产品品牌。发挥产业联盟、相关行业协会作用，鼓励开展行业规范、技术服务、市场推广、品牌培训等服务。

（八）提高龙头企业融合发展能力。鼓励龙头企业发挥自身优势，推动各类资源要素跨界融合、集成集约，形成特色鲜明、丰富多样、一二三产业融合发展的农业全产业链。引导龙头企业立足资源特色，因地制宜发展乡村新型服务业、乡村制造业、乡村休闲旅游业等，贯通产加销服，融合农食文旅教，拓展农业多种功能，提高产业增值增效空间。鼓励龙头企业完善配送及综合服务网络，在大中城市郊区发展工厂化、立体化、园艺化农业，推广"生鲜电商＋冷链宅配""中央厨房＋食材冷链配送"等新模式，提高鲜活农产品供应保障能力。

三、探索模式，提升龙头企业联农带农水平

（九）打造农民紧密参与的农业产业化联合体。发挥龙头企业在产业链中的引领带动作用，联合农民合作社、家庭农场、农户以及从事农业技术研发、储运销售、品牌流通、综合服务等全产业链各类主体，共同开发优势特色资源、优化配置创新要素，建设一批国家、省、市、县级农业产业化重点联合体。引导农业产业化联合体成员间紧密合作，开展技术共享、信息共享、品牌共享、渠道共享、利益共享等，提高资源要素的利用和产出效率，提升产业综合效益和竞争力。引导农业产业化联合体健全章程，完善契约合同，规范理事会等议事决策制度，建立更加稳定、更加有效、更加长效的利益联结机制，让农民合理分享全产业链增值收益。

（十）探索农民共享收益的生产要素入股模式。引导农户以土地经营权、劳动力、资金、设施等要素，直接或间接入股龙头企业，在保障农户基本权益基础上，建立精准评估、风险共担、利益共享的合作机制。探索"拨改投""拨改股"，将财政补助资金形成的资产量化到小农户，作为小农户入股龙头企业的股份。支持龙头企业出资领办创办农民合作社，鼓励农民合作社、家庭农场参股龙头企业，形成融合发展、共建共享的产业发展共同体。

（十一）推广农民广泛受益的农业社会化服务机制。支持龙头企业制定农业生产规程和操作规范，采取"公司＋农户""公司＋农民合作社＋农户"等组织形式，为农户提供农资供应、技术集成、培训指导、农机作业、冷链物流、市场营销等全方位社会化服务，促进小农户和现代农业发展有机衔接。发挥好龙头企业在农业生产"三品一标"（品种培优、品质提升、品牌打造和标准化生产）提升行动中的示范带动作用，引领农业全产业链标准化生产。

（十二）拓宽农民多元发展的创业就业渠道。引导龙头企业发展劳动密集型产业，把产业链实体留在县域，将更多就业岗位留在乡村，吸纳农民就地就近就业，进一步拓宽农民收入来源。支持龙头企业依托乡村优势特色资源，延伸产业链，开发生产性服务业和生活性服务业，在乡村创造更多就业空间，进一步提高农户的工资性收入。鼓励龙头企业通过提供技术指导、创业孵化、信息服务，带动小农户围绕产业链发展初加工、库房租赁、物流运输、门店加盟、直播销售

等，以创业带就业，加快农民致富步伐。

四、精准定位，构建龙头企业发展梯队

（十三）做强一批具有国际影响力的头部龙头企业。围绕"国之大者"，在粮棉油糖、肉蛋奶、种业等关系国计民生的重要行业，引导一批经济规模大、市场竞争力强的大型龙头企业，采取兼并重组、股份合作、资产转让等方式，组建大型企业集团，培育一批头部企业，在引领农业农村现代化发展方向、保障国家粮食安全和重要农产品有效供给中发挥关键作用。引导头部龙头企业统筹利用国内国际两个市场、两种资源，在全球农业重要领域布局育种研发、加工转化、仓储物流、港口码头等设施，融入全球农产品供应链，提高对关键行业的产能、技术掌控能力。引导头部龙头企业发挥人才优势、技术优势和创新优势，引领行业发展方向，解决关键共性问题，培育全产业链优势。

（十四）做优一批引领行业发展的"链主"龙头企业。在肉蛋奶、果蔬茶以及满足消费者多样需求的特色农产品领域，引导一批产业链条长、行业影响力大的龙头企业，顺应产业发展规律，发挥"链主"型龙头企业引领行业集聚发展、带动产业转型升级的作用，立足当地特色，整合行业资源，制定行业标准，打造具有区域特色、适应新型消费的乡村产业集群。支持"链主"龙头企业整合创新链、优化供应链、提升价值链、畅通资金链，提高行业全产业链组织化水平、供应链现代化水平。

（十五）做强一批具有自主创新能力的科技领军型龙头企业。围绕打造国家战略科技力量，在制约国家粮食安全、重要农产品有效供给和农业农村现代化发展的"卡脖子"技术或短板领域，引导一批集成创新实力强、行业带动能力强、市场开拓力强的农业科技领军型龙头企业，发挥在满足市场需求、集成创新、组织平台方面的优势，开展农业产业共性关键技术研发、科技成果转化及产业化、科技资源共享服务等，增强龙头企业创新动力。发挥企业在联合攻关中的出题者作用，加大龙头企业对技术研发方向、路线选择、要素价格、各类创新要素配置的导向作用，鼓励和引导龙头企业加大自有资金投资研发力度，推动企业成为技术创新决策、研发投入、科研组织和成果转化的主体，提升龙头企业创新主体地位。

（十六）做大一批联农带农紧密的区域型龙头企业。在粮食生产功能区、重要农产品生产保护区、特色农产品优势区和脱贫地区，引导一批与农户、家庭农场、农民合作社、农村集体经济组织联结紧密、带动辐射效果好的龙头企业，根据行业特性和产品特点，探索建立农业产业化联合体等带动农户发展的不同联结模式，形成机制灵活、形式多样、各具特色的联农带农典型。发挥区域型龙头企业带动农民增收致富、带动乡村经济发展的作用，成为"万企兴万村"的标兵和表率。支持区域型龙头企业与脱贫地区特别是国家乡村振兴重点帮扶县、西藏和新疆地区广泛开展对接合作，在巩固拓展脱贫攻坚成果同乡村振兴有效衔接中发挥积极作用。

五、强化保障，优化龙头企业发展环境

（十七）加大政策支持。支持龙头企业参与优势特色产业集群、现代农业产业园、农业产业强镇等农业产业融合项目建设，相关项目资金向联农带农效果明显的龙头企业倾斜。鼓励有条件的地方按市场化方式设立乡村产业发展基金，加大对创新实力较强的龙头企业支持力度。推动地方按规定对吸纳脱贫人口、农村残疾人等就业的龙头企业给予补贴。强化进出口及投资政策引导，支持龙头企业熟悉国际商贸和投资规则，推动产品、装备、技术、标准、服务"走出去"，提高我国农业国际竞争力和影响力。支持龙头企业参与农业全产业链标准制定，培育一批农业企业标准"领跑者"。落实《自然资源部、国家发展改革委、农业农村部关于保障和规范农村一二三产业融合发展用地的通知》精神，进一步加强对龙头企业发展乡村产业的用地保障。

（十八）创新金融服务。各级农业农村部门要与相关金融机构深化交流合作、加强信息资源共享，建立多级联动的工作机制，加大对联农带农效果明显的龙头企业金融支持力度，确保优质金融服务全覆盖，形成金融支持龙头企业的合力。要引导和协调各类金融机构创新供应链信贷产品，加大信用贷款投放力度，加大对龙头企业及全产业链主体的金融支持。创新抵押担保物范围和产权流转机制。

（十九）强化人才培养。支持科研院所、高等院校等机构的科研人员到龙头企业开展科技创业，完善知识产权入股、参与分红等激励机制。支持龙头企业积极开展校企合作协同育人，与涉农高校和职业院校合作共建实践实训基地、耕读教育基地，依托生产基地、产业园区等加强农村实用人才培训，加大对高素质农民、返乡入乡创业人员、新型农业经营主体带头人的培养力度。通过专题培训、实践锻炼、学习交流等方式，完善乡村企业家培养机制，加强对乡村企业家合法权益的保护。大力弘扬企业家精神，为企业家谋事创业营造良好舆论氛围。

（二十）完善指导服务。持续改善营商环境，深化"放管服"改革，构建亲清政商关系，切实为企业解决产业发展中遇到的问题。建立企业家智库，坚持问题导向、畅通沟通渠道，通过线上线下多种途径听取企业意见建议。引导各类互联网企业、平台型企业发挥自身优势，为龙头企业提供资金技术、高素质人才、营销渠道、运营管理等服务，促进观念更新、理念革新，加快补齐乡村产业发展短板，为农业农村发展注入新动能。

（二十一）加强典型宣传推介。围绕龙头企业创新发展、绿色发展、联农带农机制建设、促进农民就业增收、带动脱贫地区发展等方面，充分挖掘典型模式和成功做法，组织开展系列宣传报道，形成全社会关注乡村产业、支持龙头企业发展的良好氛围。利用线上渠道和新媒体资源，创新宣传推介手段，开展系列宣传推介活动。发挥行业协会作用，加强重点龙头企业推介。

农业农村部

2021 年 10 月 22 日

财政部 科技部关于印发《国家科技成果转化引导基金管理暂行办法》的通知

财教〔2021〕176号

各省（自治区、直辖市、计划单列市）财政厅（局）、科技厅（委、局），新疆生产建设兵团财政局、科技局，有关单位：

为贯彻落实《中华人民共和国促进科技成果转化法》，加快实施创新驱动发展战略，加速推动科技成果转化与应用，根据国家有关法律法规和财政管理规定，我们对《国家科技成果转化引导基金管理暂行办法》（财教〔2011〕289号）进行了修订。现予印发，请遵照执行。

附件：国家科技成果转化引导基金管理暂行办法

财政部 科技部

2021年10月24日

附件

国家科技成果转化引导基金管理暂行办法

第一章 总 则

第一条 为贯彻落实《中华人民共和国促进科技成果转化法》，加快实施创新驱动发展战略，加速推动科技成果转化与应用，引导社会力量和地方政府加大科技成果转化投入，中央财政设立国家科技成果转化引导基金（以下简称"转化基金"）。为规范转化基金的管理，制定本办法。

第二条 转化基金主要用于支持转化利用财政资金形成的科技成果，包括中央财政科技计划、地方科技计划及其他由事业单位产生的新技术、新产品、新工艺、新材料、新装置及其系统等。

第三条 转化基金的资金来源为中央财政拨款和社会捐赠。

第四条 转化基金通过设立创业投资子基金（以下简称"子基金"）的方式支持科技成果转化。

第五条 转化基金遵循引导性、间接性、非营利性和市场化原则。

第六条 转化基金应坚持绩效导向，落实全面预算绩效管理要求，提升资金使用效益。

第二章 子 基 金

第七条 转化基金与符合条件的投资机构共同设立子基金，为转化科技成果的企业提供股权投资。子基金重点支持转化应用科技成果的种子期、初创期、成长期的科技型中小企业。

第八条 鼓励地方政府投资基金与转化基金共同设立子基金。鼓励符合条件的创新创业载体参与设立子基金，加强投资和孵化协同，促进科技成果转化。

第九条 转化基金不作为子基金的第一大股东或出资人，对子基金的出资比例为子基金总额的10％～30％，其余资金由子基金管理机构依法募集。

第十条 子基金应以不低于转化基金出资额三倍且不低于子基金总额50％的资金投资于转化利用财政资金形成科技成果的企业。其他投资方向应符合国家重点支持的高新技术领域。

第十一条 子基金不得从事贷款或股票（投资企业上市除外）、期货、房地产、证券投资基金、企业债券、金融衍生品等投资，以及其他国家法律法规禁止私募基金从事的业务，不得用于赞助、捐赠等支出。待投资金应当存放银行或购买国债和地方政府债券。

第十二条 子基金存续期一般不超过8年。存续期内，鼓励其他投资者购买转化基金所持子基金的份额或股权。存续期满，转化基金与其他出资人同股同权清算退出。转化基金转让子基金份额或股权取得的收入，以及从子基金清算退出取得的收入上缴中央国库，具体按照财政部有关规定执行。

第十三条 子基金应当选择具有托管资格和符合托管要求的银行开设托管账户。存续期内产生的股权转让、分红、清算等资金应进子基金托管账户，不得循环投资。

第十四条 子基金应当委托专业的投资管理企业作为子基金管理机构。

第十五条 子基金存续期结束时，年平均收益达到一定要求的，子基金管理机构可提取一定比例的业绩提成。子基金各出资方按照出资比例或相关协议约定获取投资收益，并可将部分投资收益奖励子基金管理机构。

第十六条 子基金应当在子基金合伙协议或公司章程中载明本办法规定的相关事项。

第十七条 其他投资者在子基金存续期内购买转化基金所持子基金的份额或股权，转化基金可按照利益共享、风险共担原则对其适当让利。

第三章 组织管理与监督

第十八条 财政部、科技部负责转化基金顶层设计、规划布局，制定转化基金管理制度，统筹负责转化基金管理运行、绩效管理和监督等工作。财政部履行转化基金出资人职责。科技部按规定批准设立子基金、管理子基金重大变更事项。

第十九条 科技部、财政部共同委托具备条件的机构（以下称"受托管理机构"）负责转化基金的日常管理工作。

第二十条 受托管理机构应当建立适应转化基金管理和工作需要的专业人员队伍、内部组织机构、管理制度和风险控制机制等。

第二十一条 受托管理机构向子基金派出代表，对子基金行使出资人职责、参与重大决策、监督投资和运作，不参与日常管理。派出代表不得在子基金及其管理机构兼职，不得从子基金中领取工作津贴、补助、奖金等任何形式的报酬。

第二十二条 科技部、财政部组织成立转化基金理事会，成员由科技、财务、法律、金融、投资等领域的专家组成，为转化基金提供咨询。

理事会通过理事工作会议审核子基金设立方案，定期召开年度全体会议为转化基金发展提供意见和建议等。理事会成员依规履行职责，并接受科技部、财政部监督。

第二十三条 科技部、财政部以外的理事会成员每届任期为三年，连任不得超过两届。每届理事会任届期满时，除科技部、财政部外的理事会成员应至少更换三分之一。

第二十四条 理事会设理事长，负责召集理事会工作会议。出席理事会工作会议的理事会成员人数应达到全体理事会成员人数的二分之一以上，且各领域至少应有 1 名理事会成员参加。

理事会工作会议审核设立子基金时，采取记名投票方式表决，并形成理事会审核意见。同意票数占比达到出席人数三分之二以上为通过。

第二十五条 科技部建立国家科技成果转化信息共享平台，主要展示利用财政资金形成的科技成果，为科技成果转化提供信息支持。平台中科技成果摘要信息除涉及国家安全、重大社会公共利益和商业秘密外，向社会公开。

第二十六条 转化基金建立全过程绩效管理机制，科技部负责科学设置绩效目标和绩效指标、开展绩效监控。每年末受托管理机构对转化基金实施绩效自评。自评结果经科技部认可后报财政部。财政部根据工作需要适时组织重点绩效评价。科技部、财政部加强组织指导，督促做好绩效评价结果应用。

第二十七条 转化基金管理费参照市场同等规模政府投资基金情况并结合绩效评价结果和实际工作需要决定。管理费具体核定比例和使用管理，由科技部、财政部另行规定。

第二十八条 财政部、科技部及受托管理机构工作人员在转化基金管理过程中，存在滥用职权、玩忽职守、徇私舞弊等违法违纪行为的，依法责令改正，对负有责任的领导人员和直接责任人员依法给予处分；涉嫌犯罪的，依法移送有关机关处理。

第二十九条 转化基金实施过程中涉及信息提供的单位，应当保证所提供信息的真实性，并对信息虚假导致的后果承担责任。

第三十条 转化基金建立公示制度。

第四章　附　　则

第三十一条　科技部、财政部根据本办法制定转化基金相关实施细则。

第三十二条　地方可以参照本办法设立科技成果转化引导基金。

第三十三条　本办法由财政部、科技部负责解释。

第三十四条　本办法自 2022 年 1 月 1 日起施行,《国家科技成果转化引导基金管理暂行办法》(财教〔2011〕289 号) 同时废止。

广东省科技孵化育成体系高质量发展
专项行动计划（2021—2025年）

粤科高字〔2021〕222号

为全面贯彻党的十九大及十九届二中、三中、四中、五中、六中全会精神，贯彻落实习近平总书记对科技创新和广东工作的重要指示批示精神，落实高质量发展要求，进一步推动我省科技孵化育成体系构建新格局、实现新提升，特制定本行动计划。

一、总体思路与目标

围绕习近平总书记赋予广东的总定位总目标，贯彻落实省委"1＋1＋9"工作部署，紧抓粤港澳大湾区和深圳先行示范区建设机遇，强化广州、深圳"双城联动"，以实现我省孵化育成体系发展由规模增长向高质量发展转变为目标，以提升孵化动能、加速产业孵化为主线，深入推进产业孵化集群培育、特色孵化载体提升、大学科技园创新发展、在孵企业"量质双升"、创业导师"扩容提质"、创新创业金融支撑等六大专项行动，加快形成以广州、深圳"双核"为示范引领，珠三角核心区高质量发展，沿海经济带东西两翼与北部生态区特色发展的"一核一带一区"孵化育成区域协同发展格局。

到2023年，全省孵化育成体系在规模质量、区域布局、短板补强、支撑发展方面取得突破性提升。

——孵化载体实现"量稳质升"。孵化器、众创空间数量保持全国第一，国家级孵化器、国家备案众创空间数量位居全国前列，专业孵化器占比超40％，重点打造一批具有全球影响力的专业化、品牌化孵化器。

——特色孵化载体实现新布局。加快推动全省国家高新区省级加速器全覆盖；加速实现高水平大学省级大学科技园全覆盖，打造具有全国示范效应的国家级大学科技园3～5家；建设港澳台、国际化科技企业孵化载体超150家。

——区域创新能力创业孵化指标实现新突破。全省创业导师总数保持全国首位，平均孵化器内创业导师数量与在孵企业数量比例达到1∶1；培育毕业企业取得实质成效，平均孵化器当年毕业企业达到6家；孵化基金规模稳步增长，全省孵化器孵化基金年均增长率达到30％。

——高质量就业、经济发展实现"双支撑"。全省孵化载体吸纳就业超62万人，其中吸纳海外留学归国创业人员超万人；培育营业收入五千万以上企业超千家，孵化一批科创板上市企业；在新一代信息技术、生物医药、高端装备制造等专业领域培育一批百亿级产业孵化集群。

到 2025 年，率先建成全国创新创业高质量发展先行地和国际创新创业新高地，为推动我省战略性支柱产业与战略性新兴产业发展、培育未来产业、提升区域创新能力以及建设粤港澳大湾区国际科技创新中心提供重要支撑。

二、重点任务

（一）产业孵化集群培育行动

构建以龙头企业为引领的供应链协同创新模式。引导龙头企业自建孵化载体或开放式产业创新平台，面向中小企业开放应用场景，并发布关键技术攻关、储备型技术研发需求，通过整合原材料生产、零部件供应、规模生产、市场销售等环节的产业链、供应链资源，推动中小企业与大企业联动配套、深度协同，建立大中小企业创新协同、产能共享、供应链互通的新型产业孵化生态。

推动孵化载体聚焦专业领域加速产业孵化。鼓励以加速器为主的孵化载体聚焦细分领域的产业共性需求，朝专业化、产业化方向发展，通过构建工业设计、概念验证、中间试验和小批量试生产、检验检测、产品体验、市场销售等产业孵化服务体系，为入驻企业产业化发展提供标准化、通用型的专业服务，并结合不同产业类型、不同发展阶段的企业需求，制定个性化产业服务方案，加速推动产业孵化。

结合地方产业方向培育产业孵化集群。围绕广东省战略性支柱产业、战略性新兴产业，以及未来产业建设方向，布局一批与产业深度融合的产业孵化器、加速器。重点推动珠三角地区国家高新区整合园区产业资源，围绕新一代信息技术、生物医药、高端装备制造等领域，建设并集聚一批产业孵化载体，率先建成产业孵化集群，形成区域集聚孵化效应，为当地产业发展注入源头活水，为产业培育新理念、新模式、新主体。

（二）特色孵化载体提升行动

培育港澳台及国际化科技企业孵化载体。提升港澳台、国际化孵化载体、留学人员创业园等孵化平台孵化服务能力，在深圳前海、珠海横琴等区域重点打造一批链接三地创新资源的港澳台特色孵化载体和具有国际影响力的标杆型孵化器，推动港澳台和国际科技成果在我省落地转化。鼓励孵化机构"走出去"开展境外布局，优先在我省国际友好城市、国际创新人才密集区和"一带一路"沿线国家设立离岸科技孵化基地或科技成果转移转化示范机构等，集聚全球高端创新资源，推动国际科技成果双向孵化，打造国际创新创业新高地。

鼓励科技创新载体与平台建设专业孵化载体。支持省属高校、科研机构等科技创新载体，省实验室、高水平创新研究院等创新平台充分结合专业学科、科研力量优势建设专业孵化载体；依托粤港澳大湾区国家技术创新中心等创新型成果转化平台，提供技术研发、技术转移、中试验证、研发基金等孵化服务，推动更多科技创新研发实现成果转化与孵化。

推动高新区加快布局一批加速器。鼓励省级以上高新区加强开放式创新，强化科技资源开发与共享，围绕当地高新区特色产业布局建设一批相关领域的加速器，逐步打造专业孵化链条，为当地产业培育新兴力量。到 2025 年，国家高新区实现省级加速器全覆盖。

（三）大学科技园创新发展行动

推动大学科技园增量提质。引导各地市结合本地高校学科特色、重点产业方向、区域优势资源，建成一批学科特色鲜明、技术优势明显、创新要素集聚、产业带动性强的省级大学科技园，力争到 2025 年，全省高水平大学实现省级大学科技园全覆盖。引导省级大学科技园创建国家级大学科技园，逐步形成省级、国家级大学科技园梯度发展格局。

创新科技成果转移转化模式。支持大学科技园引进或建设技术转移机构，组建专业化技术经纪人队伍，支撑科技成果转化。加强"校＋园＋企"创新创业合作，整合校内技术创新中心、重点实验室、协同创新中心和工程中心等平台科教资源，构建从研究开发、中试熟化到工业化试生产的全链条服务平台，面向产业发展需求开展工程化与产业化开发，促进具有应用前景的技术成果转移转化。

加强创新创业人才培养。探索共建创业学院、创新创业实践基地、实习实训基地，为大学生创新创业提供实践平台，增强大学生创新精神、创业意识和创新创业能力，培育一批富有企业家精神的创新创业后备力量。支持高校毕业生就地创业就业，鼓励与高校教师、高校校友组建联合创业团队。

（四）在孵企业"量质双升"行动

加速培育科技型创业企业。支持孵化载体联合创业类培训机构，建立重点企业"全陪伴式"辅导机制，对技术研发基础较强、市场前景较好的优质在孵企业开展系统深入的创新创业培育，推动企业建立专利申请前评估机制，开展高价值专利布局，全方位引导在孵企业成长发展。加强孵化器认定与科技型中小企业评价入库联动，提升孵化器培育企业的科技含量，加大力度培育科技型中小企业、高新技术企业、上市（挂牌）企业等优质企业。

提升在孵企业内生发展动能。推动"大中小联合创新计划"，引导中小企业借力大企业供应链、管理与资本等资源，加速提升创新发展内生动能，形成大中小企业融通的产业生态圈。鼓励领军企业组建创新联合体，带动中小企业开展创新活动，共同承担国家、省、市重点领域研发计划，推动中小企业提升技术创新与产业转化能力。

畅通在孵企业毕业通道。推动建设一批以加速器为主体的专业孵化链条，逐步打通孵化器、加速器的对接通道，促进孵化载体主动盘活现有存量，加速推动在孵企业毕业。

（五）创业导师"扩容提质"行动

完善创业导师备案制度。出台《广东省创业导师备案工作指引》，明确创业导师定义、备案条件、流程及导师服务内容，建立常态化、动态化的创业导师备案机制；联动多方资源，充分挖掘企业管理、技术创新、科技金融、科技服务、载体运营等不同类型的创业导师，建立广东省创业导师数据库，完善我省创业导师管理体系。

提升创业导师服务能力。开展创业导师综合能力培训，持续完善创业导师培育体系，提升创业导师为不同类型创业者、不同发展阶段企业所需的个性化、专业化创业服务能力。通过"创业导师地市行、园区行"活动，开展实地走访、问题诊断，为创业者、企业提供更具针对性、覆盖面更广的创业辅导服务。

建立创业导师激励机制。鼓励有条件的地市对服务绩效突出的创业导师给予补助。择优推荐进入广东省孵化育成体系建设专家库，推荐符合条件的创业导师进入广东省科技企业特派员专家库，推荐创业导师参加各级各类优秀双创人才评选，定期开展"广东省优秀创业导师"评选，有效壮大导师队伍。

（六）创新创业金融支撑行动

扩大我省孵化基金总量规模。在省孵化载体绩效考评中，加大孵化基金设立与投融资情况的考核力度。鼓励地市对与孵化载体共建孵化基金的金融机构给予补助，并设立面向在孵（入驻）企业的科技贷款风险补偿资金池，有效扩大我省孵化基金规模。

推动创业孵化与科技金融深度融合。支持行业协会联合孵化载体、科技金融综合服务中心和各类金融机构，开展专场对接会，推动"创业导师"与"科技金融特派员"结对服务在孵企业，加大普惠科技金融对孵化载体和在孵（入驻）企业的服务力度。鼓励各级政府对面向在孵企业的创业投资基金、产业投资基金等加大投资风险补偿力度。充分发挥国投（广东）科技成果转化创业投资基金、中国科学院科技成果转化母基金的引导作用，加大对创业项目、初创企业、成长期企业的培育与投入。

提升孵化与资本市场对接能力。鼓励各地市通过奖补等方式降低挂牌上市成本，推动符合条件的孵化载体和在孵（入驻）企业在广东省科技创新专板和新三板挂牌上市，进一步推动在北交所、科创板、创业板、主板和境外资本市场上市，加快形成梯度发展的上市挂牌发展体系。

三、保障措施

（一）健全工作机制。建立省发展改革委、省教育厅、省科技厅、省财政厅、省人社厅等跨部门协同推进机制，加强对全省孵化载体的宏观指导和工作协调，强化专项行动计划重点任务的督导落实，并定期通报相关工作进展情况，引导各类孵化载体健康有序发展。建立珠三角核心区与沿海经济带东西两翼和北部生态发展区"一对多"对口合作机制，促进全省孵化载体整体提升。

（二）完善政策保障。结合区域创新能力重点提升方向，制定绩效考评体系。省市协同加强资金支持，鼓励各地市研究出台提升创业孵化能力的创新政策，以及支持当地大学科技园建设的土地规划、人才引进激励、资金支持等方面配套政策，引导龙头企业、科研机构等建设孵化载体，加速推动高校建设大学科技园。

（三）强化动态管理。对全省孵化载体实施动态管理，强化对省级孵化载体的淘汰机制。完善统计指标体系，新增加速器、大学科技园统计与备案。建立动态监测机制，对我省创业孵化指标建设进行动态监测，科学指导行业发展。

（四）优化创业环境。支持优质孵化载体形成具有广东特色的连锁孵化品牌，打造"粤科创"、广东省创新创业大赛等广东创业孵化活动品牌，持续提升广东孵化的全国影响力。构建多层次孵化行业人员培训体系，全方位提升孵化服务人员专业能力；持续完善地市孵化行业组织，加强省、市行业协会的联动与合作。强化全省科技孵化育成体系服务平台建设，加强省、市数据互联互通，促进全省孵化服务资源的交流共享。

广东省人民政府办公厅关于金融支持
全面推进乡村振兴的实施意见

粤府办〔2021〕46号

各地级以上市人民政府，省政府各部门、各直属机构：

为进一步加强农村金融服务，强化广东全面推进乡村振兴的金融要素保障，按照省委、省政府工作部署，结合《中国人民银行　银保监会　证监会　财政部　农业农村部　乡村振兴局关于金融支持巩固拓展脱贫攻坚成果　全面推进乡村振兴的意见》要求，经省人民政府同意，提出以下实施意见：

一、总体要求

（一）指导思想。以习近平新时代中国特色社会主义思想为指导，全面贯彻党的十九大和十九届二中、三中、四中、五中、六中全会以及中央农村工作会议精神，深入落实省委、省政府"1＋1＋9"工作部署，围绕巩固拓展脱贫攻坚成果和全面推进乡村振兴，健全农村金融服务体系，完善农村金融配套措施，引导更多金融资源投入"三农"领域，助力农业高质高效、乡村宜居宜业、农民富裕富足，为推动农业农村高质量发展、打造新发展格局战略支点提供有力金融支撑。

（二）主要目标。金融扶贫成果巩固拓展，支撑广东乡村振兴的金融服务体系和配套措施进一步健全，金融服务乡村振兴能力和水平显著提高。信贷、保险、基金、期货、证券、担保等金融工具支农作用有效发挥，乡村振兴领域融资状况持续改善，涉农信贷稳定增长，涉农企业直接融资渠道不断拓宽，保险保障力度进一步加大，农村信用体系建设深入推进，农村支付环境不断改善。到2025年底，广东涉农贷款余额超2万亿元，累计超过600家农业企业在广东股权交易中心"广东乡村振兴板"挂牌，政策性农业融资担保业务在各地级以上市和主要农业大县全覆盖，基本实现省内主要优势特色农产品保险全覆盖、有信贷需求的农户信用建档全覆盖、新型农业经营主体信用体系全覆盖、基层移动支付应用乡镇全覆盖。

二、重点任务

（三）保持脱贫攻坚的主要金融帮扶政策总体稳定。完善脱贫人口小额信贷政策，保持现行财政贴息、风险补偿机制基本稳定，加大对建档立卡已脱贫人口和边缘易致贫户的支持力度。推广农户小额信贷等业务，加大对有劳动能力农村低收入人口就业的支持力度。鼓励符合贷款条件的农村低收入人口申请创业担保贷款发展特色产业。银行机构保持利率优惠、额度优先、费用减免等措施总体稳定。保险机构优化针对建档立卡已脱贫人口和边缘易致贫户的综合保险服务方案，在费率厘定、赔付条件、保障范围等方面适当倾斜，促进基本医疗保险、大病保险、商业健康保险有效衔接。稳定对广东东西部扶贫协作产品交易市场的金融支持政策。

（四）加大对驻镇帮镇扶村工作的金融支持力度。支持农业银行等金融机构选派金融助理驻镇帮扶，发挥金融行业资金、人才、客户资源优势，推动强镇兴村。各金融机构积极加强与驻镇帮扶工作队以及镇、村基层组织的工作联动，大力培养和输送金融村官、金融顾问、金融助理，推动征信、支付等农村金融基础设施进入镇村（社区），提高普惠金融服务对镇村（社区）和涉农主体的覆盖面。对积极参与"千企帮千镇""万企兴万村"的企业、连片包镇开展帮镇扶村的企业，银行业金融机构开辟绿色服务通道，优化信贷审批流程，加大信贷支持力度，强化综合金融服务。

（五）深化以省级现代农业产业园为重点对象的信贷创新。各级政府应不定期组织银行机构积极对接省级现代农业产业园、优势特色产业集群、农业产业强镇等重点农业项目融资需求，运用开发专属信贷产品、中长期信贷融资、"政银保担企"合作共建、产业园供应链金融、特色园区保险等方式，满足生产、加工、物流、研发、示范、服务等农业全产业链信贷资金需求。鼓励各金融机构加大对各级农业龙头企业支持力度。支持县（市、区）政府建立政策性信用贷款风险补偿资金池，为区域内农业企业信贷融资增信分险。围绕地理标志农产品和特色农业产业开发产业链专属信贷产品，支持"粤"字号农业品牌做大做强，促进丝苗米、岭南果蔬、茶叶、南药和畜禽水产等特色优势产业提质增效。加大对高标准农田、农田水利、仓储冷链物流、"田头智慧小站"、养殖池塘等农业基础设施和农业生产设施建设管护的中长期信贷支持。

（六）建立种业振兴融资绿色通道对接制度。聚焦助力种业振兴和保障粮食与重要农产品供给安全，遴选重点种业企业和育种基础性研究、农业生物育种等重大科技项目，充分发挥各级涉农资金、土地出让收入、广东省农业供给侧结构性改革基金等资金撬动作用，引导天使投资、风险投资、创业投资、信托基金等社会资本增加投入，促进银行机构加大中长期信贷投放。加强广东省农业供给侧结构性改革基金与广东省种业集团合作，发挥国有基金资本优势与集团业务优势，对种业企业进行股权投资和业务支持。突出保障国家交给广东和广东具有领先优势的白羽肉鸡、瘦肉型猪、荔枝等国家良种攻关项目，南美白对虾等重要鱼虾类、优质稻、海水稻、岭南特色蔬菜、南药等优势领域的重点攻关项目和省种业振兴攻关项目，加强金融辅导。

（七）支持涉农经营主体通过资本市场融资。鼓励上市公司、私募创投机构等市场主体设立或参与市场化运作的乡村振兴产业投资基金，通过注资、入股等方式支持乡村振兴产业项目。鼓励银行、基金公司等各类市场主体积极与各级乡村振兴基金开展合作，盘活村镇资源要素。稳妥推进"保险＋期货"试点，推动广东特色农产品成为期货交易品种，发挥期货公司及其风险管理子公司专业优势，支持涉农经营主体利用期货市场开展套期保值，探索建立涉农信贷、农业保险和农产品期货（期权）联动机制。建立涉农企业上市挂牌后备资源库，设立融资白名单制度，集中组织开展融资对接服务，加强分类培育和上市辅导，支持符合条件的涉农企业在资本市场直接融资。对政策扶持范围内的涉农企业开通上市"绿色通道"，培育一批高质量涉农上市公司。完善广东股权交易中心"广东乡村振兴板"，为涉农企业提供个性化、专业化服务。

（八）提高新型农业经营主体信贷可得性。推进家庭农场提质和农民专业合作社与农业社会化服务组织规范提升。建立健全新型农业经营主体名单发布制度，定期更新发布农民专业合作社、家庭农场和农业社会化服务组织名单和基础信息，动态反馈新型农业经营主体融资需求，依托"粤信融""中小融"等融资服务平台推进信息共享，促进银农对接。探索建立新型农业经营主体主办行制度，支持金融机构运用新型农业经营主体信息直报系统，为新型农业经营主体提供点对点信贷、保险服务，积极开展与新型农业经营主体需求相匹配的首贷、信用贷、无还本续贷业务。支持新型农业经营主体通过土地经营权、林权、水域滩涂养殖权等入股发展产业化经营。支持各地探索设立新型农业经营主体融资风险补偿基金，完善政府、银行、担保公司、保险公司风险共担和补偿机制，加大贷款贴息和保费、担保费补贴，为新型农业经营主体提供信贷担保增信服务。

（九）聚焦农业产业链供应链配置资金链。鼓励农业龙头企业运用中征应收账款融资服务平台确认债权债务关系，支持上游农业经营主体开展应收账款融资。在符合条件的前提下，支持经中国银保监会批准设立的温氏集团、广东农垦集团等农业龙头企业财务公司开展延伸产业链服务试点业务，为合作的新型农业经营主体提供"一头在外"的供应商票据贴现及保理服务。支持农业龙头企业为其带动的农户、家庭农场、农民专业合作社提供担保增信，探索"银行＋龙头企业＋农民专业合作社（家庭农场）＋农户""托管贷"等融资模式。推进生产、供销、信用"三位一体"综合合作试点，发挥供销社连接新型农业经营主体与金融机构的桥梁作用；鼓励金融机构创新产品和服务，进一步加强与供销社对接，大力开展"粤供易贷"等农村普惠金融服务和农产品产业链供应链融资服务。鼓励银行机构制定农业生产流动资金贷款利率优惠政策，优化信贷评估流程，推出与订单生产相关的农业生产流动资金贷款产品，加大对农业产业链"链长制"试点的金融支持力度。

（十）破解农业融资缺乏抵质押物的难题。积极拓宽农业抵质押物范围。支持银行机构推广温室大棚、养殖圈舍、大型农机具、渔船等抵押融资和生猪、肉牛、水产等"活体抵押＋保单增信＋银行授信"融资模式，依托动产融资统一登记公示系统为涉农市场主体提供农业设施装备、存货、牲畜水产活体等各类动产融资服务。完善大型农机具、农业生产设施和加工设备金融租赁服务。鼓励银行机构大力增加信用贷款，开发额度小、频度高、季节性和时效性强的信用类贷款产品，逐步提高信用贷款发放比重。支持银行机构运用人工智能、大数据、物联网等技术手段，改进授信审批和风险防控模型，探索"一次授信、循环使用、动态监管"贷款全流程管理。鼓励开展涉农企业知识产权质押融资，完善政、银、保、担、评多方合作机制。各级政府应积极探索建立涉农经营主体贷款风险保障基金，完善涉农信贷担保体系。省级农业融资担保公司深化与各级农业农村、林业部门和基层政府合作，做大政策性业务规模，积极拓展对农业适度规模经营主体的首贷业务。各地可结合实际加强农业融资担保与其他支农工具的政策衔接，放大财政支农效应。

（十一）拓宽美丽乡村建设的融资渠道。鼓励金融机构依法合规创新金融产品，探索股权债权联动、基金直投、基金引导、中长期信贷融资等多种方式，发挥省属国有企业作用，整合广东省农业供给侧结构性改革基金、社会资本、金融资金等资源，积极参与美丽圩镇、乡村振兴示范带和国家城乡融合发展试验区广清接合片区建设以及休闲农业、美丽渔场和乡村旅游示范县、镇、村建设项目，加大对农村道路交通、乡村碧道、通信设施、农村电网改造、乡村农贸市场升级改造等农村基础设施建设和乡村风貌提升项目的金融支持。鼓励支持国家开发银行务实推进"百县千亿"工程试点落地，服务以农村厕所革命、生活污水垃圾治理、村容村貌提升等为重点的农村人居环境整治提升行动。推动农村普惠金融与农村电商、乡村康养、乡村民宿、创意农业等新产业新业态联动创新发展，促进城、镇、村资金融通，加大美丽乡村向美丽经济转变的支持保障力度。鼓励金融机构通过发行绿色金融债券等方式，筹集资金用于农村污染防治、清洁能源、节水、生态保护、绿色农业等领域，推广广东农信"美丽池塘贷"等专属产品，推动桑基鱼塘历史文化遗产的恢复保护性开发。支持符合条件的企业发行乡村振兴债，将募集资金用于乡村振兴领域。

（十二）推进农村产权抵质押融资。加快推进农村产权确权颁证，完善各级农村产权交易管理服务平台，健全农村产权市场化处置机制。支持银行机构配合农村集体产权制度改革，提升对农村集体经济组织的金融服务水平，稳妥推进农村承包土地经营权、集体资产股权担保融资。在宅基地制度改革试点地区稳慎探索宅基地使用权和农民住房财产权抵押贷款业务。结合城乡融合试验区试验任务，支持农业企业、新型农业经营主体运用集体经营性建设用地使用权、林权等抵押融资，运用公益林补偿收益、碳汇出让收益等质押融资。各级政府应加强农村集体经济组织信息共享，不定期组织农村集体经济组织与金融机构对接活动，支持农村集体经济组织通过跟进投资或股权投资基金方式，参股各类符合产业发展规划、成长性良好的创新型经营主体，增加集体收入。

（十三）强化农业农村保险保障功能。根据国家工作部署，积极探索在省内产粮大县开展水稻完全成本保险试点，支持有条件的地区积极开办种猪、水产种苗以及蔬菜、油料、特色水果制种保险。支持各地结合自身实际，创新创设地方特色险种。保持三大粮食作物政策性险种补贴水平总体不变，逐步减免粤东粤西粤北三大粮食作物中央政策性险种县级财政补贴配套资金。探索运用保险机制推进撂荒地复耕复种，支持拓展撂荒地复耕复种贷款产品。推动农村住房保险应保尽保，逐步提高保障水平，拓宽保障范围。依法严格控制农村地区现有保险机构网点撤并，以政策性农业保险拓展为载体，完善农业保险协保体系。将农业保险纳入农业灾害事故防范救助体系，探索建立农业保险保防救赔一体化服务流程。支持保险机构运用科技手段，健全精准高效验标和查勘定损机制，提升承保理赔效率和服务能力。

（十四）扩大农村信用建档评价范围。建立健全"地方政府引导、金融部门推动、多方共同参与"工作机制，推进农村信用体系建设，持续开展信用户、信用村、信用镇（乡）创建，不断扩大农村信用建档评价范围。推进新型农业经营主体信用体系基本建立并不断完善。加快建设和推广"农融通"平台，推进涉农经营主体、农户等信用信息采集、更新和共享，便利金融机构创新信贷产品和提高服务效率。推动金融机构采取"整村授信"融资模式加强信用村信贷支持，筑牢农业产业化联合体发展基础，助力小农户与现代农业有机衔接。

（十五）推进基层移动支付应用乡镇全覆盖。加强移动支付示范镇建设，拓宽公共事业服务移动支付缴费渠道，促进移动支付与智慧交通、智慧生活、智慧医疗、智慧养老等民生便民场景深度融合应用，嵌入农村电商等新业态，带动金融资源向镇村下沉，与农村消费提质升级和产业振兴发展精准对接。到 2025 年底，以移动支付示范镇为基础辐射带动县域及以下地区，基本实现乡镇基层移动支付全面普及应用，商户移动支付受理、移动支付场景建设全覆盖。

（十六）创新普惠金融服务乡村振兴途径。开展普惠金融服务乡村振兴改革试验区创建，推进金融服务乡村振兴创新示范区建设，围绕支持现代农业发展主线加大改革创新力度，形成对全省引领示范作用。支持农商行实施农村普惠金融户户通工程，加快"政务＋金融户户通 APP"服务平台的开发建设和推广应用。探索新型农村合作金融发展的有效途径，稳妥规范开展农民专业合作社内部信用合作试点。鼓励小额贷款公司增加涉农业务，支持农业特色小贷公司发展。鼓励金融租赁公司发挥租赁特色功能，开展"生产性生物资产租赁"业务试点。鼓励开展涉农"政银保"小额贷款保证保险、保险资金支农融资试点，推广农业保险保单质押试点。鼓励金融资金、社会资本支持农村创业创新项目和主体，创设新型金融产品，搭建低成本融资服务平台。

三、配套措施

（十七）加强考核评估和监管激励约束。定期开展银行机构服务乡村振兴考核评估，将评估结果作为运用货币政策工具、实施差别化监管措施等工作的重要参考依据。按照普惠型涉农贷款增速差异化监管要求，督促银行机构单列涉农贷款、普惠型涉农贷款计划，鼓励制定内部资金转移定价优惠政策，保持涉农贷款余额持续增长。落实尽职免责制度，涉农贷款不良率高出自身各项贷款不良率年度目标 3 个百分点（含）以内的，可不作为监管部门监管评价扣分因素。

（十八）加强货币政策工具引导。落实对考核达标的涉农银行机构县级三农金融事业部以及县域法人金融机构执行差别化存款准备金率优惠政策，增强其持续服务乡村振兴能力。发挥支农支小再贷款、再贴现等货币政策工具低成本资金作用，引导银行机构加大涉农贷款投放，降低涉农主体融资成本；对落实支持乡村振兴政策效果良好的地方法人金融机构，加大支农支小再贷款、再贴现等货币政策工具支持力度。

（十九）建立多渠道的资金投入长效机制。建立健全多元化投入保障机制，在不新增地方政府隐性债务的前提下，各地各部门要统筹用好各级涉农资金、土地出让收入、自身财力等，积极完善涉农贷款贴息、担保和保险费用奖补、风险补偿等融资配套措施。充分发挥广东省农业供给侧结构性改革基金作用，通过组建子基金为主、直接股权投资为辅的方式，落地更多重点投资项目，引导和推动社会资本和金融资金投入乡村振兴。鼓励社会需求稳定、具有可经营性、能够实现按效付费的农业农村项目采用 PPP 模式，加快农村基础设施项目建设。加大对政策性农业保险的投入力度。

（二十）加强涉农信贷风险分担和补偿机制建设。支持有条件的地区和部门建立或增加涉农贷款风险补偿基金，扩大风险补偿覆盖面，优化风险补偿方式。扩大政府性融资担保机构涉农担保业务规模和覆盖面，提高涉农信贷担保业务的绩效考核权重，放宽对涉农信贷担保业务代偿率要求，稳妥推进"见贷即保"批量业务合作模式。加强政策性农业信贷担保体系建设，加快设立基层农业信贷担保网点，积极发展政策性农业融资担保。

四、组织保障

（二十一）强化组织领导，统筹责任落实。省委实施乡村振兴战略领导小组农村金融专项组要协调各成员单位加强政策联动、工作互动和信息互通，推动形成整体合力，统筹推进各项工作举措落地见效。金融管理部门要着力加强考核激励约束，引导金融机构强化对乡村振兴的金融服务和资源投入。各金融机构要制定支持乡村振兴的工作方案，将金融资源向乡村振兴领域倾斜配置。农业农村等行业主管部门要制定配套措施，促进乡村振兴金融供需有效对接。财政部门要指导行业主管部门加大涉农资金统筹整合保障。将各地涉农贷款和普惠型涉农贷款增长、政策性农业保险实施以及农村信用体系建设等情况纳入省对各地市推进乡村振兴战略实绩考核内容。

（二十二）强化市县协同，深化叠加效应。各市县政府要结合当地实际，加强金融、财税、产业等政策联动配合，提高涉农整合资金使用效率，强化涉农融资配套措施保障，支持金融机构特别是县域农村金融机构加大涉农信贷投放。将金融管理部门对金融机构服务乡村振兴考核评估结果、普惠型涉农贷款考核结果，以及地方法人金融机构运用货币政策工具资金情况，作为市县开展相关考核和奖补的参考依据，加强对金融机构激励约束。

（二十三）强化金融整合，优化资源配置。各金融机构要强化"一把手"负总责的责任落实机制，健全服务乡村振兴的内设机构，为提高本机构服务乡村振兴质效提供坚强的组织保障；要完善内部绩效考核和资源配置办法，优化监督检查考核评估机制，持续推进金融服务乡村振兴各项举措落实落地；要根据自身实际，打造乡村振兴特色支行或网点，增加信贷审批等业务权限；要在依法合规、风险可控的前提下，加大创新力度，为乡村振兴提供更多适用高效的金融产品和服务。政策性、开发性金融机构运用好政策性、开发性金融资源，农业银行、邮政储蓄银行发挥好乡村振兴金融事业部或三农金融事业部组织优势，农村中小金融机构强化支农支小定位，其他金融机构下沉服务重心打造特色服务。

（二十四）强化农信服务，提升支农效能。省农信联社要统筹全省农商行发挥农村金融主力军作用，坚守支农支小，服务乡村振兴，促进共同富裕，争当全国农信服务"三农"工作排头兵。要着力构建具有广东鲜明特色的"村村通政务＋户户通金融"乡村服务新格局，打造新型农村金融科技服务基础设施平台，推广信用村"无感授信"，推出"乡村振兴卡"，普及移动柜台，全面派驻乡村金融特派员，打通农村金融服务"最后一百米"，实现农村金融服务全覆盖。要引导全省农商行聚焦市县农业优势产业、特色农产品品牌，支持农业产业园、农业龙头企业、农村新业态新主体等重点领域发展，不断创新专属特色金融产品，确保农业农村有效金融需求得到满足。

广东省人民政府办公厅
2021 年 12 月 4 日

中共广东省委 广东省人民政府关于全面推进
乡村振兴加快农业农村现代化的实施意见

（2021年3月31日）

为贯彻《中共中央、国务院关于全面推进乡村振兴加快农业农村现代化的意见》精神，现结合实际提出以下意见。

一、总体要求

（一）指导思想。以习近平新时代中国特色社会主义思想为指导，深入贯彻党的十九大和十九届二中、三中、四中、五中全会以及中央农村工作会议精神，坚定不移贯彻新发展理念，坚持稳中求进工作总基调，坚持加强党对"三农"工作的全面领导，坚定走中国特色社会主义乡村振兴道路，坚持农业农村优先发展，坚持分区域指导、分层次推进，落实加快构建新发展格局要求，以推动高质量发展为主题，以发展精细农业、建设精美农村、培育精勤农民为主攻方向，全面实施乡村振兴战略，深入推进城乡融合发展，加快农业农村现代化，促进农业高质高效、农村宜居宜业、农民富裕富足，确保乡村振兴工作走在全国前列。

（二）目标任务。2021年，农业供给侧结构性改革深入推进，粮食播种面积只增不减，粮食总产量不低于1 267.6万吨，生猪产能恢复到正常年份水平，农产品质量和食品安全水平进一步提升；脱贫攻坚成果巩固拓展，农民就业状况持续改善，农民收入增长持续快于城镇居民；全面启动乡村建设行动，农村人居环境持续改善提升；农村改革重点任务深入推进，农村社会保持和谐稳定。到2025年，全省农业农村现代化取得重大进展，珠三角地区率先基本实现农业农村现代化。农业基础更加牢固，粮食和重要农产品供应保障更加有力，农业质量效益和竞争力明显提升；农业基础设施现代化迈上新台阶，农村生活设施便利化基本实现，城乡基本公共服务均等化水平明显提高，农村居民人均可支配收入达到3万元，城乡居民收入比降至2.3∶1，力争所有县（市、区）农村居民人均可支配收入高于全国平均水平，城乡发展协调性明显增强；乡村建设行动取得明显成效，党的领导和党的建设全面加强，农村基层基础不断强化，乡村振兴人才支撑更加有力，乡村文明程度不断提升，农村发展安全保障更加有力，农村生态环境明显改善，乡村面貌发生显著变化，农民获得感幸福感安全感明显提高。

二、实现巩固拓展脱贫攻坚成果同乡村振兴有效衔接

（三）强化现有帮扶政策衔接。推动巩固拓展脱贫攻坚成果同乡村振兴有效衔接，保持现有主要帮扶政策总体稳定。强化领导体制衔接，各级党委农村工作领导小组（实施乡村振兴战略领导小组）统筹推进巩固拓展脱贫攻坚成果同乡村

振兴有效衔接。强化工作体系衔接，在工作力量、组织保障、规划实施、项目建设、要素保障等方面一体化推进。强化财政投入政策衔接，统筹用好中央有关涉农资金、省级涉农统筹整合资金、帮扶资金及自身可支配财力等，重点支持欠发达地区乡村振兴帮扶工作。

（四）持续巩固拓展脱贫攻坚成果。完善防止返贫动态监测和帮扶机制，对易返贫致贫人口实施常态化监测预警，持续跟踪收支变化、"两不愁三保障"及饮水安全情况，定期检查、动态清零。落实分类资助参保政策，防范因病因残返贫致贫。广泛开展农产品产销对接活动，深化拓展消费帮扶。健全扶贫资产管理台账和制度体系，加强扶贫项目资金资产管理和监督。高标准做好东西部协作工作，深化拓展协作领域，助力协作地区巩固拓展脱贫攻坚成果。

（五）建立乡村振兴驻镇帮镇扶村工作机制。开展乡村振兴驻镇帮镇扶村工作，建立稳定增长的财政投入保障机制，完善县镇结对帮扶关系，整合珠三角乡村振兴对口帮扶、党政机关企事业单位定点帮扶和社会力量等资源，实施"党政机关＋企事业单位＋科技力量＋志愿者"组团式帮扶。突出农村低收入人口帮扶、产业发展、民生保障、基层治理、美丽镇村建设等重点工作。选择一批大企业连片包镇开展帮镇扶村。优化打造镇域产业发展集聚区，培育镇域乡村产业发展综合服务体，提升镇域经济带动乡村振兴能力。支持志愿者以及城市卫生、文化、科技、教育人才下乡，参与驻镇帮镇扶村工作。探索开展高校毕业生志愿服务乡村振兴行动。开展扶贫开发"双到"村和 2 277 个原相对贫困村帮扶工作"回头看"，将农民收入低于全国平均水平的县（市、区）和省际边界县（市）纳入重点帮扶地区。实施"万企兴万村"行动，健全社会力量帮扶精准对接机制。

（六）加强对农村低收入人口分类帮扶。加强农村低收入人口监测，分层分类及时落实帮扶政策。加大低收入劳动力就业扶持力度。完善社会救助制度。对脱贫人口中完全丧失劳动能力或部分丧失劳动能力且无法通过产业就业获得稳定收入的人口，按规定纳入农村最低生活保障或特困人员救助供养范围，并按困难类型及时给予专项救助、临时救助等。

三、加快推进农业现代化

（七）强化粮食和重要农产品有效供给。实行粮食安全党政同责，建立粮食安全生产协调机制，落实粮食安全责任制和"菜篮子"市长负责制，深入推进优质粮食工程，2021 年粮食作物总播种面积不低于 3 308 万亩，"十四五"期间粮食年综合生产能力稳定在 1 200 万吨以上。推进农业结构调整，扩大水稻等口粮种植面积，拓展特色旱粮产能，粤东粤西地区重点建设粮食生产功能区和重要农产品保护区、发展蓝色产业带渔港渔业经济，粤北地区重点发展生态农业，各地级以上市要确保粮食播种面积只增不减。推进水果标准化种植，建设热带优质水果、落叶水果产业发展带。稳定蔬菜面积，推动蔬菜产销区域合作，促进季节、区域、品种结构均衡。推进木本粮油和林下经济高质量发展，支持引导花卉、苗木、茶叶、油茶、南药等特色产业做精做优。支持糖蔗、天然橡胶等产业发展。培育农产品贸易新动能，深化粤港澳大湾区农业交流合作，支持农业企业融入全球农产品产业链。开展粮食节约行动。

（八）强力推进农田质量提升。建立耕地"田长负责制"，粮食生产功能区稳定在1 350万亩以上。实施高标准农田建设攻坚行动，开展新一轮高标准农田建设，2021年建成高标准农田160万亩。实施新一轮垦造水田行动，落实耕地占补平衡，严格新增耕地核实认定和监管。健全农田管护机制，落实管护奖补经费，鼓励新型农业经营主体承包撂荒耕地，参与高标准农田、垦造水田后期种植管护。严格实行土地用途管制，坚决遏制耕地"非农化"，严禁违规占用耕地和违背自然规律绿化造林、挖湖造景，严格控制非农建设占用耕地。防止耕地"非粮化"，明确耕地利用优先序，永久基本农田重点用于粮食特别是口粮生产。开展撂荒耕地整治，各地级以上市2021年完成50%存量撂荒耕地复耕复种任务，"消灭"15亩以上的连片可复耕撂荒耕地，到2023年可复耕撂荒耕地全部复耕。推进残次果园及符合高标准农田建设选址条件的地块恢复为耕地。健全耕地质量监测监管，建立耕地保护动态监测监管机制。强化土地流转管理、设施农业用地监管等，确保耕地面积不减少、质量有提高。在高标准农田建设中增加的耕地作为占补平衡补充耕地指标在省内调剂，所得收益用于高标准农田建设。

（九）打好种业翻身仗。实施种业翻身仗攻坚行动，制定农业种质资源保护与利用中长期发展规划，加快推进种业高质量发展。强化种质资源保护利用，重点推进种质资源深度鉴评、重要基因挖掘和地方优势特色资源开发利用，建设一批国家和省级种质资源库（圃、场、区）。推进种业创新和资源共享平台建设，提升广东（深圳）现代生物育种创新中心、广东南亚热带种业创新中心等平台建设水平，加快打造广州、深圳国际种业硅谷（中心）。实施"现代种业"重大专项，重点开展白羽肉鸡等种源"卡脖子"关键技术攻关、良种科研联合攻关、种猪等重点领域育种攻关，以及优质稻等优势领域攻关研究，育成一批具有自主知识产权的突破性新品种。支持开展基础性公益性前沿育种技术研究，以及现代生物技术研究及其选育新品种的生物安全评价，推进生物育种产业化应用。加快南繁科研育种基地建设，支持广州公猪和淡水鱼、茂名荔枝和罗非鱼、湛江对虾、云浮畜禽和南药以及清远麻鸡、雷州半岛二线南繁等重大基地建设。深化科企融合，支持种业龙头企业建立健全商业化育种体系，加快组建广东种业集团公司，内设种业创新研究院，引导重点农业院校、优势科研单位和首席专家团队加盟。开展国内外种业交流合作，强化种业领域知识产权保护，加快良种推广和成果转化。建立种业投入机制和种业创新机制，加快种业高端人才引进和培养，实行种业专家"揭榜挂帅"制度。

（十）强化现代农业科技和物质装备支撑。积极推进农村水系综合治理，实施大中型灌区续建配套和现代化改造，建设节水改造工程、撂荒耕地水利工程，加强"五小"农村水利设施监管体系建设，推进大中型灌区、泵站标准化规范化管理及小水电安全生产标准化全覆盖，到2025年全部完成现有病险水库除险加固。实施农业关键核心技术攻关工程，加快农业主导品种和主推技术应用推广，到2025年农业科技进步贡献率超过75%。完善农业科技领域基础研究稳定支持机制，加快构建农业科技创新体系，加强广州国家现代农业产业科技创新中心、岭南现代农业科学与技术广东省实验室等建设，支持深圳打造农业科技创新先行示范区。开展科技产业一体化创新转化行动，深入实施科技特派员制度，巩固推广"院地合作"模式，支持高校和科研院所为乡村振兴提供智力服务。加快推动农业机械化转型升级，加大粮食生产薄弱环节、丘陵山区等机具补贴力度，强化智能农业装备研发推广，支持深圳探索建设现代农业装备研究平台，到2025年水稻耕种收综合机械化水平达到85%以上。

（十一）强化现代农业产业体系建设。深入打造"跨县集群、一县一园、一镇一业、一村一品"现代农业产业体系，探索建设现代种业、设施装备、数字农业等功能性产业园，打造区域性农业产业集群，到2025年培育100个省级功能性现代农业产业园，认定300个农业专业镇，创建一批全国"一村一品"示范村镇及农业产业强镇，组织开展农业产业链"链长制"试点工作。强化现代渔业产业示范区和林业产业示范园区建设，推进深圳国际食品谷、中国（深圳）农业食品创新产业园区等建设。构建以产品为主线、质量控制为核心的全产业链标准体系，集成一批先进适用的综合体，打造一批全产业链标准集成应用基地，培育农业龙头企业标准"领跑者"。实施粤港澳大湾区"菜篮子"工程，保障优质农产品供给。支持农业龙头企业做大做强，到2025年打造省级以上农业龙头企业1 400家。推进家庭农场提质和农民合作社规范提升，鼓励发展多种形式适度规模经营，完善利益联结机制，到2025年参与新型农业经营主体利益联结机制的农户覆盖率达到60%以上。做大做强"粤字号"农业知名品牌，实施地理标志农产品保护工程，到2025年培育10个品牌价值超100亿元的区域公用品牌。强化农产品市场体系建设。深化供销合作社综合改革，开展生产、供销、信用"三位一体"综合合作试点，健全服务农民生产生活综合平台，支持韶关、江门、肇庆市和16个县（市、区）开展公共型农业社会化服务改革试点。稳步推进反映全产业链的农业及相关产业统计核算。

（十二）推动畜牧业和水产业转型升级。推动小散养殖向标准化规模养殖转型、粗放养殖向绿色科学养殖转型、小型屠宰厂（场）向现代化屠宰企业转型、调畜禽向调肉品转型。将畜禽产能、规模化率纳入"菜篮子"市长负责制和推进乡村振兴战略实绩考核。推进畜禽养殖场（小区）标准化升级改造，打造养殖、屠宰、加工配套产业链，推动畜牧业工厂化、园区化、产业化发展，推进小型屠宰场点关停并转和屠宰企业标准化建设工作。实施大湾区百万亩鱼塘绿色转型工程，纳入珠三角"五美"专项行动范围，引领内陆渔业转型升级和提质增效。实施水产绿色健康养殖行动，推广集装箱循环水养殖、池塘工程化循环水养殖、多营养层级综合养殖等新模式。实施渔港建设攻坚行动，落实港长制，到 2025 年建成 20 个区域性中心渔港。优化近海滩涂养殖和捕捞业，落实海域使用金征收降费和渔港渔业产业园创建等扶持措施，实施海洋牧场建设重点攻坚战，提升深海网箱养殖能力。有序发展远洋渔业，组建远洋渔业集团，提升远洋渔业综合实力。

（十三）加快发展数字农业。实施数字农业发展专项行动。将数字农业、数字乡村相关知识纳入各级领导干部培训内容，作为新型职业农民适用技能培训的必修课。强化农业信息网络基础设施建设，降低信息运用成本，探索将数字农业装备纳入农机补贴范围，鼓励区块链、大数据、物联网、遥感、人工智能等在农业领域中的应用与创新。加快农业生产、乡村治理与信息技术的深度融合，搭建农业专业化社会化服务数字平台。培育数字农业社会组织和专家队伍，组建广东数字农业发展联盟。大力培育数字农业创新团队，创建广东数字农业试验区，以国家级和省级现代农业产业园为重点，推进数字农业产业集聚发展，打造一批覆盖农业全产业链条的数字农业硅谷。推进粤港澳大湾区无人农场、5G 智慧农业试验区、科创园建设。建设一批数字农业试点（示范）县，形成可复制可推广的发展模式。

（十四）积极发展生态农业。实施区域生态循环农业项目，推进国家级农业可持续发展试验示范区创建。推进农业清洁生产，增加优质绿色农产品供给，加大农业生态保护补偿力度。推进耕地分类管理，开展受污染耕地安全利用和严格管控。强化畜禽粪污资源化利用，规范畜禽养殖禁养区划定与管理。开展秸秆综合利用和农膜回收。落实最严格水资源管理制度及"双控"要求，实行农业取水许可管理，到 2025 年农田灌溉水有效利用系数达到 0.535。加快珠江、韩江、鉴江、漠阳江等重要流域以及新丰江等重要水库水源地农业面源污染治理。开展增殖放流等水生生物资源养护行动，促进自然水域渔业资源可持续利用。加大近海滩涂养殖污染治理力度，逐步减少河流湖库、近岸海域投饵网箱养殖。全面推行林长制，科学开展大规模国土绿化行动。

（十五）强化农产品安全生产。加强农产品质量安全监管，推进国家农产品质量安全县（市）创建。完善动物疫病、农作物病虫疫情和农药风险监测预警体系，全面落实非洲猪瘟等重大动物疫病及草地贪夜蛾、红火蚁等农作物病虫疫情防控措施，开展动物疫病净化和无疫小区建设。加强农业投入品规范化管理，健全农药、兽药、饲料及饲料添加剂等投入品追溯体系，持续推进化肥农药使用减量增效及饲料"禁抗"。在生态环境敏感区域探索实施化肥、农药实名制、配额制购买和经营。建立农业外来物种监测预警体系，加强外来物种引入管理。开展农产品"不安全不上市"和渔船"不安全不出海"专项行动，构建农产品质量和安全生产长效监管机制。深化海洋综合执法体制改革，推进农业综合行政执法改革向基层延伸，提升行政执法效率。

四、大力实施乡村建设行动

（十六）全面提升村庄规划实用性。2021年底前，结合乡村振兴战略规划，基本完成县级国土空间规划编制。明确集聚提升、城郊融合、特色保护、撤并消失等村庄类型，严格控制村庄搬迁撤并范围，严禁违背农民意愿强行撤并村庄。推动有条件、有需求的村庄重新编制"多规合一"实用性村庄规划。2022年底前，结合国土空间规划体系构建，对不再重新编制村庄规划的村庄，可在县（市、区）、乡镇国土空间规划中明确村庄国土空间用途管制规则和建设管控要求，作为实施国土空间用途管制、核发乡村建设项目规划许可的依据；对纳入城镇开发边界内的村庄，通过编制城镇控制性详细规划对原有村庄规划进行覆盖更新，实现乡村地区法定规划全覆盖。编制村庄规划要立足现有基础，充分尊重农民意愿，尊重村庄自然地理格局，保留乡村特色风貌，不搞大拆大建。加强规划管理，严格按照规划有序开展各项建设，严肃查处违规乱建行为。2021年底前组织开展县镇村规划编制落实情况的检查督查。

（十七）实施农村人居环境整治提升五年行动。全面巩固提升农村环境基础整治成果，2021年底前全面完成全域自然村"三清理、三拆除、三整治"任务，农村人居环境基础设施管护机制基本建立。实施美丽圩镇建设攻坚行动，深入推进圩镇人居环境整治，推动农村人居环境整治范围逐步扩大到农垦区、林区。扎实推进"厕所革命"，全面提升农村卫生厕所改造质量。健全农村生活垃圾收运处理体系，持续推进源头分类减量、资源化处理利用。落实农村人居环境整治建设与管护一体推进，到2025年全面建立村庄保洁机制和农村厕所、生活垃圾、污水处理设施设备运行维护机制。发挥河长制湖长制作用，实施水系连通及农村水系综合整治，推进"清四乱""清漂"常态化规范化。因地制宜推进乡村地区乡野型、自然生态型碧道建设。深入推进村庄洁化绿化美化行动，2025年前实现每年绿化美化乡村1 000个。

（十八）加快补齐农村突出短板。实施农村生活污水治理攻坚行动，统筹农村改厕和农村生活污水、黑臭水体治理，全面开展农村生活污水治理情况摸查，因地制宜分类推进农村生活污水治理，到2022年农村生活污水治理率达到50％、到2025年达到60％以上，基本消除较大面积黑臭水体。实施农村违法乱占耕地建房整治攻坚行动，深入开展农村违法乱占耕地建房专项整治，继续推进农村危险破旧泥砖房、削坡建房风险点整治以及"两违"建筑整治清拆，到2022年75％的行政村完成整治任务，到2025年所有行政村完成整治任务；完善农房建设质量安全标准，健全监管体制，2023年9月底前完成农村房屋安全隐患排查整治，开展农村危房改造和地震高烈度设防区农房抗震改造；深入开展农村"三线"整治，到2022年行政村"三线"整治完成率达到75％，到2025年所有行政村完成"三线"整治。实施农村供水保障攻坚行动，加强中小型水库等稳定水源工程建设和水源保护，统筹推进县镇村集中供水设施及配套管网建设，有条件的地区推进城乡供水一体化，因地制宜解决农户安全饮水问题，到 2022 年实现自然村集中供水全覆盖，农村自来水普及率达到 99％。

（十九）持续推进乡村风貌提升。制定村庄风貌提升指引，强化农房规划选址、用地管理和风貌风格管控。推进存量农房微改造，到 2025 年珠三角地区 80％、粤东粤西粤北地区 60％以上存量农房完成微改造。深化"千村示范、万村整治"行动，推进各地因地制宜梯次创建美丽宜居村、特色精品村，2021 年底前所有示范村建成美丽宜居村，到 2025 年粤东粤西粤北地区 80％以上、珠三角地区 100％行政村达到美丽宜居村标准。鼓励企业和公益性团体参与推动乡村风貌提升。实施乡村风貌带建设工程，连片连线建设美丽乡村，推进每县（市、区）建设 1 个、广东垦区建设 6 个乡村风貌示范带，到 2025 年"四沿"区域美丽乡村风貌带基本建成。深入推进珠三角地区"五美"专项行动，逐步向粤东粤西粤北地区拓展。深入开展"四小园"建设和美丽庭院示范创建。加强传统建筑、传统村落保护。

（二十）加快发展乡村美丽经济。大力发展旅游休闲与创意体验农业，力争到 2025 年休闲农业与乡村旅游接待人数突破 1.8 亿人次。推进"农业＋""渔业＋""林业＋"，强化珠三角都市农业休闲核心区、北部生态农业与乡村旅游区、沿海休闲渔业与渔港旅游带、粤港澳创意农业体验湾区、森林康养和森林旅游休闲养生试验区建设。开展休闲农业与乡村旅游示范创建，打造一批休闲农业与乡村旅游示范县、镇、村和风情小镇，塑造"粤美乡村"旅游品牌。发布乡村特色产品和乡土手工艺能人名录，打造"乡字号""土字号"特色产业招牌。鼓励农村集体经济组织以出租、合作、入股等方式盘活利用空闲农房、宅基地，按照规划要求和用地标准改造建设民宿、创意办公、拓展培训、乡村旅游等乡村体验活动场所。鼓励各地级以上市每年举办民宿招商推介会，支持引导民宿业发展。支持少数民族特色村寨建设。

（二十一）加快推进乡村基础设施提档升级。坚持城乡基础设施建设一体化发展，着力推动各类基础设施进村（自然村）入户（农户）到田（农田）。实施农村道路畅通工程，推进农村公路联网升级改造，到 2025 年三级及以上农村公路衔接高速公路、乡镇比例达到 100％。实施村内道路建设攻坚行动，推进农村公路建设项目更多向进村（自然村）入户（农户）倾斜。全面实行路长制，加强农村资源路、产业路、旅游路和村内道路建设，强化农村道路桥梁安全隐患排查和交通安全监管，落实管理养护主体责任。实施数字乡村建设工程，加强乡村公共服务、社会治理等数字化智能化建设。强化农村及偏远地区信息通信基础设施建设，推动农村千兆光网、5G 网络、移动物联网与城市同步规划建设。加强岸上网络基站建设，提升海上网络通信能力。加大农村电网建设力度，巩固提升农村电力保障水平。因地制宜推进燃气下乡，支持建设安全可靠的乡村储气罐站和微管网供气系统。完善农业气象综合监测网络，提升农业气象灾害防范能力。实施村级综合服务设施提升工程。加强村级客运站点、文化体育、公共照明等服务设施建设。支持各地将基础设施建设与运营管护投入一体谋划、统筹推进，明确乡村基础设施产权归属和运行管理责任，探索多元投入渠道，健全运营管护长效机制。

（二十二）加快提升乡村基本公共服务水平。建立城乡公共资源均衡配置机制，强化农村基本公共服务供给县镇村统筹，逐步实现标准统一、制度并轨。全面推进健康乡村建设，提升村卫生室标准化建设和健康管理水平，推动乡村医生向执业助理医师转变，采取派驻、巡诊等方式提高基层卫生服务水平。深化基层慢性病管理医防融合。加强农村重点传染病监测研判，强化突发急性传染病防控。持续提升乡村医生医疗服务能力。加强县级医院建设，持续提升县级疾控机构应对重大疫情及突发公共卫生事件能力。布局建设汕头、韶关、湛江等省级区域医疗中心，分别辐射带动粤东、粤西、粤北县域服务能力整体提升，加快优质医疗资源扩容和区域均衡发展。加强县域紧密医共体建设，实行医保总额预算管理。加强妇幼、老年人、残疾人等重点人群健康服务。完善城乡统一的居民基本医疗保险制度，推动城乡居民基本医疗保险待遇水平均衡。完善城乡居民基本养老保险待遇确定和正常调整机制，稳步提高个人缴费和政府补助标准。推进城乡低保制度统筹发展。推广农村中医药适宜技术，发展农村中医药事业。提高农村教育质量，多渠道增加农村普惠性学前教育资源供给，落实常住人口规模 4 000人以上行政村举办规范化普惠性幼儿园，改善乡镇寄宿制学校办学条件，支持建设城乡学校共同体。加强对农村留守儿童和妇女、老年人、残疾人以及困境儿童的关爱服务。健全县镇村衔接的三级养老服务网络，加强农村养老服务设施建设。推进农村公益性殡葬设施建设。推进城乡公共文化服务体系一体化建设。

（二十三）全面促进农村消费。加快完善县镇村三级农村物流体系，加快推进以中心镇为单位的物流配送中心、农产品专业批发市场、冷链仓储物流等设施建设，推进田头小型仓储保鲜冷链设施、产地低温直销配送中心、国家骨干冷链物流基地、广东供销冷链物流网建设，改造提升农村寄递物流基础设施。实施电子商务下乡进村和农产品出村进城支撑工程，推动城乡生产与消费有效对接。鼓励出台促进汽车及绿色、智能家电产品消费补贴政策，促进农村居民耐用消费品更新换代。完善农村生活性服务业支持政策，发展线上线下相结合的服务网点，满足农村居民消费升级需要，吸引城市居民下乡消费。

（二十四）提升农民就业创业质量。健全统筹城乡的就业政策和服务体系，加强乡村公共就业服务队伍建设，推动公共就业服务机构向乡村延伸。深入实施"粤菜师傅""广东技工""南粤家政"三项工程，持续推进"乡村工匠""农村电商""高素质农民（渔民）"培育，促进农村劳动力技能就业和增收致富。将外出务工和本地就业创业农民纳入高素质农民培训对象，鼓励面向农民就业创业需求，实施百万农民线上免费培训工程，发展面向乡村的网络教育，开展职业技能培训。合理开发一批乡村公共服务类岗位，吸纳更多脱贫人口和低收入人口就地就近就业。深入实施青年就业启航计划，为符合条件的农村失业青年提供服务。

五、加快完善城乡融合发展的体制机制和制度体系

（二十五）加快县域内城乡融合发展。加快推动土地、劳动力等要素市场化改革，促进城乡要素平等交换、双向流动。统筹县域产业、基础设施、公共服务、基本农田、生态保护、城镇开发、村落分布等空间布局，强化县城综合服务能力，把乡镇建设成为服务农民的区域中心。壮大县域经济，承接适宜产业转移，培育支柱产业。推进以县城为重要载体的城镇化建设，有条件的地区按照小城市标准建设县城。加快小城镇发展，完善基础设施和公共服务，发挥小城镇连接城市、服务乡村作用，有序引导农民集中到乡镇居住。高水平建设国家城乡融合发展试验区广清接合片区和 10 个国家县城新型城镇化建设示范县（市），加快推进城乡融合发展省级试点，支持佛山南海建设广东省城乡融合发展改革创新实验区。开展乡村全域土地综合整治试点。推动在县域就业的农民工就地市民化，增加适应进城农民刚性需求的住房供给。探索利用集体建设用地建设租赁住房。支持各地建设返乡入乡创业园和孵化实训基地。

（二十六）强化以财政投入为主的多元投入保障。把农业农村作为一般公共预算优先保障领域。省级财政预算内资金进一步向农业农村倾斜，各级公共财政投入稳定增长。落实土地出让收入优先支持乡村振兴战略的政策，确保到 2025 年全省土地出让收益投入农业农村比例达到 50％以上，重点支持省内欠发达地区乡村振兴。健全涉农资金统筹整合长效机制，进一步发挥市县两级和省直部门的积极性。做好高质量项目储备工作，鼓励地方政府新增债券优先用于符合条件的现代农业设施建设和乡村建设项目。发挥财政投入的引领作用，采取直接补助、贴息等方式，撬动社会资金投入农业农村。发挥农业供给侧结构性改革基金引导作用，加大项目投资落实进度，鼓励有条件的地区探索设立农业产业引导基金，带动社会资本加大投入。

（二十七）强化用地保障。制定保障农村一二三产业融合发展用地政策。将落实点状供地政策情况纳入乡村振兴考核内容，保障分散布局的乡村产业实际用地需求。完善盘活农村存量建设用地政策，实行负面清单管理，优先保障乡村建设用地需求。有序推进农村建设用地拆旧复垦，腾退出来的建设用地指标优先保障所在村建设需要。稳慎推进集体经营性建设用地入市，开展入市试点，到 2025 年基本形成城乡统一的建设用地市场。出台土地征收成片开发的政策，缩小土地征收范围，规范征地程序，维护被征地农民和农民集体权益。

（二十八）强化人才支撑。大力培养懂农业、爱农村、爱农民的"三农"工作队伍。健全适合乡村特点的人才培养、引进机制，深入推进农业农村专业人才职称评价改革，强化人才服务乡村激励约束。优化实施"扬帆计划"，推动粤东粤西粤北地区围绕重点产业、特色产业打造引领支撑产业发展的人才队伍。进一步建好用好乡村振兴人才驿站。实施高校毕业生基层成长计划、"三支一扶"计划、志愿服务乡村振兴行动等,到2023年高校毕业生志愿服务乡村振兴的在岗志愿者稳定在1万人,到2025年累计选派不少于1万名高校毕业生到基层从事"三支一扶"工作。加强基层卫生人才队伍建设,实施"首席专家下基层"项目,推进县域内人员"统招统管统用",实施基层卫生人才专项招聘和农村卫生人才订单定向培养。加强涉农高校、涉农职业院校、涉农学科专业建设,大力培训培育乡村基层干部。发挥开放大学体系办学网络覆盖城乡的优势,加大乡村振兴实用技术技能人才培养培训力度。发挥省级以上职业教育与成人教育示范县的示范引领作用,全面提升乡村工匠技术技能水平。推进地方专项计划招生向农村经济社会发展急需的农林、医学、师范等专业倾斜,进一步落实急需紧缺涉农专业提前批次录取工作。优化农村专业人才编制管理、职称评聘机制,涉农科技、规划、建设类等专业人员晋升高级职称应有一定期限的服务农村经历。积极发挥退役军人在乡村振兴中的作用,鼓励和引导退役军人领办创办农民合作社等新型农业经营主体。

(二十九)强化金融服务。实施金融支持乡村振兴攻坚行动,建立金融机构服务乡村振兴专项工作机制,充分发挥涉农金融机构支持乡村振兴作用。建设广东金融支农联盟,发挥广东省中小企业融资平台作用,加快推进"广东农业高质量发展板"建设,着力解决农业企业融资难题。积极推动符合条件的涉农企业上市融资。依托"农融通"推动农村信用体系建设,支持市县构建域内共享的涉农信用信息数据库。稳妥规范开展农民合作社内部信用合作试点。鼓励金融机构开展支持新型农业经营主体和农村新产业新业态的产品和服务创新。支持金融机构规范发展农业供应链金融业务,提升农业产业链整体金融服务水平。全面推行温室大棚、养殖圈舍、大型农机、土地经营权依法合规抵押融资。积极发挥政府性融资担保机构支农支小的作用,加强政银担保合作。建立优势特色农产品保险品种储备及动态调整机制,支持开办地方特色农业保险品种,加大力度推广岭南特色水果、水产养殖、制种保险。探索推进区域产量指数保险、天气指数保险、价格指数保险试点以及大宗农产品"保险+期货"试点、"订单农业+保险+期货(权)"试点。到2025年政策性农业保险基本覆盖全省种养业品种,基本建成与农业农村现代化发展阶段相适应、与农户风险保障需求相契合的多层次农业保险体系。落实支持农村基础设施建设、涉农产业发展、农村消费、农民创业就业、农户小额贷款等服务"三农"的减税降费政策措施。

(三十)深化新一轮农村改革。加快完善农村产权制度和要素市场化配置机制。落实农村基本经营制度,落实第二轮土地承包到期后再延长30年政策,完善承包地"三权"分置制度,健全土地经营权流转服务体系。严格落实"一户一宅",稳慎推进农村宅基地制度改革试点,探索宅基地所有权、资格权、使用权分置实现形式，探索赋予宅基地使用权作为用益物权更加充分的权能，规范开展房地一体宅基地日常登记颁证工作。加快发展新型农村集体经济，开展新型农村集体经济发展专项改革试点，2021年底前基本完成农村集体经营性资产股份合作制改革任务，到2025年实现集体经济"薄弱村""空壳村"清零。保障进城落户农民土地承包权、宅基地使用权、集体收益分配权，鼓励依法自愿有偿转让，探索建立自愿有偿退出机制。强化资源整合、政策集成，整县探索建设农业现代化示范区。实施村庄建设项目简易审批办法。在农业农村基础设施建设领域推广"以工代赈""农民工匠"等做法，吸纳更多农村人口就地就近就业。深入推进农业水价综合改革。持续深化农垦改革和集体林权制度改革。全面推进珠三角地区"村改居"社区综合配套改革。

六、加强党对"三农"工作的全面领导

（三十一）强化党领导农村工作的体制机制。充分发挥各级党委农村工作领导小组（实施乡村振兴战略领导小组）牵头抓总、统筹协调作用，加强党对农村工作的全面领导。完善五级书记抓乡村振兴工作机制，进一步建立健全乡村振兴工作体系。强化由党委和政府负责同志领导的专项小组或工作专班设置，建立任务落实台账，定期调度工作进展。扎实推进领导干部深入基层定点联系涉农县（市、区）工作。压实市县镇主体责任，将抓党建促乡村振兴纳入市县镇党委书记抓基层党建述评考重要内容，强化县委书记"一线总指挥"和乡镇党委书记"一线施工队长"职责。举办县委书记培训班，提升县委书记领导农村工作和抓乡村振兴的能力水平。县委书记应当把主要精力放在"三农"工作上。规范各级党委农村工作领导小组（实施乡村振兴战略领导小组）办公室机构设置，强化人员配置。2021年按照中央统一部署完成省市县三级扶贫工作机构职能调整优化工作。

（三十二）全面提升"头雁"工程质量。充分发挥农村基层党组织领导作用，持续抓党建促乡村振兴。选优配强乡镇领导班子、村"两委"成员特别是党组织书记，推动村"两委"班子实现年龄和学历"一降一升"。在有条件的地方推行村党组织书记通过法定程序担任村民委员会主任和集体经济组织负责人。同驻镇帮镇扶村定点帮扶机制有机衔接，完善向重点乡村选派驻村第一书记和工作队制度。加强村级后备力量建设，实施"人才下乡、干部返乡、能人回乡"计划。拓宽农村发展党员渠道，注重在青年农民中发展党员。加强对农村基层干部激励关怀，逐步提升待遇保障水平。

（三十三）强化现代乡村治理体系建设。深化乡镇（街道）体制改革，积极推进扩权强镇，规划建设一批重点镇，推动下放更多的管理职权到乡镇一级，支持镇级提升治理能力。深入推进党组织领导的自治、法治、德治相结合的乡村治理体系建设，开展示范创建，推广"积分制""清单制"等做法。推进村委会规范化建设和村务公开"阳光工程"。推动村级重大事项决策实行"四议两公开"。

加强基层党组织对村级各类组织的统一领导，推动村级党组织领导的议事协商机制建设，创新议事协商形式。进一步加强和改进行政村党组织领导下的村民小组建设，积极发挥农民主体作用。开展新一轮软弱涣散村（社区）党组织整顿工作，建立长效机制。完善乡村公共法律服务体系，创建民主法治示范村，培育农村学法用法示范户。加强"一村（社区）一法律顾问"工作。加强乡村人民调解组织队伍建设，妥善调处化解农村矛盾纠纷。建立健全扫黑除恶常态化机制，持续打击整治"村霸"等农村地区黑恶势力。持续推进基层正风反腐，与村"两委"换届同步选优配强村务监督委员会成员，加强基层纪检监察组织与村务监督委员会的沟通协作。强化行政村（社区）防灾减灾救灾能力建设和全国综合减灾示范社区创建，加强农村公共消防基础建设和消防安全治理体系建设，做好对自然灾害、公共卫生、安全隐患等重大事件的风险评估、监测预警、应急处置。

（三十四）强化新时代岭南特色乡风文明建设。弘扬和践行社会主义核心价值观，深入开展习近平新时代中国特色社会主义思想学习教育，深化乡村思想道德建设。深入传播、继承创新优秀传统岭南乡土文化，把保护传承和开发利用结合起来，赋予岭南农耕文明新时代内涵。推进新时代文明实践中心建设，深化群众性精神文明创建活动。深入开展文明村镇创建提质行动，推动市县镇村四级文明联创，力争 2025 年底县级以上文明村占比达到 60%。加强农村文明培育，在乡村深入开展"听党话、感党恩、跟党走"宣讲活动。办好"中国农民丰收节"。持续推进农村移风易俗，实施"南粤家风"工程，倡导文明健康生活方式，推广红白理事会做法，发挥村规民约积极作用，加大高价彩礼、人情攀比、厚葬薄养、铺张浪费、封建迷信等不良风气治理，推动形成文明乡风、良好家风、淳朴民风。加大对农村非法宗教和境外势力渗透活动的打击力度，依法制止利用宗教干预农村公共事务。

（三十五）强化监督检查。将各地区各部门贯彻落实"三农"政策、推进乡村振兴工作情况列为纪检监察和巡视巡察监督内容，定期组织开展乡村振兴审计监督，及时发现和解决存在问题，持续整治形式主义、官僚主义以及各种运动式、大呼隆、大跃进、一刀切、损民利、伤民心等做法，推动政策举措落实落地。硬化考核指标、优化考核方式，健全五级书记抓乡村振兴考核机制，每年组织考核实施乡村振兴战略实绩，将巩固拓展脱贫攻坚成果、乡村振兴驻镇帮镇扶村工作成效、农田质量提升和粮食安全纳入乡村振兴考核，强化结果运用。制定广东乡村振兴促进条例。建立乡村振兴固定观察点，强化农业农村工作动态监测。

（三十六）强化社会发动。深入宣传党的乡村振兴方针政策和各地实践，讲好乡村振兴广东故事。发挥群团组织以及各民主党派、工商联、无党派人士等积极作用，支持企业、社会团体、基金会、社会服务机构等各类组织和公民投身乡村振兴事业。开展乡村振兴创新典型评选，总结宣传乡村振兴工作中的先进单位和先进个人，营造浓厚社会氛围。

广州市科技创新条例

第一章 总　　则

第一条　为了深入实施创新驱动发展战略，共建粤港澳大湾区国际科技创新中心，加快建设科技创新强市，推进现代化建设，根据《中华人民共和国科学技术进步法》《中华人民共和国促进科技成果转化法》等法律、法规，结合本市实际，制定本条例。

第二条　本条例适用于本市行政区域内科技创新活动。

第三条　本市坚持创新在现代化建设全局中的核心地位，强化科技自立自强战略支撑，面向世界科技前沿、面向经济主战场、面向国家重大需求、面向人民生命健康，汇聚国家战略科技力量，提升企业技术创新能力，激发人才创新活力，促进科技成果转化，改革科技创新的体制机制，完善区域创新体系。

第四条　市、区人民政府领导本行政区域内的科技创新工作，将科技创新纳入国民经济和社会发展规划，贯彻落实促进科技创新的法律、法规和政策，完善科技创新的制度和机制。

第五条　市科技行政主管部门负责本市科技创新工作的统筹规划、指导协调和监督管理，并组织实施本条例。发展改革、教育、工业和信息化、财政、人力资源和社会保障、审计、卫生健康、国有资产管理、规划和自然资源、住房和城乡建设、税务、商务、金融、知识产权等部门和本市司法机关在各自职责范围内，协同实施本条例。

第六条　市、区人民政府应当建立科技创新工作协调联动机制，加强政策的协调审查，增强部门之间、市区之间政策的连贯性和协同性，研究解决科技创新工作中的重大问题，促进科技创新措施有效落实。市、区人民政府和相关单位应当加强与中央单位科技资源对接，建立健全沟通协调机制，支持中央单位科技成果在本市落地转化和产业化。

第七条　市、区科学技术协会应当根据章程的要求，积极参与市、区科技创新政策的制定和规划的编制，向市、区人民政府及其相关行政管理部门提出科技创新动态分析报告和政策建议，在促进学术交流、推进学科建设、普及科学技术、培养专门人才、开展咨询服务、加强科学技术人员自律和维护科学技术人员合法权益等方面发挥作用。

第八条　鼓励学术团体、行业协会、产业技术联盟、基金会、企业等组织和个人开展下列活动：

（一）参与科技创新政策制定、规划编制、技术标准制定、科技成果转化、科学普及等；

（二）为科技创新活动提供资金支持；

（三）通过设立科学技术奖等方式对科技创新进行奖励；

（四）提供信息、中介、研发平台、知识产权促进与保护等科技服务；

（五）其他有利于科技创新的活动。

第九条 市、区人民政府应当优化科技研发和产业的空间布局，支持科技产业园区、战略性新兴产业基地、高新技术产业化基地等园区和基地建设，支持广州国家高新技术产业开发区建成世界一流高科技园区。市、区人民政府应当以中新广州知识城和南沙科学城为极点，规划建设链接全市科技创新关键节点的科技创新轴，完善沿线产业规划、基础设施和生活配套，集聚国家一流人才资源、科技基础设施、高等院校、科研机构和科技创新企业；支持广州人工智能与数字经济试验区建设成为粤港澳大湾区数字经济高质量发展示范区；支持中新广州知识城建设成为具有全球影响力的国家知识中心；支持广州科学城建设成为国家一流的智造中心；支持南沙科学城建设成为粤港澳大湾区综合性国家科学中心主要承载区。

第十条 市科学技术、教育、卫生健康、农业农村、工业和信息化等行政主管部门应当按照国家相关规定开展对新兴技术领域技术研发与应用的伦理风险和安全管理。高等学校、科研机构、企业等主体及其科技人员开展涉及生命健康、人工智能等方面研究的，应当按照国家有关规定进行伦理、安全审查。

第十一条 市人民政府应当定期向市人民代表大会常务委员会报告本市科技创新法律法规和政策执行、科技创新发展规划和计划、科技创新专项资金使用、科技创新成果的产出和转化、高新技术产业发展等情况。

市人民代表大会常务委员会应当定期开展对科技创新工作的监督。

第二章 基础研究和应用基础研究

第十二条 鼓励高等学校、科研机构、企业、社会组织以及科技人员开展基础研究和应用基础研究，提升原始创新能力，优化学科布局和研发布局，推进学科交叉融合，自由探索未知的科学问题，发现和开拓新的知识领域，完善共性基础技术供给体系，增强本市科技创新策源地功能。支持企业独立或者联合高等学校、科研机构等共建研发机构和联合实验室，开展面向行业共性问题的应用基础研究。

第十三条 市人民政府应当完善基础研究和应用基础研究经费持续稳定的财政投入保障机制，逐步提高基础研究和应用基础研究在市科技创新发展专项资金中的比重，财政资金重点支持基础前沿、社会公益、重大关键共性技术的研究、开发、集成等公共科技活动。

第十四条 市人民政府设立市自然科学基金或者与国家、省自然科学基金设立联合基金，资助开展基础研究和应用基础研究，培养科技人才，增强原始创新能力和关键核心技术供给能力。

第十五条　市、区人民政府应当统筹规划、布局建设重大科技基础设施，保障设施的正常运行，承接设施衍生技术的开发与应用，发挥设施对科技资源的集聚与辐射作用。市、区人民政府应当推进新一代移动通信技术、人工智能、工业互联网、物联网、区块链、大数据、智能交通、云计算、超算、智慧能源等新型基础设施建设。市、区人民政府应当鼓励民办高等学校、民办科研机构、民营企业建设或者参与建设重大科技基础设施和新型基础设施，根据实际情况给予资金支持。

第十六条　市、区人民政府应当统筹规划科技创新平台建设与发展，加大对核心科技创新平台建设的支持力度，积极争取国家重大科技创新平台落地本市，将符合条件的科技创新平台优先列入年度重点项目建设计划。市、区人民政府在用地保障、财政资金、人才引进、出入境管理、注册登记、信息服务、成果转化、运营管理自主权、生活配套设施建设等方面，对在本市设立的下列科技创新平台的建设与发展给予支持：

（一）科技基础条件平台、国家实验室、省实验室，国家重点实验室、技术创新中心、产业创新中心、工程研究中心、制造业创新中心、临床医学研究中心等重大创新平台；

（二）与境内外高等学校、科研机构、行业龙头企业共建的联合研究院；

（三）境内外顶尖实验室、研究所、高等学校、跨国公司在本市设立的高水平研究院、科学实验室和研发中心；

（四）其他具有本市优势和特色的科学研究创新平台。

第十七条　支持企业及其他社会力量通过设立基金、捐赠等方式投入基础研究和应用基础研究。企业或者社会组织用于资助基础研究和应用基础研究的捐赠支出，可以按照有关规定参照出资捐赠享受有关优惠待遇。

第三章　技术创新

第十八条　完善以企业为主体、市场为导向、产学研用深度融合的技术创新体系，形成研究开发、应用推广、产业发展贯通融合的机制，提高自主创新能力。市、区人民政府应当在技术创新中发挥组织、协调、引导作用，支持技术创新平台建设和企业开展技术创新活动。

第十九条　坚持围绕产业链的核心环节和城市建设服务的重大问题，支持人工智能、集成电路、智能网联汽车、生物医药、脑科学与类脑研究、新能源、新材料等关键领域核心技术开发，积极参与国家战略性科学计划和科学工程，加强科学探索和技术攻关，突出关键共性技术、前沿引领技术、现代工程技术、颠覆性技术创新，形成持续创新的系统能力。

第二十条　对于涉及国家利益和社会公共利益的重大技术攻关项目，市人民政府可以通过下达指令性任务等方式，组织关键核心技术攻关项目。

第二十一条　市、区人民政府应当制定政策措施，通过资金扶持、用地保障、公共服务采购等方式支持新型研发机构的发展，完善多元化投资机制。新型研发机构应当建立和完善管理制度现代化、运行机制市场化、用人机制灵活的法人治理结构，聚焦科学研究、技术创新和研发服务。

第二十二条　发挥企业在技术创新中的主体作用，强化协同创新，促进各类创新要素向企业集聚，支持行业骨干企业牵头组建创新联合体，与高等学校、科研机构以及其他组织建立联合研究开发机构、技术转移机构、产业技术创新联盟等各类产学研平台，承担国家、省、市重大科技项目，合作开展产业关键共性技术攻关，实现创新成果产业化。鼓励企业单独或者联合高等学校、科研机构申报本市科技计划项目；对具有明确市场应用前景的科技计划项目，科技行政主管部门应当优先立项。企业申报或者联合高等学校、科研机构申报国家或者省级重大科技项目获准立项、组织单位有明确资金配套要求和配套比例的，市或者区财政部门应当按照配套要求或者比例予以配套；没有明确配套要求和比例的，可以视财力情况予以配套资金支持。

第二十三条　支持高等学校、科研机构、企业和其他社会组织牵头或者参与国际标准、国家标准、行业标准、地方标准和团体标准的起草和修订，推动科技创新成果形成相关技术标准。

第四章　科　技　人　才

第二十四条　市人民政府应当根据本市经济社会发展和高等学校、科研机构、企业等主体科技创新的实际需要，制定科技人才发展规划，实施广聚英才计划，加大培养、引进科技人才的财政投入，打造全球人才创新高地。市人民政府应当推进国际化人才特区建设，开展技术移民试点。市人才工作部门应当会同科技、人力资源和社会保障等行政管理部门编制高端和紧缺人才目录，并定期向社会发布。

第二十五条　市、区人民政府应当建立健全科技人才培养、引进、使用、评价、激励等工作机制，扩大用人单位人事自主权。市人才工作部门应当会同科技、人力资源和社会保障等行政管理部门优化引进、认定科技人才的程序。

第二十六条　市、区人民政府应当支持高层次科技人才和领军团队来穗发展，给予人才经费和项目资助经费。本市重点引进和培养下列高层次科技人才和领军团队：

（一）基础研究或者战略性新兴产业核心技术研究领域的国际顶尖战略科学家和科学家团队；

（二）开创战略产业项目、延伸产业链、掌握核心技术的科技人才团队；

（三）科技金融、科技中介、知识产权运营和保护等科技创新高端服务业领域的人才和人才团队；

（四）经市人民政府认定的，对我市科技创新创业或者产业发展具有战略引领推动作用的人才和人才团队。市、区人民政府鼓励高等学校、科研机构和其他企事业单位聘请科学顾问、咨询专家，发挥高层次科技人才和领军团队作用，依照相关规定给予适当经费支持，对符合规定条件的人才可以给予相应的人才待遇。

第二十七条 市人民政府应当建立符合人才成长规律长期稳定的支持和培养机制，设立青年科技人才支持专项，支持青年科技人才开展科技创新活动，培育青年科技人才成长为学科带头人，对符合条件的青年科技人才开展的研发活动给予政策和资金支持。

第二十八条 本市鼓励、支持高等学校对学科专业实行动态调整，推动与本市产业需求相适应的人才培养，促进交叉学科发展，提高人才培养质量。本市鼓励、支持学校根据人才培养定位，开发开设创新创业教育课程，建立健全学生创业指导服务专门机构，建立学生创新创业教育实践平台和校外实践教育基地，加强创新创业培训。

第二十九条 本市建立和完善高技能人才培养、引进、评价、使用、激励、保障等机制，提高高技能人才待遇水平。本市促进职业技术教育的发展，支持职业院校和各类职业技能培训机构与企业合作共建实习实践基地，支持职业院校教师和企业技术人才双向交流，创新企业人才培养模式。本市支持企业开展职工在岗教育培训，建立首席技师制度，建设技能大师工作室、劳模和工匠人才创新工作室、职工创新工作室、青创先锋工作室等。

第三十条 市人民政府应当建立多元化科技人才评价机制，坚持分类评价、同行评审，构建用人主体发现、国际同行认可、大数据测评的人才遴选机制。

市人民政府应当建立以科研能力和创新成果质量、贡献为导向的科技人才评价指标体系，完善科技人员的考核评价和技术职务聘用制度，将科学发现、技术创新和科技成果推广应用、产业化情况作为考核评价和技术职务聘用的重要依据，支持符合条件的高等学校、科研机构、大型企业等用人单位自主开展职称评聘和人才认定。

第三十一条 鼓励企业与高等学校、科研机构建立科技人才双向流动机制。高等学校、科研机构科技人员可以按照有关规定到企业兼职兼薪。高等学校、科研机构可以设置一定比例的流动岗位，引进有创新实践经验的企业家和企业科技人员兼职从事教学和科研工作。科技人员兼职期间，应当就兼职期限、保密内容、知识产权保护、收益分配、后续成果归属等与所在本单位、兼职单位进行约定。

第三十二条 本市实行人才绿卡制度，非本市户籍的高层次科技人才享受市民同等待遇。市、区人民政府及其相关行政管理部门在企业设立、项目申报、科研条件保障、出入境、户籍或者居住证办理、住房保障、医疗保障、子女入学、配偶安置、购车上牌等方面，应当为科技人才提供便利条件和服务。市、区人民政府应当鼓励金融机构为科技人才提供投资、贷款、保险等金融服务，搭建创投机构与创新项目对接平台,探索设立人才科技创新基金。

市人力资源和社会保障行政管理部门应当建设科技人才大数据平台,构建全市统一、线上线下相结合的一站式智能化人才综合服务平台,推进人力资源服务产业发展。市、区人民政府应当根据科技人才集聚的要求,规划建设人才公寓,为科技人才安居提供便利。

第三十三条　市、区人民政府及其相关部门应当加强科技创新重点人才项目监测考核和绩效评估,建立并实施人才退出机制。入选人才项目的人员因未尽到勤勉尽责义务导致科研项目中期考核、结题验收不合格,或者存在科研失信行为的,科技行政主管部门、人才工作部门可以要求整改,对其作出退出经费资助或者人才项目的决定,取消相关称号,部分或者全部收回资助,相关人员按规定在一定期限内不得申报人才项目。

第五章　科技经费和科技金融

第三十四条　本市建立以政府投入为引导、企业投入为主体、社会资本广泛参与的多元化、多渠道的科技经费投入体系,推动全社会科技创新经费持续稳步增长。市、区人民政府应当将财政科技经费纳入本级财政预算,保障财政科技经费投入。市人民政府设立科技创新发展专项资金,用于基础研究、应用基础研究、技术研发、成果转化、科技创新交流与合作、科技创新基础设施和科技创新平台建设等活动。

第三十五条　市、区人民政府可以通过财政科技经费奖励、科技金融等方式,支持企业加大关键核心技术的研发经费投入,建立企业研发机构,加强技术创新能力建设,发展成为具有自主知识产权、自主品牌和持续创新能力的创新型企业。

第三十六条　国有企业应当根据经营状况,加大研发投入,提高企业的核心竞争力。国有资产监督管理部门应当加强对国有企业研发投入的引导和督促,并将国有企业的研发投入、技术创新能力建设、技术创新成效以及知识产权产出与应用等纳入经营业绩考核。

第三十七条　企业开发新技术、新产品、新工艺,从事核心技术、关键技术和公共技术研究,或者开展基础研究和应用基础研究的,按照有关规定享受研究开发费用税前加计扣除、科研仪器设备加速折旧、技术开发和转让税收减免等优惠待遇。税务机关应当会同相关行政管理部门落实国家促进科技创新的相关税费政策,提供办理减免相关税费的咨询服务和指南,提高税费服务工作的水平和效率。税务机关应当向社会公开税费优惠政策、办理减免税费的种类、条件、程序、期限等。

第三十八条　本市加强科技创新基金体系建设,通过政府引导、市场培育等方式,建立覆盖种子期、初创期、成长期、并购重组期投资的基金体系,完善科技创新基金退出机制,支持私募股权投资二级市场建设。市、区人民政府可以设立天使投资基金等投资引导基金并足额出资，引导社会资本向科技创新项目、科技企业进行风险投资。本市鼓励社会资本进入科技创新创业领域，支持创业投资机构与在穗机构共同设立创业投资基金，开展投资活动。

市人民政府应当建立和完善国有投资基金的种子期、初创期、成长期、并购重组期投资机制和符合科技创新创业投资规律的国有资产绩效考核机制，充分发挥国有投资基金对科技创新的引领和推动作用。

第三十九条　本市鼓励商业银行建立聚焦科技企业信贷服务的风险控制和激励考核体系，开展知识产权质押贷款、预期收益质押贷款、高新技术产品订单贷款等适应科技创新创业需求的融资业务。本市鼓励商业银行结合科技企业特点，依法开展外部投贷联动业务。

第四十条　市、区人民政府应当建立健全科技企业多层次资本市场扶持制度，建立科技企业上市后备库，加强分类指导，鼓励、支持符合条件的科技企业在境内外多层次资本市场挂牌上市。市、区人民政府应当鼓励符合条件的企业通过发行公司债券、企业债券等进行直接融资，可以通过适当方式安排补助、补贴。市、区人民政府应当鼓励科技企业强化知识产权运用，发行知识产权证券化产品等满足融资需求。

第四十一条　小额贷款公司、融资担保公司、融资租赁公司、商业保理公司等地方金融机构可以依法开发、开展特色金融产品和服务，为科技企业提供融资便利。

第四十二条　本市鼓励保险机构依法开展科技保险业务，创新产品和服务，为科技企业在产品研发、生产、销售各环节以及数据安全、知识产权保护等方面提供保障，建立科技企业保险理赔快速通道。

第四十三条　市、区人民政府应当通过建立科技贷款风险财政有限补偿制度以及知识产权质押融资风险分担机制等方式，充分发挥现有政策性担保资金的作用，扶持担保机构为企业的科技创新活动提供担保。市、区人民政府可以将为开展科技创新金融服务的商业银行、保险机构以及地方金融机构纳入财政风险补偿、风险代偿等范围。

第四十四条　市、区人民政府应当根据本行政区域的实际情况，建立科技金融服务中心等服务机构或者平台，利用大数据、区块链、人工智能等科技手段，为科技企业提供线上化、智能化、批量化投融资对接等服务。市科技行政主管部门应当会同市金融工作部门与金融机构建立科技创新政策及信息沟通机制，定期发布科技企业及高新技术项目情况，鼓励、引导金融机构设立为科技企业服务的分支机构或专营部门，提供适应科技企业需求的金融产品和金融服务。

第六章　成　果　转　化

第四十五条　市、区人民政府应当支持下列事项，促进科技成果在本市转化：

（一）高等学校、科研机构建立科技成果转化机构；

（二）科技成果的中间试验、工业性试验、工程化开发以及示范应用；

（三）科技成果转化专业服务机构建设和发展；

（四）科技成果转化人才的培养；

（五）促进科技成果转化的其他事项。

市、区人民政府应当支持科技创新所需的应用场景建设，支持新技术、新产品、新业态、新商业模式在本市测试、试用、应用，并依法提供其所需的数据开放、基础设施、技术验证环境、检测标准、示范应用等服务，为其在本市落地提供便利。市人民政府应当编制创新产品目录，推进创新产品首台套示范应用。

第四十六条　市、区人民政府应当加大对科技成果转化的财政支持力度，创新财政资金支持方式，引导社会资本投入，通过设立科技成果转化引导基金、风险补偿、科技保险、投贷联动等方式，支持高投入、高风险、高产出的科技成果的转化和产业化。

第四十七条　科技成果持有者可以采用下列方式进行科技成果转化：

（一）自行投资实施转化；

（二）向他人转让该科技成果；

（三）许可他人使用该科技成果；

（四）以该科技成果作为合作条件，与他人共同实施转化；

（五）以该科技成果作价投资，折算股份或者出资比例；

（六）开展技术开发、技术咨询、技术服务；

（七）其他协商确定的方式。

第四十八条　市人民政府应当采取有效措施，支持科技成果和知识产权交易平台建设，鼓励第三方评估机构发展，扶持技术经纪行业发展，促进交易市场发展，完善交易规则与程序，引导高等学校、科研机构、企业、科技创新服务机构和科技人才有序参与科技成果和知识产权交易活动。

第四十九条　利用本市财政资金设立的应用类科技项目，项目主管部门应当在合同中明确项目承担者的科技成果转化义务、项目主管部门可以许可他人实施的条件和程序等事项。项目承担者无正当理由未履行成果转化义务的，项目主管部门可以在技术市场信息网络平台上发布，并依照约定许可他人实施。

第五十条　成果完成人在完成职务科技成果后，应当向所在单位报告，并对该职务科技成果后续试验、开发、应用、推广等工作予以配合。成果完成人所在单位对职务科技成果实施转化的，应当告知成果完成人。高等学校、科研机构等事业单位可以授权成果完成人自主转化职务科技成果。成果完成人应当依照本条例第五十一条第二款的规定确定职务科技成果转化的价格，并在职务科技成果处置后一个月内将处置结果报所在单位。

第五十一条　高等学校、科研机构等事业单位对其持有的科技成果享有自主处置权、收益分配权，可以自主决定成果的转让、许可或者作价投资等，相关主管部门不再审批或者备案，但涉及国家秘密、国家安全、公共安全的除外。科技成果转化所获得的收入全部留归单位。高等学校、科研机构等事业单位应当通过协议定价、在技术交易市场挂牌交易、拍卖等方式确定科技成果的价格。高等学校、科研机构等事业单位可以按照不低于科技成果转化资产处置净收入或者科技成果形成的股份、出资比例百分之七十的标准，与成果完成人约定科技成果转化收益分配比例，以及资产处置、知识产权分配等具体事项。科技成果转化资产处置净收入，是指科技成果技术合同成交额扣除相关税费、单位维护该科技成果的费用，以及处置过程中的评估、鉴定等直接费用后的余额。

第五十二条 高等学校、科研机构等事业单位职务科技成果转化所得收益用于在编在职人员的奖励部分，纳入事业单位绩效工资管理并进行绩效工资总量申报核定，但不纳入单位绩效工资总量基数调控。

国有企业对完成、转化职务科技成果做出重要贡献的人员给予奖励和报酬的支出，计入当年本单位工资总额，但不受当年本单位工资总额限制、不纳入本单位工资总额基数。

第五十三条 对于接受企业、其他社会组织委托项目形成的职务科技成果，高等学校、科研机构等事业单位依法享有所有权的，可以以合同约定由科技人员享有所有权或者使用权。利用财政资金形成的职务科技成果，项目承担单位按照权利与责任对等、贡献与回报匹配的原则，依法赋予科技成果完成人或者团队所有权或者长期使用权，但不得影响国家安全、国家利益和重大社会公共利益。赋予科技成果完成人或者团队科技成果长期使用权的，许可使用期限不少于十年。

第七章　知　识　产　权

第五十四条 本市实施知识产权战略，打通知识产权创造、运用、保护、管理、服务全链条，健全知识产权综合管理体制，增强系统保护能力，充分发挥知识产权引导、激励、保障科技创新的作用，建设知识产权强市。市人民政府设立知识产权发展专项资金，用于知识产权的创造、运用、保护和管理，引导企业加大知识产权投入。

第五十五条 市、区人民政府应当实施专利等知识产权质量提升工程，引导企业加强知识产权储备，提高知识产权的价值。市、区财政资金支持的应用性研究开发项目，应当以高价值知识产权的产出作为项目实施的主要目标。

第五十六条 市知识产权管理部门应当会同有关部门推动完善知识产权价值评估制度，培育具有较强公信力和市场认可度的评估机构，为知识产权运用、保护提供技术支持。

第五十七条 市、区人民政府应当推进规范化、市场化的知识产权运营服务体系建设，促进知识产权各项要素高效配置和合理流动，打造知识产权服务集聚区，发挥知识产权对高质量发展的保障支撑作用。市、区人民政府应当支持专利信息利用等知识产权运营服务业的发展，培养知识产权运营专业人才，提高知识产权交易、许可、评估、投融资等方面能力。

第五十八条 市知识产权管理部门应当引导企业建立完善知识产权管理制度，形成贯穿研发、生产、经营各环节的知识产权管理体系，提高企业可持续发展能力。

第五十九条 市、区人民政府应当优化知识产权公共服务体系，为企事业单位、创新平台提供知识产权保护知识、信息、培训和辅导等公共服务，引导并协助高等学校、科研机构、企业等单位加强知识产权管理和风险防范。市、区人民政府应当支持行业协会、知识产权服务机构等建立知识产权服务平台，为企事业单位和科技人员提供知识产权状况检索、查询、预警等服务。

第六十条 申报科技计划项目、参加科技创新产品政府采购、申请科技创新财政资金等活动的单位或者个人应当提交未侵犯知识产权的书面承诺，并在签订协议时约定违背承诺的责任。

第六十一条 本市建立多元化知识产权纠纷处理机制，充分发挥广州知识产权法院和其他司法机关的职能作用，加强知识产权的行政执法、司法审判、仲裁、调解等工作的有效衔接，保障科技创新主体合法权益。

市知识产权管理部门应当会同相关行政管理部门制定展会知识产权保护标准，建立展会知识产权快速保护模式，探索建立粤港澳大湾区展会知识产权境内外协同保护模式。

第六十二条 市知识产权管理部门应当建立境外知识产权保护协助机制和知识产权纠纷预警防范机制，推动成立知识产权境外维权联盟，开展企业境外知识产权保护现状调查，制定企业境外知识产权纠纷应对指引，提升企业和其他组织知识产权境外布局和境外维权能力。

第八章　区域与国际合作

第六十三条 市人民政府应当制定科技创新区域与国际合作规划，建立全方位、多层次、多渠道面向全球的科技创新区域与国际合作体系，支持科技创新主体融入全球创新网络，建成国际科技创新枢纽。

第六十四条 本市应当积极参与国家"一带一路"科技创新行动计划，全面发挥科技创新合作对共建"一带一路"的先导作用，打造发展理念相通、要素流动畅通、科技设施联通、创新链条融通、人员交流顺通的创新共同体。

支持企业、高等学校、科研机构在境外设立离岸科技孵化基地，与海外机构共建一批高水平联合实验室和研发中心。

第六十五条 本市推进粤港澳大湾区国际科技创新中心建设，优化创新制度和政策环境，促进创新要素便捷流动，加强与粤港澳大湾区其他城市科技创新的基础建设、产学研融合、平台共建、成果对接、知识产权保护等合作，推动广州、深圳、香港、澳门科技创新走廊建设，加快构建区域协同创新共同体。

第六十六条　市、区人民政府应当支持、鼓励高等学校、科研机构、企业等通过建设科技合作园区、公共创新平台、合作开展重大科技项目、专利实施许可合作等形式，开展国际和港澳台科技合作。市、区人民政府应当支持和鼓励高等学校、科研机构、企业，以及各类对外科技交流专业机构通过举办学术会议、科技创新展会、创新创业大赛等方式开展国际和港澳台科技合作交流工作。市、区人民政府应当支持外国和港澳台专家牵头或者参与本市科技创新战略研究、规划编制、项目实施、项目评审和验收等工作。市、区人民政府鼓励和支持外国和港澳台专家、科研机构或者企业按照有关规定承担本市科技创新计划项目或者担任项目负责人。市、区人民政府应当在商务考察、出境参展、贸易洽谈、离岸创新创业、技术贸易、出入境管理、外汇管理等方面为科技创新国际合作和港澳台科技创新合作交流提供服务和便利。

第六十七条　本市支持科技成果转化专业服务机构开展跨境、跨区域的科技成果转化服务，在不涉及国家安全、不损害国家利益的前提下为开展技术合作、技术贸易，引进、消化和吸收境外先进技术提供服务。鼓励国际、国内其他地区科技成果转化专业服务机构在本市设立分支机构，集聚科技成果转化人才，开展科技成果转化合作。

第六十八条　本市支持港澳高等学校和科研机构按照有关规定牵头或者独立申报市科技计划项目。本市按照有关规定建立财政科研资金跨境使用机制，财政科研资金可以直接拨付至港澳高等学校和科研机构。科技行政主管部门负责统筹和协调财政科研资金跨境使用。

第九章　创 新 环 境

第六十九条　市、区人民政府应当建立科技创新决策专家、企业咨询机制，在编制实施重大战略规划、制定重要科技创新政策、作出重大科技项目布局决策前，咨询专家和相关企业的意见。市、区人民政府可以通过购买服务等方式，引入高端智库、咨询机构参与科技创新决策咨询。

第七十条　市、区人民政府及其相关行政管理部门应当创新体制机制，营造有利于科技创新的政策环境，通过资金扶持、规划引导、场地安排、协同攻关、政府采购、人才服务、技术推广、信息共享等途径和方式，提高本行政区域科技创新能力。本市行政区域内高等学校、科研机构等单位高层次人才享受同等政策待遇。民办高等学校、民办科研机构、民营企业等在科技计划项目申报、成果奖励、人才评价与服务等方面与公办高等学校、公办科研机构、国有企业等单位享受同等政策待遇。

第七十一条　市科技行政主管部门应当根据国民经济和社会发展规划组织编制科技创新发展规划，报市人民政府批准后组织实施。科技创新发展规划应当包括科技创新发展战略、目标、投入、重点领域与重点项目、保障措施等内容。市科技行政主管部门应当根据科技创新发展规划制定科技创新计划并组织实施。市科技行政主管部门应当根据科技创新发展规划和计划，定期向社会公布科技创新扶持项目指南，为高等学校、科研机构、企业开展科技创新活动提供指引。

第七十二条　市、区人民政府及其相关行政管理部门在国土空间规划和城市更新中，应当优先保障科技基础设施、重大创新平台、重点创新型企业等科技创新用地需求和配套用地需求，为科技创新发展提供公共生活配套保障。

市、区人民政府可以按照规定采用划拨或者协议出让方式供应科研用地，保障重大科技基础设施建设。采用划拨方式供应科研用地的，应当严格限制使用人的条件和土地使用用途等。市、区人民政府可以实行用地弹性年期供应制度，根据科技创新相关政策和产业发展情况、用地单位经营情况，在法定最高出让年期内合理确定出让年期。市、区人民政府可以按照规定采用长期租赁、先租后让等方式供应土地，保障科技创新类产业的用地需求。采用先租后让方式供应土地，企业租赁期满通过验收的，可以依法申请办理土地出让相关手续。市、区人民政府可以通过配套建设、提高容积率、整治统租、回购、合作开发等方式筹集创新型产业用房，保障科技创新类产业、科研机构、科技公共服务平台、孵化器和众创空间以及技术先进型服务企业的用房需求。有关单位和人员不得擅自改变本条第二、三、四、五款规定的土地、用房的用途；擅自改变用途的，由相关部门责令交还土地，并按照有关规定予以处理；擅自改变用房用途的，由相关部门按照合同约定收回用房。

第七十三条　市、区人民政府应当根据国家和省的战略规划和要求，结合本市产业发展实际情况，大力培育和发展战略性支柱产业集群和战略性新兴产业集群，加快建立具有国际竞争力的现代化产业体系。市、区人民政府应当提升重点产业市场准入便利化水平，创新适合新技术、新产品、新业态、新模式发展的监管机制，对处于研发阶段、缺乏成熟标准或暂不完全适应既有监管体系的新兴技术和产业，实行包容审慎监管。

第七十四条　市、区人民政府应当根据科技创新企业的成长规律和发展需求，引导和支持多元投资主体建设众创空间、孵化器、加速器、科技产业园等全生命周期的科技企业孵化育成体系，对符合国土空间规划的孵化器新建或者扩建项目，优先安排用地计划指标。市、区人民政府应当建立完善科技企业孵化器和众创空间建设发展奖励等财政资金支持制度，引导科技企业、孵化器、众创空间等孵化育成机构科学发展，支持在孵企业自主创新活动，完善创业孵化功能环境。科技企业育成机构应当提高专业化服务水平，按照市场机制的原则，为进驻企业提供创新创业企业链条完整服务。

第七十五条　市、区人民政府应当建立科技创新服务机构引导扶持制度，推进科技创新服务机构的市场化、专业化、规范化、国际化，加大对科技创新服务机构的资金支持力度，重点支持研究开发、工业设计、科技成果转化、技术服务外包、检验检测、试验验证、科技咨询、知识产权服务、信息服务等领域的科技创新服务机构。本市建立和推行公共科技服务政府购买制度，委托符合条件的科技创新服务机构提供专业性、技术性较强的技术服务。

第七十六条 市科技行政主管部门应当会同相关行政管理部门构建多层次科学数据开放共享和服务保障体系，采集科技项目、科技成果、科技人才、科技报告、科研诚信等数据信息，向社会提供信息查询、项目申报等一站式公共服务。

第七十七条 本市支持重大科技基础设施、重大科研平台等创新平台和大型科学仪器设施向社会开放，为其他单位和个人开展科技创新活动提供共享服务。利用市财政资金购置的大型科学仪器设施，其维护和管理责任单位应当向市科技行政主管部门指定的共享平台报送大型科学仪器设施的名称型号、应用范围、服务内容等基本信息。市科技行政主管部门应当将财政资金资助的创新平台，以及企业愿意向社会开放的专业技术研究开发平台的技术类别、研究内容、分布情况等基本信息向社会公布。

第七十八条 教育行政管理部门应当推动中小学校加强科学素质教育，建立激发科学思考、启发科学发现、引发科学探索的启智型基础教育导向。

中小学校应当按照教育部门有关规定，建立课外科学普及活动与学校科学课程相衔接的机制，开展多种形式课外科学普及活动。鼓励中小学校与高等学校、科研机构、企业等联合建设创新实验室，开展创新人才培养试验和科学创造活动。市人民政府应当加强广州科学馆等大型科普场馆建设，市、区人民政府应当支持广州市科学技术普及基地等专题科普场所运营。

第七十九条 科技行政主管部门应当会同宣传、文化等部门，加大对科技人才、创新企业家、高技能人才以及科技创新成果的宣传力度，弘扬科学家精神、企业家精神和工匠精神，培育热爱科学、崇尚创新、追求卓越、宽容失败的创新文化。

第八十条 利用本市财政资金的科技项目，项目申报期间，以科技人员提出的技术为主进行论证，项目实施期间，科技人员可以在研究方向不变、申报指标不降低的前提下，自主调整研究方案和技术路线。科技项目负责人可以根据项目需要，按照规定自主组建科研团队，并结合项目实施进展情况进行相应调整，报项目管理机构备案。

第八十一条 市人民政府应当扩大科技人员经费使用自主权，简化科技项目经费预算编制，推行科技经费负面清单、包干制等符合科技创新规律的财政科技经费使用管理模式。利用本市财政资金的科技项目，项目承担单位在项目总预算不变的前提下，可以根据科研活动实际需要自主调剂直接经费全部科目的经费支出；项目承担人员的劳务费、绩效奖励等人力资源成本可以从项目经费中支出，不受比例限制。科技项目经费应当及时下拨给项目承担单位，纳入单位预算进行管理。

第八十二条 科技行政主管部门和相关行政管理部门应当建立、完善财政性科技经费的申请、使用管理和审核机制，向社会公布各类财政资金的使用范围、申请条件、审核程序等，为高等学校、科研机构、企业和其他单位申请财政资金提供一站式服务。

第八十三条 项目主管部门应当建立科技项目立项审查、评审结果公开制度以及评审专家的遴选、回避、问责制度。科技项目可以按照项目组织需要，实行专家评审、专家咨询、以赛代评、以投代评等方式与行政决策相结合的立项审查制度。专家评审、咨询意见应当作为科技项目立项的重要参考依据。

评审人员应当遵守相关法律法规，按照公平竞争和诚实信用的原则开展评审、验收、评估、鉴定活动，不得有下列行为：

（一）提供虚假的评审结果或者鉴定结论；

（二）泄露申报单位的商业秘密或者技术秘密；

（三）串通申报单位获取非法利益；

（四）其他损害国家利益和社会公共利益的行为。

评审人员违反前款规定的，由相关行政管理部门记入科研诚信档案，并在五年内不得参与财政资助的科技成果和科技项目评审、验收、评估、鉴定等工作。

第八十四条 市、区相关项目主管部门应当建立以结果管理为导向的科技项目管理体制，通过部门间监督检查结果互认等方式避免对科技创新活动的行政干扰，健全科技项目立项、执行、验收等制度，按照下列要求，对科技项目进行监督管理：

（一）精简科技项目申报要求，整合管理环节，对科技管理信息系统已有的材料，不得要求申报人重复提供；

（二）自由探索类基础研究项目和实施周期在三年内的项目，以承担单位自我管理为主，以抽查方式实施过程检查；

（三）合并财务验收和技术验收，委托项目管理专业机构进行综合评价验收。

审计部门依法开展科技项目审计工作，加强各级审计部门之间的沟通，采取审计结果互认等方式避免重复审计。

科技项目的立项、验收情况和过程检查结果依法向社会公开，但具有涉密性、敏感性等不宜公开的项目除外。

第八十五条 市、区科技行政主管部门应当会同相关行政管理部门建立科研诚信管理工作机制，建立科研诚信信息共享机制和科研诚信档案，按照有关规定完善失信行为调查核实、公开公示、惩戒处理等制度。

高等学校、科研机构、企业等主体及其科技人员存在科研失信行为的，按照有关规定处理。高等学校、科研机构、企业发现科技人员在科技创新工作中存在科研失信行为的，应当向相关主管部门报告，由其记入科研诚信档案。

第八十六条 市、区科技行政主管部门应当健全科技报告制度，推进科技成果的完整保存、持续积累、开放共享和转化应用。市、区财政资金支持的科技项目的承担者应当向相应科技行政主管部门提交科技报告，并按照规定将科技成果和相关知识产权信息汇交到科技成果信息系统。涉密项目的科技报告按照相关保密规定另行处理。市科技行政主管部门应当健全科技成果信息公开制度，按照有关规定无偿向社会公布科技项目实施情况以及科技成果相关信息，提供科技成果信息查询、筛选等公益服务，对本市科技成果转化状况进行监测、分析和评价。鼓励利用非财政资金支持的科技项目的承担者向科技行政主管部门提交科技报告，将科技成果和相关知识产权信息汇交到科技成果信息系统。

第八十七条　市、区科技行政主管部门应当会同同级统计机构建立健全科技创新统计制度，定期向社会公布本行政区域内的科技创新主要统计指标，对本地区科技创新发展状况进行监测、分析和评价。

第八十八条　对财政资金资助的科技项目，其原始记录证明项目承担单位和科技人员已经履行了勤勉尽责义务仍不能完成的，经项目主管部门组织专家论证后，该项目可以结题；该项目承担单位和个人继续申请利用财政资金设立的科技项目不受影响。项目承担单位应当加强对原始记录的管理，指导、督促科技人员规范、及时、准确做好研究开发、试验等科研记录，确保原始记录客观、真实、完整。

第八十九条　高等学校、科研机构等事业单位以及国有企业推进科技成果转化，没有达到预期效果或者因成果转化后续价值发生变化造成损失，负有责任的领导人员和直接责任人员已经履行勤勉尽责义务，未谋取非法利益，决策和实施程序符合规定的，不纳入高等学校、科研机构等事业单位以及国有企业国有资产对外投资保值增值考核范围，免责办理亏损资产核销手续。

第九十条　市、区人民政府及其部门、事业单位、国有企业工作人员推进科技创新工作出现失误或者偏差，未达到预期效果，同时符合以下条件的，不承担责任，不作负面评价，在绩效考核、评先评优、职务晋升、职称评聘和表彰奖励等方面不受影响：

（一）决策和实施程序未违反法律法规的强制性规定；

（二）未造成重大损失；

（三）相关人员履行了勤勉尽责义务且未谋取非法利益；

（四）未恶意串通，损害公共利益和他人合法权益。

符合前款规定条件之一的，可以从轻、减轻处理。

法律、行政法规和本省地方性法规对免责和从轻、减轻处理另有规定的，从其规定。

第九十一条　单位或者个人受到责任追究，认为依照本条例第八十八条、第八十九条、第九十条规定应当免责或者容错的，可以向责任追究决定机关、申诉处理机关提出申辩、申请复核或者申诉；有关机关经审查认为符合免责或者容错规定的，应当撤销责任追究决定或者重新作出从轻、减轻处理的决定。对依照本条例规定不予追究责任的情形，在没有新的追责事实、证据的情况下，不重新启动调查、问责程序。

第九十二条　单位或者个人采取欺骗手段获得财政性科技项目经费、补贴、奖金、税收优惠待遇的，由有关部门追回相关资金，记入科研诚信档案，按照有关规定进行处理；构成犯罪的，依法追究刑事责任。

第九十三条　市、区人民政府及其科技行政主管部门和相关行政管理部门违反本条例规定，未依法履行职责的，由有关机关责令改正，对负有责任的领导人员和直接责任人员依法给予处分；构成犯罪的，依法追究刑事责任。

第十章　附　则

第九十四条　本条例有关高等学校、科研机构的规定，适用于医疗卫生和文化机构。

第九十五条　本条例自 2021 年 7 月 1 日起施行。《广州市科技创新促进条例》《广州市促进科技成果转化条例》和《广州市科学技术经费投入与管理条例》同时废止。

广州市促进创新链产业链融合发展
行动计划（2022—2025 年）

为进一步强化科技创新支撑和引领产业高质量发展作用，以高水平科技自立自强提升产业基础高级化、产业链现代化水平，塑造产业发展新优势，支撑制造业立市，推动科研资源大市向科技创新强市迈进，走出一条从科技强到企业强、产业强、经济强的高质量发展道路，特制定本行动计划。

一、总体要求

（一）基本思路

以习近平新时代中国特色社会主义思想为指导，全面贯彻落实党的十九大和十九届历次全会精神，深入贯彻落实习近平总书记对广东、广州的重要讲话和重要指示批示精神，落实省第十三次党代会、市第十二次党代会精神，把握南沙深化面向世界的粤港澳全面合作重大机遇，坚持产业第一、制造业立市，把实体经济发展的基点放在创新上，推动科技创新强市、先进制造业强市建设互相促进。以科技自立自强作为发展的战略支撑，确立企业创新主体地位，强化创新链技术育成能力，完善产业链创新体系，提升产业创新载体能级，激发金融资本链接和催化作用，增强人才支撑能力，打通"科学技术化、技术产品化、产品产业化、产业资本化"路径，促进创新链与产业链"双向融合"，构建实体经济、科技创新、现代金融、人力资源协同发展的现代产业体系，壮大高质量发展新动能，推动广州实现老城市新活力、"四个出新出彩"。

（二）推进机制

坚持"围绕产业链部署创新链、围绕创新链布局产业链"两条路径协同共进，大力实施"六大重点行动"，加强创新引领、产业牵引、技术攻关、载体提质、金融催化、人才支撑，围绕新一代信息技术、智能与新能源汽车、生物医药与健康等新兴支柱产业，智能装备与机器人、轨道交通、新能源与节能环保、新材料与精细化工、数字创意等新兴优势产业，量子科技、区块链、太赫兹、天然气水合物、纳米科技等未来产业，依靠创新驱动，努力把握新兴产业发展主动权，推动实现创新链与产业链深度融合，支撑经济社会高质量发展。

（三）行动目标

到 2025 年，广州形成以新动能为主导的经济发展格局，科技支撑和引领产业高质量发展成效显著，重点领域创新链产业链深度融合，打造具有全球影响力的科技和产业创新高地主阵地。产业创新主体蓬勃发展，培育一批高研发投入、全球化布局、产品竞争力强的创新型龙头企业，力争实现全市 R&D（研究与试验发展）经费占 GDP（国内生产总值）比重达到 3.4%，上市高新技术企业数量在 2020 年基础上翻番。产业规模持续发展壮大，全市战略性新兴产业增加值突破 1.2 万亿元。制造业核心竞争力不断提升，先进制造业增加值占规模以上工业增加值比重达 65％，高技术制造业增加值占规模以上工业增加值比重达 25％。

二、六大重点行动

（一）战略科技力量引领行动

加强战略前沿领域部署，深化基础研究和应用基础研究，促进前沿科技项目成果沿途转化，推动科学技术化，从源头提升产业基础能力，打造一批抢占未来发展制高点的新兴产业。

1. 发挥重大创新平台引领产业发展作用

统筹布局建设人类细胞谱系大科学研究设施、冷泉生态系统研究装置等一批影响未来产业的重大科技基础设施集群，以南沙科学城为主要承载区共建大湾区综合性国家科学中心。（市发展改革委、相关区政府）探索重大创新平台科研成果"沿途下蛋、就地转化"机制，鼓励众创空间、孵化器为"2＋2＋N"科技创新平台体系提供成果孵化服务，通过科技金融等方式支持服务一批硬科技企业。（市科技局、发展改革委，相关区政府）构建多层次实验室体系，高水平建设国家实验室、省实验室，加快科研成果应用示范及产业化。深入推动国家重点实验室重组工作，支持已建或拟申报新建企业类国家重点实验室的依托企业，以及参与拟申报新建学科类国家重点实验室的企业加入"市校（院）企"联合资助项目，2023—2025 年对每家符合条件的企业可给予累计最高 600 万元的财政经费支持。（市科技局、相关区政府）

2. 高水平建设国家技术创新中心

加快推进粤港澳大湾区国家技术创新中心建设，聚焦技术创新与成果转化，以集成电路与关键软件、生物医药与器械、智能制造与装备等领域为主攻方向，打造国际领先的产业技术创新枢纽平台。推进国家新型显示技术创新中心建设，参与实施显示制造装备"璀璨行动"计划，完善我市新型显示产业链。支持技术创新中心在完善科技成果赋权改革、国有资产管理、技术股权和管理股权激励、薪酬市场化机制方面先行先试。（市科技局、相关区政府）

3. 推动产业技术创新平台建设

建强用好一批产业技术创新平台，提升技术育成能力，建立产业界、科技界、政府等多方共同治理机制，紧密对接企业、衔接产业，促进重大技术发明加快转化为产业所需的新产品和新工艺，引领带动重点产业发展。加快建设广东省纳米技术创新中心、轻量化高分子材料创新中心、机器人创新中心、智能网联汽车创新中心等产业创新平台。推进轨道交通、基因工程、中药创制、天然气水合物等重点领域国家工程研究中心建设。瞄准人工智能、集成电路、先进制造、生命健康、脑科学与类脑研究、深海等前沿领域，加快推动建设一批高水平创新研究院，着力突破关键核心技术"卡脖子"问题，孕育一批领跑、并跑的硬科技企

业。（市发展改革委、科技局、工业和信息化局，相关区政府）

（二）产业创新发展导航行动

以产业需求为导向，推动创新资源向产业集聚，培育具有国际竞争力的创新型产业集群。提升数字经济产业能级，增强"广州智造"核心竞争力。促进新技术新产品加快产业化应用，拓展新兴技术应用场景，培育发展新业态新模式。

4. 培育壮大创新型产业集群

围绕我市重点产业领域，支持产业链上下游企业加强产业协同和技术合作，发挥行业协会、产业联盟的桥梁作用，打造一批占据科技竞争和未来发展制高点的创新型产业集群。实施"强芯""亮屏""融网"工程，构建集成电路和超高清视频及新型显示全产业链集群。打造新一代信息技术、生物医药、新能源、新材料等产业创新园区，搭建公共技术服务平台，推动新兴产业集聚集群发展。深化与香港、澳门的创新协作和产业协同发展，加快建设穗港智造合作区和穗港科技合作园，实施一批集聚发展工程和示范应用项目。（市发展改革委、科技局、工业和信息化局，市委外办，相关区政府）开展生物医药产业创新补助，对符合条件的事项最高补助 3 000 万元。（市科技局）

5. 以数字化赋能产业创新发展

全力打造广州人工智能与数字经济试验区，推进国家工业互联网大数据中心广东分中心和人工智能公共算力中心建设，推动人工智能、大数据、物联网、区块链等数字技术赋能传统产业转型升级，加快培育壮大新业态新模式。发挥琶洲实验室、国家超级计算广州中心等重大创新平台和科技创新头部企业优势，力争建成世界一流的数字经济集聚区。（市工业和信息化局、科技局，相关区政府）支持产业链企业构建工业互联网平台生态，对符合条件的项目最高补助 500 万元。加快工业互联网标识解析国家顶级节点（广州）建设及创新应用，构建"万物互联"的应用场景。（市工业和信息化局）加大人工智能应用场景开放力度，建设 100 个人工智能应用场景示范项目。（市科技局）

6. 增强制造业创新优势

实施产业基础再造工程，建设一批国家、省级制造业创新中心，推动国家制造业创新成果产业化试点。构建智能制造合作生态，培育一批智能制造示范工厂、智能制造生态合作伙伴和智能制造公共技术支撑平台。大力发展智能网联汽车产业，加快建设智能网联汽车与智慧交通应用示范区，稳步推进智能网联（自动驾驶）混行试点，抓好智慧城市基础设施与智能网联汽车试点。（市工业和信息化局）

7. 支持创新产品产业化应用

完善首购、订购、推广应用等政策措施，以《国家重点支持的高新技术领域》规定范围的高新技术产品（服务）为重点，编制发布《广州市创新产品目录》，对列入目录的创新产品（服务），在功能、质量等指标满足政府采购需求时，同等条件下优先采购，促进新技术、新产品在产业化应用中不断迭代升级。（市财政局、科技局）支持符合国家和省、市推广应用指导目录内的首台（套）装备、首批次新材料的产业化和推广应用。对属于国家和省、市目录内的产品，按照一定比例给予补助，同一家企业每年度累计获得市级财政资金推广补助最高1 000万元。建设广州市首版次软件产品库，支持首版次软件产品开发和应用项目，对符合条件的项目给予一定补助。（市工业和信息化局）

（三）产业核心技术攻坚行动

强化企业创新主体地位，发挥行业龙头企业引领带动作用，加强关键核心技术攻关，聚力突破重点产业领域短板和痛点问题，牢牢掌握发展主动权，支撑产业高质量发展。

8. 加快产业链关键核心技术突破

建立"产业界出题、科技界答题"机制，围绕基础材料、核心零部件、重大装备、工业软件等制约产业发展的薄弱环节，有的放矢组织开展关键核心技术攻关。支持产业链"链主"企业牵头组建体系化、任务型的创新联合体，推进关键核心技术研发及产业化应用。为企业搭建常态化"揭榜挂帅"平台，对成功"揭榜"并完成合同的项目，根据企业投入资金情况按一定比例给予补助。部省市联动实施国家重点研发计划"新型显示与战略性电子材料"重点专项，市、区财政联合投入4亿元。建立对国家重点研发计划项目的递补支持和接续支持机制。从在穗企业牵头申报、进入最终评审阶段但未获立项的国家重点研发计划项目中，遴选符合广州产业需求的优质项目，给予一定经费支持其先期启动。积极支持企业引进国家重点研发计划项目优质成果在穗落地转化，对符合条件的项目给予经费支持。（市科技局）

9. 提升企业技术创新能力

建立"科技型中小企业—高新技术企业—硬科技企业—独角兽企业—上市高新技术企业"梯次培育体系，实施"科技型中小企业十条"和"高企六条"，市区联动为企业提供项目建设、用地、用人等方面"暖企"服务，持续催生一批根植性好、成长性高、竞争力强的科技型企业。支持高新技术企业加大研发投入，加快成长壮大为规模以上企业，对每家符合条件的企业累计奖励资金最高100万元。落实高新技术企业税收优惠、研发费用税前加计扣除等优惠政策，开展重点科技企业研发费用税前加计扣除指导服务。（市科技局、广州市税务局）实施《广州市"专精特新"中小企业培育三年行动方案》，对新认定的省级"专精特新"中小企业一次性奖励20万元，对新认定或迁入本市的国家级专精特新"小巨人"企业一次性奖励100万元。（市工业和信息化局）

10. 增强国有企业创新能级

以更大力度推动国有企业高质量发展，进一步鼓励创新、宽容失败。建立完善支持科技创新的合规免责清单，明确免责事项、范围标准、实施程序。推动国有企业建立健全科技创新研发投入制度、分配制度和考核评价制度，对于国有企业研发经费投入按一定比例视同利润处理。针对研发能力强、创新特点突出的国有企业，着力推行科技成果转化股权激励、项目收益分红等激励机制。鼓励国有企业探索以子公司等形式设立创新创业平台，促进混合所有制改革与创新创业深度融合。提升市属国有企业创新能力，2022 年从国资收益中安排不低于 1 亿元，专项支持企业发展重大科技创新产业项目；2023—2025 年，每年从国资收益中安排不低于 3 亿元专项支持企业创新发展。充分发挥广州市国资国企创新战略联盟的桥梁和纽带作用，推动国有企业融合创新、协同发展。（市国资委）

（四）产业创新载体提质行动

发挥广州科研资源优势，在重点产业领域建设一批专业化科技成果转化孵化载体。将高新区打造成为创新要素最集中、成果应用最活跃、高新技术产业最密集的"双链融合"主阵地。

11. 建设一批科技成果转化载体和服务机构

持续畅通科研成果从样品到产品再到商品的转化链条，支持广州（国际）科技成果转化天河基地、华南技术转移中心提升发展，加快推动环大学城、环中大等科技成果转化基地建设，推动香港科技大学（广州）打造港澳特色的大学科技园。鼓励港澳高校、科研机构在南沙设立科技成果转化机构和创新中心，吸引国际科技成果转移转化。规划建设"环五山"创新策源区，鼓励区域内高校院所将自有物业改造为成果转化孵化载体。办好中国创新创业成果交易会，建设广州国际技术交易服务中心，支持一批科技服务示范机构，通过市场化评价方式，对于符合条件的科技服务示范机构每家给予最高 50 万元奖励。（市科技局、市科协、相关区政府）

12. 推动创新创业孵化载体建设

完善"众创空间—孵化器—加速器—科技园（产业园）"的创新创业孵化链条，提升"创业导师＋专业孵化＋天使投资"孵化能力，支持"链主"企业围绕产业链建设小微企业双创载体，推动成果、资本与创业团队和企业有效对接。对科技企业孵化载体开展市场化评价，对每家评价优秀的孵化载体给予最高 200 万元的事后补助。深入开展科技金融工作站、科技金融特派员工作，为孵化企业提供定制化服务。（市科技局、相关区政府）

13. 将高新区打造成为"双链融合"主阵地

实施高新区高质量发展行动，强化高新区创新要素的集聚整合，促进高新技术企业与高校、科研院所融通创新，构建以国家级高新区为核心、省级高新区为主体的雁阵式梯次发展格局。推动广州国家高新区建设世界领先科技园区，打造一批具有全球影响力的高新技术产业集群，争取国家支持广州国家高新区实现扩区。将天河高新区、花都高新区、琶洲高新区等省级高新区打造成为高质量发展示范区，做大做强软件与信息服务、新一代通信技术、数字创意、汽车等领域特色创新型产业集群。抓好省级高新区"以申促建",支持优质园区申报创建省级高新区,打造成为"双链融合"的重要载体。(市科技局、相关区政府)

(五)科技产业金融融合行动

建立以科技金融为主线的产业创新支持体系,促进"科技—产业—金融"高水平循环。积极引导金融活水配置产业创新领域,构建服务科技企业的"金融水利工程",推动产业资本化。

14. 打造股权投资基金"水源地"

推动设立千亿级产业投资母基金和百亿级创业投资母基金,通过子基金引入社会资本,重点投向半导体与集成电路、新一代信息技术、人工智能、生物医药与健康、高端装备、新能源、新材料等产业领域,为广州壮大新兴产业集群提供充足"水源"。探索市场化投资管理制度和激励制度,完善国有投资基金的容错机制。(市国资委)引导社会资本"投早""投小",对投资于我市种子期、初创期科技型中小企业的股权投资机构,按照实际到账投资额的15%给予每年最高500万元的奖励支持。(市科技局)

15. 构筑科技信贷"水库"

持续加大科技信贷投放力度,依托市、区两级科技信贷风险补偿资金池,联合相关合作银行量身定制科技信贷产品。每年投入财政经费不超过2亿元作为风险补偿资金,力争撬动合作银行为科技型企业放贷超过2 000亿元。(市科技局、相关区政府)进一步完善市、区两级政府性融资担保体系,调整市财政对新设立和新增资的区级政府性融资担保机构40%补助资金使用方式,由广州市融资再担保有限公司代表市财政出资至区级担保机构。引导各级政府性融资担保机构担保费率不超过1%,帮助企业续保续贷。(市工业和信息化局、财政局,相关区政府)

16. 拓宽科技企业融资渠道

实施上市挂牌"科创领头羊"工程,建立科技企业上市后备库,完善与境内外证券交易所的协同机制,重点推动高新技术企业在境内外多层次资本市场上市。跟踪在穗高校、科研院所成果转化孵化的硬科技初创企业,加强企业全生命周期服务,指导发布广州独角兽榜单、人工智能企业创新发展榜单、硬科技企业培育榜单、拟上市高新技术企业百强榜单。搭建科技企业路演中心,常态化开展企业精准融资对接活动。引导金融机构支持企业创新,进一步降低企业融资成本。(市科技局、地方金融监督管理局)支持科技企业发行债券或进行股票质押融资,对相关企业按有关规定给予补贴支持。(市地方金融监督管理局)

17. 引导创新资源向企业集聚

举办中国创新创业大赛(广东·广州赛区)、中国创新挑战赛(广东·广州)、粤港澳大湾区(南沙)青年黑科技产品创新设计大赛等系列赛事,实施"以赛代评""以投代评"联动创新机制,进一步挖掘和跟踪服务优质科技企业,为企业提供政策支持和增值服务。扩大中国创新创业大赛（广东·广州赛区）奖励补助规模，2022—2025 年每年安排财政经费 1 亿元，用于奖励大赛获奖企业，引导社会资本投资获奖企业。对于符合"以投代评"相关条件的企业，可直接晋级中国创新创业大赛（广东·广州赛区）决赛。（市科技局）

（六）广聚英才汇智领跑行动

优化实施"广聚英才计划"，面向全球引进符合主导产业方向的创新领军人才和团队，培育一批青年后备人才，打造梯次衔接的高层次人才队伍，强化人才对"双链融合"的支撑作用。

18. 培养具有国际竞争力的青年人才后备军

优化青年人才创新创业环境，制定《广州市青年创新创业促进条例》。（团市委、市科技局）把青年人才培育放在更加突出的位置，构建有利于青年人才崭露头角的制度体系，提高青年人才担任重大攻关任务、重大平台基地负责人比例。（市委组织部，市人力资源和社会保障局、科技局）全面支持 35 岁以下的博士科研人员在自然科学与应用科学领域开展自主选题研究。支持港澳台青年来穗创新创业，对在港澳台创新创业大赛获奖的企业给予最高 50 万元的奖励补助。落实《关于进一步优化外国人来华工作许可办理的若干措施》，支持外籍青年科技人才来穗创新创业。（市科技局）鼓励持永久居留身份证件的外籍人员创办科技型企业，可获得境内自然人同等待遇，按规定办理商事登记。（市科技局、发展改革委、市场监管局）

19. 支持企业引进培育高层次科技人才

支持企业围绕产业发展重大需求或关键技术难题开展"揭榜招贤"，面向全球引进高层次科技人才和团队来穗创新创业。进一步加大市科技计划对企业科技人才的支持力度。推广"人才＋技术＋项目＋社会资本"战略合作方式，培育产业急需的中高端人才。鼓励企业与高等院校、职业院校合作，探索采取"订单式"方式培养产业技术技能人才，支持企业建立高等院校学生实践训练基地，联合培养研究生。（市委组织部，市教育局、科技局、工业和信息化局、人力资源和社会保障局）

20. 优化产业创新人才发展环境

高标准建设中新广州知识城国际人才自由港，加快建设南沙国际化人才特区。将外籍、港澳台高层次人才认定权限下放至黄埔区、南沙区。深化产业创新人才发展体制机制改革，向用人主体充分授权，扩大市级授权人才事项清单。进一步赋予重大创新平台等用人单位自主权，支持重大平台通过设立特聘岗位引进高层次人才，允许实行年薪制、协议工资制、项目工资制，相关薪酬支出不作为单位绩效工资调控基数，探索实施责任制和军令状制度。在重点产业领域，探索将薪酬作为企业技术人才评价的重要标准。（市委组织部，市人力资源和社会保障局、科技局，相关区政府）

三、保障措施

（一）加强组织领导保障

发挥广州市科技创新工作领导小组和"链长制"的统筹作用，推动创新链与产业链融合重大工程、重点项目、重要资源和重点工作的配置及落实，协调解决突出问题。建立各部门联动工作机制，强化市区协同，积极争取国家有关部委和省直有关单位的指导支持，形成强大的工作合力。（市科技局、工业和信息化局，市直各有关部门，各区政府）

（二）健全实施协调机制

紧密衔接广州市"十四五"规划纲要和科技、产业相关专项规划，做好行动计划各项任务举措的细化分解，强化市有关部门和各区主体责任，确保各项任务落到实处。加强行动计划实施的动态监测评估，根据监测评估结果，对任务举措进行及时调整，提高行动计划实施效果。（市科技局、工业和信息化局，市直各有关部门，各区政府）

（三）加强双链开放合作

积极共建广深港澳科技创新走廊，全力支持南沙建设科技创新产业合作基地，深化大湾区重大载体联动，推进粤港澳科技与产业合作，共建若干大湾区重点产业集群。深度融入全球创新与产业网络，加强与"一带一路"沿线重要城市合作，打造创新链与产业链融合的离岸创新合作新模式。（市科技局、发展改革委、工业和信息化局，市科协，各区政府）

（四）深化体制机制改革

构建有利于促进"双链融合"的体制机制，加快科技体制改革攻坚，探索与国际接轨的科技成果转化机制，为企业提供更加精准的指导和服务。健全政策举措落实机制，精简政策兑现流程，推进"免申即享"试点，推动科技、产业、金融、人才等方面政策扎实落地，在促进创新链与产业链融合上取得实效。（市委组织部，市科技局、发展改革委、工业和信息化局、地方金融监管局、人力资源和社会保障局，各区政府）

中国人民银行 国家金融监督管理总局 证监会 财政部 农业农村部关于金融支持全面推进 乡村振兴加快建设农业强国的指导意见

银发〔2023〕97 号

为深入贯彻党的二十大精神、中央经济工作会议精神、中央农村工作会议精神，完整、准确、全面贯彻新发展理念，围绕建设供给保障强、科技装备强、经营体系强、产业韧性强、竞争能力强且具有中国特色的农业强国，强化目标导向、问题导向和结果导向，锚定目标，鼓足干劲，建立完善多层次、广覆盖、可持续的现代农村金融服务体系，增强金融服务能力，助力全面推进乡村振兴、加快建设农业强国，现提出如下意见。

一、做好粮食和重要农产品稳产保供金融服务

（一）加大粮食和重要农产品生产金融支持力度

围绕新一轮千亿斤粮食产能提升行动、玉米单产提升工程和吨粮田创建，强化粮食生产主体扩大产能、设备改造、技术升级等融资需求对接，促进粮食稳产增产。聚焦大豆和油料生产、生猪和"菜篮子"工程、油茶扩种和低产低效林改造，持续加大信贷投放力度。以化肥、农药等农资生产购销为切入点，满足农资企业经营发展和农业生产主体农资采购周转资金需求。推广粮食和重要农产品生产托管综合金融保险服务模式，推动提升农产品生产专业化社会化服务水平。金融机构要积极参与粮食市场化收购业务，农业发展银行要及时足额发放储备及轮换贷款。

（二）强化高标准农田和水利基础设施建设融资服务

按照逐步把永久基本农田全部建成高标准农田要求，聚焦土壤改良、农田排灌设施等重点领域，在承贷主体、还款方式、贷款期限上给予差异化政策倾斜，探索推广全域综合整治等模式，助力高标准农田新建和改造提升。积极梳理大中型灌区建设和现代化改造、中小型水库及引调水工程建设等重大项目融资需求清单，一对一完善项目融资方案，加大中长期贷款投放。鼓励各地将符合条件的项目整省整市打捆打包，统筹构建多元化贷款偿还渠道，实现项目收益自平衡与经营可持续。

（三）持续加强种业振兴金融支持

完善重点种业企业融资监测机制，精准满足国家种业基地和重点企业融资需求。鼓励金融机构持续加大对生物育种重大项目、国家育种联合攻关和畜禽遗传改良计划等中长期贷款投入，创新品种权（证书）、育种制种设施设备等抵质押贷款业务，合理满足育种研发、种子（苗种）繁殖、精深加工、推广销售等环节差异化融资需求，助力"育繁推一体化"发展。用好现代种业发展基金，鼓励天使投资人创业投资基金等加大资金投入。

（四）做好构建多元化食物供给体系金融服务

树立大食物观，引导金融机构丰富生物性资产抵质押信贷产品种类，助力构建粮经饲统筹、农林牧渔结合、植物动物微生物并举的多元化食物供给体系。优化信贷资源配置，支持草原畜牧业转型升级。积极满足规模化标准化稻渔综合种养、大水面生态渔业、陆基和深远海养殖渔场建设、远洋渔业资源开发等领域信贷需求，加快现代海洋牧场和渔港经济区建设。

二、强化对农业科技装备和绿色发展金融支持

（五）做好农业关键核心技术攻关金融服务

坚持产业需求导向，开辟贷款绿色通道，加大农业关键核心技术攻关金融支持力度。针对农业科技创新周期长等特点，加大中长期贷款投放，更好发挥农业产业化基金、农业科技创新投资基金引导撬动作用，为农业领域国家实验室、全国重点实验室、制造业创新中心等平台建设给予长期稳定金融支持。

（六）加大现代设施农业和先进农机研发融资支持力度

依托设施农业现代化提升行动，创新金融产品和服务模式，加大对粮食烘干、设施农业生产、农产品产地冷藏、冷链物流设施、畜禽规模化养殖和屠宰加工、水稻集中育秧中心、蔬菜集约化育苗中心等领域金融支持力度。鼓励拓展农村资产抵质押范围，满足大型智能农机装备、丘陵山区适用小型机械和园艺机械、中小养殖户适用机械研发的合理融资需求。稳妥发展农机装备融资租赁，促进先进农机装备推广应用。

（七）加强农业绿色发展金融支持

引导金融机构创新种植业固碳增汇、养殖业减排降碳、绿色农机研发等领域信贷产品，加大对国家农业绿色发展先行区信贷支持力度。推广林权抵押贷款等特色信贷产品，探索开展排污权、林业碳汇预期收益权、合同能源管理收益权抵质押等贷款业务。探索多元化林业贷款融资模式，加大中长期信贷支持力度，支持林下经济发展。强化碳减排支持工具等货币政策工具运用，继续加大对符合条件的农村地区风力发电、太阳能和光伏等基础设施建设金融支持力度。

三、加大乡村产业高质量发展金融资源投入

（八）支持农产品加工流通业做大做强

聚焦农产品加工业提升行动，积极开展订单、应收账款等质押贷款业务，支持各类主体发展农产品产地初加工和精深加工。加大对农产品加工产业园、农产品电商产业园、产地冷链集配中心、农业国际贸易高质量发展基地建设金融支持力度，助力市场流通体系与储运加工布局有机衔接。鼓励供应链核心企业通过链条白名单确认、应收账款确权、设立购销基金等多种方式为上下游企业担保增信，提升链上企业农户和新型农业经营主体融资可得性。优化进出口贸易和对外投资金融服务，强化国际合作，支持有实力有意愿的农业企业"走出去"，培育具有全球竞争力的大粮商。

（九）推动现代乡村服务业和新产业新业态培育发展

充分挖掘乡村多元价值，创新特色金融产品和服务，全力支持乡村餐饮购物、旅游休闲、养老托幼等生活性服务业发展。加大中长期贷款投放，合理满足农业产业强镇、现代农业产业园、优势特色产业集群、农业现代化示范区、国家乡村振兴示范县建设融资需求。依法合规加强与电商企业合作，探索建立健全信用评级、业务审批、风险控制等信贷管理机制，支持"数商兴农"和"互联网＋"农产品出村进城工程建设，助力发展电商直采、定制生产、预制菜等新产业新业态。

（十）支持县域富民产业发展壮大

金融机构要创新开发具有地域亮点的金融产品，依托各地农业农村特色资源，"一链一策"做好"土特产"金融服务，推动农村一二三产业融合发展。综合运用专用账户闭环管理、整合还款来源、建设主体优质资产抵质押等增信措施，积极满足县域产业园区建设和企业发展资金需求。

（十一）促进农民创业就业增收

围绕制造加工、物流快递、家政服务、餐饮、建筑等农民工就业集中行业，鼓励金融机构将企业社保缴费、职业技能培训、稳岗纾困情况等纳入授信评价体系。持续加大对返乡入乡创业园、农村创业孵化实训基地建设信贷资源投入，深化银企对接，带动更多农民工、灵活就业人员等重点群体创业就业。加大创业担保贷款政策实施力度，鼓励各地因地制宜适当放宽创业担保贷款申请条件，简化审批流程，积极满足农民工创业信贷需求。

四、优化和美乡村建设与城乡融合发展金融服务

（十二）加强乡村基础设施建设支持

鼓励建立健全农业农村基础设施建设融资项目库，强化信息共享和服务对接，加大对产业园区、旅游景区、乡村旅游重点村一体化建设信贷支持力度。在依法合规前提下，根据借款人资信状况和偿债能力、项目建设进度、投资回报周期等，创新匹配度高的金融产品和融资模式，合理满足农村规模化供水工程建设和小型供水工程标准化改造等金融需求。鼓励金融机构通过组建银团等方式，合力支持乡村基础设施建设。

（十三）做好县域基本公共服务金融配套支持

推进金融与教育、社保、医疗、社会救助等县域民生系统互联互通，打造功能集成、管理规范、标准统一的县域基本公共服务与金融服务融合发展新模式。鼓励有条件的地区在行政服务中心设立普惠金融服务窗口，提供金融政策咨询、融资需求交办、金融辅导等服务，提升县域基本公共服务便利性和金融服务普惠性。

（十四）提升新市民金融服务水平

充分运用信息技术，精准评估新市民信用状况，创新契合度高的信贷产品，提升金融供给质量和金融服务均等性。加强与地方政府信息共享和公用数据直连，丰富"金融＋生活＋政务"新市民金融服务场景。鼓励运用信贷、债券、资产支持证券、基础设施领域不动产投资信托基金（REITs）等方式，支持专业化、规模化住房租赁企业发展，依法合规加大对新市民等群体保障性租赁住房建设融资支持力度。扩大金融产品和服务供给，支持新市民就业创业、安家落户、子女教育、健康保险和养老保障。

（十五）改善县域消费金融服务

完善农村电商融资、结算等金融服务，优化县域消费者授信审批和风控管理，提高消费金融可得性。鼓励通过线上办理、免息分期等方式，稳步推进低门槛、小额度、纯信用农村消费贷款，为县域各类消费场景提供个性化信贷产品，将金融服务嵌入衣食住行。

五、强化巩固拓展脱贫攻坚成果金融支持

（十六）加大对脱贫地区和脱贫人口金融支持力度

立足脱贫地区资源禀赋和产业特点，科学制定信贷投放计划，发展特色农产品保险，推动脱贫地区更多承接和发展劳动密集型产业，加快培育壮大优势特色产业，支持有条件的农户发展庭院经济。保持脱贫地区信贷投放力度不减。加大对国家乡村振兴重点帮扶县金融支持力度，不断提高县域存贷比，努力降低融资成本。加大对安置区后续发展金融支持力度。扎实做好脱贫人口小额信贷质量监测和续贷展期管理，严禁"户贷企用"。研究谋划过渡期后金融接续支持政策，分层分类做好脱贫人口、防止返贫监测对象和有劳动能力低收入人口金融服务，完善欠发达地区常态化金融帮扶机制。

（十七）深化金融机构定点帮扶工作

承担中央单位定点帮扶任务的金融机构要把定点帮扶作为服务乡村振兴、建设农业强国、锤炼干部队伍的重要平台，围绕乡村发展、乡村建设、乡村治理重点任务，发挥金融组织优势和社会协同能力，创新帮扶举措，督促政策落实，确保结对关系调整优化平稳过渡，不断增强脱贫地区和脱贫群众内生发展动力，坚决守住不发生规模性返贫底线，努力把金融定点帮扶"责任田"建设成金融政策落地、普惠金融实现、信用价值彰显、风险防控有效的金融支持乡村振兴"示范田"，助力帮扶地区农业全面提升、农村全面进步、农民全面发展。

六、加强农业强国金融供给

（十八）强化金融机构组织功能

开发性政策性银行要立足职能定位，在业务范围内加大对粮食和重要农产品稳产保供、农业农村基础设施、农业科技创新等重点领域中长期信贷支持力度。

国有商业银行、股份制商业银行要发挥资源、机制、科技等优势，加强线上线下协同，增加乡村振兴领域信贷投入。农村中小金融机构要立足本土、专注支农支小，强化"三农"领域信贷资源配置。加快农村信用社改革，推动省联社转换职能，规范履职行为，稳步推进村镇银行结构性重组，强化风险防范化解，增强"三农"金融服务能力。鼓励金融机构在园区和社区增设服务乡村振兴、新市民等群体特色网点，推动基础服务向县域乡村延伸。

（十九）拓展多元化金融服务

鼓励符合条件的企业发行公司债券、短期融资券、中期票据、资产支持证券、资产支持票据、乡村振兴票据等用于乡村振兴。积极支持符合条件的国家种业阵型企业、农业科技创新企业上市、挂牌融资和再融资。鼓励金融机构发行"三农"、小微、绿色金融债券，拓宽可贷资金渠道。推动"融资、融智、融商"有机结合，探索"党建共建＋金融特派员下乡进村"模式，创新搭建招商引资、产销对接、融资支持等综合服务平台。持续推进储蓄国债下乡，丰富适合农村居民的理财产品。

（二十）增强保险保障服务能力

逐步扩大稻谷、玉米、小麦完全成本保险和种植收入保险实施范围，实施好大豆完全成本保险和种植收入保险试点。鼓励发展渔业保险。提高养殖业保险保障水平，探索研发生猪、奶牛等养殖收入保险产品。进一步丰富小农户特色农产品收入保险、指数保险、区域产量保险、农机具综合保险等特色农业保险品类，优化"保险＋期货"，强化保险保障功能。支持保险机构扩大农村居民意外伤害险、定期寿险、健康保险、养老保险等产品供给，不断提高承保理赔服务质量。

七、提升农村基础金融服务水平

（二十一）发展农村数字普惠金融

依托金融科技赋能乡村振兴示范工程，鼓励金融机构运用新一代信息技术因地制宜打造惠农利民金融产品与服务，提升农村数字普惠金融水平。鼓励金融机构优化普惠金融服务点布局，扩大对偏远农村、山区等金融服务半径，推动金融与快递物流、电商销售、公共服务平台等合作共建，形成资金流、物流、商流、信息流"四流合一"农村数字普惠金融服务体系。在依法合规、风险可控的前提下，推广完善"乡村振兴主题卡"等特色支付产品，推动移动支付向县域农村下沉。

（二十二）推进农村信用体系建设

支持各地与金融机构共建涉农公用信息数据平台，完善信用信息数据多方采集和分类分级保护机制，强化数据运用有效性和数据存储安全性。持续开展"信用户""信用村""信用乡（镇）"创建，鼓励金融机构与政府性融资担保机构合作，开展整村授信、整村担保。金融机构在运用征信服务的基础上，要发挥好农业经营主体信贷直通车数据共享作用，用好全国一体化融资信用服务平台等信用体系建设成果，构建信用评价与授信审批联动机制，更好满足各类经营主体合理融资需求。鼓励各地建立恶意逃废金融债务"黑名单"，营造良好区域金融生态环境。

（二十三）加强金融教育和金融消费权益保护

结合农村地区金融教育基地建设，持续推动金融素养教育、反诈拒赌宣传、金融知识等纳入农村义务教育课程，鼓励各单位积极参与公益慈善事业，创新开展"金惠工程""金育工程"等公益项目。持续畅通普惠金融重点人群权利救济渠道，推进金融纠纷多元化解机制建设，优化金融纠纷在线诉调对接工作，提升金融消费者对金融纠纷调解的认知度、参与度和认可度。加快推进消费者金融健康建设，促进金融健康建设与金融教育、金融消费权益保护有机结合。

八、强化金融支持农业强国建设政策保障

（二十四）加大货币政策工具支持力度

用好再贷款再贴现、差别化存款准备金率等货币政策工具，强化精准滴灌和正向激励，引导金融机构加大对乡村振兴重点领域信贷支持力度，并适度向乡村振兴重点帮扶县倾斜。对发展基础好、经营结构稳健、具备可持续能力的县域法人金融机构，在存款准备金率、再贷款再贴现等方面给予更优惠的货币信贷政策支持。加强现有结构性货币政策工具在"三农"领域使用情况的统计、信息披露和政策评估。

（二十五）加强财政金融政策协同

鼓励各地完善风险补偿、财政贴息、融资担保等配套政策，与再贷款等货币政策形成合力，支持乡村振兴相关领域贷款发放。充分发挥政府性融资担保机构增信作用，推动"银担"线上系统互联互通，提高代偿效率，加强政府性融资担保机构绩效评价，强化评价结果运用。支持探索投贷联动模式，鼓励通过农业农村投融资项目库推送重大项目信息。发挥财政、信贷、保险、期货合力，形成金融支农综合体系。

（二十六）推动融资配套要素市场改革

探索完善农村产权确权颁证、抵押登记、流转交易、评估处置机制，加快推动农村产权流转交易和融资服务平台建设应用。推广农村承包土地经营权、集体经营性建设用地使用权等抵质押贷款业务，优先支持农村集体经济发展项目。支持活体畜禽、农业生产设施设备、农业仓单、品种权（证书）、应收账款等担保融资业务通过人民银行征信中心动产融资统一登记公示系统进行登记。

（二十七）优化金融管理政策

适度提高涉农贷款风险容忍度，涉农贷款不良率高出金融机构自身各项贷款不良率年度目标3个百分点（含）以内的，可不作为监管评价扣分因素。督促金融机构探索简便易行、客观可量化的尽职认定标准、免责情形和问责要求，加快落实涉农贷款尽职免责制度。鼓励金融机构单设服务通道、单列信贷额度、单设考核指标、单授审批权限、单创信贷产品、单独资金定价，稳定加大涉农信贷投入。

九、完善工作机制

（二十八）加强组织领导

鼓励各地建立健全由金融管理部门、农业农村、地方财政等部门参与的金融服务乡村振兴工作领导小组，完善统筹协调和信息共享工作机制，定期研究解决工作推进中遇到的困难和问题。严格落实地方党委和政府主体责任，严禁新增政府隐性债务。支持条件成熟的地区创设普惠金融改革试验区，探索金融支持全面推进乡村振兴的有效途径和可复制推广经验。各金融单位要将金融支持建设农业强国工作与本单位总体工作同部署、同推进、同考核。鼓励各地加强乡村金融人才培养，推动县乡"三农"工作人员与金融从业人员双向交流。

（二十九）强化评估宣传

清晰界定乡村振兴金融服务支持的业务范围、领域，健全乡村振兴金融服务统计，各部门要探索建立重点领域融资监测机制。金融管理部门分支机构要持续做好金融机构服务乡村振兴考核评估工作，强化评估结果运用。金融机构要提高对分支机构和领导班子乡村振兴指标的绩效考核权重。各金融单位要依托线上线下渠道，采取群众喜闻乐见的形式加强政策宣传。及时总结提炼金融支持建设农业强国的典型模式、创新产品、经验做法，通过新闻报道、劳动竞赛、优秀案例评选等专题活动加强宣传交流推广，推动工作落实。

广东省科学技术厅关于印发《广东省科技支撑 "百县千镇万村高质量发展工程"促进城乡 区域协调发展实施方案（试行）》的通知

粤科农字〔2023〕116 号

各地级以上市科技局（委）、各有关单位：

为深入贯彻党的二十大精神，全面落实省委、省政府关于实施"百县千镇万村高质量发展工程"促进城乡区域协调发展战略部署和工作要求，我厅制定了《广东省科技支撑"百县千镇万村高质量发展工程"促进城乡区域协调发展实施方案（试行）》，现印发给你们，请认真贯彻执行。

省科技厅
2023 年 6 月 7 日

广东省科技支撑"百县千镇万村高质量发展工程" 促进城乡区域协调发展实施方案（试行）

为深入贯彻落实《中共广东省委关于实施"百县千镇万村高质量发展工程"促进城乡区域协调发展中的决定》，充分发挥科技创新在促进城乡区域协调发展的重要作用，以科技创新支撑引领高质量发展，在新起点上更好解决城乡区域发展不平衡不充分问题，为粤东粤西粤北地区聚焦创新驱动发展资源，把县镇村发展短板转化为广东高质量发展潜力板，推动全省县镇村高质量发展，特制定本方案。

一、指导思想

坚持以习近平新时代中国特色社会主义思想为指导，全面贯彻党的二十大精神，按照省委关于实施"百县千镇万村高质量发展工程"促进城乡区域协调发展（以下简称"百千万工程"）工作部署，以推动高质量发展为主题，加快构建全过程创新链，打通从科技强到企业强、产业强、经济强的通道，补齐县镇村科技创新短板，构建城乡区域协调发展新格局，全面推进乡村振兴。

二、工作目标

到 2025 年，全省县镇村以创新为引领的经济体系和发展模式加快形成，在县、镇打造创新驱动发展样板。科技成果转化服务"百千万工程"体系初步建立；探索粤东粤西粤北地区科技金融融合发展模式；科创载体提质增效行动取得初步效果；积极引导全领域、复合型人才投身服务"百千万工程"；引导科研院校到县域设立研究机构；组织实施创新强镇计划，培育一批创新型专业镇；进一步完善科技特派员助农机制，推动千名农村科技特派员下乡服务。

到 2027 年，全省县镇村创新驱动发展能力显著增强，科技支撑产业竞争力明显提升。突破一批农业农村领域产业堵点、技术难点、发展痛点；科技成果转化服务"百千万工程"体系基本建立；科技金融促进粤东粤西粤北地区创新发展效能进一步增强；科创载体引领区域产学研用协同发展作用得到充分发挥；人才支撑服务"百千万工程"发展体系基本建立；科研院校和县域研究机构有力支撑地方创新发展；推动专业镇产业链和创新链深度融合，进一步扩大创新型专业镇规模，打造一批全国经济强镇；持续推动科技特派员科技下乡、服务"三农"。

展望 2035 年，全省县镇村科技创新整体实力进一步增强，新型城镇化基本实现，主要创新指标达到世界领先水平，科技支撑乡村振兴取得决定性进展，城乡区域发展更加协调更加平衡，全省城乡基本实现社会主义现代化。

三、任务计划

（一）持续推进关键技术攻关，突破乡村产业发展阻碍

加快实现高水平科技自立自强，推动城乡区域协调发展向高质量迈进。一是立足地区科技需求，以产业发展为导向，指导科研院校各类高水平科研创新平台开展协同攻关，培育一批新品种、创制一批新装备、开发一批新技术、研发一批新产品，打造乡村振兴全产业链科技创新高地与策源地。二是鼓励粤东粤西粤北地区企事业单位抢抓国家重大发展战略机遇，密切对接国家和省产业发展关键核心技术攻关方向，积极参与科技研发项目，为地区发展提供源头动力。（省科技厅牵头，各地市科技部门、高校和科研院所按职责落实）

（二）推动科研成果落地转化，科技支撑城乡产业升级

以乡村产业需求为导向，优化以企业为主体、高校院所和科技人员共同参与的科技成果转化体制，推动地方一二三产业升级。一是完善科技成果转化服务体系，培育科技成果交易市场，促进新品种、新技术、新产品在县镇村落地转化与产业化，以科技创新培育乡村新产业新业态。二是完善高校、科研院所科技成果产业化机制，建立职务科技成果转化尽职免责认定工作机制，激活科技成果转化动力。三是鼓励珠三角地区的省实验室和省重点实验室结合粤东粤西粤北地区产业发展实际需求，开展形式多样的技术培训和成果转移转化。（省科技厅牵头，各地市科技部门、高校和科研院所按职责落实）

（三）发挥科技金融赋能作用，构建企业创新主体格局

加快推进科技金融深度融合，助力粤东粤西粤北地区企业健康发展。一是发挥省创新创业基金引导作用，引导社会资本与省创新创业基金在粤东粤西粤北地区设立子基金，推动粤东粤西粤北地区科技成果转化。二是推动银行机构创新开发针对农村特色优势科技产业的信贷产品和服务，适当提高粤东粤西粤北地区科

技信贷风险补偿比例。三是推动科技企业与多层次资本市场对接，建立上市后备科技企业培育机制，优化粤东粤西粤北地区科技金融服务中心布局，推动科技金融服务向县域镇域村域延伸下沉。（省科技厅牵头，各地市科技部门按职责落实）

（四）推动科创载体提质增效，夯实产学研用协同基础

开展粤东粤西粤北地区科创载体提质增效行动。一是支持粤东粤西粤北地区申报工程技术研究中心，在专职科研人数、研发设备、产学研合作等方面给予倾斜，鼓励粤东粤西粤北地区申报企业与高校院所联合共建工程中心，共建单位在该领域的实验设备和研发人员可纳入申报条件核算。二是指导粤东粤西粤北地区省实验室围绕制约区域发展的关键核心技术开展科技攻关，鼓励符合条件的粤东粤西粤北地区高校、研究院所和科技型企业积极申报省重点实验室，完善省、市实验室体系建设。三是支持粤东粤西粤北地区建设高水平新型研发机构，服务中小企业，突破制约产业发展的技术瓶颈，促进传统产业优化和转型升级。（省科技厅牵头，各地市科技部门、高校和科研院所按职责落实）

（五）促进专业镇转型升级，探索科技强镇发展路径

加快专业镇转型升级，促进特色产业跨区域合作，增强产业集群效应，提升专业镇创新能力。一是建立健全创新型专业镇申报、管理与验收评价体系，认定一批在企业发展、平台建设、产业集聚、科技成果转化和人才建设成效突出的创新型专业镇；加大专业镇科技创新投入力度，充分发挥财政资金的杠杆和示范引导作用，引导多元资本参与建设。二是科技赋能专业镇产品做精、做特、做新，提升产品附加值，实现市场占有率提升，以集群创新树立一批在全国有较强影响力和竞争力的乡镇。三是引导珠三角和粤东粤西粤北地区产业关联度高、企业发展互动性好的专业镇开展合作，发挥各自创新资源优势，推进产业共性技术研发、发展模式借鉴和产品标准联动互补，推动延展产业链、提升创新链。（省科技厅牵头，各地市科技部门按职责落实）

（六）科技特派员组团式帮扶，一线添智助力科技兴农

深入实施科技特派员制度，推动千名科技特派员下乡服务，对承担省级重点派驻任务视同承担省级科技计划项目。一是拓展多领域复合型科技特派员选派渠道，精准对接当地科技需求，全方位服务于乡村振兴。二是鼓励科技特派员联农带农创新创业，扶持一批科技型农村致富带头人，打造农业科技致富共同体。三是推进科技特派团工作站建设，搭建帮扶合作平台，统筹科技特派员团队资源，加强日常管理，做好培训、组织协调等服务保障工作，打造科技特派员在基层服务的加油站、服务站。（省科技厅牵头，各地市科技部门、高校和科研院所按职责落实）

（七）优化科技要素分配布局，创新驱动城乡协调发展

深入实施创新驱动发展战略，引导科研要素聚集县域，完善科技成果评价机制。一是加快推进"百千万工程"科技要素配置一体化，鼓励科研院校加强县域

布局设点，引导平台、人才、成果等创新要素聚集县镇村，推动城乡区域协调发展。二是优化科技奖励体系，设立科技成果推广奖，重点奖励由粤东粤西粤北地区个人、组织牵头完成或在粤东粤西粤北地区推广应用、促进区域协调发展的优秀成果，鼓励广大科研人员将科研成果播撒在南粤大地上。（省科技厅牵头，各地市科技部门、高校和科研院所按职责落实）

（八）夯实乡村振兴人才基础，大力推动强县兴镇富村

凝聚优质人才智力资源，服务"百千万工程"。一是聚集两院院士、科学家、人大代表、政协委员、优秀企业家等组建智库联盟，开展科技支撑"百千万工程"深调研，定期开展高端学术研讨会和产业发展论坛，充分发挥智库参谋作用，为"百千万工程"科学决策提供服务支撑。二是实施粤东粤西粤北地区科技人才发展倾斜政策，省重大人才工程对艰苦边远地区和基层一线人才在遴选数量和资助额度上采取倾斜支持，对粤东粤西粤北地区创新团队同等条件下优先支持入选并加大支持力度。三是加强科学技术普及工作，支持粤东粤西粤北地区加强科普条件能力建设，优化科普资源区域平衡。组织文化科技卫生"三下乡"科普活动，利用南澳科学会议等平台邀请院士进农村、进校园、进社区开展科普讲座，组织线上线下培训粤东粤西粤北地区中小学科学辅导老师，以科普助力乡村振兴。（省科技厅牵头，各地市科技部门、高校和科研院所按职责落实）

四、保障措施

（一）加强组织领导

坚持和加强党的全面领导，坚决落实党把方向、谋大局、定政策、促改革的要求，确保科技工作始终沿着正确的方向发展。建立省市协调推进工作机制，强化统筹协调、政策制定、督促落实、创新监测、考核评估等职责。各地市科技部门、高校和科研院所等有关单位要强化责任担当，结合实际，细化落实各项工作举措，共同织牢织密科技创新"一张网"、下好"一盘棋"。

（二）加大资金投入

加大乡村振兴科技创新投入力度，优化"大专项＋任务清单"项目布局，指导地市做好项目资金配套，省市联动、挖掘存量、优化增量。充分发挥省创新创业基金等金融工具的杠杆作用，整合公共力量和民间力量，引导科技金融资本、社会资本参与科技支撑"百千万工程"高质量发展行动。

（三）做好考核评估

按照省委省政府有关要求，加强市县镇科技创新统计监测，做好"百千万工程"考核评价工作。科学设定考核指标，针对科技支撑"百千万工程"重点工作定期开展考核，及时研究新情况、解决新问题，根据实际优化调整政策举措。

（四）营造良好氛围

加强科技创新政策、重大科技成果、热点科技问题的宣传和解读，让各项政

策深入人心，调动社会各方参与的积极性。依托权威媒体和行业媒体，通过新闻报道、互联网新媒体等方式，及时总结和宣传推广科技支撑"百千万工程"的典型案例、模式、经验。通报表扬一批先进单位和先进个人，形成全社会支持乡村振兴发展的良好局面和浓厚氛围。

广州市人民政府办公厅关于印发广州市
壮大科技创新主体促进高新技术企业
高质量发展若干措施的通知

穗府办〔2023〕16 号

各区人民政府，市政府各部门、各直属机构：

《广州市壮大科技创新主体促进高新技术企业高质量发展若干措施》已经市人民政府同意，现印发给你们。请结合工作实际，认真组织实施。实施中遇到问题，请径向市科技局反映。

广州市人民政府办公厅

2023 年 8 月 14 日

广州市壮大科技创新主体促进高新技术
企业高质量发展若干措施

为认真贯彻习近平总书记关于科技创新的重要论述和视察广东重要讲话、重要指示精神，深入贯彻落实党的二十大和中央经济工作会议精神，按照省、市高质量发展大会要求及"百千万高质量发展工程"有关工作部署，坚持实体优先、创新引领，打通"科学技术化、技术产品化、产品产业化、产业资本化"路径，从制度上落实企业科技创新主体地位，建立科技企业全周期发展支持体系，推动高新技术企业高质量发展，在提升科技自立自强能力、建设现代化产业体系等方面走在全国前列，继续在高质量发展方面发挥领头羊和火车头作用，特制定以下措施。

一、加强科技引育，激活科技企业原动力

（一）优化科技企业孵化育成体系。完善孵化育成评价体系，提高科技型中小企业和高新技术企业培育权重，充分发挥好众创空间、科技企业孵化器、加速器、大学科技园、星创天地等平台载体作用。加强孵化载体专业孵化能力建设，提升科技企业招商和培育的可持续发展能力。

（二）发挥战略科技创新平台作用。探索重大创新平台科研成果"沿途下蛋、就地转化"机制，依托"2＋2＋N"科技创新平台体系，推动落地一批"硬科技"种子企业。支持重点研发项目落地产业化，开展项目推进、成果对接、产出跟踪等，推动项目落地。建立我市新型研发机构协同创新联盟，支持新型研发机构建设科技企业孵化载体，通过科技成果作价、资金投入等方式参股孵化企业以及技术供给服务科技企业，吸引更多成果落地广州。

（三）探索科技招商新模式。遴选培育一批科技创新力、价值创造力、生态主导力、国际竞争力强的科技领军企业、产业链"链主"企业，强化其在战略性产业集群的融通带动、引领示范作用。推动形成"领军企业＋产业园区＋大院大所"协同创新模式，打造大中小企业创新协同、产能共享、供应链互通的产业创新生态。发挥在穗产业投资基金和科创母基金作用，支持并购具有原创性技术、稀缺资源的优质企业，鼓励"投早""投小""投硬科技"，提供优质科技企业定向金融服务。围绕投资基金已投资项目，结合产业链上下游，有针对性地做好项目落地产业园区的"一条龙"招商服务。

二、推动科研强企，提升科技企业发展硬实力

（四）支持企业加大研发投入。推动企业健全研发管理制度，落实科技型中小企业研发费用加计扣除、高新技术企业所得税减免、软件企业和集成电路企业所得税减免、高新技术企业和科技型中小企业延长亏损结转年限政策。支持企业通过参与市校（院）企联合资助计划开展基础研究，并按规定享受税收优惠。对当年认定的高新技术企业根据企业上一年度申报享受研发费税前加计扣除金额，给予最高不超过70万元的奖励。支持打造一批具有引领示范作用的创新型国有企业，对经认定的企业研发投入在经营业绩考核中按一定比例视同利润加回。对南沙先行启动区符合条件的鼓励类产业企业减按15％的税率征收企业所得税；对南沙符合条件的高新技术重点行业企业进一步延长亏损结转年限。

（五）支持企业组建创新联合体。发挥好企业"出题人、答题人、阅卷人"作用，支持产业链"链主"企业、龙头企业和领军企业聚焦战略性产业集群，链接科研院所、高等院校和各类科技企业，牵头组建体系化、任务型的创新联合体，利用行业上下游产学研用力量开展跨领域协作，推动科技企业成为科研攻关的主力军，提升产业链协同创新水平。通过"揭榜挂帅"等方式，支持高新技术企业围绕新产品、新工艺、新设备、新材料等开展技术研发，申报国家和省重大科技专项，承接相关产业化项目。支持企业组建产业创新联盟和标准组织，制定产业技术创新战略规划，参与制定国际国内标准规则。

（六）优化关键核心技术攻关组织模式。聚焦市21条重点产业链，梳理编制产业链图谱、产业链创新体系、重点企业清单和产业地图，推动形成有梯度、有层次的"链长—总链主企业—链主企业—生态链企业"模式，优化重点研发计划项目遴选机制、组织模式，发挥企业在构建从源头创新、技术攻关到产业应用的技术创新体系中的关键作用，推动高新技术企业成为我市产业核心技术攻关、科研投入和成果转化的核心力量。优化经费管理机制，赋予科研项目承担单位更大的经费管理自主权。优化项目评价机制，对应用研究、技术开发和产业化示范类项目，建立以市场为导向的项目验收评价体系。支持企业在关键技术领域开展发明专利布局，形成对其主要产品（服务）发挥核心支持作用的高价值知识产权。

三、实施人才优企，锻造科技企业核心引领力

（七）强化人才保障。进一步简化企业人才引进流程，保障符合条件的战略性新兴产业方向企业引进的急需紧缺人才的入户需求。落实科研诚信制，创新"认定＋遴选＋择优"的人才评价综合体系，激发人才创新活力，探索在重点企业实施"特聘岗位"制度，下放人才评定权限。鼓励普通高校、职业院校等建立校企合作、产教融合培养模式，打造适应企业发展的人才储备体系，使人才结构更好适应产业结构的优化方向。鼓励大型国有企业、上市企业、股权投资机构的股东联动被投企业开展组团式人才招引活动。

（八）引好用好外智。开展外籍"高精尖缺"人才认定试点工作，扩充外国高端人才（A 类）和外国专业人才（B 类）的认定范围。出台广州市人才绿卡实施办法，鼓励全球人才来穗。实施面向港澳人才的特殊支持措施，在人才引进、股权激励等方面率先取得突破。支持南沙实施更大力度国际高端人才引进政策，对国际高端人才给予入境停居留便利。搭建国际人才数据库，允许符合条件的取得内地永久居留资格的国际人才创办科技企业、担任科研机构法人代表。

（九）大力弘扬企业家精神。推动"穗商工程"、新锐企业培优、民营企业科技创新行动，像尊重科学家一样尊重企业家，开展多层次、多主题企业家交流与培训活动。系统宣传全市科技企业发展状况和创新创业案例，树立优秀创新创业企业家典型，优先推荐诚信经营、社会效益好、经济效益高、行业代表性强的高新技术企业负责人为各级党代表、人大代表、政协委员候选人，并申报各类荣誉称号。提高企业在创新战略制定中的参与度，推送一批高水平产业技术专家进入各级科技咨询专家库，参与重大战略、重大决策、重大规划等顶层设计；建立企业家科技创新咨询座谈会议制度，开展问计咨询；鼓励企业家担任国内外学术组织、国际机构职务。

四、拓展金融惠企，推动科技企业增活力

（十）支持初创型科技企业发展。扩大中国创新创业大赛（广东·广州赛区）规模，持续深化"以赛代评""以投代评"联动创新机制，进一步挖掘优质科技企业，对获奖企业给予 10 万～200 万元不等补助。发挥广州科技创新母基金及直投基金作用，引导社会资本、金融机构对接科技企业融资需求，以投促引为处于孵化期、成长期的科技企业引入社会资本资源。市、区政府引导基金加大对高新技术企业、科技型中小企业的支持力度，支持、鼓励引导基金与链主企业、社会投资机构等共同成立细分领域投资基金，通过市场化方式精准挖掘和投资生态链中的潜力企业，用更加市场化、专业化、科学化的评估体系赋能科技企业发展。

（十一）充分发挥市科技型中小企业信贷风险损失补偿资金池撬动作用。对合作银行为科技型中小企业提供贷款所产生的本金损失进行一定补偿，探索对成

立两年内的科技企业加大风险损失补偿比例，对高新技术企业提高放贷额度。优先支持科技型中小企业申报高新技术企业；按有关规定将高新技术企业等科技企业纳入市科技型中小企业信贷风险损失补偿资金池支持范围。鼓励银行为高新技术企业量身定制服务方案，打造专属科技信贷产品。

（十二）加大科技创新贷款支持力度。发挥对银行机构服务科技等战略性新兴产业激励导向作用，鼓励在穗银行机构发挥专业优势，加强服务科技企业。实施创业担保贷款贴息，加大对初创科技企业和小微企业的融资支持力度，促进创业带动就业，按规定对符合条件的用于支持个人创业或小微企业扩大就业的贷款进行贴息。

（十三）推动高新技术企业上市。实施高新技术企业上市倍增行动，充分利用独角兽、专精特新等各类榜单，构建专门的企业评选指标体系，每年定期发布拟上市高企百强榜单，建立后备上市企业库。联合上交所南方中心、深交所广州服务基地、北交所华南基地等，分层分类予以重点培育辅导，向上交所、深交所、北交所、港交所等境内外多层次资本市场推荐拟上市高企，开设高企上市辅导班，助力企业登陆资本市场。加大对企业上市的支持力度，对进入上市辅导期的科创企业给予政策支持，对成功上市的企业进行奖励。

五、汇聚产品兴企，拓宽企业市场辐射力

（十四）优化创新产品名录推广机制。以《国家重点支持的高新技术领域》规定范围的高新技术产品（服务）为重点，编制创新产品目录。完善首购、订购、推广应用等政策措施，对列入省首台套和技术创新目录的创新产品（服务），在功能、质量等指标满足政府采购需求时，采购人可依法采用单一来源采购方式开展采购活动，促进新技术、新产品在产业化应用中不断迭代升级。加大首台套、首批次、首版次奖补力度，对于符合条件的首版次软件研发项目给予不超过投资额30%的奖励，最高300万元；符合市目录要求的产品，对同一家企业的同一个装备产品按不超过单台（套）销售价格的30%给予奖励，成套装备奖励最高不超过500万元，单台设备奖励最高不超过300万元，总成或核心部件奖励最高不超过100万元。将扩大首台（套）装备、首批次新材料应用、首版次软件应用、取得重大原创突破等纳入国企负责人经营业绩考核范围予以激励。鼓励扶持创新产品的研究、应用和市场拓展，不断提高企业高新技术产品（服务）收入占比。

（十五）广泛征集新技术应用场景。发布有利于新技术应用、新模式创新、新业态集聚的应用场景开放清单，推动企业围绕数字经济、绿色低碳等领域开放应用场景，参与应用场景项目建设，打造一批新技术、新产品示范工程。支持行业领军企业通过产品定制化研发等方式，为关键核心技术提供早期应用场景和适用环境。推动市、区政府部门为企业提供公共数据资源，开放应用场景，支持企业新技术新产品的验证、迭代和示范推广。通过政府端需求引导市场端需求，特别是在城市治理、交通管理、医疗健康等领域应用场景创新，通过行业协会等牵头组织人工智能企业产业场景应用对接，加快产品产业转化。

（十六）打造创新产品对接品牌。打造一批典型场景、示范园区和产业链供需对接品牌活动，通过举办创新产品推介沙龙、场景开放日、产品供需对对碰、成果路演等形式，依托技术交易和服务平台发布项目信息，借助公众号、社交媒体等新媒介开展网络推介，补齐产业链供应链短板。通过科技企业数据库开展定向推送，帮助企业链接上下游供应商和客户市场，进一步促进产业链上下游协同发展和大中小企业融通发展。

六、持续精选壮企，支持科技企业强实力

（十七）构建科技企业梯次培育体系。实施"科小十条"和"高企六条"，构建"科技型中小企业—高新技术企业—硬科技企业—独角兽企业—上市高新技术企业"的梯次培育体系。加强科技型中小企业评价服务工作，培养一批研发能力强、技术水平高、科技人才密集、能够形成核心技术产品的科技型中小企业，培育高新技术企业后备力量。健全培育和支持服务体系，每年培育一批具有较高科技含量和发展潜力的企业成为高新技术企业，推进高新技术企业筑基扩容，实现"小升规""规升强"，推动一批中小型高新技术企业成长为具有较强综合实力和经济贡献的高新技术企业。

（十八）推动企业技术和品质提升。支持制造业企业发展，对"十四五"期间我市总投资10亿元以上的制造业项目，在省级对其新增实际固定资产投资额不超过2％比例普惠性投资奖励的基础上，市级财政给予1∶1配套扶持；对当年新开工的先进制造业重大项目，按照"一项目一政策"给予跟踪支持；实施"四化平台"赋能产业、服务企业专项行动，以数字化转型、网络化协同、智能化改造、绿色化提升为路径，力争为超1 000家工业企业提供从诊断到解决方案等一揽子服务，并提高事中扶持比例。制定加快技术改造投资项目建设若干政策措施，进一步提高项目奖补额度。

（十九）服务企业主体做优做大做强。对首次认定通过的高新技术企业给予20万元奖励，重新认定通过的高新技术企业给予10万元奖励。对首次成为规模以上工业企业的，支持企业采购数字化管理、技术创新、法律咨询、检验检测等服务，市级资金给予最高50万元奖励。对新认定的国家专精特新"小巨人"、省级"专精特新"中小企业给予奖励。支持企业知识产权创造、运用和保护，引导企业加强自主研发成果知识产权保护，支持企业建设高价值专利培育布局中心，加强重点领域关键核心技术专利的创造储备。

（二十）树立高新技术企业创新标杆。支持社会机构发布广州独角兽创新企业、硬科技企业、拟上市高新技术企业等榜单，树立科技企业发展标杆。开展广州高新技术企业创新能力评价，针对企业的技术优势及先进性建立筛选标准和模型，精准画像，发现一批符合国家战略、扎根广州、研发投入高、产品定位全球、品高价优的标杆企业。加强高新技术企业发展动态的调研和总结，围绕产值、税收贡献、社会效益和科技创新等维度，强化分析并追踪中长期高新技术企业对经济社会发展的贡献程度。支持科技服务机构、主流媒体和创新智库举办高新技术企业发展沙龙、论坛，编制发布高新技术企业白皮书。

七、优化创新生态，服务科技企业聚合力

（二十一）强化组织保障，加强市、区科技企业工作联动。建立我市科技企业联动工作机制，市科技、来穗人员服务管理、税务、住房城乡建设等部门以及各区政府按照各自职责，协同为高新技术企业提供外国人才工作便利、人才绿卡、来穗人员积分制服务、税务、住房等方面的服务和支持，共同为符合条件的高新技术企业提供项目建设、税务、用人、用电、入户、人才子女入学及其他相关指引服务。加强市、区经费保障，市、区联动在创新资源配置和重大项目方面，给予科技企业支持。

（二十二）强化服务支撑，发挥社会力量服务引导作用。充分发挥专业科技服务作用，通过科技服务机构大赛征集一批具备一定规模、经营规范、服务能力强的专业科技服务机构，市、区协同建立"一区一机构"工作机制，广泛整合行业协会、服务机构、创新载体等资源，发挥社会服务机构对企业成长的引导服务跟踪作用，"一对一"联系服务，打造"无事不扰、有求必应"的重点科技服务模式，组建科技企业培育导师队伍，推动科技服务网格化管理，持续下沉镇街，对于成效显著的机构，给予绩效评价后补助支持。

（二十三）强化政策落实，帮助科技企业用好政策措施。围绕优化科技企业全周期服务，实施一批含金量高、市场主体获得感强的创新环境改革举措。深化"读懂会"科技政策精准推送品牌，常态化举办"科创学堂"高企培育系列活动，以企业为主体开展系列政策宣传等惠企暖企活动；梳理汇总全市科技企业相关政策，形成政策汇编。

（二十四）强化数据支撑，实现大数据赋能科技企业服务。建设运维"广州科技大脑"信息服务平台，发挥"广州科技大脑"数据汇聚分析作用，建立完善科技企业评价模型，推动科技企业筑基扩容，推动实现全市科技企业政策"一窗查询"、高新技术企业认定和科技型中小企业评价入库等"一键测评"，推动政策精准推送，确保企业应知尽知、应享尽享。

（二十五）强化用地服务，服务科技企业拓展发展空间。建立企业空间及用地需求清单，每半年更新，由相关部门组织开展空间供需专场对接活动，为企业精准匹配和推送可用空间信息，引导企业在全市合理布局发展，鼓励有条件的区对符合条件的企业给予租金补贴支持。通过弹性出让土地、先租后让、租买结合等方式，保障"小升规""规升强"企业的用地需求，支持其利用自有工业用地，提高容积率的，经核准后不再增收土地价款。

（二十六）厚植创新文化，构建鼓励创新的良好生态。加强科研伦理和科研诚信体系建设。提高对创新失败的容忍度和创新探索的宽容度，构建鼓励创新、包容失败、干事担当的良好生态。

　　以上政策措施自公布之日起实施，有效期至 2027 年 12 月 31 日。具体政策措施有明确执行期限或国家、省有明确规定的，从其规定。

国务院办公厅关于印发《促进创业投资高质量发展的若干政策措施》的通知

国办发〔2024〕31 号

各省、自治区、直辖市人民政府，国务院各部委、各直属机构：

《促进创业投资高质量发展的若干政策措施》已经国务院同意，现印发给你们，请认真贯彻执行。

国务院办公厅
2024 年 6 月 15 日

促进创业投资高质量发展的若干政策措施

发展创业投资是促进科技、产业、金融良性循环的重要举措。为贯彻落实党中央、国务院决策部署，促进创业投资高质量发展，现提出以下政策措施。

一、总体要求

促进创业投资高质量发展，要以习近平新时代中国特色社会主义思想为指导，全面贯彻落实党的二十大精神，完整、准确、全面贯彻新发展理念，着力推动高质量发展，围绕创业投资"募投管退"全链条，进一步完善政策环境和管理制度，积极支持创业投资做大做强，充分发挥创业投资支持科技创新的重要作用，按照市场化法治化原则引导创业投资稳定和加大对重点领域投入，强化企业创新主体地位，促进科技型企业成长，为培育发展新质生产力、实现高水平科技自立自强、塑造发展新动能新优势提供有力支撑。

二、培育多元化创业投资主体

（一）加快培育高质量创业投资机构。鼓励行业骨干企业、科研机构、创新创业平台机构等参与创业投资，重点培育一批优秀创业投资机构，支持中小型创业投资机构提升发展水平。引导创业投资机构规范运作，提升股权投资、产业引导、战略咨询等综合服务能力。创业投资机构按规定开展私募投资基金业务的，应当依法依规履行登记备案手续。未经登记备案的主体，应当用自有资金投资。

（二）支持专业性创业投资机构发展。加大高新技术细分领域专业性创业投资机构培育力度，引导带动发展一批专精特新"小巨人"企业，促进提升中小企业竞争力。聚焦新领域新赛道，对投资原创性引领性科技创新的创业投资机构，加大政策支持力度，引导创业投资充分发挥投早、投小、投硬科技的作用。

（三）发挥政府出资的创业投资基金作用。充分发挥国家新兴产业创业投资引导基金、国家中小企业发展基金、国家科技成果转化引导基金等作用，进一步做优做强，提高市场化运作效率，通过"母基金＋参股＋直投"方式支持战略性新兴产业和未来产业。优化政府出资的创业投资基金管理，改革完善基金考核、容错免责机制，健全绩效评价制度。系统研究解决政府出资的创业投资基金集中到期退出问题。

（四）落实和完善国资创业投资管理制度。支持有条件的国有企业发挥自身优势，利用创业投资基金加大对行业科技领军企业、科技成果转化和产业链上下游中小企业的投资力度。健全符合创业投资行业特点和发展规律的国资创业投资管理体制和尽职合规责任豁免机制，探索对国资创业投资机构按照整个基金生命周期进行考核。

三、多渠道拓宽创业投资资金来源

（五）鼓励长期资金投向创业投资。支持保险机构按照市场化原则做好对创业投资基金的投资，保险资金投资创业投资基金穿透后底层资产为战略性新兴产业未上市公司股权的，底层资产风险因子适用保险公司偿付能力监管规则相关要求。鼓励符合条件的创业投资机构发行公司债券和债务融资工具，增强创业投资机构筹集长期稳定资金的能力。

（六）支持资产管理机构加大对创业投资的投入。支持资产管理机构开发与创业投资相适应的长期投资产品。在依法合规、严格控制风险的前提下，支持私募资产管理产品投资创业投资基金。鼓励资产管理机构针对科技型企业在不同成长阶段的经营特征和金融需求，提供并完善股权投资、债券投资、股票投资和资产服务信托等综合化金融服务。

（七）扩大金融资产投资公司直接股权投资试点范围。支持金融资产投资公司在总结上海试点开展直接股权投资经验基础上，稳步扩大试点地区范围，充分发挥金融资产投资公司在创业投资、股权投资、企业重组等方面的专业优势，加大对科技创新的支持力度。

（八）丰富创业投资基金产品类型。鼓励推出更多股债混合型创业投资基金产品，更好匹配长期资金配置特点和风险偏好，通过优先股、可转债、认股权等多种方式投资科技创新领域。积极发展创业投资母基金和契约型创业投资基金。

四、加强创业投资政府引导和差异化监管

（九）建立创业投资与创新创业项目对接机制。实施"科技产业金融一体化专项"，开展科技计划成果路演、专精特新中小企业"一月一链"等活动，组织遴选符合条件的科技型企业、专精特新中小企业，以及带动就业较多的企业和项目，加强与创业投资机构对接。

（十）实施专利产业化促进中小企业成长计划。优选一批高成长性企业，鼓励创业投资机构围绕企业专利产业化开展领投和针对性服务，加强规范化培育和

投后管理。

（十一）持续落实落细创业投资企业税收优惠政策。落实鼓励创业投资企业和天使投资个人投资种子期、初创期科技型等企业的税收支持政策，加大政策宣传辅导力度，持续优化纳税服务。

（十二）实施符合创业投资基金特点的差异化监管。细化《私募投资基金监督管理条例》监管要求，对创业投资基金在登记备案、资金募集、投资运作、风险监测、现场检查等方面实施与其他私募基金差异化的监管政策，支持创业投资基金规范发展。

（十三）有序扩大创业投资对外开放。修订完善《外商投资创业投资企业管理规定》，便利外国投资者在境内从事创业投资。支持国际专业投资机构和团队在境内设立人民币基金，发挥其投资经验和综合服务优势。引导和规范我国创业投资机构有序开展境外投资。深入推进跨境融资便利化试点，进一步优化外商直接投资（FDI）项下外汇管理，便利创业投资机构等经营主体办理外汇业务。研究规范合格境外有限合伙人（QFLP）试点机制和制度框架，进一步扩大试点范围，引导境外创业投资机构规范开展跨境投资。

五、健全创业投资退出机制

（十四）拓宽创业投资退出渠道。充分发挥沪深交易所主板、科创板、创业板和全国中小企业股份转让系统（北交所）、区域性股权市场及其"专精特新"专板功能，拓宽并购重组退出渠道。对突破关键核心技术的科技型企业，建立上市融资、债券发行、并购重组绿色通道，提高全国中小企业股份转让系统（北交所）发行审核质效。落实好境外上市备案管理制度，畅通外币创业投资基金退出渠道。

（十五）优化创业投资基金退出政策。加快解决银行保险资产管理产品投资企业的股权退出问题。支持发展并购基金和创业投资二级市场基金，优化私募基金份额转让业务流程和定价机制，推动区域性股权市场与创业投资基金协同发展。推进实物分配股票试点。

六、优化创业投资市场环境

（十六）优化创业投资行业发展环境。建立创业投资新出台重大政策会商机制，各部门在出台涉创业投资行业、创业投资机构等重大政策前，应按规定开展宏观政策取向一致性评估，防止出台影响创业投资特别是民间投资积极性的政策措施。持续提升创业投资企业和创业投资管理企业登记管理规范化水平。建立健全创业投资行业统计分析体系，加强部门间信息共享。

（十七）营造支持科技创新的良好金融生态。在依法合规、风险可控前提下，支持银行与创业投资机构加强合作，开展"贷款＋外部直投"等业务。研究完善并购贷款适用范围、期限、出资比例等政策规定，扩大科技创新领域并购贷款投放。支持符合条件的上市公司通过发行股票或可转债募集资金并购科技型企业。

　　各地区、各部门要把促进创业投资高质量发展作为大力发展科技金融、加快实现高水平科技自立自强、推动高质量发展的重要举措，压实主体责任，精心组织实施。国家发展改革委要会同相关部门完善工作机制，加强统筹协调，形成工作合力，共同推动促进创业投资高质量发展的各项措施落实落细。

关于印发《创新加速器建设指引》的通知

火炬〔2024〕3号

各相关单位：

为进一步优化创新发展环境，完善创新创业孵化体系，引导孵化载体向更高能级升级，将科技创新成果应用到具体产业和产业链上，改造提升传统产业，培育壮大新兴产业，布局建设未来产业，完善现代化产业体系，我中心编制了《创新加速器建设指引》，供参考。

附件：创新加速器建设指引

工业和信息化部火炬高技术产业开发中心

2024 年 4 月 1 日

附件

创新加速器建设指引

为进一步优化创新发展环境，推进科技创新与产业创新深度融合，培育发展新质生产力，借鉴国外加速器发展经验，引导创新孵化载体向更高能级升级，建设发展创新加速器，制订本工作指引。

一、基本概念与原则

（一）基本概念

创新加速器（以下简称"加速器"）是指以孵化器毕业企业和高成长科技中小企业为主要服务对象，以加速企业发展、帮助企业成长、培育发展新兴和未来产业为主要目标，整合技术研发、产业协同、资本运作、人力资源、市场开拓、发展空间等各方面资源，对入驻企业进行高质量培育服务，助推企业加速成长，持续培育高成长创新企业，带动产业链做优做强的创新创业服务机构，是促进企业加速成长、驱动产业创新发展的重要载体。

（二）基本原则

紧盯前沿，升级范式。聚焦前沿科技和颠覆性技术，高效转化科技成果，扶持高起点创新创业。以机制创新、模式创新为引领，建设支撑科技创新和产业创新的高能级载体。

赋能产业，构建生态。围绕细分产业发展需求，以技术创新为牵引，促进创新链资金链人才链产业链融合，不断催生新技术、新产品、新企业、新业态，打造开放融合的产业创新生态。

因地制宜，特色发展。根据创新资源、产业特点和自身优势，科学制定加速器发展规划，构建专业化、差异化的发展机制，更好地支撑和服务地方和产业发展。

二、重点发展方向

（一）链条延伸型加速器。主要承接孵化器毕业企业，以存有规模扩张需求的企业作为主要服务对象，具有物理空间与服务体系相衔接、对加速对象了解深入的优势，促进企业可持续发展，形成"众创—孵化—加速"链条，并对接产业园的全周期孵化服务机制。

（二）专业服务型加速器。聚焦具体产业领域，依托高校院所、新型研发机构等主体，重点提供研发设计、检验检测、中试加速和产业化等环节相关专业技术支持，并提供深度的经营管理、市场拓展等相关服务，重点服务企业技术和管理提升驱动产业创新。

（三）产业生态型加速器。以产业龙头企业、产业链链主企业为核心，引导产业链资源向中小微企业和创业团队开放，促进形成大企业开放式创新和小企业"揭榜挂帅"的分工格局，重点服务于大中小企业融通发展的创新平台和创新生态打造。

三、基本条件与功能

（一）围绕新兴产业和未来产业，汇聚并服务一批早期创业项目及科技和创新型企业，形成一定的产业集聚效应，近2年服务的细分产业领域创业项目和中小企业不少于30家。

（二）有一定物理空间，能提供加速企业成长的融资服务、商业验证、技术支持、跨境服务、人才支撑、产业对接、市场推广等增值服务，定期举办高质量加速营培训活动，为服务企业开展常态化、高密度加速服务，每年增值服务收入占比较高。

（三）配备自有投资资金或合作的孵化加速资金（基金），资金（基金）规模不低于3 000万元，近2年每年资金投资案例不少于3个，单笔投资不低于100万元。

（四）服务企业加速成长效应明显。近2年被加速企业每年研发投入总额、取得授权知识产权数、营业收入、就业人数等指标中至少两项年均增长率不低于30%。

（五）有较强持续发展能力，具有合理的收入结构，增值服务和投资收益之和占比不低于30%。

四、重点目标与任务

围绕专业服务供给、金融精准赋能、专精特新企业培育、产业集群打造、创新生态优化等重点方向开展加速服务工作。

（一）搭建专业化技术服务平台。自建或联合共建专业领域实验室、检验检测服务平台、中试基地等各类公共技术服务平台，整合其他服务资源，搭建专业服务体系，为企业提供技术研发、产品或工艺设计、检验检测、中试开发、小规模产品试制等专业技术服务以及财务、法务、战略、管理、股改上市等其他类型的深度专业服务。

（二）强化金融精准赋能服务支撑。引导创投、银行、担保、保险、信托等金融机构参与到加速器的建设工作中来，提升加速环节的金融服务水平，为企业降低融资成本，解决发展资金需求。鼓励加速器设立专项投资基金、参与政府引导基金申报或与优质金融机构开展合作，积极面向科技创新企业提供金融产品和服务。

（三）培育专精特新硬科技企业。坚持"四个面向"，聚焦工业基础领域，有效整合各类服务资源，帮助企业加速成长，推动小微企业走专精特新之路，并与大企业协作配套发展，促进大中小企业融通，从而增强经济韧性、提升产业链供应链现代化水平。

（四）促进新兴产业集群发展。瞄准区域产业和经济发展需要，精准定位，依托核心资源和服务产品，促进产业链的纵向延伸和横向聚集，推动供应链互动与共享，促进新兴产业集群建设。

（五）优化区域产业创新生态。积极联合区域高校院所、产业链各环节企业、金融机构、服务中介、行业协会和政策部门，构建区域创新网络，面向国际、国内吸引高素质创业人才、创新项目和各类发展资源，打造区域创新高地，不断优化区域创新生态。

五、总结推广

鼓励孵化器等创新载体对照创新加速器的基本条件，按照加速器的建设方向、建设任务等相关要求，积极协调各方资源，加强自身能力建设，向创新加速器方向发展。及时总结发展过程中的经验，开展分享交流和推广。

广东省人民政府办公厅关于加快构建现代化中试平台体系推动产业科技互促双强的实施意见

粤府办〔2024〕7 号

各地级以上市人民政府，省政府各部门、各直属机构：

为加快构建具有全球影响力的现代化中试平台体系，强化产业中试能力支撑，推动产业科技互促双强，加快发展新质生产力，推动我省经济高质量发展，经省人民政府同意，结合我省实际提出以下实施意见。

一、总体要求

以习近平新时代中国特色社会主义思想为指导，全面贯彻党的二十大精神，深入贯彻落实习近平总书记视察广东重要讲话、重要指示精神，完整、准确、全面贯彻新发展理念，坚持市场导向，围绕我省重点发展产业领域的中试服务需求，聚焦有前景、有优势、有潜力、有特色的细分领域，谋划布局全省多层次、体系化中试服务体系。坚持创新驱动，加速国产材料、装备及技术工艺的验证熟化与产业化，实现高水平产业科技互促双强。按照"授牌一批、新建一批、提升一批"的思路，近期优先认定和集中资源建设一批亟需"锻长板、补短板、惠中小"的省中试平台，后续逐步建立覆盖全省重点产业领域的中试平台体系。到2025 年，建成 30～50 家功能定位清晰、服务实力强劲、运营管理高效、战略意义显著的省中试平台，其中 5～8 家达到国内行业标杆水平，2～3 家具有国际竞争力和生态主导力，全省现代化中试平台体系初步成形。到 2027 年，初步实现中试服务能力对全省主要产业领域全覆盖，现代化中试平台体系基本建成，中试公共服务能力在国内处于领先水平，高效服务和政策保障体系更加完善，中试产业生态更加健全，加快形成新质生产力，有力支撑全省经济高质量发展。

二、打造多层次、体系化中试服务网络

（一）建好用好现有各类创新平台中试资源。加快在粤国家重大科技基础设施建设，支持企业、研究机构依托大科学装置开展技术研发、产业应用和成果转化，实现更多的"沿途下蛋、就地转化"。推动粤港澳大湾区国家技术创新中心建设，遴选国内一流的中试验证与成果转化机构纳入中心体系布局，打造全国技术研究与成果转化的示范标杆。支持各类实验室、新型研发机构和产业创新中心、技术创新中心、制造业创新中心、产业技术基础公共服务平台、工程研究中心、企业技术中心等建立产业共性技术研发和中试服务平台，强化其技术熟化、工程化放大和可靠性验证等功能。（省发展改革委、省科技厅、省工业和信息化厅、各地级以上市政府等按职责分工负责；以下均需各地级以上市政府落实，不

再一一列出）

（二）支持企业牵头建设中试平台。推动龙头企业、产业链"链主"企业牵头建设产业链中试平台，与产业链上下游企业共同制定中试技术规则和服务标准，着力解决产业中试服务共性问题。支持科技领军企业围绕落实国家和省重大战略、解决行业关键共性技术难题，牵头建立专业化中试服务平台，加快重大科技成果的有效转化和迭代应用。推动国有企业加强中试服务平台建设，在关键领域率先落地应用中试成果。积极争取央企在粤设立具备中试服务功能的创新中心或研发机构。（省发展改革委、省科技厅、省工业和信息化厅、省国资委等按职责分工负责）

（三）引导研究机构强化中试服务功能。支持有条件的高校、研究机构整合要素资源，系统性强化中试功能，在专业优势领域建设一批中试服务平台，加速推动本单位研究成果工程化、产业化的同时对外提供相应的公共服务。支持高校、研究机构联合企业共同建设中试公共服务平台，紧密结合科研优势与产业基础，增强科研成果与市场需求的适配性，加快推动科技创新成果落地转化。（省发展改革委、省教育厅、省科技厅、省工业和信息化厅、省科学院、中国科学院广州分院等按职责分工负责）

（四）培育建设第三方中试公共服务机构。支持广州、深圳、东莞、佛山等产业集聚发展优势较为明显的地区，省市联动布局建设若干综合性的中试公共服务机构及中试转化基地，提供跨区域、跨行业、跨领域的高水平中试公共服务。统筹用好地方政府、高校、研究机构、企业等各方创新资源，推动建设一批专业化的中试公共服务机构。鼓励有条件且有意愿的高校、研究机构、企业聚焦细分市场，深挖行业需求，创建一批"小而美"的中试公共服务机构，加强对中小微企业的服务支持。积极支持第三方中试公共服务机构发展，着力解决机构和平台在建设运营初期遇到的问题。（省发展改革委、省科技厅、省工业和信息化厅、省国资委、省科学院、中国科学院广州分院等按职责分工负责）

（五）培育优化中试服务和产业发展生态。整合优化全省中试服务资源，建设粤港澳大湾区中试服务中心，提升中试供需对接服务能力，构建中试服务和产业发展生态圈，形成科学的区域布局体系。支持和指导粤港澳大湾区中试服务中心联合各类中试平台、重点企业、高校、研究机构等组建中试产业联盟，充分调动产业界、学术界等各界资源和力量，促进"有组织科研＋有组织成果转化"。鼓励有条件的地区建设大湾区中试服务分中心及分联盟。（省发展改革委、省科技厅、省工业和信息化厅、省科学院、中国科学院广州分院等按职责分工负责）

（六）搭建省中试资源网络管理服务平台。运用人工智能、大数据等新兴技术，建立省中试资源网络管理服务平台，将财政资金投资建设或补助的第三方中试公共服务机构和平台，以及有意愿参与的企业、高校、研究机构的中试服务资源统一纳入平台管理。设置中试解决方案、需求发布、典型服务案例、行业动态、政策资讯等功能模块，促进中试服务资源充分共享、供需双方高效匹配，支撑全省中试服务和平台体系高质量发展。（省发展改革委、省科技厅、省工业和信息化厅、省政务服务和数据管理局、省科学院、中国科学院广州分院等按职责分工负责）

三、加强中试产业支撑能力建设

（七）提升现有中试平台技术能力。鼓励相关机构以中试功能为基础，加快形成覆盖技术挖掘、技术熟化、产品试制、工艺创新等功能的全链条服务能力。支持中试平台加强对产业技术发展趋势的研究，联合有意向的骨干企业、高校、研究机构等，在共享研发费用、科研人员、知识产权以及共担风险的基础上，合作攻关突破若干关键共性技术瓶颈，满足行业创新需求。探索开放创新应用场景，联合相关技术需求方，为新技术、新产品提供真实的测试验证和应用环境，探索"科技攻关—场景验证—产业化应用"的科技成果转化新路径。用好工业领域设备更新改造政策，支持中试设备更新升级和国产化替代。（省发展改革委、省科技厅、省工业和信息化厅、省科学院、中国科学院广州分院等按职责分工负责）

（八）强化重点行业中试供给。围绕半导体及集成电路、新型显示、新型储能、新材料、生物医药、生物制造、低空经济、现代农业与食品等重点产业领域和产业链，加快建设一批具有较强行业带动力的中试平台。在医药、医疗器械等领域加快中试产业化，积极发展合同研发外包（CRO）、合同研发生产外包（CDMO）等模式，培育一批具备竞争力的中试平台和机构。筛选有发展前景和潜力的新技术、新产品，深入开展可行性论证，推动新技术、新产品加快熟化。（省发展改革委、省科技厅、省工业和信息化厅、省科学院等按职责分工负责）

（九）加大中试专业人才引培力度。支持中试平台面向全球招贤揽才，引进一批高素质、专业化、实用型的科技资源管理与技术服务人才。鼓励中试平台加强与高校的深度合作，在具备条件的高校开设中试相关课程，建设中试实训基地、专家工作站等平台，培养一批懂产品、懂制造、懂试验、懂设备、懂安全的复合型人才队伍和善于解决复杂工程问题的卓越工程师。探索将中试成果纳入职称评定、考核评优的指标体系，支持老专家、老工程师以名师带徒、短期工作、项目合作、技术交流等多种方式积极参与中试创新发展及人才培养工作。（省发展改革委、省教育厅、省科技厅、省工业和信息化厅、省人力资源和社会保障厅等按职责分工负责）

（十）孵化赋能科技企业群体。鼓励中试平台及中试转化产业园区搭建专业化众创空间、孵化器、加速器等各类孵化载体，针对初创期科技型企业发展需求，提供前期培训辅导、中期研发中试、后期投融资对接和市场推广等"一站式"服务，降低创业风险和创业成本，培育更多优质科创企业。支持中试机构和高校、研究机构通过许可、出售等方式将经中试验证后的成熟技术成果转让给企业，或将部分成果通过设立子公司的方式实现产业化。支持围绕中试活动亟需的关键设备、试剂耗材、仪器仪表等领域开展技术研发、产品创新的企业做大做强，培育更多"专精特新"企业。（省发展改革委、省科技厅、省工业和信息化厅等按职责分工负责）

四、健全中试建设运营机制

（十一）推进中试数字化智能化发展。引导中试平台加快数字化智能化升级，建设智能中试线，提高运营管理等环节的数字化智能化水平。支持人工智能、大数据、虚拟仿真、数字孪生等技术在中试服务中的应用，重点在药物靶点发现、新材料研发等领域率先应用，缩短开发周期、降低试验成本、提高效能。高效利用中试相关数据，强化数据深度挖掘和开放共享，提升技术发现、工程转化、市场开发效率。（省发展改革委、省科技厅、省工业和信息化厅、省政务服务和数据管理局等按职责分工负责）

（十二）加强中试标准化建设。研究制定虚拟仿真、工艺工装、检验检测、试验设备、人才培养等方面的重点产业中试服务标准，准确定义中试服务相关术语、释义和规范。支持粤港澳大湾区中试服务联盟等开展中试服务标准或规范研制，组织开展多种形式的标准宣贯。（省发展改革委、省市场监管局等按职责分工负责）

（十三）积极融入港澳及全球创新网络。汇聚粤港澳三地优势，依托河套深港科技创新合作区深圳园区，打造大湾区中试转化集聚区，在新一代信息技术、先进生物医药技术、人工智能与数字经济等领域建设具有国际竞争力的产业中试转化基地。引导省中试平台加强与港澳企业、高校、研究机构的对接，导入更多优质科技成果、创新人才和金融资本，加快实现创新技术和产品从研发到工程化的中试转化。支持省中试平台加强与京津冀、长三角等国内地区机构交流合作，探索开展跨区域协同合作。建立省中试平台与国际知名大学、技术转移机构等的合作机制，加强技术和人员交流，不断提升行业影响力和区域辐射力。（省发展改革委、省科技厅、省科学院、中国科学院广州分院等按职责分工负责）

（十四）创新运营管理机制模式。鼓励中试平台组建法人实体机构独立运作，实行科技成果归属保障机制，按照"谁投入谁获益"原则，依法确定知识产权归属和收益分配。建立精简高效的组织架构，实行理事会（或董事会）决策制、院长（或主任）负责制等，提高决策效率。探索社会化招聘、企业化管理的用人机制，激发人才创新活力。丰富研发及服务模式，探索通过合作研发、共担课题、技术入股、兼职创业等市场化途径，提高研发及服务效能。（省发展改革委、省科技厅等按职责分工负责）

五、保障措施

（十五）加强组织领导。省发展改革委要会同省有关部门，建立健全部门间协调工作机制，统筹协调全省中试平台的政策制定、规划布局、项目遴选、组织建设、考核评估等方面重大事项。各地、各部门要立足布局建设各类创新平台，深化改革创新，充分发挥好现有平台的中试功能作用，同时深入挖掘若干有发展潜力、必要性可行性论证充分的中试平台，研究提出亟需支持的项目清单，逐步完善全省中试公共服务体系。（省发展改革委、省有关部门按职责分工负责）

（十六）加大资金投入。统筹用好省财政各类专项资金，对省级中试平台建设予以差异化支持。对于已享受省财政资金支持的平台原则上省级予以认定授牌，不再重复给予资金支持；对于确需新建或提升的，充分调动企业投资建设积极性；对于确需政府投资建设的，合理划分省市财政事权和支出责任。用好政府投资基金、地方政府专项债、超长期特别国债等多种财政手段支持中试平台发展。引导社会资本通过与中试平台联合设立产业投资基金、"捐投结合"等方式，赋能中试平台体系建设。（省发展改革委、省委金融办、省财政厅、国家金融监督管理总局广东监管局等按职责分工负责）

（十七）加强要素保障。优先将在建新建的省中试平台及中试产业基地或园区列入省重点建设项目计划。省市对符合条件的平台项目加大用地、用能、环保等指标保障力度。对于符合条件的省中试平台经核定后可按规定享受支持科技创新进口税收政策。鼓励有条件的地市探索中试服务券制度，吸引更多的企业和高校院所到我省开展中试验证和成果转化落地。（省发展改革委、省科技厅、省财政厅、省自然资源厅、省生态环境厅、海关总署广东分署、省税务局等按职责分工负责）

（十八）加强规范管理。建立健全运行监测指标体系和信息管理制度，经认定的省中试平台按年度上报建设运行情况总结与计划、重要变动等信息，省发展改革委要做好管理监测和研究分析。制定省中试平台建设运行管理办法，规范全省中试平台的申报、认定、建设、运行等管理。建立评估验收制度，建设中期对平台整体运行和建设成效进行考核评估。建设期满后，通过考核验收的纳入省中试平台序列，并实行"有进有出"动态管理。加强中试平台建设管理过程中的体制机制改革探索。（省发展改革委、省有关部门按职责分工负责）

（十九）加强经验总结。及时总结全省中试平台体系建设经验和成效，通过编制发布年度发展报告和典型案例汇编、媒体专栏报道等多种方式，加大宣传推广力度，树立品牌标杆，充分发挥示范引领作用，带动更多平台实现高质量发展。（省发展改革委、省有关部门按职责分工负责）

广东省人民政府办公厅

2024年6月5日

广州市人民政府办公厅关于印发广州市进一步促进科技成果转移转化若干措施的通知

穗府办〔2024〕7 号

各区人民政府，市政府各部门、各直属机构：

《进一步促进科技成果转移转化若干措施》已经市人民政府同意，现印发给你们，请结合实际认真贯彻落实。实施中遇到问题，请径向市科技局反映。

广州市人民政府办公厅
2024 年 4 月 22 日

广州市进一步促进科技成果转移转化若干措施

为深入贯彻党的二十大精神，落实省委"1310"具体部署和市委"1312"思路举措，进一步促进科技成果高质量转移转化，构建以企业为主体、市场为导向、需求为牵引的科技成果转化体系，推动科技成果需求端、供给端、服务端同向发力，完善从技术到样品到产品再到产业的科技成果转化链条，强化科技创新对高质量发展的支撑作用，推动新质生产力加快形成，助力"百县千镇万村高质量发展工程"促进城乡区域协调发展，制定本措施。

一、强化市场需求牵引

（一）提升重点产业吸纳科技成果能力。聚焦产业链重点领域，实施创新联合体协同攻关计划，完善"揭榜挂帅""赛马制"机制，支持"链主"企业成为技术创新决策、研发投入、科研组织和成果转化的主体，有效链接高校院所和新型研发机构等技术资源，联合突破一批关键核心技术并实现应用转化。对重大科技难题，探索全球揭榜等方式协同攻关。每年选取不超过 10 个重点产业链重要方向，每条产业链遴选支持 5～10 个项目，每个项目给予最高 200 万元资助。（责任单位：市科技局、市发展改革委、市财政局、市工业和信息化局、市国资委，相关区政府）

（二）支持重大科技成果落地产业化。持续开展"走进龙头企业—重大平台精准对接"活动，推动重点行业、龙头企业与我市"2＋2＋N"科技创新平台、重点高校院所实现有机联动，牵引一批科技成果转化落地。鼓励在穗企业积极承接国家重大科技项目、颠覆性技术重点项目、国家科技奖项目等落地转化和产业化，对实现落地转化的项目，按"补改投"方式最高给予 1 000 万元支持。（责

273

任单位：市科技局、市财政局、市工业和信息化局、市发展改革委、市国资委，相关区政府）

（三）加强科技成果转化应用场景牵引。鼓励国有企业牵头开放重点产业领域的应用场景，政务平台牵头开放政务服务的应用场景，建设一批标杆式应用场景，为新技术、新产品、新模式提供测试、试用、应用环境。（责任单位：市国资委、市发展改革委、市工业和信息化局、市政务服务和数据管理局、市科技局，相关区政府）完善优化创新产品（服务）等首购、订购、推广应用等政策措施，推进创新产品在广东省政府采购平台优先展示推广，支持首台（套）重大技术装备、首批次新材料、首版次软件等创新产品推广应用。对列入省首台（套）和技术创新目录的创新产品（服务），可依法采用单一来源方式采购并享受首台（套）、首批次、首版次相关补助。（责任单位：市工业和信息化局、市财政局、市国资委、市政务服务和数据管理局，相关区政府）

二、提升成果供给水平

（四）优化科技成果源头质量。推动教育体制多元化改革，鼓励在穗高校设置一批和我市战略性新兴产业、未来产业发展相匹配、以创新创业为导向的学科专业，支持在穗高校院所和企业开展高端技术人才联合培养，培育重点产业所需专业技术人才以及创业者队伍。（责任单位：市教育局、市人力资源和社会保障局）完善市级科技项目选题、立项、验收后评价和用户反馈等机制，将成果转化目标和绩效作为科技项目重要评价因素。将科技成果转化创造的经济效益和社会效益作为科技成果转化人才职称评审的主要评价因素。将科技成果转化绩效纳入市属高校院所领导班子和领导干部年度考核内容。（责任单位：市科技局、市委组织部、市教育局、市人力资源和社会保障局）

（五）激发科技成果转化动力活力。支持市属单位并鼓励在穗的中央及省部属单位开展赋予科研人员职务科技成果所有权或长期使用权改革，采用多元赋权方式，明确单位领导人员依法依规获取成果转化收益及奖励有关条件。（责任单位：市科技局、市教育局、市财政局、市国资委、市卫生健康委）对依托财政资金支持形成的科技成果在一定时期内没有转化且无正当理由的，主管部门可强制将成果通过第三方实施转化。探索知识产权活化利用机制。支持在穗高校院所、医疗机构、国有企业盘活存量专利，通过专利转让、许可、质押融资等方式推动专利成果转化运用。（责任单位：市科技局、市教育局、市财政局、市国资委、市市场监管局等部门，相关区政府）将在穗高校院所、医疗机构横向科研项目结余经费视为科技成果转化收入，横向科研项目结余经费出资科技成果转化视同科技成果投资入股，纳入职务科技成果单列管理。非营利性研究开发机构和高等院校、转制科研院所按规定从职务科技成果转化收入中给予科技人员的现金奖励，符合条件的，可减按50％计入科技人员当月"工资、薪金所得"，依法缴纳个人所得税。（责任单位：市科技局、市卫生健康委、广州市税务局、市财政局）

（六）免除科技成果转化后顾之忧。推动在穗高校院所、医疗机构和企事业单位职务科技成果单列管理，符合条件的职务科技成果不纳入国有资产保值增值管理范围。搭建职务科技成果转化的数字化场景应用，面向在穗高校院所、医疗机构、企事业单位推广开放，通过统一规范的内部审批通道，线上完成从申请到交易的全流程，以规范促免责。（责任单位：市科技局、市教育局、市财政局、市卫生健康委、市国资委）

（七）打造科技成果就地转化典型示范。面向香港科技大学（广州）、广州颠覆性技术创新中心、广州实验室、琶洲实验室、复旦大学科创园、未来产业科技园等高质量科技成果源头机构，遴选一批优秀科技成果，配以专业服务团队、基金和产业空间载体等要素，形成科技成果高效就地产业化的若干模式。（责任单位：市科技局、市国资委、市委金融办、市工业和信息化局，相关区政府）

三、增强服务体系效能

（八）加强创新平台科技成果转化能力建设。分层分类推进技术创新平台高质量发展，围绕技术供给、人才引育、成果转化、企业孵化、金融赋能"五大核心能力"，以企业需求为牵引，不断提高平台科技成果转化能力。瞄准广州"3＋5＋X"战略性新兴产业的细分领域，鼓励各类创新主体设立概念验证中心，探索实行社会资本参与的多元运营机制，为实验阶段的科技成果提供技术概念验证、商业化开发等服务。鼓励龙头企业、科研机构牵头建设专业性或综合性中试小试平台并提供开放共享服务，加速成果产品化和产业化进程。采用先创建、后认定方式支持概念验证中心和中试小试基地建设。（责任单位：市科技局、市工业和信息化局、市发展改革委，相关区政府）

（九）活化成果转化空间载体。在环五山创新策源区，环大学城、环中大、南沙、越秀等高校院所、研究型医院聚集区域规划科技成果转化"特区"，支持区域内高校、科研机构、国有企业围绕优势专业领域，利用自有物业、闲置楼宇建设众创空间、科技企业孵化器和加速器，获省级以上认定的，可自主招租或授权运营机构公开招租；其孵化服务收入（或税后利润）除按规定需上缴财政的部分外，留归高校、科研机构、国有企业自主使用。（责任单位：市财政局、市科技局、市国资委、市卫生健康委，相关区政府）

（十）强化科技成果转化金融赋能。建立高校科研机构成果转化项目的首轮投资机制；探索"先投后股"等方式支持科技成果转化，联合在穗高校发起设立覆盖科技成果转化和科技企业成长全生命周期的梯次基金群。（责任单位：市科技局、市委金融办）组建广州天使母基金，吸引一批优质天使投资管理人合作设立子基金，建立可操作的尽职免责和容错机制，破解企业在科技成果转化最初一公里的融资难题。研究优化广州国有投资基金管理运作考核及容错机制，制定基金投资行为"负面清单"，鼓励国资本"投早投小投硬科技投长远"。支持科技成果早期投入多途径退出，组建广州并购重组母基金，推动发展S基金，畅通

"产业投资—并购重组—赋能培育—分拆上市"良性循环。（责任单位：市委金融办、市国资委、市科技局）依托广东省科技创新专板，深度融合"广州科技大脑"系统，搭建广州市科技成果转化功能模块，拓宽线上线下优质专利供给路径，引入知识产权质押、认股权、私募股权份额转让等服务。探索建立项目与资本对接平台，引入国内外创投机构参与本地科技成果转化。（责任单位：市科技局、市国资委、市委金融办）

（十一）支持专业服务机构和技术转移人才队伍建设。建立全市科技服务机构白名单、一区一机构等体系。推动在穗高校院所和医疗机构建设专业化、市场化的成果转化服务机构。加强技术经理人队伍建设，构建我市技术经理人和工程技术人才职称评价体系。每年评定一批优秀机构、团队或技术经理人，对促成重大成果转化作出贡献的，给予最高50万元奖励。（责任单位：市科技局、市财政局、市人力资源和社会保障局，相关区政府）

四、强化组织保障

（十二）建立健全统筹协调机制。建立市促进科技成果转化联席会议制度，由市领导负责召集，相关市直部门、驻穗单位、各区政府，相关国有企业、产业链"链主"单位，成果转化重点高校院所及医疗机构，有关行业协会、服务机构作为联席单位，共同推动有组织的科研和有组织的成果转化，定期研究、协调、审议、决策和部署科技成果转化工作有关事项。逐步研究出台工业和信息化、教育、卫生与健康、金融、国资、知识产权等领域科技成果转化政策措施细则。（责任单位：各相关单位）

（十三）建设完善成果信息共享体系。定期发布广州科技成果转化白皮书，制定高校院所、医疗机构等创新主体科技成果转化"排行榜"。围绕市场需求，打造区域性的成果转化数字平台，汇聚需求、技术、项目、人才、服务等专业数据，加强科技成果信息互联互通，建立成果转化典型案例库，加强多方宣传。（责任单位：各相关单位）

本措施自印发之日起有效期为3年。与我市其他政策不一致的，按"从优、就高、不重复"原则予以支持。

广东省第十四届人民代表大会常务委员会公告

（第 31 号）

《广东省科技创新条例》已由广东省第十四届人民代表大会常务委员会第十一次会议于 2024 年 7 月 31 日通过，现予公布，自 2024 年 10 月 1 日起施行。

广东省人民代表大会常务委员会

2024 年 7 月 31 日

广东省科技创新条例

（2024 年 7 月 31 日广东省第十四届人民代表大会常务委员会第十一次会议通过）

第一章　总　　则

第一条　为了全面促进科技创新，发挥科技第一生产力、人才第一资源、创新第一动力的作用，加快实现高水平科技自立自强，发展新质生产力，建设具有全球影响力的科技和产业创新高地，以科技创新支撑和引领经济社会高质量发展，根据《中华人民共和国科学技术进步法》等法律、行政法规，结合广东省实际，制定本条例。

第二条　本条例适用于本省行政区域内科技创新及其管理服务活动。

第三条　坚持中国共产党对科技创新工作的全面领导。

本省健全科技创新领导体制机制，统筹推进创新体系建设和科技体制改革，研究决定科技发展重大战略、重大规划、重大政策等事项。

第四条　科技创新工作应当面向世界科技前沿、面向经济主战场、面向国家重大需求、面向人民生命健康，深入实施科教兴国战略、人才强国战略、创新驱动发展战略，统筹推进教育科技人才体制机制一体改革，尊重科技创新规律，充分发挥市场配置创新资源的决定性作用，更好发挥政府作用，统筹发展和安全，坚持自主创新和开放创新相互促进，加强科技创新和产业创新深度融合，推动构建新发展格局。

第五条　省人民政府负责统筹重大科技创新发展布局、资源配置，健全科技创新政策体系，推动实施创新驱动发展战略。

县级以上人民政府应当加强对科技创新工作的组织协调，将其纳入国民经济和社会发展规划，优化科技创新环境。

第六条　省人民政府科技主管部门负责全省科技创新工作的组织管理、统筹协调、服务保障和监督实施。省人民政府其他有关部门在各自职责范围内，负责科技创新相关工作。

县级以上人民政府科技主管部门负责本行政区域的科技创新工作。县级以上人民政府其他有关部门在各自职责范围内，负责科技创新相关工作。

第七条　本省加快推动粤港澳大湾区国际科技创新中心建设，构建基础研究、技术攻关、成果转化、科技金融、人才支撑全过程创新链，强化企业科技创新主体地位，促进各类创新主体合作、创新要素流动、创新环境优化，完善科技创新体系，提升整体效能。

本省加强高水平的高等学校、科研机构和科技领军企业等战略科技力量建设，优化实验室体系，服务国家重大战略需要。

第八条　县级以上人民政府应当逐步提高科技经费的财政投入总体水平，建立财政投入、企业投入以及社会组织和个人投入的多元化投入体系，完善科技创新投融资体制，推动全社会科技研究开发经费占地区生产总值的比例逐步提高。

地级以上市人民政府财政用于科技经费的增长幅度，应当不低于地方财政经常性收入的增长幅度。

鼓励社会力量通过捐赠、设立基金等方式，支持科技创新活动。

第九条　本省推动完善政府、创新主体、市场等科技评价体系，健全科技评价制度，加强科技评价专业能力建设，强化评价监督和评价结果运用。科技评价坚持以科技创新质量、贡献和绩效为核心的评价导向，完善分层分类评价机制。对科技成果，应当根据其不同特点和评价目的开展科学、技术、经济、社会、文化价值评价。

第十条　本省推动以科技创新引领产业创新，因地制宜发展新质生产力，培育壮大战略性新兴产业，布局建设未来产业，提质升级传统产业，促进产业高端化、智能化、绿色化，加快构建现代化产业体系。

本省推动科技创新与经济社会各领域融合，促进区域协同创新，强化科技创新对城乡协调发展的支撑作用。

第十一条　本省设立省科学技术奖，对在科技创新活动中做出重要贡献的个人和组织给予奖励。

鼓励社会力量设立科学技术奖项，激励科技创新。

第二章　基　础　研　究

第十二条　省人民政府科技、教育等有关部门应当加强基础研究能力建设，支持自由探索，强化目标导向，推进战略导向的体系化基础研究、前沿导向的探索性基础研究、市场导向的应用性基础研究。

县级以上人民政府可以根据本地区实际需要，加强对基础研究的支持。

支持高等学校、科研机构、企业等围绕战略性支柱产业、战略性新兴产业、未来产业的重大科学问题，加强基础研究和前沿技术研究，推动基础研究和产业技术创新融通发展。

第十三条 省人民政府应当建立基础研究投入稳定支持机制，省级财政科技专项资金投入基础研究的比例应当不低于三分之一，带动基础研究经费在全社会科技研究开发经费中的比例逐步提高。

鼓励有条件的县级以上人民政府加大基础研究财政投入，逐步提高基础研究投入在本级财政科技投入中的比例。

支持高等学校、科研机构统筹科研资金投入基础研究。企业、社会组织以及个人通过出资、捐赠、设立基金等方式支持基础研究的，按照有关规定给予财政、金融、税收等支持。

第十四条 省人民政府科技、教育等有关部门应当优化基础研究体制机制，构建符合基础研究规律的资源配置、人才培养、科技评价、激励保障等制度体系，营造科技人员潜心开展基础研究的良好环境。

省人民政府科技主管部门应当建立多渠道选题和快速立项机制，鼓励科技人员围绕非共识、新兴和交叉学科等方向进行自由探索，探索建立专家实名推荐的非共识项目筛选机制；支持和指导高等学校、科研机构创新科研组织模式，开展有组织科研。

第十五条 省人民政府科技、教育等有关部门应当建立基础研究项目资助体系，健全符合基础研究规律的长周期评价制度，强化对基础研究人才的稳定支持，提升基础研究人才队伍质量和水平。

对基础研究优势突出的高等学校、科研机构可以给予长期、稳定支持，允许其自主选题、自行组织、自主使用经费开展科学研究。

支持高等学校、科研机构、企业和社会组织等建立完善薪酬激励制度，鼓励和吸引科技人员开展基础研究。

第十六条 省人民政府教育等有关部门应当支持高等学校建立科技发展、国家战略需求牵引的学科设置调整机制，加强基础学科、新兴学科、交叉学科建设；支持高水平大学建设集聚高端创新资源要素的基础科研平台。

高等学校应当完善符合基础学科发展规律的支持方式和评价机制，加强创新平台建设，培养多学科交叉融合的研究团队和人才，开展有组织科研，提升原始创新能力。

第十七条 支持科技领军企业开展基础研究，承担基础研究类财政科研项目，联合高等学校、科研机构等单位开展产业核心技术的基础理论、技术原理和前沿应用等方面研究。

鼓励科技领军企业围绕产业发展需求设立基础研究资助项目，组织高等学校、科研机构等单位的科技人员参与。

第十八条 省人民政府发展改革部门应当统筹规划重大科技基础设施建设，

合理有序布局重大科技基础设施集群，建设大湾区综合性国家科学中心。相关各级人民政府应当在建设规划、用地审批、运行经费、人才政策等方面给予重点支持，鼓励社会资本参与建设。

有条件的地级以上市人民政府可以在省人民政府指导下，根据国家战略需求布局建设重大科技基础设施。

各类创新主体可以依托重大科技基础设施开展基础研究和关键核心技术攻关，加强科技交流合作。

第十九条 省人民政府设立省基础与应用基础研究基金，资助科技人员开展自然科学探索和前沿技术研究，支持科技人才培养和团队建设。鼓励自然人、法人和非法人组织等社会力量以及地级以上市人民政府和省基础与应用基础研究基金设立联合基金。

省人民政府科技主管部门负责制定省基础与应用基础研究基金发展规划以及管理制度，审定基金资金预算计划、基金项目申报指南以及资助项目等重大事项，指导和监督基金管理机构运行。

省基础与应用基础研究基金管理机构负责管理和运行省基础与应用基础研究基金，履行项目组织管理、监督与评价、科研失信行为调查等职责。省基础与应用基础研究基金管理机构可以接受社会捐赠，专项用于资助基础研究。

地级以上市人民政府根据本地区经济社会实际情况和发展需要，可以设立或者与自然人、法人和非法人组织等社会力量联合设立基础与应用基础研究基金。

第三章 技术创新

第二十条 省人民政府应当根据国家战略需求，结合本省重点产业和社会发展的重大需要，推动落实社会主义市场经济条件下新型举国体制，组织开展关键核心技术攻关，促进关键核心技术、关键零部件和重大装备自主可控，加快培育发展新质生产力。

省和有条件的地级以上市人民政府应当建立关键核心技术攻关决策体系和统筹协调运行机制，加强对重点领域项目、人才、基地、资金一体化配置。

第二十一条 省和有条件的地级以上市人民政府科技主管部门应当会同有关部门，优化关键核心技术攻关项目形成、实施、验收等全流程管理，对重大财政科研项目分类实施总承担单位负责制、主审制、并行资助、揭榜挂帅、部省市联动等新型组织管理模式，提升关键核心技术攻关效能。

对涉及国家安全、国家利益、重大社会公共利益的，或者采取应急响应方式布局的重大财政科研项目，可以采取定向委托、一事一议、下达指令性任务等方式组织攻关。

第二十二条 县级以上人民政府应当在科技创新规划、政策制定、科研项目组织实施中，推动企业成为技术创新决策、科研投入、组织科研和成果转化的主体，促进创新要素向企业集聚；支持企业牵头承担科研项目，利用财政性资金设立的、产业应用目标明确的技术攻关类项目主要由企业牵头组织实施。

县级以上人民政府可以采取财政资助、贷款贴息、奖励等普惠性财政后补助方式，支持和引导企业增加科研投入。

鼓励企业建立健全科技创新管理制度，设立研发机构，建立研发准备金制度，引进和培养科技人才，提高科技创新能力。

第二十三条 县级以上人民政府有关部门应当强化科技型企业梯次培育机制，制定精准支持措施，培育科技型中小企业、高新技术企业、专精特新企业和科技领军企业。

科技型企业培育发展成效纳入本省高质量发展、省级高新区发展等评价范围。

第二十四条 省和地级以上市人民政府有关部门应当支持科技领军企业牵头组建创新联合体，引领带动技术攻关。

鼓励科技领军企业开放创新链、供应链资源和应用场景，牵头整合集聚创新资源，建设跨领域协同创新平台，推动产业链大中小企业融通发展。

第二十五条 国有企业应当建立健全科技创新研发投入长效机制，组织开展原始创新和关键核心技术攻关，提供重大科技成果示范应用场景；建立健全激励分配制度，对企业重要科技人员和管理人员实施股权和分红等激励措施。

县级以上人民政府国有资产监督管理部门应当完善以创新为导向的国有企业考核评价制度，将企业的研发投入强度、创新能力建设、创新成效，以及首台（套）装备、首版次软件、首批次新材料应用等情况纳入国有企业负责人的业绩考核范围。国有企业研发投入在企业经营业绩考核中视同利润。

第二十六条 县级以上人民政府科技、发展改革、工业和信息化等有关部门应当推动技术创新和成果转化平台建设，支持开展共性关键技术和工程化技术研究，推动科技成果应用示范和产业化。

县级以上人民政府有关部门应当在规划、土地、资金、人才、场地等方面，支持在产业集群区域和具有产业优势的领域建立公共研究开发平台、公共技术服务平台、科技基础条件平台等公共创新平台，为创新主体提供全链条创新服务。

第二十七条 省人民政府应当完善与国家教育、科技、工业和信息化等部门以及高等学校、科研机构、企业科技创新会商合作机制，共同组织实施国家重大科技任务，协同解决重大科学问题和关键技术问题。

支持企业、高等学校、科研机构和社会组织建立完善产学研合作机制，共建产学研技术创新联盟、联合实验室等，以合作、委托、技术入股、技术许可、技术转让等方式开展技术研发、成果转化、标准制定等活动。

第二十八条 省人民政府科技、农业农村等有关部门应当组织开展农业重点领域关键核心技术攻关，保障粮食安全和种源安全，促进乡村振兴。

县级以上人民政府有关部门应当加快专业镇建设，支持建设农业科技园区和农业科技创新平台，推进高等学校、科研机构、企业等开展农业新品种、新技术、新装备的研发和应用示范。

支持学校、科研机构、企业、技术推广机构开展科技帮扶和技术服务，为种植业、林业、畜牧业、渔业等的发展提供科技培训和指导，加快农业科技成果应用和推广，培育发展特色产业。

第四章　成　果　转　化

第二十九条　支持利用财政性资金设立的高等学校、科研机构等单位建立职务科技成果赋权管理制度，完善监督机制，在科技成果转化中探索赋予科技成果完成人职务科技成果所有权或者长期使用权，但是不得损害国家安全、国家利益和重大社会公共利益。

赋予职务科技成果所有权或者长期使用权的，所在单位应当与科技成果完成人书面约定科技成果所有权份额或者使用权授权期限、收益分配比例与方式、转化时限、转化成本分担、转化情况报告等重要事项。

鼓励高等学校、科研机构等单位探索创新职务科技成果转化模式。单位以职务科技成果作价投资入股企业的，鼓励为完成、转化科技成果做出贡献的科技人员、管理人员以跟投现金的方式持有股权；担任领导职务的科技人员、管理人员持股按照国家有关规定执行。鼓励高等学校、科研机构等单位采取先使用后付费等方式，将职务科技成果许可给中小微企业使用。

第三十条　利用财政性资金设立的高等学校、科研机构等单位的职务科技成果，除涉及国家秘密、国家安全外，由单位自主管理、自主处置，自主决定是否进行资产评估，不需报主管部门、财政部门审批或者备案，不纳入国有资产保值增值管理考核范围。

利用财政性资金设立的高等学校、科研机构等单位通过科技成果作价投资形成的国有股权，由单位自主管理，经评估后可以自主处置；已经履行勤勉尽责义务仍发生投资亏损的，经单位审核并报主管部门备案后，不纳入国有资产保值增值考核范围，免责办理亏损资产核销手续。

前款规定的国有股权由主管部门办理产权登记，未及时办理的，可以补办。主管部门应当简化登记程序和申报材料，在受理产权登记申请后三十个工作日内核发国有资产产权登记证明。

第三十一条　省人民政府国有资产管理有关部门应当建立健全职务科技成果及其转化形成的国有股权等国有资产的单列管理制度，探索实施对高等学校、科研机构等单位职务科技成果作价投资形成的国有股权按时间周期、类型、阶段进行整体考核，不再单独进行考核。

利用财政性资金设立的高等学校、科研机构等单位的主管部门应当加强对科技成果相关资产处置工作的监督，指导高等学校、科研机构等单位实施科技成果相关资产单列管理。

　　第三十二条　利用财政性资金设立的高等学校、科研机构通过政府购买或者受企业事业单位、社会组织委托等市场化方式取得的技术开发、转让、许可、咨询、服务等科研项目，可以提取和发放奖酬金。经技术合同认定登记的上述科研项目，结余经费可以全部奖励项目组成员；给予科技人员的奖励支出，纳入绩效工资总量并单列管理，不纳入绩效工资总量调控基数。

　　利用财政性资金设立的高等学校、科研机构针对前款科研项目自主制定的经费管理办法，可以作为评估、检查、审计等依据。

　　第三十三条　鼓励首购、订购新技术、新产品、新服务。国家机关、事业单位和团体组织使用财政性资金采购新技术、新产品、新服务的，应当优化评审标准，合理设置首创性、先进性等评审因素和权重，不将价格作为主要评审因素；加大对科技型中小企业的支持力度，落实预留政府采购份额、加大评审优惠等中小企业支持政策。

　　利用财政性资金设立的高等学校、科研机构和企业应当完善科研仪器设备采购内部管理规定，简化科研急需设备耗材采购流程，按照规定可以不进行招标投标程序。

　　第三十四条　省和地级以上市人民政府支持建设概念验证中心、中试基地和检验检测认证机构，为科技成果的技术概念验证、检验检测认证、商业化开发、投产前试验或者试生产等提供服务。

　　第三十五条　县级以上人民政府及其有关部门应当推动建设科技创新所需的应用场景，支持开展新技术、新产品、新服务、新模式应用试验，依法向高等学校、科研机构和企业提供数据开放、技术验证、检验检测、示范应用等服务，提高科技成果转化实施效率。

　　第三十六条　鼓励建设专业化技术转移机构，培养技术转移人才队伍，提供技术转移服务。

　　利用财政性资金设立的高等学校、科研机构科技成果转化收益的单位留存部分，可以用于技术转移机构的能力建设，对在科技成果转化服务中做出重要贡献的技术转移人员给予奖励，人员奖励支出纳入绩效工资总量并单列管理，不纳入绩效工资总量调控基数。

　　省人民政府人力资源社会保障部门应当会同科技主管部门完善技术转移人才评价机制，开展技术转移人才职称评定。

　　第三十七条　鼓励建设与产业深度融合的科技企业孵化育成体系，支持建设众创空间、孵化器、加速器、大学科技园、科技产业园、产教融合园等专业孵化载体，提供技术研发、技术转移、中试验证、投融资对接等服务。

　　利用财政性资金设立的专业孵化载体应当重点考核创业服务和孵化企业能力，不以经营利润为主要考核指标。

　　各类创新主体可以将科技成果使用权作价投资孵化科技型企业。

第三十八条　县级以上人民政府应当促进知识产权的创造和运用，支持培育高质量专利，加强对知识产权的保护、管理和服务，完善知识产权维权机制。

省和地级以上市人民政府知识产权等有关部门应当加强专利导航，为科学规划技术创新路径和研发攻关方向提供参考。

第五章　科　技　金　融

第三十九条　省和地级以上市人民政府应当将科技金融工作纳入国民经济和社会发展专项规划，完善金融支持科技创新体系建设。

县级以上人民政府科技主管部门会同地方金融管理、发展改革、财政等部门，可以运用财政资助、贷款贴息、奖励等方式，引导银行、证券、保险等金融机构以及天使投资、创业投资机构为创新主体提供融资支持和金融服务。

县级以上人民政府支持金融机构探索股权、债券、信贷、保险等多种方式组合联动，为科技型企业提供多元化融资支持。

第四十条　有条件的县级以上人民政府应当坚持政府引导、市场培育，建立覆盖科技创新全链条和科技型企业全生命周期的科技创新投资基金体系。

政府、国有企业设立的天使投资基金、创业投资基金，应当引导社会资本聚焦战略性支柱产业、战略性新兴产业、未来产业，加大对种子期、初创期科技型企业的投资力度；鼓励设立长存续期限的天使投资基金、创业投资基金。

省人民政府科技、财政、国有资产监督管理等部门对国有天使投资基金、创业投资基金的投资期和退出期设置不同考核指标，综合评价基金整体运营效果，不以国有资本保值增值作为主要考核指标。

鼓励商业银行具有投资功能的子公司以及保险机构、信托公司等按照有关规定为天使投资基金、创业投资基金提供长期资金支持。

第四十一条　省和地级以上市人民政府应当建立健全国有创业投资机构业绩考核、激励约束和容错机制，推动国有创业投资机构加大对初创期科技型企业的支持。对科技创新投资基金归属财政或者国有企业出资部分的利润，可以在基金组建方案中结合实际约定适度让利规则。

第四十二条　省人民政府及其有关部门应当推动完善科技创新投资基金退出机制，支持设立私募股权二级市场基金。鼓励天使投资基金、创业投资基金通过协议转让基金份额、向私募股权二级市场基金转让基金份额等方式退出，实现资金循环使用。

第四十三条　支持商业银行建立以企业创新能力为核心指标的科技型企业融资评价体系，优化授信审批机制，精准支持科技型企业。

县级以上人民政府可以建立科技信贷风险补偿机制，对因提供科技信贷产生不良贷款的商业银行，给予一定补偿。

第四十四条　省和有条件的地级以上市人民政府建立完善知识产权质押融资风险补偿机制，支持金融机构开展知识产权质押融资业务。

鼓励科技型企业通过知识产权证券化的方式融资。

第四十五条 鼓励保险机构开发符合科技型企业特点的科技保险产品和服务，建立科技保险理赔快速通道，为科技型企业在技术研发、创新产品应用、知识产权保护等方面提供保险保障。

第四十六条 鼓励科技型企业通过上市挂牌、发行债券、并购重组、再融资等方式融资。

省人民政府应当支持区域性股权交易市场科技创新等专板建设，为科技型企业提供挂牌展示、托管交易、投融资服务、培训辅导等服务。

鼓励科技领军企业、大型企业投资种子期、初创期科技型企业。

第四十七条 省人民政府推动跨境投融资便利化，在依法合规、风险可控前提下，促进科技型企业利用境内外金融资源，拓宽科技型企业融资渠道。

第四十八条 鼓励金融机构利用大数据、云计算、区块链、人工智能等技术创新科技金融产品，提升金融服务水平。

省和地级以上市人民政府推动科技创新投融资服务平台建设，支持其通过组织创新创业赛事、科技成果路演等活动，促进科技创新创业项目与天使投资、创业投资机构以及金融机构对接。

第六章 科 技 人 才

第四十九条 本省以科技人才为重点，坚持人才引领创新驱动发展，完善高层次人才发展政策体系。

县级以上人民政府应当完善科技人才发展机制，优化科技人才发展环境。

鼓励高等学校、科研机构、企业等用人单位结合实际制定实施科技人才发展计划，完善人才使用机制。

第五十条 县级以上人民政府有关部门应当健全科技人才和团队培养机制，加强专业技术、高技能、重点产业、重要领域的人才，以及复合型人才、战略人才培养。

县级以上人民政府有关部门应当加强青年科技人才队伍建设。利用财政性资金设立的省基础与应用基础研究基金和省科技人才工程，支持青年科技人员的项目比例不低于百分之六十。省科学技术奖设立青年科技创新奖项，对在科技创新活动中做出重要贡献的青年科技人才给予奖励。

县级以上人民政府有关部门在科研项目、人才项目、科技奖励等方面，应当对女性科技人员申报年龄放宽不少于两周岁。

第五十一条 省和地级以上市人民政府应当完善科技人才和团队引进制度，支持引进高层次人才和急需紧缺人才。

鼓励用人单位通过顾问指导、挂职兼职、项目合作、技术服务、在境外创办或者共建研发机构等方式柔性引进科技人才。鼓励地级以上市人民政府将符合条件的柔性引进人才纳入本市人才支持与保障政策范围。

除涉及国家安全等特殊情况外，外籍科技人才可以牵头申报、实施财政科研项目，参与科技战略研究、科研项目管理等工作。

第五十二条　高等学校、科研机构可以设置一定比例的流动岗位，引进符合条件的企业经营管理人才和企业科技人才从事教学科研工作。

本省实施往来港澳人才签注政策，支持粤港澳大湾区科技人才进行学术交流和科研合作。

省人民政府有关部门应当完善科技特派员制度，鼓励高等学校和科研机构的科技人才深入企业和农村开展技术攻关和成果转化活动。

第五十三条　科技人才评价应当突出用人单位主体地位，发挥政府、市场、社会组织等多元评价作用，实施分类评价，合理确定薪酬待遇、配置学术资源、设置评价周期。

省人民政府人力资源社会保障等有关部门应当优化有利于科技人才创新和发展的职称评审制度，对取得重大基础研究和前沿技术突破、解决重大工程技术难题、在经济社会各项事业中做出重大贡献的科技人才，以及引进的海外高层次人才、急需紧缺人才，可以不受学历、资历等限制，直接申报高级职称。符合条件的高等学校、科研机构、医疗卫生机构、新型研发机构、高新技术企业等单位，可以自主开展职称评审，制定职称评审标准、组建评审机构以及评审专家库。

用人单位应当构建体现知识、技术等创新要素价值的收益分配机制，在绩效工资分配中对承担重大科技任务且做出贡献的一线科技人才给予倾斜。

第五十四条　省和地级以上市人民政府人力资源社会保障、教育、科技等有关部门应当赋予科研实力突出、科技人才集中、管理制度健全的高等学校、科研机构用人自主权，赋予科技人才更大技术路线决定权、经费支配权、资源调度权。

县级以上人民政府有关部门和企业事业单位应当优化管理流程，避免重复性检查和评估等活动，减轻科技人员项目申报、材料报送、经费报销等方面的负担。

第五十五条　县级以上人民政府有关部门应当建立健全科技人才综合服务保障体系，为科技人才提供知识产权保护、风险投资、创业孵化以及成果转化等创新创业服务保障。符合条件的科技人才，在落户、出入境、停居留、医疗保障、子女入学、配偶安置、社会保险、税收减免、住房保障等方面享受便利服务，可以按照规定申领人才优粤卡。

用人单位应当为科技人才提供开展科研工作所需的启动资金、仪器设备、场地、科研助理等基本条件。

第五十六条　高等学校、科研机构以及其他科技组织可以根据发展需要聘用外籍科技人才。地级以上市人民政府公安、人力资源社会保障、科技等有关部门应当落实外籍科技人才及其外籍配偶子女办理出入境、永久居留、外国人来华工作许可、外国人才签证、外国专家来华邀请函等政策制度，优化外籍"高精尖缺"人才认定标准。

持人才签证的外籍科技人才入境后在粤港澳大湾区内地工作的，按照国家规定可以直接申请工作类居留证件，无需事先取得工作许可。

全职在粤工作的外籍科技人才经用人单位和拟兼职单位同意并经地级以上市人民政府有关部门备案后，可以在省内从事兼职工作。

第七章　科研机构

第五十七条　省人民政府应当加强统筹优化、科学布局，突出特色优势，构建结构合理、定位准确、机制灵活的科研机构体系。

利用财政性资金设立的科研机构应当强化基础研究、前沿技术研究、社会公益性技术研究的功能，加强共性技术供给、资源开发共享、科技普及和应急科技支撑等公共服务。

鼓励社会力量创办科研机构，开展基础研究、技术研发、成果转化等活动。

第五十八条　省和地级以上市人民政府及其有关部门应当支持科研机构承担重大科技任务、建设重大创新平台，并完善保障机制。

省人民政府应当对省属公益性科研机构从事基础性研究和社会公益性技术研究给予稳定支持。

支持科研机构联合高等学校以承担科技任务为导向培养研究生，鼓励科研机构所在地地级以上市人民政府给予保障。

鼓励科研机构完善科技成果产业化机制，利用自身研发平台资源优势，围绕市场需求与产业发展，采取技术并购、科技成果作价投资、与企业联合攻关、共建产业技术研发平台等模式，促进创新链、产业链、资金链、人才链融通发展。

第五十九条　省和地级以上市人民政府及其有关部门应当支持科研机构创新体制机制，建立现代院所制度，推进章程管理改革，落实管理自主权，实行更灵活的管理制度。

利用财政性资金设立的科研机构依法制定的章程，经创办单位或者主管部门审核、登记管理部门备案后可以组织实施，并作为监督评估科研机构的重要依据。

探索实施科研机构高层次人才预聘、人员动态调整和有序流动的人力资源管理模式。

第六十条　省和地级以上市人民政府有关部门应当建立健全利用财政性资金设立的科研机构评价制度，根据建设类型和功能定位实行分类评价。评价结果作为科研机构设立、支持、调整、终止的依据。

第六十一条　省人民政府应当健全以在粤国家实验室为引领，以省实验室、在粤全国重点实验室为核心，以省重点实验室、省科技基础条件平台为支撑的实验室体系。

省人民政府科技主管部门应当根据实验室目标任务和发展定位，实施分类管理，建立健全资源配置、建设运行、考核评估等制度。实验室所在地地级以上市人民政府、依托单位应当结合实际为其提供基本运行保障。

省实验室、省重点实验室等科研机构应当强化功能定位，明确任务目标，创新管理与运营机制，集聚培养创新人才，重点开展基础研究和关键核心技术攻关。

第六十二条　省和地级以上市人民政府应当支持建设投入主体多元化、管理制度现代化、运行机制市场化、用人机制灵活化的新型研发机构，引导其聚焦科学研究、技术创新、成果转化和研发服务。县级以上人民政府可以联合高等学校、科研机构、企业共建省高水平创新研究院等新型研发机构。

创办单位应当为新型研发机构的管理运行、科技创新活动投入必要的资金、设备、场地，配备稳定的人才队伍，保障其以独立法人实体运作，支持其建立健全研发组织体系和内控管理制度。

支持利用财政性资金设立的新型研发机构自主招聘战略科学家和科技领军人才，建立与创新能力、创新绩效相匹配的具有市场竞争力的薪酬制度。

第六十三条　省、市新型研发机构可以在承担科研项目、人才引进、股权激励、成果转化、投融资等方面，自主选择与企业或者利用财政性资金设立的科研机构享受同等待遇。

符合条件的省、市新型研发机构可以按照国家规定享受企业研究开发费用税前加计扣除、高新技术企业所得税减免、科技创新进口税收减免等税收优惠政策。

省人民政府科技主管部门应当对省新型研发机构实施分类管理和动态评估，择优给予稳定支持。

高等学校、科研机构派出的科技人才在新型研发机构取得的业绩可以同时认定为本单位的业绩，并作为科技人才职称评定、绩效奖励、评优推优的重要依据。

第六十四条　利用财政性资金设立的省、市新型研发机构实施科技成果转化获得的收益，在对完成、转化科技成果做出重要贡献的科技人员给予奖励和报酬后的单位留存收益部分，可以对转化科技成果做出贡献的管理人员给予现金奖励或者股权激励。

第八章　开　放　合　作

第六十五条　省和地级以上市人民政府应当推动与香港特别行政区、澳门特别行政区的科技创新合作，促进科技创新领域规则衔接和机制对接，鼓励在基础研究、技术攻关、成果转化、科技金融、人才培养等方面与港澳加强交流合作。

第六十六条　省人民政府和有关地级以上市人民政府应当支持横琴粤澳深度合作区、前海深港现代服务业合作区、广州南沙和河套深港科技创新合作区深圳园区等粤港澳重大合作平台建设，提升区域科技创新水平。

第六十七条　省人民政府应当完善面向港澳的财政科研资金跨境使用机制，鼓励港澳高等学校、科研机构承担本省的科技计划项目，支持有条件的地级以上市人民政府财政科研资金过境拨付。

第六十八条　省人民政府科技、发展改革、教育等有关部门支持共建粤港澳联合实验室、重大科技基础设施，实施粤港、粤澳科技创新联合资助计划，支持粤港澳高等学校、科研机构联合培养研究生。

省人民政府人力资源社会保障、科技等有关部门支持粤港澳青年创新创业孵化载体建设，实施粤港澳青年交流合作项目，促进港澳青年来粤创新创业。

第六十九条　支持各类创新主体开展国际科技交流合作，参与或者发起国际大科学计划、大科学工程、国际科学技术组织，提高科技创新的国际化水平。

境外的高等学校、科研机构、企业和社会组织可以依法在本省独立创办研究开发机构，县级以上人民政府及其有关部门应当在出入境管理、注册登记、信息服务等方面提供便利条件。

外商投资设立的企业、科研机构可以牵头或者参与本省的科技计划项目、申报科技奖。支持各类创新主体与境外的科研机构、科技人才联合申报本省的科技计划项目。

第七十条　鼓励创办国际性科技论坛、展会等活动，加强国际科技创新前沿和热点问题、技术与成果展示、海外人才创新创业等方面的交流合作，构建具有国际影响力的交流平台。

省人民政府科技主管部门应当加强高水平科技期刊建设，支持创办和培育具有国际传播力和学术影响力的科技期刊。

第七十一条　有条件的地级以上市人民政府应当促进科研用物资跨境自由流动，探索实施科研仪器设备、科研样本、实验试剂、耗材等科研用物资便捷管理模式。

支持在横琴粤澳深度合作区、前海深港现代服务业合作区、广州南沙和河套深港科技创新合作区深圳园区内的各类创新主体，以及粤港澳大湾区内的高等学校和科研机构，在国家数据跨境传输安全管理制度框架下，建设固网接入国际互联网的绿色通道。

支持高等学校、科研机构、企业在确保个人信息和重要数据安全前提下，实现科研数据依法跨境互联互通。

第七十二条　省人民政府及其有关部门应当建立健全省际科技创新合作机制，支持地级以上市人民政府及其有关部门承担国家重点跨区域科技创新合作任务。

第七十三条　省人民政府支持珠江三角洲地区与粤东粤西粤北地区建立科技创新合作机制，提高科技创新支撑引领粤东粤西粤北地区高质量发展的能力。

省人民政府及其有关部门支持粤东粤西粤北地区建设省级的新型研发机构、

孵化器、工程技术研究中心、临床医学研究中心、重点实验室等创新平台载体，实施重大人才工程。

第九章 创 新 环 境

第七十四条 本省推进科技体制改革和制度创新，持续探索激励创新的先行先试政策，建立健全科技创新容错机制，激发和保护各类创新主体开展科技创新活动的积极性。

县级以上人民政府应当引导社会培育创新精神，弘扬科学家精神、工匠精神，营造崇尚创新、求实奉献、追求卓越、宽容失败的创新环境。

第七十五条 县级以上人民政府应当落实国家和省促进科技创新的税收、金融、政府采购等政策，加强宣传引导，简化办事程序，为自然人、法人和非法人组织享受有关优惠政策提供便利服务。

县级以上人民政府司法行政、商务、知识产权等有关部门应当依法通过行政奖励、行政确认、行政协议等方式，支持律师事务所、涉外商事仲裁机构、涉外商事调解机构等法律服务机构和知识产权服务机构为各类创新主体开展国际科技交流合作、海外知识产权维权等提供服务。

第七十六条 省和地级以上市人民政府应当根据国家战略和本地需求制定科技计划，完善科技计划统筹协调机制，加强专业化管理，规范全过程监督。省人民政府有关部门应当指导科技计划项目管理专业机构建立健全项目管理工作制度，并强化监督评价。

省和地级以上市人民政府科技、财政等有关部门应当完善科技计划绩效评价制度，强化科技计划整体绩效评价，推动实现联合评价及其结果互认。

第七十七条 县级以上人民政府财政部门以及财政科研项目主管部门应当建立健全符合科研规律的财政科研经费管理制度，完善拨付机制，优化管理措施，具体包括：

（一）按照规定简化项目预算编制；向项目承担单位下放项目经费预算调剂权，向项目负责人下放除设备费之外的直接费用预算调剂权，间接费用预算可以在核定比例范围内调增、调减。

（二）按照规定落实间接费用比例，间接费用可以全部用于绩效支出。

（三）在定额资助的科研项目以及从事基础性、前沿性、公益性研究的独立法人科研机构中，推行财政科研经费包干使用和负面清单管理。

（四）利用财政性资金设立的科研项目，参与项目的科技人员人力资源成本费可从项目经费中支出且比例不受限制，但是不得违反国家和省有关事业单位、国有企业绩效工资管理规定。

（五）落实国家和省关于财政科研经费管理的其他相关规定。

财政科研项目承担单位应当按照财政科研经费有关规定完善内部管理制度，为科技人员使用科研经费提供便利。

第七十八条　利用财政性资金设立的高等学校、科研机构等单位的下列财政科研经费支出纳入绩效工资总量并单列管理，不纳入绩效工资总量调控基数：

（一）从财政科研经费间接费用中提取的绩效支出；

（二）从财政稳定支持科研经费中提取的奖励支出；

（三）年薪制高层次人才的薪酬支出。

第七十九条　省人民政府科技主管部门应当建设省级科技专家库，并与省外各类专家库建立信息交换共享机制。省级科技专家库对省有关部门、地级以上市人民政府开放，并可以为创新主体提供服务。

财政科研项目主管部门应当建立健全项目评审保密制度、专家评审制度，完善评审专家的遴选、回避、问责、退出等机制。

评审专家应当独立、客观、公正地开展评审、评价或者咨询，不受影响公正性因素的干扰，依法尊重评审对象的知识产权，保守评审过程中知悉的秘密。

第八十条　县级以上人民政府应当将战略性新兴产业、未来产业等科技创新类产业，以及重大科技基础设施、重大科研平台等建设项目纳入国土空间规划，按照规定优先保障其用地、用海、用林和配套用地需求。

县级以上人民政府可以按照规定采用划拨、弹性年期出让、先租后让、长期租赁等方式供应土地，保障科技创新类产业的用地需求。科技型企业可以通过参与招标、拍卖、挂牌等方式联合取得工业用地使用权，并按照规定进行宗地分割。

县级以上人民政府可以通过配套建设、统一租赁、回购、合作开发等方式筹集用房，保障科技创新类产业、科研机构、科技公共服务平台、孵化载体的用房需求。

第八十一条　省人民政府应当优化高新区布局，加强国家和省级高新区建设，支持粤东粤西粤北地区创建国家高新区。

地级以上市人民政府应当强化高新区建设主体责任，在配套用地、项目布局、基础设施、人才队伍、生态环境、安全生产、公共服务以及专项资金投入等方面给予支持，协调高新区发展重大事项；支持符合条件的园区创建省级高新区。

地级以上市人民政府及其有关部门可以依法授权或者委托所在地的国家或者省级高新区行使有关管理职权。

支持高新区行政管理机构健全适合自身发展条件和水平的岗位管理、绩效工资制度，完善激励分配、考核等机制。

第八十二条　省人民政府发展改革、科技、教育等有关部门应当建立健全重大科技基础设施和大型科研仪器设备开放共享机制，支持科技文献、科技数据等共享平台建设，促进科技资源有效利用。

利用财政性资金或者国有资本建设、购置的重大科技基础设施和大型科研仪器设备的管理单位，应当在满足本单位使用需求的前提下向社会开放共享。管理单位提供开放共享服务，应当保守使用者技术秘密并保护其知识产权，可以按照成本补偿和非营利性原则收费。

鼓励社会力量建设的实验室、科技基础设施和购置的科研仪器设备向社会开放共享。

第八十三条 科技服务机构及其从业人员，应当遵守相关法律法规，按照公平竞争、平等互利和诚实信用的原则开展业务活动。

科技服务机构及其从业人员不得有下列行为：

（一）提供虚假的评估、检测结果或者鉴定结论；

（二）泄露当事人的商业秘密；

（三）欺骗委托人或者与一方当事人串通欺骗另一方当事人；

（四）损害国家利益或者社会公共利益的其他行为。

第八十四条 省人民政府科技、统计等有关部门和机构应当加强创新调查、科技统计等信息共享，分析评价全省科技创新发展状况，全面监测科技创新活动效能。

高等学校、科研机构和企业等应当依法真实、准确、完整、及时填报统计调查数据。

第八十五条 本省建立健全科技安全风险监测预警和应对机制，健全科技领域国家安全协调工作制度，强化创新链、产业链、供应链安全保障，防范化解科技领域重大风险。

本省加强科技保密能力建设，依法保护涉及国家安全和利益的科技秘密。

第八十六条 省人民政府应当统筹全省科技伦理治理工作，建立健全工作协调机制，完善管理体系。县级以上人民政府和相关行业主管部门按照职责分工，管理本行政区域、本行业科技伦理治理工作，支持各类创新主体以及社会公众共同参与科技伦理治理。

企业事业单位和社会组织应当履行科技伦理管理主体责任，负责本单位科技伦理审查，加强制度建设、教育培训、风险监测预警、违规行为查处等管理工作。

科技人员应当遵守科技伦理制度规范，在科技伦理审查批准的范围内开展科技创新活动。

第八十七条 县级以上人民政府和相关行业主管部门应当加强科研诚信建设，完善对科研失信行为的预防、调查、处理、修复机制，推动科研诚信信息跨部门、跨区域共享。

企业事业单位和社会组织等应当履行科研诚信管理主体责任，加强制度建设，做好科研诚信教育培训工作。

科技人员应当遵守科研诚信管理规定，不得弄虚作假或者抄袭、剽窃、篡改他人创新成果。

第八十八条 对于以财政性资金或者国有资本为主资助的探索性强、风险性高的科研项目，原始记录证明承担项目的单位和科技人员已经履行了勤勉尽责义务仍不能完成的，予以免责，并可以按照有关规定允许结题。

对县级以上人民政府有关部门和人员在推进科技创新改革中，因缺乏经验、先行先试出现的失误错误，或者尚无明确限制的探索性试验中的失误错误，以及为推动发展的无意过失，可以按照规定从轻、减轻处理或者予以免责。

省人民政府应当组织科技、发展改革、财政、教育、审计等部门和机关建立健全科技成果转化的尽职免责工作机制。

第十章 法律责任

第八十九条 有关部门、单位及其工作人员违反本条例规定，存在滥用职权、玩忽职守、徇私舞弊等行为的，由有关机关按照相关法律法规对直接负责的主管人员和其他直接责任人员依法给予处分。

第九十条 科技服务机构及其从业人员违反本条例第八十三条规定，由政府有关部门依照管理职责责令改正，没收违法所得，并处以罚款；情节严重的，由市场监督管理部门依法吊销营业执照；给他人造成经济损失的，依法承担民事责任；构成犯罪的，依法追究刑事责任。

第九十一条 有违背科研诚信或者科技伦理规范行为的，由有关主管部门或者人员所在单位按照法律法规和有关规定，单独或者合并采取以下处理措施：

（一）警告；

（二）责令限期改正；

（三）一定范围内或者公开通报批评；

（四）终止、撤销有关财政性资金支持的科技活动；

（五）追回部分或者全部已拨付的财政性资金，没收违法所得；

（六）撤销奖励或者称号，追回奖金；

（七）取消一定期限内财政性资金支持的科技活动管理资格；

（八）禁止在一定期限内承担或者参与财政性资金支持的科技活动以及申请相关科技活动行政许可；

（九）记入科研诚信严重失信行为档案；

（十）其他处理措施。

第九十二条 违反本条例规定的行为，法律、行政法规已有法律责任规定的，从其规定。

第十一章 附 则

第九十三条 驻粤高等学校、科研机构在本省开展科技创新活动的，参照本条例有关规定执行。

利用财政性资金设立的医疗卫生机构开展科技创新活动的，在科研自主权、科技成果转化、科研仪器设备采购等方面与科研机构适用同等政策。

第九十四条 本条例自 2024 年 10 月 1 日起施行，《广东省促进科学技术进步条例》《广东省自主创新促进条例》同时废止。

图书在版编目（CIP）数据

探索广东农业孵化载体高质量发展之道：基于金颖农科孵化器（华南 A 谷）的实证研究 / 许立超等编著.—北京 ：中国农业出版社，2024. 12. -- ISBN 978-7-109-33008-5

Ⅰ. F327.65

中国国家版本馆 CIP 数据核字第 2024ZP7750 号

中国农业出版社出版

地址：北京市朝阳区麦子店街 18 号楼

邮编：100125

责任编辑：刁乾超　　文字编辑：李艳青

版式设计：王　怡　　责任校对：吴丽婷

印刷：中农印务有限公司

版次：2024 年 12 月第 1 版

印次：2024 年 12 月北京第 1 次印刷

发行：新华书店北京发行所

开本：700mm×1000mm　1/16

印张：19

字数：383 千字

定价：108.00 元
